西方传统 经典与解释
Classici et commentarii
HERMES

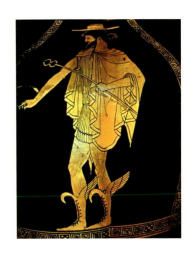

HERMES

在古希腊神话中,赫耳墨斯是宙斯和迈亚的儿子,奥林波斯神们的信使,道路与边界之神,睡眠与梦想之神,亡灵的引导者,演说者、商人、小偷、旅者和牧人的保护神⋯⋯

西方传统 经典与解释
Classici et commentarii
HERMES
施特劳斯讲学录
刘小枫 ● 主编

从古典到现代的过渡
——格劳秀斯《战争与和平法》讲疏（196

Leo Strauss's Course:
Grotius's *On the Law of War and Peace*, offered in 1!

施特劳斯（Leo Strauss）● 讲疏
福德（Steven Forde）● 整理
张云雷 ● 译

华东师范大学出版社
·上海·

范大学出版社六点分社　策划

教育基金·"蒲衣子"资助项目

出版说明

1949年，已到知天命之年的施特劳斯执教芝加哥大学政治学系。自1956年起至去世（1973），施特劳斯授课大多有录音。

施特劳斯去世后，部分录音记录稿一直在施特劳斯的学生们手中私下流传，并经学生之手进一步流传，其实际影响断难估量。本世纪初，部分记录稿的影印件也流传到我国年轻学子当中。这些打印的录音记录稿文字多有舛误，有些地方因油墨模糊字迹难辨，还有不少明显脱漏。

2008年，施特劳斯遗产继承人和管理人——施特劳斯的养女珍妮教授（Professor Jenny Strauss）和芝加哥大学"施特劳斯中心"（The Estate of Leo Strauss）主任塔科夫教授（Professor NathanTarcov）决定整理施特劳斯的全部讲课记录稿，并在"施特劳斯中心"的网站上陆续刊布，供天下学人分享。

2013年，本工作坊计划将陆续刊布的整理成果译成中文，珍妮教授和塔科夫教授得知此计划后，全权委托本工作坊主持施特劳斯讲课记录整理稿的中译，并负责管理中译版权。

本工作坊按"施特劳斯中心"陆续刊布的整理本组织迻译（页码用方括号标出），翻译进度取决于整理计划的进度。原整理稿均以课程名称为题，中文稿出版时，为了使用方便，我们拟了简要的书名，并在副标题位置标明课程名称。

刘小枫
2016年元月
古典文明研究工作坊

目　录

施特劳斯讲学录整理规划/1
中译本说明/1
英文编者导言/1
文本及术语的说明/1
英文编者说明/1

第 一 讲/1
第 二 讲/30
第 三 讲/60
第 四 讲/93
第 五 讲/123
第 六 讲/157
第 七 讲/190
第 八 讲/219
第 九 讲/254
第 十 讲/287
第十一讲/319
第十二讲/351
第十三讲/382
第十四讲/410

施特劳斯讲学录整理规划

首席编者　塔科夫（Nathan Tarcov）
执行编者　麦基恩（Gayle McKeen）

李向利　译

施特劳斯不仅是著名思想家和作家,还是有着巨大影响的老师。在他的这些课程讲学录中,我们能看到施特劳斯对众多文本的疏解(其中很多文本他写作时很少或根本没提到过),以及对学生提问和异议的大段回应。在数量上,这些讲学录是施特劳斯已出版著作的两倍还多。对研究和修习施特劳斯著作的学者和学生们而言,它们将极大地增添可供参阅的材料。

1950年代早期,由学生记录的施特劳斯课程笔记的油印打字稿,就已经在施特劳斯的学生们中间传阅。1954年冬,与施特劳斯的[关于]自然权利（Natural Right）的课程相关的首份录音资料,被转录成文字稿分发给学生们。斯多灵（Herbert J. Storing）教授从瑞尔姆基金会（Relm Foundation）找到资助,以支持录音和文字稿转录,从1956年冬施特劳斯开设的历史主义与现代相对主义（Historicism and Modern Relativism）课程开始,该资助成为固定的[资金]基础。自1958年起至1968年离开芝加哥大学,施特劳斯在这里开设的39个课程中,被录音和转录成文字稿的有34个。从芝大退休后,1968年春季、1969年秋季和[接下来的]春季学期,施特劳斯在克莱蒙特男子学院（Claremont Men's College）授课,有录音（尽管他在那里的最后两次课的磁带已佚）,他在圣约翰学院（St. John's College）四年的课程也有录音,直至他于1973年10月去世。

现存原始录音的质量和完整性差别很大。施特劳斯[讲课]离开麦克风时,声音会弱得听不到;麦克风有时也难以捕捉到学生们提问的声音,却常常录下门窗开关声、翻书声,街道上[过往]的车辆声。更换磁带时录音中断,[记录稿]就留下众多空白。施特劳斯讲课超过两个小时(这种情况经常发生),磁带就用完了。录音磁带转录成文字稿后,磁带有时被再次利用,导致声音记录非常不完整。时间久了,磁带[音质]还会受损。1990年代后期,首先是格里高利(Stephen Gregory)先生,然后是芝大的奥林中心(John M. OlinCenter,由 John M. Olin Foundation 设立,负责调查民主制的理论与实践)管理人,发起重新录制工作,即对原始磁带数码化,由Craig Harding of September Media 承制,以确保录音的保存,提高可听度,使之最终能够公布。重新录制工作由奥林中心提供资金支持,并先后由克罗波西(Joseph Cropsey)和施特劳斯遗稿执行人负责监管。格里高利先生是芝大美国建国原则研究中心(Center for the Study of the Principles of the American Founding)管理人,他在米勒中心(Jack Miller Center)的资助下继续推进这项规划,并在[美国]国家人文基金会保存和访问处(Division of Preservation and Access of the National Endowment for the Humanities)的拨款帮助下,于2011年完成了这项规划,此时他是芝大施特劳斯中心(Leo Strauss Center)管理人。这些音频文件可从施特劳斯中心的网站上获得:http://leostrausscenter.uchicago.edu/courses。

施特劳斯允许进一步整理录音和转录成文字稿,不过,他没有审核这些讲学录,也没有参与这项规划。因此,施特劳斯亲密的朋友和同事克罗波西最初把[讲学稿]版权置于自己名下。不过,在2008年,他把版权转为施特劳斯的遗产。从1958年起,每份讲学录都加了这样的题头说明(headnote):

> 这份转录的文字稿是对最初的口头材料的书面记录,大部分内容是在课堂上自发形成的,没有任何部分有意准备出版。只有感兴趣的少数人得到这份转录的文字稿,这意味着不要利用它,利用就与这份材料私下的、部分地非正式的来源相抵触。郑重恳请收到它的人,不要试图传播这份转录的文字稿。这份转录的文字

稿未经讲学人核实、审阅或过目。

2008年，施特劳斯［遗产］继承人——他的女儿珍妮（Jenny Strauss）——请塔科夫（Nathan Tarcov）接替克罗波西［承担施特劳斯遗稿执行人］的工作。此时，塔科夫是芝大奥林中心以及后来的芝大美国建国原则研究中心的主任，而克罗波西直到去世，已经作为施特劳斯遗稿执行人忠诚服务了35年。珍妮和塔科夫一致认为，鉴于旧的、常常不准确且不完整的讲学录已经大范围流传，以及［人们］对施特劳斯思想和教诲的兴趣持续不减，公开［这些讲学录］，对感兴趣的学者和学生们来说，会是一种帮助。他们也受到这样一个事实的鼓励：施特劳斯本人曾与班塔曼出版社（Bantam Books）签订过一份合同，准备出版这些讲学录中的四种，尽管最终一个都没出版。

成立于2008年的芝大施特劳斯中心发起了一项规划：以已经重新录制的录音材料为基础订正旧的文字记录稿；转录尚未转录成文字稿的录音材料；为了可读性，注释且编辑所有的记录稿，包括那些没有留存录音材料的［记录稿］。这项规划由施特劳斯中心主任塔科夫任主席，由克罗波西负责管理，得到来自维尼亚尔斯基家族基金会（Winiarski Family Foundation）、希夫林夫妇（Mr. Richard S. Shiffrin and Mrs. Barbara Z. Schiffrin）、埃尔哈特基金会（Earhart Foundation）和赫特格基金会（Hertog Foundation）拨款的支持，以及大量其他捐赠者的捐助。筹措资金期间，施特劳斯中心得到芝大社会科学部主任办公室（Office of the Dean of the Division of the Social Sciences）职员伯廷赫布斯特（Nina Botting-Herbst）和麦卡斯克（Patrick McCusker）大力协助。基于重新录制的磁带［修订］的这些记录稿，远比原有的记录稿精确和完整——例如，新的霍布斯（Hobbes）讲学录，篇幅是旧记录稿的两倍。熟悉施特劳斯著作及其所教文本的资深学者们被委任为编者，基础工作则大多由作为编辑助理的学生们完成。

编辑这些讲学录的目标，在于尽可能保存施特劳斯的原话，同时使讲学录更易于阅读。施特劳斯身为老师的影响（及其魅力），有时会显露在其话语的非正式特点中。我们保留了在学术性文章（prose）中可能不恰当的句子片段；拆分了一些冗长、含糊的句子；删除了一些重复的从句或词语。破坏语法或思路的从句，会被移到句子或段落的其他部分。极个别情况下，可能会重新排列某个段落中的一些句子。对于没有录音资料流传的记录稿，我们会努力订正可能的错误转录。所有这些类型的改动都会被注明。（不过，根据重新录制的录音资料对旧记录稿做的改动，没有注明。）我们在尾注中注明改动和删除的内容（不同的拼写、斜体字、标点符号、大写和分段），尾注号附在变动或删除内容前的词语或标点符号上。文本中的括号显示的是插入的内容。缺乏录音资料的记录稿中的省略号仍然保留，因为很难确定它们指示的是删除了施特劳斯说的某些话，还是他的声音减弱[听不清]，抑或起破折号作用。录音资料中有听不见的话语时，我们在记录稿中加入省略号。[记录稿中]相关的管理细节，例如有关论文或研讨班的话题或上课的教室、时间等，一律删除且不加注，不过我们保留了[施特劳斯布置的]阅读任务。所有段落中的引文都得到补充，读者能够方便地结合[引述的所讲]文本[的内容]阅读讲学录。施特劳斯提及的人物、文本和事件，则通过脚注进行了确认。

读者应该谅解这些讲学录的口语特点。文中有很多随口说出的短语、口误、重复和可能的错误转录。无论这些讲学录多么具有启发性，我们都不能认为它们可以与施特劳斯本人为出版而写的那些著作等量齐观。

2014 年 8 月

中译本说明

即便是施特劳斯本人,在讲授本课程的过程中,也不止一次追问:为什么是格劳秀斯?为什么要读格劳秀斯?就同样的议题而言,难道不能选择其他思想家的文本吗?不同的人恐怕会有不同的答案。毕竟,格劳秀斯属于过渡式人物,仅就政治哲学及战争与和平法的撰述而言,他的理论努力是否真正成功都存疑。但施特劳斯用一学期的授课及精细的文本阅读来表明:他认为格劳秀斯具有不可替代性。

格劳秀斯在施特劳斯的作品中也有着独特的地位。福德在本讲稿的"英文编者导言"中认为,格劳秀斯几乎被施特劳斯遗忘,事实上,这种说法并不精确。施特劳斯确实从未发表过关于格劳秀斯的论文和专著,但对于格劳秀斯的关注则贯穿了施特劳斯一生。在施特劳斯公开发表的著述中,格劳秀斯的出现频率也非常高(虽然主要出现在注释中):早期出版的《自然权利与历史》一书中,格劳秀斯是唯一一位出现在全书几乎各个章节、既作为古典思想代表又作为现代思想代表被加以征引的思想家;《霍布斯的政治哲学》《迫害与写作艺术》《什么是政治哲学》《苏格拉底与阿里斯托芬》《色诺芬笔下的苏格拉底》《柏拉图式的政治哲学研究》等几部作品的关键章节处都征引了格劳秀斯。如果将这些征引的地方整合起来仔细研究,我们会发现,施特劳斯展示了一个具有极其复杂面相的格劳秀斯。①

---

① 尤为值得一提的是,施特劳斯在《苏格拉底与阿里斯托芬》一书中以拉丁文(转下页注)

当然，无论如何，施特劳斯确实未曾发表过任何关于格劳秀斯的研究著述。因此，这个讲学录是他唯一一份深入细致探讨格劳秀斯《战争与和平法》文本的记录，弥足珍贵。只是，格劳秀斯的文本并不好进入。《战争与和平法》本身卷帙浩繁、迂回琐碎，令人难以卒读。这种密集征引各路先贤和权威的传统写作方式，我们已经不太熟悉。格劳秀斯生性犹豫、落笔审慎，在行文中仍然在践行古典的隐微书写。① 再加上他本人也确实有一点卖弄文才的小癖好（连施特劳斯也这么说②）。面对这重重困境，施特劳斯展示出了非凡的解经能力和授课能力，经由施特劳斯，"令人不爽的格劳秀斯"变得处处可解，隐微之处得到细致展示。

本文无意于提前剧透，这里仅就几个翻译中的问题进行一些简短的说明，以帮助大家更好地阅读和研习这部讲课记录稿。

第一，讲稿保留了上课的原汁原味，口语表述较多，因此短句、不合语法等情况较多，甚至经常出现话才说了一半，就开始说其他事，但后面却忘了前面话头的情况。因此，直译的情况下，也保留了这些令人意外和费解的地方。

第二，此次授课并没有留下录音，只留下一个非常粗糙的原始记录稿，③其中还有不少地方标记"听不清"，不少地方连英文整理者也猜测不出到底什么意思。但是，在绝大多数时候，施特劳斯的表达还是很清楚的，只不过需要费一些阅读的心思。

（接上页注）形式（即未译成英文）引用了格劳秀斯的一句话："一切法律，就其对自由的妨碍而言，都是某种灾难，因此摆脱它们而获得自由是美好的。"这成为理解施特劳斯该著的重要入口之一。[美]施特劳斯，《苏格拉底与阿里斯托芬》，李小均译，北京：华夏出版社，2011，页341。

① 格劳秀斯本人对隐微书写的态度可见于 JBP，3.1.1.7 以下，尤其参见 JBP，3.1.17.1—3。另可见[美]施特劳斯，《迫害与写作艺术》，刘锋译，北京：华夏出版社，2012，页26、29。

② 参见第一讲。

③ 最早的原始记录稿对中译也有一定的帮助，比如，英文第26页 because it is a social passion，与上下文表达的意思正好相反，查原始记录稿为 because it is a certain anti-social passion，因此这里对照原始记录稿进行翻译。但为了防止中译者理解有可能出错，这类校改过程均加注释，并保留所有英文原文。

第三，nature 一词在本课程及西方政治哲学的话语体系中都极其重要，为了帮助大家理解，在本讲稿的翻译中，所有涉及 nature 的地方一律统一译为"自然"。比如，本讲稿中 human nature 一律翻译成"人类自然"，而不是翻译成"人类本性""人类本质"或者"人性"。但这也会造成一定困扰，因为 nature 在中文中有时候确实可以表示"本质""本性"等含义。

第四，在阅读过程中，要特别留意 right 一词所表示的各种不同含义：法、正义、权利。可参考第一、二讲中的相关内容。

第五，格劳秀斯的《战争与和平法》文本主要采用马呈元的译本，① 该译本较为精审，是用心之作。但有些地方依据英译和施特劳斯的阐释进行了修订，不再一一标明。其他文本征引则主要依赖商务印书馆的"汉译世界名著丛书"等重要译本，会加注标明版本及中译页码。《圣经》中译本采用和合本，不再一一标注。

第六，本译稿依据"施特劳斯中心"网站刊布的整理稿，该整理稿中仍然存在不少显见的错误。中译者对所有存疑的地方，均会保留原文并加以注释。但对于英文整理者在文本引用时段落标记错误的情况，则直接改正，不再指明（比如，英文稿第 84 页，原文为"*JBP*, 1.1.4"和"*JBP*, 1.1.10"，实际应为"*JBP*, 2.1.4"和"*JBP*, 2.1.10"）。

第七，本人学力有限，本译稿在最好的情况下也只能期待成为研究格劳秀斯和施特劳斯的学者在研习原文时的有力助益，幸亏"施特劳斯中心"刊布了英文原稿，极易获得，大家可对照阅读。

张云雷
2019 年 4 月 10 日
北京沙河高教园·中财沙河校区

---

① ［荷］格劳秀斯，《战争与和平法》（第一卷），马呈元译，北京：中国政法大学出版社，2015；［荷］格劳秀斯，《战争与和平法》（第二卷），马呈元、谭睿译，北京：中国政法大学出版社，2016；［荷］格劳秀斯，《战争与和平法》（第三卷），马呈元、谭睿译，北京：中国政法大学出版社，2017。

英文编者导言

福德(Steven Forde)

列奥·施特劳斯(Leo Strauss)于1964年秋季开设了这门关于格劳秀斯(Hugo Grotius)《战争与和平法》的研讨课。这似乎是他关于格劳秀斯的唯一一次授课。更重要的是,格劳秀斯在施特劳斯的作品中几乎被遗忘。有人可能会说,这门研讨课仅仅是施特劳斯遗产的一个注脚,无论它作为一项格劳秀斯研究而言多么有启发性,但对于理解施特劳斯来说,并没什么重要性。除此以外,参与过1964年这门课程的同学也偶尔称他们的主题是"令人不爽的(atrocious)格劳秀斯"。① 我并未参与过这门课程,但也花费精力研习了格劳秀斯的艰深巨著——超过八百页的密集且极度学究化的文本——因此,我十分同情他们的痛苦。但是,我认为,不应该忽视施特劳斯作品中这唯一一份对格劳秀斯的深度探究。事实上,我们应该视之为一项难得的发现。

这样做的原因,首先(也略有讽刺地)是施特劳斯在他出版的作品中对格劳秀斯的极端沉默。正如施特劳斯在这门研讨课上指出的(例如,第一讲),政治哲学史的传统解读将格劳秀斯置于十分显著的位置,视他为现代性发展的关键人物。施特劳斯在研讨课上承认及事实上强调,格劳秀斯比霍布斯提前一代提出了现代政治哲学的一些重要观点。② 格劳秀斯认为,政府是公民间契约的产物。它的根本任务是

---

① 这一细节来自谢尔斯基(Abram Shulsky),他曾是参与该课的一名学生。
② 格劳秀斯于1625年出版了《战争与和平法》(后文均标记为 *JBP*)。他活得足够长,能看到霍布斯最早出版的一些著作。

维持秩序和维护个人权利(individual rights),而不是为了传播宗教或更宽泛意义上的道德促进。个人权利构成了道德的最紧迫和最坚实的部分,也是道德中唯一具有强制力,或者说,唯一属于严格意义上的自然法(natural law proper)①的部分。更重要的是,这种权利植根于生存(preservation)和利益(interest)。格劳秀斯把自然法减缩为对个人权利的保护,具有历史意义。正如施特劳斯所指出的,这"使得自然法在十八世纪具有了政治效用",这个世纪中发生了很多事情,其中之一是美国建国(参见第一讲)。这种自然法内涵的改变,也使得法律和政府同宽泛意义上理解的道德区分开,这种区分为个人自由和有限政府等现代观念奠定了基础。格劳秀斯的作品为自由主义政治哲学和自由主义政治实践奠定了基石。

不过,施特劳斯发现,格劳秀斯并不是现代自然权利(modern natural right)的真正鼻祖,因为他并非决定性地同更古老的传统和更古老的对自然权利/正义/法(natural right)②的理解进行了决裂。他的改变是量变,而非质变;他并没有,或者说,他拒绝像霍布斯一样迈开革命性的步伐(参见第一讲)。对格劳秀斯而言,尽管个人权利是道德的基石,但它却不是道德的全部。依赖于西塞罗(Cicero)及其他古典权威,格劳秀斯坚持认为,道德的另一部分根植于人类的可社会性(human sociability)③和(社会的)理性(rationality)。对格劳秀斯而言,就如同对古典人而言一样,道德的这一部分尽管并非严格具备强制力,但毫无疑问更高(higher)。而且,尽管政府的根本存在理由(raison d'être)是保护个人权利,但格劳秀斯认为政府同样也可以选择(choose)去促成更高的道德。因为政府部分地从人类自然中更高的、社会性的部分中获得其地位,它因此也具有比个人更高的地位。尽管主权源自契约,但对格劳秀斯而言,主权大于那些使得主权形成的个人权利和权力之和。

---

① [译注]"严格意义上的自然法"(natural law proper),这一表述具有特定的含义,施特劳斯在本课程后面的讲述中会有细致的分析。
② [译注]参见第一、二讲的内容。
③ [译注]施特劳斯对"sociability"这个英文词的含义表示怀疑,并更倾向于使用 sociality,可参见第十四讲。

正因为如此,施特劳斯指出,总的来说,格劳秀斯并没有把"前社会"状态称之为"自然状态"(state of nature),而是称之为"原初状态"(primitive state)①;只要社会对于发展人类自然(human nature)中更高的、社会性的部分而言是必要的,那么原始状态就不能严格地被称为人类的自然状态(natural state)②(参见第三、五、六、九讲)。

因此,尽管格劳秀斯首创了很多东西——现代自然权利的鼻祖们正是将他们的哲学奠基于这些创新——他还是保留了或试图保留古典观念的重要元素。格劳秀斯看到了这种基于利益的崭新权利观念所具有的有益的可靠性,但他仍然将其视为道德上的"低下"(low)。他使用新的权利观念来构筑现代意义上的个人权利的道德范围,同时又附加一个平行的义务(duty)范围,能够用来反映道德中更高的、但又更少强制性的部分。施特劳斯认为,像这样把两个相互冲突的观念结合起来的做法,根本就站不住脚。施特劳斯作品中始终坚持古今之间的根本对立,但格劳秀斯则试图两者都想要。

在施特劳斯看来,真正与传统的根本决裂由霍布斯(Thomas Hobbes)不久后即做出,因而格劳秀斯是失败的。同时,格劳秀斯的失败还在于,他没有看到,他为了政治和道德而构筑起的崭新的、更低的根基,不能与他试图保留的更高的东西所相容。施特劳斯在这门研讨课上提示,这种失败可见于格劳秀斯思想所展示出的一些问题中。例如,格劳秀斯这一任务的完成需要在更低的(the lower)和更高的(the higher)之间划出一条明确的界限,界定出一个两者都各自占主导地位的范围,或者至少提供一个两者发生冲突时调解的规则。格劳秀斯一方面坚持认为后者更高,在一定情况下能够压倒个人权利,另一方面又坚持认为唯有前者才是"严格意义上所谓的法律"(law properly so called)的范围。③ 格劳秀斯是否成功地展示了这一张力如何得到解

---

① [译注]英文编者用词略有些问题。施特劳斯并不同意《战争与和平法》英译本使用"primitive"一词,他更倾向于使用 primeval。参见第四、十二讲。
② [译注]社会是人类自然的必要组成部分,那么前社会状态对于人类而言就不是那么自然,那也就很难严格地说成是"自然状态"。
③ JBP, Prolegomena, §7; cf. §10。参见第一讲。

决,施特劳斯对此表示怀疑(例如,第一、十讲)。

施特劳斯在课程中论证格劳秀斯的思想最终并非融贯(incoherence),实则暗中阐述并维护了他自己的观念,即古与今构成了两条根本对立、不可协调的政治哲学进路。① 正因为如此,我们可以将施特劳斯在自己已出版的作品中对格劳秀斯的遗漏视为一种意味深长的、无声胜有声的沉默。这门研讨课显示,这种沉默反映了施特劳斯与之前政治哲学史叙述的根本决裂。他的决裂不仅指向了这一原则下的作者群,而且包括了政治哲学中有争议的根本问题。

有必要指出,施特劳斯在以下这个问题上也与传统的政治哲学史叙述不同:一位作者若要被视为政治哲学史上的重要人物,他思想上的融贯(intellectual coherence)是否必需?格劳秀斯在这门课程中被呈现为一位过渡性的而非关键性的重要人物。尽管与培根(Francis Bacon)或者霍布斯这样的思想家不属于"同一阵营",但施特劳斯并没有否认,我们可以从格劳秀斯那里学到很多东西(第一、五讲)。格劳秀斯与西塞罗、亚里士多德、阿奎那(Thomas Aquinas)及现代思想家的比较在这门研讨课中比比皆是,这种比较阐明了施特劳斯关于"现代"的特质的观点以及其他诸多深刻的哲学问题(例如,可参见第十四讲开头的讨论)。

因此,这门研讨课引导我们走向的这场施特劳斯与格劳秀斯之间的对话,涉及了格劳秀斯两个面相的或者说"半现代半古典"的道德哲学的可能性或可行性。作为一个法学家,格劳秀斯当然对体现在具体义务中的那部分正义(right)和对实证法的授权范围感兴趣。他是第一个在自然正义/权利/法(right)中发现这种授权的人,或者至少是第一个系统地发展出一套自然权利理论,并将"主观的"或个人的权利(right)置于其理论核心的人,这是围绕着这个人(the person)的一个不可侵犯的范围(可以比照第二讲的内容)。可以这么说,出于现代的精神,格劳秀斯试图定义和保护这个道德领域,这个道德领域植根于自我

---

① 在这里,"古代"(ancient)是苏格拉底传统的简略表达:柏拉图、亚里士多德,以及他们的追随者,比如西塞罗。施特劳斯在研讨课中(第四讲)指出,古代的非苏格拉底追随者(比如智者学派或者伊壁鸠鲁学派)就不属于这类传统。

利益和生存,但他并没有如霍布斯后来所做的那样,把所有的正义(right)都减缩为利益和生存。

在这里,格劳秀斯再次将西塞罗作为权威,对西塞罗而言,利益和生存构筑了道德的合法部分,而社会性为其更高的目的(higher reach)做了奠基。① 站在格劳秀斯的立场上,我们可能要问:西塞罗、亚里士多德、阿奎那也试图在他们的道德理论中将更高的和更低的领域结合起来,我们给这些思想家以荣誉,为何不能将同样的荣誉给予格劳秀斯?格劳秀斯难道不也一样认为人类自然中同时有合法的自我利益以及社会性的另一面,难道不也一样认为任何道德理论必须同时考虑到这两方面?

施特劳斯在这门研讨课上似乎认为格劳秀斯的这种合成站不住脚,因为这种合成不同于古典式的合成。西塞罗和古典思想家不会定义出一种基于利益的个人"权利"(rights)的范围。他们的道德根本上是一种义务(即便有部分是基于生存),具备毫无疑问更有尊严和更具重要性的更高的道德领域。对于他们而言,更低的(lower)领域绝不可能代表自然正义的中心或者内核,尽管它呈现出了自然正义的合法性(legitimate),或者某种意义上更迫切的那部分。古典思想家不会像格劳秀斯那样,精确地描绘出一个由考虑自我(self-concern)占据主导地位的领域,以及它具体什么时候让位给更高的考虑(higer concerns)。他们认为这是一个关乎审慎(prudence)的问题,它没有办法精确地加以定义(例如,第一、二、十、十一讲)。

但是,格劳秀斯不仅将更低的(lower)领域重新界定为"严格意义上所称的法律"(law properly so called),同时坚持认定这种法律可以被系统地编纂出来,减缩为一种"技艺"(art)(*JBP*, Prolegomena, §30;比照第十讲)。这样的话,格劳秀斯就有义务在更低和更高的领域之间精确地划出一个界限,而古典思想家则没有义务必须这么做。

格劳秀斯合成这两种相互冲突的思潮的智识努力,同样也可清晰见于他对战争与和平的法(law)(或"正义"[right],拉丁文为 ius)的处

---

① 西塞罗,《论义务》(*On Duties*),1.4—5;3.10.42。

理之中。这当然是这次研讨课所用文本的主题,也是研讨课本身的重要主题。格劳秀斯认为,这种法有两个不同的来源:自然法(law of nature)和"万民意志法"(volitional law of nations),后者基于国与国之间的同意,或者至少基于"更好的"(the better sort)国与国之间的同意。①更广义的法也有两个相同的根源,传统上称之为自然法和人类法(human law)。在他的作品开头,格劳秀斯声称他自己是全面处理法的来源的这两种区别的第一人。这也包括了声称他是第一个将法学(jurisprudence)减缩为一门"技艺"的人:在这两个来源中,只有自然法能进行系统性或哲理性的研究(*JBP*, Prolegomena, §§30—31)。

除了将自然法系统化,格劳秀斯还将许多意志法(volitional law)进行编目,尤其是那些与战争有关的意志法。自然地,他也提出了关于法的两种来源之间或者两类法之间的关系问题。格劳秀斯明确认为,意志法基于人类的同意,不仅是自然法的补充,在某些情况下,甚至可以推翻自然法。正如施特劳斯所指出的,后来的现代自然法传统思想家不会同意这一点,他们认为不可推翻的自然法是法律及政治合法性的基准。这同样表明格劳秀斯代表了"一个过渡阶段"(a transitional stage)(参见第七讲)。

后世的思想家会赞同格劳秀斯所说的某些对于自然法的补充。格劳秀斯认为,人类意志法(无论是国内法,还是国际法)可能会比自然法本身施加更大的限制。例如,自然法允许一夫多妻制,但国内法可能要求一夫一妻制,格劳秀斯认为这是对于自然法的一种改进(*JBP*, 1.2.6.1)。同样地,自然法允许在战争中将用毒作为一种杀人手段,但是,格劳秀斯声称,万民意志法已经禁止用毒杀人(*JBP*, 3.4.15.1)。这类对于自然法的补充,某种程度上收紧了自然法,会得到霍布斯、洛克这样的思想家的支持,至少在国内领域中是如此(参见洛克,《政府论》[下篇][*Second Treatise*], §§81, 136)。

重要得多的则是,格劳秀斯宣称,另一方面,人类法可以放松自然

---

① *JBP*, 3.4.15.1.(这种标注方式指的是《战争与和平法》第三卷,第四章,第十五段,第一部分。此处及之后整个讲学录中,均使用这样的标准引用格式。)

法的要求,使得那些自然法所禁止的、依据自然(by nature)是不道德的或者有罪的事情得到允许。格劳秀斯的主要例证是关于战争的意志法,依据这项意志法,只要遵守"由主权国家宣战"这样的正式要求,战争双方都被视为合法地(legitimately)发动战争。在自然法要求下,只有开战理由正义(just)的交战方才有权发动战争(*JBP*, 3.4.3)。格劳秀斯认为,国家间的同意已经暂停了自然法的这项规定,从而将战争的权利(包括可能的对被征服民族的主权)给予了不正义的一方,也给予了正义的一方(*JBP*, 3.8.1)。因为人类意志(human will)的运作,"合法战争"(legal war)取代了"正义战争"(just war)。

施特劳斯对此提出质疑,不仅是出于道德原因,也是出于哲学原因。格劳秀斯的动机无可指责,一方面,他希望允许各国集体暂停服从自然法不切实际的要求(第三方怎么来确切地裁定,冲突中哪一方为非正义?),另一方面,他也试图阻止因为毫不妥协地执行正义(比如,无止境地报复行动)而导致的更大程度的暴力。施特劳斯承认格劳秀斯的意图,认为格劳秀斯在这一点上确实有功劳:在他之后的数个世纪中,战争变得更为人道。①

但是,对于格劳秀斯想要结合道德的更低和更高的两个领域的努力,施特劳斯怀疑格劳秀斯是否已经划清了一条原则界限来界分"可被允许的将正义暂停"和"不受支持的将正义暂停"(参见第十一讲)。格劳秀斯首先精确地展示自然法的要求,然后没有任何明确界限地允许对自然法的破坏。施特劳斯指责格劳秀斯因此在自然法/正义(natural right)的观念中造就了一个"重大弱点"(great weakness),有可能会弱化自然法/正义在人们心中的权威(参见第十、十一讲)。鉴于这个原因,施特劳斯认为,后世数个世纪中,战争变得越来越人道,在这一点上,卢梭要比格劳秀斯更有功劳(参见第十二讲)。

格劳秀斯无疑会认为,有必要允许自然法存在例外,以免自然法在

---

① 参见第十二、十三讲。罗伯特·豪斯(Robert Howse)在他的著作中提到了施特劳斯这门格劳秀斯研讨课的这一部分,并认为其更广义上是施特劳斯作为一个"和平的人"(a man of peace)的人道教学的范例。豪斯,《列奥·施特劳斯,一个和平的人》(*Leo Strauss, Man of Peace*),Cambridge: Cambridge University Press, 2014。

现实世界问题的压力之下崩溃,最明显就是在战争中:现实世界的问题要求放宽对正义的严格要求。格劳秀斯可能会认为,给出具有限定条件的允许,总比完全的无法无天要来得强:基于国与国同意的法给予了战争法以灵活性,以使战争法在现实实践中有用。对此,施特劳斯反驳道:格劳秀斯自己把自己逼进了死角。古典人知道,人类法实际上不可能执行所有的法律或自然正义/法(natural right)。他们不会把可行性的界限精确地描绘出来,因为那将随着情况的变化而变化,而且最终取决于"审慎"(prudence)(比如,第十一讲)。

但是,格劳秀斯认为,人类法原则上限定于执行道德的最小或者更低的那部分——这使得格劳秀斯成为自由主义关于有限政府(limited government)论证的先驱。施特劳斯认为,结果就是格劳秀斯不得不在这个点上论述得更为精确(参见第十一讲)。更古老的自然法传统(以托马斯主义为顶峰)内在有灵活性,它根植于一些一般性的原则,但可以随着情势的变化而有不同的运用。不过,格劳秀斯认定自然法可以被当作一种"技艺"或者"科学",因此,对于格劳秀斯来说,就不可能再有那种灵活的处理方式(参见第十二讲)。我们应该注意到,这些问题不是源自格劳秀斯连接古典和现代的意图,而是具体来自他思想中的现代要素。在这个意义上,施特劳斯对于格劳秀斯的这部分批判,也似乎是对于现代自然权利本身的批判(在第十一讲中提到)。

格劳秀斯的论证存在一个最终的令人困惑的转折:在允许经由各国的同意而对自然法进行各种暂停之后,格劳秀斯在书接近结尾的地方逆转了过来,"我必须取消那些我似乎准备授予但尚未真正授予他们的几乎所有特权"(*JBP*, 3.10.1.1)。书中接下来则是劝诫不要去利用万民意志法所给予交战方的那些暂停正义的机会,而应该去坚持更高的道德标准(a higher moral standard)。格劳秀斯再一次清楚地显示出他一再使得战争变得更少野蛮的意愿,但是他的做法又凸显了万民意志法(它纵容很多行为)和严格意义上的自然法之间的歧义不清的关系。施特劳斯的结论是,尽管格劳秀斯的意图很好,但他对战争人道化的努力"并未充分实现",这部分地是出于他对人道(humanity)的德性、严格意义上的正义(right)和意志法之间最终关系的矛盾心理

（参见第十二、十三、十四讲）。

对于那些向施特劳斯抱怨"令人不爽的格劳秀斯"的学生，施特劳斯回应说，花点时间来读读格劳秀斯这样一位作者，尤其有价值。尽管作为一名作家，他不够雅致，作为一名思想家，他有不少缺陷，但是他提出了深具重要性的问题，并且迫使我们去思考这些问题。正如施特劳斯在谈及他自己的行动时所说的，"教育就是播种"（teaching is sowing）（参见第十三讲），那么格劳秀斯的思想种子最能结出硕果。无论如何评价格劳秀斯的思想融贯性，或者他作为哲人的最终地位问题，这门研讨课为我们思索许多最艰深、最棘手的政治哲学问题提供了工具。

  * * * *

那些对施特劳斯的政治学感兴趣的人（通常意义或者"零售竞选"①意义上所理解的"政治学"），这个讲学录中的有些地方会让他们感兴趣。1964年秋天，民主党候选人约翰逊（Lyndon Johnson）和共和党人戈德华特（Barry Goldwater）竞选美国总统。这是美国政治史上具有戏剧性和关键性的事件。约翰逊在十一月的选举中压倒性地取得了胜利，但戈德华特的提名标志着共和党内一种新型的、更顽固的保守主义的兴起。两位候选人展示出截然对立的政治观点。竞选中的议题包括了国内民权、战争和对外政策。

这是冷战的高峰，美军此时正在越南。这是用来思考战争及国际政治中正义的绝好机会，施特劳斯例举了涉及这一时期的诸多国际事件。他的评论不仅反对将战争中的野蛮行为和国际政治中的不道德最小化的意图，而且也反对一种"现实主义"（realist）的观点，即这些野蛮和不道德永远不可能完全消除。② 在研讨课上，施特劳斯仅数次提到总统选举，且没有提及他自己站在谁一边。

在第三讲开始，施特劳斯提到了一般意义上的保守主义，指出美国

---

① ［译注］retail politics，"零售"政治、"零售"竞选政治。
② 比如，参见第四、十四讲。豪斯在他的著作中详细探讨了施特劳斯思想中的这种平衡，参见豪斯，《列奥·施特劳斯，一个和平的人》，pp. 150, 156, 162。

保守主义内部分裂为今天所称的"经济保守主义"和"社会保守主义",后者更多考虑社会道德(social morals)。他指出,戈德华特在竞选中同时站在这两派立场上说话。至于施特劳斯自己的观点,他不设防地告知学生:

> 粗略地说,我经常称自己是保守主义者(即便不是极端保守者),因为我不害怕争执。

说"粗略",是因为当代对于"自由主义"和"保守主义"的分类并不能完美地把握一种植根于古典思想的立场。除此以外,当今的自由主义者和保守主义者都共享了一种对于明确现代意义上的个人自由的推崇(参见第二讲)。施特劳斯指出,在某些方面,古典立场确实与当今的社会保守主义一致,因为古典思想将公民合宜道德的形成视为政治的一项关键功能(参见第四讲)。同时,信奉前现代政治哲学的人可以字面地被称为"极端保守主义"(reactionary),尽管不是在这个词通常使用的意义上。①

施特劳斯将"极端保守主义"的标签给了斯威夫特(Jonathan Swift),他在其《书籍之战》和《格列佛游记》中让古典人胜过现代人(参见第四讲)。在第三讲中,施特劳斯称1964年的民权法案(Civil Rights Act)为"这个国家最重要的政治事件"。与这一法案相关,他提到,自由主义者的典型立场是强调正义的立即实现,而保守主义者可能会更谨慎。也就是说,基于政治的实际限制,保守主义者可能会看到存在暂时延缓正义的必要性(参看第三讲;比照第四讲、第九讲)。

---

① [译注]reactionary,极端保守的、反动的。

文本及术语的说明

课堂上指定的格劳秀斯文本是凯尔西(Francis W. Kelsey)的译本，由卡内基国际和平基金会于1925年首次出版。这个译本迄今由诸多不同的出版商再版过，其中包括1962年玻白斯-麦瑞尔(Bobbs-Merrill)公司的复制版(很可能这就是当时研讨课所要求使用的版本)。① 撰写本文时，这个译本已经可以在网上获得：http://www.lonang.com/exlibris/grotius/。这个网上版本省去了格劳秀斯的拉丁文文本中的注释和页边注(在纸质版中是有的)。格劳秀斯这部著作的拉丁文文本则由卡内基基金会于1913年出版，现在也可以从网上获得：http://www.google.com/books? id=Z0MwAAAAYAAJ。

在研讨课上，施特劳斯经常提及一本出版于1660年的格罗诺维乌斯(Johann Friedrich Gronovius)的评注。这本评注对格劳秀斯著作拉丁文版本进行了详细的注释，据笔者了解，该书从未译成英文。

《战争与和平法》(On the Law of War and Peace[de Jure Belli ac Pacis])由一个导言(Prolegomena)和三大卷构成。导言每段有标准的段落编码，在这个讲学录中，就是以编码来进行引用的。每一卷都有一系列章节，每一章又分为数个部分，其中大部分都再度分为有编码的小部分。因此，对于格劳秀斯大部分段落的标准引用(笔者也如此采用)，

---

① 格劳秀斯，《战争与和平法》(On the Law of War and Peace), translated by Francis W. Kelsey, with the collaboration of Arthur E. R. Boak, Henry A. Sanders, Jesse S. Reeves, and Herbert F. Wright, Indianapolis: Bobbs-Merrill, 1962。[译注]后文按照国际惯例全都标记成 *JBP*。

包含了四个由句号分开的数字(比如,2.23.13.3)。

施特劳斯在研讨课中使用的术语为:章节分为"段落"(paragraphs),段落再分为"部分"(sections)(参见第三讲)。但是,他并不总是遵照这样的术语,因此,笔者修改了讲学录中某些不一致的地方,以保证文本的前后一致。

记录课程的原始磁带不存在了,因此,在记录者写"听不清"的地方或者似乎记录有误的地方,也不可能与原始录音进行核对。我试图尽可能重建原文,用注释标出修改的地方。如果我自己的猜测并不比读者更好,那么我就只留下打字稿中的"听不清"字样。

英文编者说明

这门课程的各讲均没有录音留存。这份讲学录依据的是原始打字稿,原记录者不详。

这门课程以研讨课的方式进行,课程(第一讲之后)通常从阅读一位学生的论文开始,施特劳斯加以评论,然后课上由一位朗读者大声朗读格劳秀斯的文本,施特劳斯加以评论,并回应学生的提问和评论。施特劳斯研讨课上学生论文的阅读没有录音,也没有录入原始打字稿中,不过原始打字稿中通常还是记录下了施特劳斯对学生论文的评论。

课上大声朗读文本时,本记录稿逐字记录下了课程指定文本中的文字,其中的原始拼写予以保留。所有段落均标注出处。

课程的指定文本可能是 Grotius, *On the Law of War and Peace*, trans. Francis W. Kelsey, Indianapolis: Bobbs-Merrill, 1962。(参见编者之前写的"文本及术语的说明"。)

这份讲学录由斯蒂芬·福德整理,菲利普·布雷顿(Philip Bretton)协助。

这份讲学录中有一些编者插入语,这在其他的施特劳斯课程记录稿中不常见,每个插入语都用方括号标注。原始打字稿有极高的错录次数和极多的"听不清"。依据前后情景,参考文本,以及通过推论,编辑者重构起施特劳斯评论的内容以及那些学生的评论的内容。正如编者在前面说明中所说:"记录课程的原始磁带不存在了,因此在记录者写'听不清'的地方或者似乎记录有误的地方,也不可能与原始录音进行核对。我试图尽可能重建原文,标出修改的地方。如果我自己的猜测并不比读者更好,那么我就只留下打字稿中的'听不清'字样。"

　　有关讲学录整理规划和编辑的指导原则,参见前面的总导言。①

---

① ［译注］即《施特劳斯讲学录整理规划》(李向利译)。

第 一 讲

课程导论+文本的导言部分

（1964 年 10 月 6 日）

施特劳斯：［进行中］这种区分并不明确，因为它不全面。人们理解的［理论］，必须更精确地描述成为了假设形成所作的假设方向。马克思主义理论并不被仅仅理解成一个真实理论，而是作为一个某种程度上有用处的假设。其他类似的理论都可以这么理解。所有的非假设命题都是经验研究的结果，而不是理论的结果。以上是一种观点。另一种观点认为，存在一种［绝对的］和本质性的政治理论，这种理论作非假设性的断言。这些断言并不必然是规范性的（normative），但这一点，我认为是更为根本的区别。假如从多个方面仔细思考，比如这样，真的很难只认为这是一个非规范性的（non-normative）政治理论。①

进行更宽泛的政治分析时，我们不得不同时考虑制度和意识形态。如果从某种意义上更深入地思考这种区分，你就会发现一种更古老的、非常有用的东西，即我们需要思考政制（regime）——也就是，自由民主制、共产主义、法西斯主义，无论到底是什么——政制最终依赖于它自己所献身的目的（end）。目的是一个社会之为社会所尊重的东西，它赋予这个社会以特质。如今，所有这些政制都有自己的宣称：自由民主制认为自己比共产主义强，反过来也是如此。这种宣称必须得到满足，否则就不会有人为这个目的而竭尽全力，这意味着需要考虑不同的政

---

① ［译注］这里似乎是在说：一种绝对的和本质性的政治理论可以作出非规范性的命题（即非假设性命题），但它又不仅仅是一种经验研究。施特劳斯马上提及：它还包含了目的。

制之间的等级排序。哪个更好?

现在,我们在内容上做一个很大的跳跃。在早期的人类思想中,下面这种观点很流行:如果我们不知道,依据自然(by nature)什么是正义的,就无法确定这种等级排序。我们可以将或多或少有缺陷的政制理解为或多或少很大偏离"依据自然是正义的"东西。"依据自然是正义的"(by nature just)这一说法,是从相应的希腊文词汇直译而来的。自然正义/法(natural right)和自然法(natural law)这样的传统说法,表达的也是同样的意思,但更为人熟知。我在这里刻意不再去分析这两个说法的区别。这个问题很重要,因为很显然,是否存在独立于人类意志(human will)之外的标准——这就是"依据自然"(by nature)这一说法的含义;这些标准并非人类制定——这是很重要的问题。

让我们读一下柏拉图《法义》(Laws)第一卷中的一个段落。

朗读者:

> 不是瞎说,克里特人的法律在所有希腊人中尤为有名,因为它们是正确的法律,这些法律提供了好(good)的东西,使用这些法律的人都生活得很好。这些好有两种——人类的(human)好和神圣的(divine)好。人类的好依赖于神圣的好,同时,在得到神圣的好时,也会得到人类的好;否则就两者都得不到。在人类的好中,健康排名第一,美貌排名第二,(在跑步和其他身体运动中的)强壮排名第三,财富排名第四——不是盲目的财富,而是眼光锐利的那种,因为这种财富以智慧为伴,而智慧则在神圣的好中排第一位。灵魂的理智排在神圣的好的第二位。来源于前两者,同时再加上勇气,就形成了正义。而正义则排在第三位。第四位是勇气。所有这些都依据自然地高于人类的好,立法者必须忠实地来给他们这样排序。①

施特劳斯:这可能是这一说法的最清晰、最古老的表述:所有的立

---

① 柏拉图,《法义》,631b-d。

法(如果不是盲目的和独断的)都必须[立基于]事物的某些固有秩序。这种固有秩序——这些是立法的真正原则。

如今这一观点被普遍拒斥,但是很明显,无论这个说法是否完美,它对于政治学或者法学而言,是最重要的问题——即是否存在这样一个依据自然的(即独立于人类仲裁的)好的秩序。为了能有益地探讨这个问题,而不是仅仅重复双方的口号,我们一定要有更深的知识。我的意思是,柏拉图这一段和其他的段落都不是"更深的知识",也即,现实地说,我们必须考虑历史知识。

我来提醒大家一些比较可信的历史知识:《独立宣言》在立法的最高层面上呼吁自然权利(right);法国革命中也有类似的文件,例如《人权宣言》,也有相同的广泛影响力。现在,如果我们将这两个著名文献与下面的文献进行比较——1689 年的《权利宣言》或者 1629 年的《权利请愿书》(Petition of Right)或者类似的东西,为反抗西班牙王权提供合法性的《荷兰独立宣言》①——我们得出如下的结论。对于自然权利的呼吁,在美国革命和法国革命中是如此明确,但并没有在更早的这些革命中出现。

相比之前,自然权利于十八世纪在政治上有大得多的重要性。我想,这也是广为人知的常识。不过,许多历史学家并没有继续思考更深的问题:在十八世纪变得如此有力的自然权利(natural right)是否与之前世纪中的 natural right 是同一个东西?② 或者,它难道不是一种新的 natural right,而这种新的 natural right 给了自然法在十八世纪以及直到今天(以或多或少伪装了的方式)的政治效用吗?

现在,可以展示自然权利内部发生的根本性变化了,关于这种根本性变化的最清晰的段落出现在一个大家完全意想不到的地方,即霍布斯的《法的要素:自然法与政治法》(Elements of Law: Natural and Politic)中。在其中,霍布斯说:

---

① 发布于 1581 年。
② [译注]要特别注意 natural right 古今含义的差异,所以在中译中,natural right 会依据不同的情境翻译成"自然正义""自然法""自然权利"。遇容易含混处,则保留多种含义及英文。

朗读者：

从我们人类自然的两个主要部分（即理性与激情）中，生发出两种学习方式，一种是数学式的（mathematical），一种是独断式的（dogmatical）。前者不会有什么争议和争论，因为它只需要比较数字和位移，在这些事物中，真理及人与人之间的利益不相冲突；但在后者，则没有什么事情不冲突，它要相互比较，要干涉其权利和利益，在这些事物中，理性经常反对人类，人类经常反对理性。

因此，那些撰写通常意义上的正义与政治的作家经常相互侵犯且自相矛盾。将这种教义减缩为理性的规则和理性的不可变更性，没有别的办法：首先，将这些原则放下而寻找一个根基，即激情（而不是不可信任的东西），然后，慢慢将真理奠基于自然法（迄今为止的自然法都是空中楼阁）之上，直到坚不可摧。①

施特劳斯：因此，换句话说，霍布斯认为迄今为止的自然法都仅仅是名义上的或声称的，或者说，自然法都是空中楼阁（built in the air）。他将建构起真实的基础，通过制定可被信任的原则——即，用他的话说，通过激情（passion）——来建构起真正的基础。这意味着，更古老的自然法传统奠定了与激情相背离的原则。

因此，是霍布斯才真正开始了最有前途的对自然法更深一步的研究，因为霍布斯显然声称他自己才是牢靠的（solid）自然法的创始人，这种自然法与传统的不牢靠的自然法相对立。如今在某些教科书中，霍布斯经常与智术师一同被提及。这不合情理。智术师们不是自然法的导师。智术师们否认存在任何自然法。这些用来形容智术师的说法，也适用于马基雅维利（Niccolo Machiavelli）。无论霍布斯与马基雅维利之间是什么样的关系，但马基雅维利不懂自然权利/法（natural right），而霍布斯则是自然权利（natural right）的导师。

---

① 霍布斯，《法的要素：自然法与政治法》（*Elements of Law：Natural and Politic*），《献辞》（Epistle Dedicatory），可见于http://etext.lib.virginia.edu/toc/modeng/public/Hob2Ele.html。

当我还是学生的时候——那是很久以前了——我学到,十七世纪或十七世纪左右的时候发生了某种变化,那种变化源自雨果·格劳秀斯。据说,他将自然法从神学监护下解放出来。他们引用了一段话(我们待会儿马上就要读到),格劳秀斯在那里说:即便没有上帝,自然法也将存在。因此,自然法不是基于神学,既不是基于[启示]神学、基督教神学,也不是基于自然神学(这是仅仅基于人类理性的神学)。不过,即便在那个时候(我还非常年轻),如果略多进行一些阅读的话——比如,读过基尔克(Otto von Gierke)关于阿尔图修斯(Althusius)的书,该书以《政治理论》为名被译成英文。① 在这本书中,他给出了一个概览,引用了一批接受格劳秀斯同样观点的经院哲人,比如,苏亚雷斯(Francisco Suárez)。②

因此,如果说"非神学的 natural right 学说"是一个非常重要的变革,那么这些经院哲人的说法要比格劳秀斯还早了一个世纪。更不要说这样一个事实:至少从表面上看起来,亚里士多德在他的《伦理学》一书中展示给我们的 natural right 学说,并不显然是神学学说。所以,将格劳秀斯与自然法的非神学变革联系在一起,无疑并没有基于充分的研究。因此,这样一种代表了格劳秀斯的说法,仍然以最习以为常的方式在一些不发达的国家被谈论着,但它却[未得到清晰证实]。不过,格劳秀斯可能仍然以不同的方式为霍布斯所开启的这个巨大变革做了准备。我们正是要研究这一点:格劳秀斯的自然法学说是不是已经处在从阿奎那或者从亚里士多德向霍布斯转变的过程之中。格劳秀斯的工作取得了巨大的成功,这使得我们有可能发现他做了其他人没

---

① 基尔克,《政治理论的发展》(*The Development of Political Theory*), trans. Bernard Freyd, New York: W. W. Norton, 1939。

② 基尔克提到了苏亚雷斯,格劳秀斯前一代的经院哲学家(参见上书, pp. 73—74)。这也适用于任何坚持理性主义的基督教思想家,他们认为自然法本质上是理性的,而非独断的神圣意志的产物。这一点不适用于唯意志论的思想流派。苏亚雷斯自己将神学家归为这两个思想流派(这也是为何本讲下文中施特劳斯引用他的原因)。可参见苏亚雷斯,《论法律与作为立法者的上帝》(*Treatise On Laws and God the Lawgiver*),收录于《作品选》(*Selections from Three Works*), vol. 2, trans. Gwladys L. Williams, Ammi Brown, John Waldron, and S. J. Henry Davis, Oxford: Oxford University Press, 1944, pp. 189—191。

有做过的事情、说出了新鲜事。

顺便说一句,他的个人经历同样充满冒险,如果有机会阅读一本他的传记,你可以只是为了有趣而读。他因为严重叛国罪而被判刑,后又减为终身监禁,他的妻子设计将他救出,把他装在脏兮兮的麻布袋里,逃出了那个城堡。他最终的结局同样令人心碎。请大家记住他的生卒年月:1583—1645年。霍布斯的拉丁文版《论公民》(De Cive)出版三年后,格劳秀斯去世。笛卡尔(Descartes)于1637年写了一部很流行的作品(也是他的第一部作品),而此时格劳秀斯正好住在法国。① 他生活在新潮流不断酝酿的氛围中,这种氛围的高潮则是笛卡尔的以及特别是牛顿的物理学;但这已经颇有戏剧性了。

至于他的巨大声名,如今流行的答案是认为:格劳秀斯之所以值得被纪念,并非因为其自然法学说,而是因为他是国际法(international law)的创始人。这里的原因很复杂。努斯鲍姆(Arthur Nussbaum)写了一本关于万民法(law of nations)简史的书,由麦克米兰公司大约出版于1947年,书中会告诉你,一个当今的国际法专家可能会持什么观点。② 我们都知道,专家有很多优点,但他们也有他们的狭隘,因此阅读这本书时要有一定的警惕。这也就是这样一个问题:这是一本关于国际法的书吗?在多大程度上是?

除非转向格劳秀斯的作品本身,否则无法回答这个问题。格劳秀斯有一个非常长的导言,他称之为 Prolegomena,这就是希腊语的"导言"。这个导言极为博学,不过有些傲慢,并且并不总是牢靠。正如前辈评论者所指出的,他把各种东西都搞错了。这本书两年写完,但他当然已经是一个非常成熟的人。不过,即便是一个非常成熟和博学的人,也不可能在两年内写完这样一本书。这书还有一定程度的卖弄学问。有一处,在完全没有必要提及形成契约的程式的时候,他不仅引用了拉丁文、希腊文和希伯来文,还引用了阿拉伯文。当阿拉伯文出现时,我在想,他这里是有点卖弄学问了——不过,这自然也没啥害处。

---

① 笛卡尔的《方法论》(Discourse on the Method)出版于1637年。
② 努斯鲍姆,《万民法简史》(A Concise History of the Law of Nations), New York: Macmillan, 1947。

格劳秀斯在其研究一开始就声称,没有人全面并有条理地研究过国际法,因此,他的研究可以被称为是对国际法的第一次全面并有条理的研究。这样一种研究是必要的,因为有人否认有国际法这种东西。这些人同样认为完全不存在什么正义(right),不存在严格意义上的正义(right strictly speaking)。当然,他们知道存在法律,存在法律的体系,但这些与正义无关,与固有的正义(intrinsic right)无关。在这里,格劳秀斯提到了这一类观点的最卓越的倡导者:希腊哲人卡涅阿德(Carneades),一位怀疑论哲人。西塞罗在《论共和国》中对他进行了长篇论述。① 他的观点是:法律秩序的不同是基于不同的民情(mores)和不同社会的功利。根本就不存在自然正义(right)。②

格劳秀斯对此反驳如下:人类同其他动物(other animals)之间存在着根本性的差异。适合人类的,则是追求与他的同类有一个宁静和秩序良好的社会。人类不仅仅关心他自己的功利和基于功利的利益计算;人类依据自然而言是社会动物(a social being)。从这一点来看,格劳秀斯当然遵循了传统,尤其是亚里士多德的传统。我在某处读到,有人认为格劳秀斯反对人类的自然社会性(natural sociality),但我看不到这种判断有什么根据。

格劳秀斯继续反驳如下:从这种人类的自然社会性中,产生出了正义(right),这种正义是就"正义"的严格意义而言的(in the proper meaning of the term),即放弃那些应属于他人的东西。进一步而言,"正义"在更为宽泛的意义上(in the wider sense of the term),是指放弃任何不适

---

① 柏拉图,《王制》(Republic),III. 5—21。格劳秀斯对卡涅阿德的讨论可见 JBP, Prolegomena, 5, 16—18。本课程使用的格劳秀斯文本为:格劳秀斯,《战争与和平法》,trans. Francis W. Kelsey, New York: Carnegie Foundation for International Peace, 1925。该译本在多年内已经被多个出版商重印过。如今也可以从龙南研究所(the Lonang Institute)的网上获得(尽管没有注脚和解释):http://www.lonang.com/exlibris/grotius/。这里的引用包含了原初拉丁文题目(De Jure Belli ac Pacis)的缩写。[译注]课程使用文本的版本信息(出版年份)与之前给出的有差异(译文无区别),中译仍予以保留。
② 卡涅阿德是柏拉图创立的学园的领袖,生活于柏拉图之后大约两个世纪。他通常被认为是"新学园"的创立者,在这个学园内教授这样的观点:确定性是不可能的。非常有名的是,他曾连续几天争论和反对正义,尽管这是为了方便发现哪种论证更有真理的可能性(probability)。

合人类自然(理性动物和社会动物的自然)的东西。换句话说,"正义"在更为宽泛的意义上与正确的理性(right reason)相符合。举个例子,如果正确的理性赞同将节俭同慷慨(而非贪婪、贪心、吝啬)相结合,那么,在严格意义上将节约和慷慨结合就是正义。

格劳秀斯从一开始就清楚地表明,他不关心更为宽泛意义上的正义,而仅关注更窄狭意义上的正义,他称这样的正义为严格(properly)理解的正义。严格理解的正义,仅限于本应属于他人的东西,即那些东西应该留给他人或者还给他人。这个区分对格劳秀斯而言绝对关键,而且为后来的发展做了准备。在日后的语言中,这一点被称之为法律与道德之间的区别。在更为古老的观点中,道德与法律之间并不截然有别。这一点是在现代经由一个很长的历程而实现的,最终大约在十八世纪末完成,但十七世纪和十八世纪都在这个历程中。在格劳秀斯这里,我们听到了关于这个问题的清晰表述。存在一种更窄狭意义上理解的正义(right);这应归入法律范畴,无论是自然法,还是实证法。更宽泛意义上理解的正义(right)则等同于人自己的义务。

现在,我们来看第十一段——这是一个著名的或者臭名昭著的段落,我们应该读一下。

朗读者:

> 即使我们假设上帝竟然是不存在的,或者人类的事物竟然与他无关,我们之前已经说过的东西也仍然有某种程度的正确性,但这种假设的作出,是一种最大的罪恶(the utmost wickedness)。与这种观点相反的说法已经根植在我们心中,部分是因为理性,部分是因为世代延续的传统。上帝存在,这种传统的说法已经被无数的证据和所有时代的奇迹所证明。因此,绝无任何保留地,我们必须服从于我们的造物者上帝,我们之所以成为我们,以及我们所拥有的一切,都来自上帝。特别是,上帝通过各种方式显示了他的至善和至高无上的权力,所以,对于服从他的人,上帝能够给予最大的回报,甚至是永恒的回报——因为上帝本身是永恒的。更进一步地,我们要相信,上帝愿意给予回报;如果他用平时的语言已经

作出了承诺,那么我们更加要珍惜这样的信仰。我们基督徒确信,各种证据已经确定无疑地表明他做到了这一点。①

施特劳斯:格劳秀斯显然拒斥了这个观点,但他仍然没有收回开头的话:即便没有上帝或者神,自然正义(natural right)仍将正确。在那个意义上,自然正义完全独立于神学之外,无论是自然神学,还是[启示神学]。但是,他继续说:通过理性可以知道上帝的存在,天意可以通过世代延续的传统来知晓。这是我理解这一段的方式。很多论证可以证明上帝的存在,所有年代的人都承认奇迹,奇迹同时又被天意所证明。正义(right)[仍然是]——但是,这是哪种正义?当然是自然正义。不过,这是在字面意义上,还是严格意义上?正义包含了对上帝的服从,而这种服从得到了永恒回报的奖赏。格劳秀斯在这里没有提到惩罚,尤其是永恒惩罚(eternal punishment),这一点将会在之后处理惩罚问题的很长章节中出现。

你们中有能力阅读拉丁文的人(是一小部分人),可以看看苏亚雷斯的《论法律与作为立法者的上帝》第二卷第六章的第三部分,那是经院哲学讨论中的老传统。② 有一些经院哲人认为,自然正义独立于任何神圣的惩罚(divine sanction)。

我曾读到过一位较冷僻的作家写的一个段落,他叫费尔巴哈,某种意义上,他是马克思的导师,他写了一本关于培尔(Pierre Bayle)的书。培尔是十七世纪末期的人物,他认识洛克(Locke)且是[启蒙时代]第一个教导说"无神论社会有可能"的人。③ 他引用了培尔的一段话:德性(virtue)中存在一种内在的义务,因为在上帝下达命令之前,道德德性就已经对人施加了某些义务。

因此,阿奎那和格劳秀斯可以坚称,即便没有上帝,我们仍然要服

---

① *JBP*, Prolegomena, 11.
② 苏亚雷斯,《论法律与作为立法者的上帝》(*Treatise On Laws and God the Lawgiver*)。
③ 费尔巴哈,《比埃尔·培尔对哲学史和人类史的贡献》(*Pierre Bayle: Ein Beitrag zur Geschichte der Philosophie und Menschheit*),Berlin: Akademie Verlag, 1967。该书最早出版于1838年。费尔巴哈在"伦理理性的独立性"(*Die Selbständigkeit der ethischen Vernunft*)这一部分中(页86—108)引述了一些前述的培尔的段落。

从自然正义的法律(laws of natural right)。我曾徒劳地想找到阿奎那这一说法所在的章节,但最后发现他的想法是在《神学大全》第二集第一部分第七十一题第六节的回应(*Summa*, *Prima Secundae*, question 71, article 6, *ad quintum*)中,在回答第五个反驳的内容时出现的。在那里,托马斯作出了这样的区别:哲人不在道德探讨中提及上帝,而神学家则相反。这是一个非常细微的、论述不充分的[地方],但我提一下,你们中间有些人会有兴趣。

格劳秀斯当然承认,有一种正义(right)不是来自于自然,而是来自于上帝的自由意志。更进一步地,把自然正义/法归之于上帝当然也可以,但问题是:这是不是必须?同样,很清楚的是,自然正义不仅从人类的理性中[显现],也可以从《圣经》中[启示]。①

[自然法不同于各种实证法。正如格劳秀斯所说,存在意志法——"意志的"意味着依赖于意志——意志法要么是神圣意志法,要么是人类意志法。]人类意志法毫无疑问是指不同国家的实证法,但依据格劳秀斯,人类意志法一定有一个自然正义/权利的根基(a natural right basis),原因在于:我们为何会服从某些立法者(他们可能并不是最有智慧的人类)所立的法?因此,一定存在一个自然正义的根基,我们据此服从国家的法律,正是自然正义原则让我们遵守盟约。如果我们违反了法律,就违背了社会中的契约根基。

卡涅阿德仅仅是一个象征或者某种意义上的标志,代表了那些拒斥自然权利的人。格劳秀斯反对卡涅阿德,他坚持认为,功利不是正义/权利(right)的一个模式,人类的自然才是。功利主义者就像这个名称一样,认定功利是正义的一个模式。格劳秀斯认为,功利也不是公民正义(人类正义)的母亲,因为公民正义从同意(consent)获得其约束力,而不是从功利中获得。确实,对于功利的思考进入了立法的过程,但当你对面立法的成果②时,并非是功利向你施加了服从的义务。

---

① 讨论完第十一段后,施特劳斯这里可能正在讨论第十二段。
② [译注]即法律本身。

格劳秀斯接着开始提及第三类法,万民法(ius gentium)。在格劳秀斯和苏亚雷斯那里,这个词开始表示国际法的含义,国与国之间的法律。传统上,它并没有这个含义。传统上,它要么指本身或者某些部分是自然的东西,要么指(格劳秀斯也这么认为)普适法(a universal law)——处处要求服从的法,这并非因为它是自然的,而是因为所有国家都一致同意它,或者绝大部分国家都赞成它。我们需要记住这一点,它会在本课程的这本书中不停地复现。万民法逐渐变为只用来表示国际法,这是后格劳秀斯时代的发展,对国际法的历史来说,这无疑异常重要。关于万民法,格劳秀斯认为,这对于人类自然(human nature)非常方便且有用。这里的"有用"更必要,它能使万民法比其他的法律更有约束力。

格劳秀斯给了一些支持国际法的理由,这些理由非常鲜明,今天仍然被人提及。每一个国家(无论它有多强大),都时不时需要外部的帮助:因此需要联盟。如果不存在这样的前提,即诺言都会得到遵守,那么联盟就会变得绝对没有意义。这是一个正义的、正确的行动,进而需要一种国家间或者整个人类的正义(right)。

最重要的是,国与国之间存在正义,这个事实表明战争存在正义/法/权利(right),战争并不是一件完全没有法律(lawless)的事情。这种战争的正义不仅适用于战争过程中(你可以对敌人做什么以及不可以做什么),并且也适用于开战。战争必须是正义的。格劳秀斯原则上完全接受了这种古典的经院哲学教导,而之后国际法的发展则去掉了正义战争的概念(正如我在努斯鲍姆那里得知的)。这种去除无伤大雅,但我们时代的世界大战爆发了,战争罪行的问题在第一次世界大战结束时被提出,当然,第二次世界大战中对战争罪行的问题更加强调。

正如格劳秀斯所说,他的意图源于整个基督教世界对于战争的正义/法(right)的漠视。这本书写于三十年战争期间。① 当时,战争的状

---

① 三十年战争(1618—1648 年),新教与天主教之间的一场冲突,这是欧洲历史上最为血腥的战争之一。

态使得许多基督徒否认战争可能是正义的,尤其是因为基督教首先要求博爱所有人,战争怎么可能是一种博爱的行动?他在这里只提到了一位基督教作家,那就是伊拉斯谟(Erasmus),他也是一位荷兰人——我忘记说了,格劳秀斯也是一位荷兰人。

格劳秀斯反对两种错误,第一种错误认为,战争不在任何意义上服从任何法律(law),完全无法(lawless);第二种错误认为,战争本质上不合宜(improper)。他在书的主体部分会讨论这个问题。迄今为止,我们有这样一个清晰的印象:格劳秀斯的作品只关注如今被称之为万民法或者国际法的东西,并不关注其他东西。但是,如果你从这个角度来看这本书,就会发现他的书里有非常多的与主题无关的内容。其中有很多私法的内容,不仅是国际私法,而且有很多国内法。

因此,我们现在来看一下这本书的完整题目①:

> 论战争与和平的正义/法,三卷本,在其中,解释了自然法和万民法,同时还有公法的最重要的内容(On the Right of War and Peace, Three Books, in which the law of nature and of the nations are explained, and also the most important things of public law)。②

所以,很明显地,这本书并不仅仅限于国际法,里面有公法(我们现在称为宪法),也有自然法(它当然不会仅限于国际法)、万民法(ius gentium)——这个词有模糊性,不仅仅指国与国之间的法,也指整个人

---

① [译注]凯尔西英译本中依据1646年拉丁版所译的完整题目如下(大小写也一仍其旧):ON THE LAW OF WAR AND PEACE / THREE BOOKS / Wherein are set forth the law of nature and of nations / Also the principles of public law / NEW EDITION / With the annotations of the author / Now much enlarged in consequence of his last revision before his death / Whereto have been added also Notes on / THE EPISTLE OF PAUL TO PHILEMON。
② 拉丁原文的题目是 *De Jure Belli ac Pacis*,经常被译为 *The Law of War and Peace*,这是施特劳斯在这门课程中使用的英文题目。right一词更像是拉丁文 ius(jure)的翻译,而不是 law 更符合,但是格劳秀斯既在 law,又在 right 的意义上,使用 ius 这个词(施特劳斯在讲学录中两种翻译都使用)。读者需要记住,拉丁文本身有这两种含义。

类都接受的法,或者更文明的国家(more civilized nations)所接受的法,而不管这是关系到他们之间的法,还是他们内部的法。这里仅仅举一个例子,关于乱伦(incest)的法律,即对乱伦的禁止,对格劳秀斯来说,这不是自然的禁止(natural prohibitions),而是在万民法之古老的含义上,依据万民法的禁止。这种禁止属于万民法而不仅仅是国内法的证据是:在父母和孩子之间的乱伦在所有的文明国家(all civilized nations)都被禁止。①

第三十段是格劳秀斯意图的再述,我想我们也应该读一下这一段。

朗读者:

> 同时,经过私下的努力研究,我希望——在我不得不被我曾经付出如此多心血的祖国驱逐之后,私下研究是我唯一可以走的道路——某种程度上可以继续研究法哲学(the philosophy of law)——

施特劳斯:应该是"法学"(jurisprudence)。jurisprudence 在拉丁文中的意思当然比在美国或者英国的用法中更为宽泛。它指对法律的所有研究,所有对法律的智力研究,但 jurisprudence 如今或多或少是指法哲学,如果我正确地理解了现今美国对这个词的用法的话,我说得对吗? 但是,我们这里不称之为哲学,我们用 jurisprudence。

朗读者:

> 此前,在担任公职的时候,我尽最大可能地最大限度地认真进行法学方面的实践。这里很多人试图对这个主题做一个系统的展示;没有人成功。事实上,这样的成功是不可能的,如果不能把那些来自实证法的要素和那些来自自然法的要素严格地区分开的话。这一点迄今为止,很多人并没有充分考虑过。对于自然法的

---

① [译注]这当然也意味着,格劳秀斯承认不文明的国家则不禁止乱伦。但他们仍然是人类,具有人类的自然(nature)。因此,"禁止乱伦"仅仅是万民法,而非自然法。

原则来说,因为它们总是相同,因此可以很容易地纳入一个系统形式中(into a systematic form)——

施特劳斯:应该是"纳入技艺的形式中"(into the form of art)①——

朗读者:

但是,实证法的要素,因为它们经常发生变化,而且不同的地方会有不同的实证法,因此不能进行系统性研究(outside of the domain of systematic treatment)——

施特劳斯:应该是"不能归为技艺"(outside of art)②——
朗读者:

就像其他特殊性的事物的观念一样。③

施特劳斯:因此,我们在这里看到的,是一种很老派的关于何者归为技艺以及何者归为科学的观念,但这是亚里士多德式的观点。他试图将立法(jurisprudentia)减缩为一种技艺,这一点很多人尝试过,但没有人成功。为什么他们失败了?这很重要。他们没能有效地区分自然法和实证法。他们给法律做了限定,有可能很明确地表明了,这是自然法,那是实证法,但他们没有完全将这两者分开。只有法律的自然法部分能够被减缩为"技艺"的形式,因为自然法具有不可变更的特质。实证法,如同其他独特个体(individuals),不能归为"技艺"。对于那些某种程度上了解更古老的思考方式的人,这完全可以理解;但这点在今天显得很奇怪。让我们再作一些分析。

举一只山羊或一只兔子或一条狗为例。动物学家对此时此地的

---

① 拉丁文是 in artem。
② 拉丁文是 extra artem。
③ *JBP*,Prolegomena,30.

这样一条狗不会感兴趣。对他来说,这只是一个样本,很容易用其他样本来替代。除非这条狗有它特别的地方,比如,有两个脑袋。但那时,他就不是对这条狗感兴趣,只是对作为双头狗的唯一样本感兴趣。个体作为个体本身,不会对科学产生吸引力。对狗主人而言,他当然对这条狗有最大的兴趣。我现在发现,狗是比[山羊]和兔子更好的例子,因为相比于其他动物,人类更喜欢狗。但是,个体不考虑任何科学或技艺,只有普适性的科学才会考虑(the universal science)。普适之为普适,是不可变更的。世界各地产生和每天都变化的无数法律,这些法律中怎么会有令人感兴趣的东西——除非对那个特殊的(particular)共同体或者家庭而言,他们必须服从[这些法律]——不可能会存在任何理论性的兴趣。即便在更宽泛的实践意义上,也不可能存在什么实际的兴趣。很中立地说,希腊人和南斯拉夫人对于财产遗嘱的规定,我们会有啥兴趣呢?除非我们在那儿有个叔叔,我们希望继承他的财产。这样的情况对于我们个体而言,当然是极端地有兴趣,但其他人则不是。这里,你可以看到格劳秀斯的时代以后出现的极大的变化,因为如今所有这些法律体系或道德体系都被科学家和学者以极大的兴趣加以研究,并不因为理论上没有兴趣而放弃。

格劳秀斯同我们之间间隔的这一大步,由孟德斯鸠在《论法的精神》(Spirit of the Laws)中迈出。"法的精神"确切地是指各种不同[规则]的精神,通过对这些不同规则的研究,我们希望获得立法的真正原则。可以说,这种对于各种不同社会的实证法的热情关注,与之对应的,是对自然法的信仰的消退。如果法律就仅仅是实证法,那么我们就不能理解人类的法律思想(legal mind)——人们立法的方式和思考法律的方式——除非我们在研究过法规的无穷多样性之后,达成一个或多或少合理的推论。

我们还是回到格劳秀斯的作品。这本书以一种奇怪的方式将战争法——首先是战争,战争的正义——和法的整个领域(或者说,正义的领域)结合起来。某种程度上,除非依据格劳秀斯所认为的史前史(pre-history),这仅仅是个偶然,否则他必须假定:战争法的理性观点必须同作为整体的法(law as a whole)的理性观点相结合。从第三十段的内容来看,格劳秀斯也默默地将神圣实证法(divine positive laws)排除在他所理解的法学的技艺(art)之外。当然,他在第三十二段中说得很清楚,我们可以读一下,因为它很短:

朗读者:

> 我们已经用行动(而非言辞)说明了本书中我们接下来应该采取怎样的步骤,本书研究的是法学中迄今为止最高贵的(noblest)部分。①

施特劳斯:我们可以说,格劳秀斯的作品处理的是法学中最高贵的部分。正如一名更老的评论者②所言,这并非公法问题。它某种程度上更为高贵,直接关注国王和君主的事,而不是家庭法或者其他法律的琐碎细节。正如后来清晰阐明的,这本书的主题是战争与和平的正义/法律(right)。他又在第三十七段中表明,他的前人们没有在研究战争与和平的正义时区分出自然法、神法、万民法(ius gentium)——这里的 gentium 是指实证但普适的法——和国内法。这同样也是说给经院哲人和世俗的经院哲人听的;他们缺乏历史知识。确实不少人抱怨这些十六世纪和十七世纪的年轻激进派(young Turks):这些经院哲人缺乏历史知识。③ 他们关注非常一般性的问题,但却不读修昔底德(Thucydides)等人的作品,他们缺乏某种重要的东西。

现在,格劳秀斯将通过他们自己的证据来证明自然正义/权利的观点,毕竟这是全部的核心所在。如果存在海洋自由的正义/法(格劳秀斯早年为此写了一本书),他将通过理性(reason)来展现这种正义。④

---

① *JBP*, Prolegomena, 32.
② 可能是指格罗诺维乌斯(J. F. Gronovius),施特劳斯在这门课程中一直提到他。
③ [译注]格劳秀斯点名批评了这些经院哲人,参见 JBP, Prolegomena, 37-38。
④ 《捕获法》(*On the Law of Prize*[*De Jure Praedae*]),该书的一个章节"海洋的自由"(*Mare Liberum*)于1609年单独出版。

海洋有这样的自然(nature):海洋的自由(而非海洋的独占)是理性。格劳秀斯通过作家、历史学家、诗人的证明来展示这一点,尽管他也承认哲人或者其他人的证明——仅仅是证明——直接指向了自然法和万民法。

我现在为方便而采用一个翻译,来清晰表明如何在某种意义上使用 ius gentium,即"普适实证法"(univeral positive law)。他在这里重述了区别。自然法或者自然正义(law or right of nature)包含了自然原则的正确推论,这条最高的自然原则是:人是理性的社会动物。万民法则基于人类的某种共同同意(common consent),或者[更好的(better)]人类之间的共同同意。

然后,他不得不谈谈权威(authorities),因为他要用权威来支撑他的观点。你如果看看自然法的奠基人霍布斯(或者也可以说是洛克),这一点在他们那里完全消失了:不再有什么权威,只有理性(reason)。我认为,如果你仔细研究一下霍布斯的根本论证,你会找不到多少像样的名字,除非只是为了争论——尤其是反对亚里士多德时,但即便这样的地方也非常少。洛克的情况也一样。

格劳秀斯属于更为古老的世界,在那个世界中,权威们仍然得到尊重。格劳秀斯仍然是"人文主义者"(humanist),这个词有很多含义,但在这里[不仅仅限于]表示其严格和严厉,而是指[使用]各种不同的声音来展示博学,写出美丽的语句。格劳秀斯极其擅长将希腊文句子翻译成拉丁文,更多的无知读者因此可以进行阅读。

他尊重的权威当然还是哲人亚里士多德。但是,这里,你可以看到与以往相较的变化:在向亚里士多德致敬之后,他指出了亚里士多德的严重错误。这是在第四十三段。① 他们推翻了亚里士多德的道德原则(德性存在于两个[极端]或者两个错误极端之间的中点)。这种批评并非原创;可以再往前追溯。我们并不需要回到柏拉图,只需知道这里有一个很大的背离(great rebellion),即格劳秀斯如何谈及亚

---

① [译注]在这一段中,格劳秀斯认可了一些柏拉图主义者和早期基督徒对亚里士多德的背离。也可参见第四十四段。

里士多德。

我曾经引用过的那位评论者[格罗诺维乌斯]①——正好他评论的是我自己已有的那个格劳秀斯版本——他非常坚定地指出,格劳秀斯根本不懂亚里士多德,这是对的。不过,这种不懂也是新世界的一部分。因此,不用在这里特别较真。甩掉包袱吧!

格劳秀斯批判亚里士多德的主要观点是:亚里士多德认为德性是两个错误极端之间的中点,也就是说,激情的适度(moderation)事实上是德性的本质——不是消除激情,而是适度。[屈服于]愤怒,是不智慧。没有能力发怒,这同样是一个错误。但是,在合适的场合愤怒——这是对的(right),这一点同样适用于其他激情。格劳秀斯认为,激情的适度不是德性的本质,证据则是:比如,在敬拜上帝中就不存在什么过度(excess)——你应该全身心地爱上帝。如果你们还记得,这一点在总统竞选中被接受了。②那么,针对格劳秀斯的论证,亚里士多德会怎么说?说得更明确一点,我们到底是默默地相信格劳秀斯,还是应该小心点。他会说什么?他尤其想到了《圣经》。上帝的命令,绝对地、显然地是对亚里士多德《伦理学》的拒斥。

学生:对亚里士多德来说,爱上帝需要对"神是什么"有一定的智识理解,这是一种理解上帝的智识方式——

施特劳斯:是存在这样的东西,但可以说得更简单些。

学生:亚里士多德会说,["适度"确实并不适用于]某些东西。比如,他提到了谋杀——

施特劳斯:那是他引用的一段话……可否不这么说——经常这样说,并没有意义,我不是说最深刻的思想家如此,但这么说是有一定道理的:一方面,存在一个极端叫迷信,另一个极端叫[无神论],而宗教

---

① 格罗诺维乌斯(Johann Friedrich Gronovius,1611—1671)以对格劳秀斯文本作注的方式,写了一本详细的评注。施特劳斯在这个课程中不时提及他。
② 这里显然是指1964年共和党总统候选人戈德华特的话:"我要提醒你们,在卫护自由时的极端主义,不是罪恶!我还要提醒你们,在追求正义时的适度不是美德!"戈德华特在1964年7月16日的共和党全国大会上作接受总统候选人提名的演说中说了这番话。

则是两者之间的一个东西。霍布斯很早就举过这个例子,那时他与亚里士多德尚未决裂。他说他自己既不是迷信者,也不是无信仰者。亚里士多德当然没有声称依据这个简单的模式对德性所作的分析就穷尽了这个问题,但这是很重要的一点。

我们必须再分析两个段落;第一个是第五十七段。

朗读者:

我不去讨论那些属于另一个领域的问题,比如那些教导在实践领域有利的东西(what may be advantageous in practice)。

施特劳斯:应该是"(教导)做有用的事情"(what may be useful to do)。格劳秀斯的问题是什么?什么是正义/法(right)?一个人能做什么?而不是这样的问题:"什么是有用的?"

朗读者:

因为那些主题有它们自己的特殊领域(special field),那就是政治学——

施特劳斯:应该是:"他们的特殊技艺(special art)"。①

朗读者:

那就是政治学,亚里士多德引入得十分合宜,没有把多余的内容放进去。相反,博丹(Bodin)则把政治学和我们正在关注的法律搞混了。在某些地方——

施特劳斯:很难看出他的答案,但是,亚里士多德试图严格地将政治技艺与法学技艺区分开,在这一点上,格劳秀斯与亚里士多德一致,而与博丹这位著名的法国思想家不一致——如果我记得没错,博丹的

---

① 拉丁文是 artem specialem。

书出版于1576年,早于格劳秀斯的书半个世纪。① 让我们读一下下一段[第五十八段]。

朗读者:

> 如果有人认为,我脑中思考的仅仅是我们自己时代的一些争论,无论是已经发生的,还是有可能发生的,那他就冤枉我了。我很真诚地说,就像数学家研究的数字是从具体事务中抽象出来的一样,在研究法律时,我也将我的思维从所有特殊的(particular)事实中抽离出来。②

施特劳斯:这里的数学家与霍布斯那里的数学家的含义不太一样,但是,对数学家的这一引用仍然相当有趣。格劳秀斯是斯蒂文(Simon Stevin)的熟人,甚至可能是他的朋友。斯蒂文是防御工程技艺的大师,更重要的是,他是现代[工程学]的创始人。③ 这是他的近邻。我的意思是,十七世纪末期将完成的这个新世界,此刻已经[在发展],格劳秀斯在其中也是一分子。在精确的意义上(而不是大概的意义上),这意味着什么? 这是我们要完成的任务。

我认为,我们可以说,格劳秀斯为未来的发展所做的准备是:将严格理解的法(law)或者正义(right)同更宽泛意义上的法或者正义进行严格地区分。这种区分,为后来的法律与道德之间的区分做了准备,但那并不是这种区分的直接后果。直接后果是这个——[严格的正义和宽泛的正义之间的区别]。这一点我们在下次的阅读中就会看到。

格劳秀斯试图为这种区分奠定一个坚实和清晰的根基。我的意思是,下面这一点是可以理解的:不可能给所有东西立法,[不]可能给道

---

① 博丹(Jean Bodin)的《国是六书》(Six Books of the Republic)出版于1576年。[译注]英文编者又在后文中将书名译成 Six Books of the Commonwealth。
② JBP, Prolegomena, 57—58.
③ 西蒙·斯蒂文,佛兰芒数学家和军事工程师,著有三篇关于军事科学的论文,参见《战争的技艺》(The Art of War)(第四卷),收录于《斯蒂文主要作品集》(The Principal Works of Simon Stevin), ed. W. H. Schukking, Amsterdam: C. V. Swets & Zeitlinger, 1964。

德上是好的所有的东西进行立法。大体上来说,所有人都承认这一点。但是,不存在一个原则吗?后来的程式是:只有那些依据自然可以被强制执行的道德要求——而非我们想到的任何东西——才能被立法。很显然地,纯洁的思想比不纯洁的思想更好,但这一点不能被立法,因为人类[立法]不可能做到这一点。其他事情上也是如此。

那不是格劳秀斯划分的界限。基于西塞罗的一段话(我们下次课上会读),很简单地说,有些东西是首要的,但为了方便的缘故,可以被减缩为如此简单的东西,比如,对"自我保存"(self-preservation)的渴望。这种渴望本身并非人类特有,任何其他动物都会有。但是,人类会朝向成熟和完美发展,这一点确切地存在[于这一事实中],即人类会意识到另一个目的(another end),一个更高的(higher)目的,或者超过了自我保存的那些目的,以至于自我保存可能不得不为了这些更高的目的而被牺牲。①

我们来简略地通过讨论开端(the beginning)和目的(the end)来区分这两种考虑,但这里理解的"目的"是亚里士多德意义上的——完美(perfection)。格劳秀斯想要做的是:将严格理解的正义/法(right strictly understood)根植于自我保存或类似的东西,同时,将目的以及与目的相关的所有东西归给另一种技艺(another art)。你们当中熟悉霍布斯或者洛克的人会立刻明白,格劳秀斯为霍布斯和洛克做了多么重要的准备。

[施特劳斯往黑板上写字]:这个是"目的",这个是"开端",为了简便,我称这个为"自我保存",这个是德性(virtue)。这是"严格理解的正义"的内容,这是"宽泛理解的正义"的内容,对格劳秀斯的研究而言,只有"严格理解的正义"才真正重要。这更高的尊严需要被承认。我们现在来看看霍布斯做了什么。这是很简单的操作,我可以展示给大家。霍布斯、洛克及其他这一流派的人想做的是:我们认为是德性的东西,完全可以被理解成"开端"(自我保存)的一个工具。

如果你想要保存你自己——举个例子,如果你吃得过多或者抽烟

---

① 西塞罗的这一论证可参见《论义务》,I.4。

或者诸如此类,那么你会危及你自己。你不需要考虑其他技艺。这一点也适用于其他事情(比如,正义),否则,如果你行为不正义,那你就会毁灭社会。如果没有警察,你想象一下,自己会遭遇什么。但这一点,我们下次会在一个更为牢靠的根基上再更详细地加以讨论。

学生:你说,格劳秀斯把所有其他的都留给了另一种技艺。什么是[用来处理人类的完美的]另一种技艺?

施特劳斯:道德哲学、道德科学,某种程度上说也包括神学、道德神学。原则上这是清楚的:要么是道德哲学,要么是道德神学。在格劳秀斯的观点中,这两者的关系是什么,我们需要拭目以待。

如果法律与道德之间的区别具有根本的重要性,而且我认为所有的有关公民自由的讨论都暗示了这种根本重要性,那么,格劳秀斯的贡献就确实必须认真考虑。一方面,有人会说,他的解决方式看起来比霍布斯的解决方式更智慧。在[更低的(lower)]层面上确实无法理解严格意义上的道德,但在一定的背景下,我们将自己限定于这种更低的部分。不过,主要的问题并非由这个部分决定。

为什么说在一定的限度内法律和道德的区分是可能的?是不是必然存在一个和仅存在一个明确的原则来作出这种区分呢?那会是个问题。这显然确实是出于方便,但是,我认为,是否存在一个单一的明确的原则——即"到这个点为止,可以被立法,但超过了这个点,就不能被立法"——却仍然是个问题。

在非常一般的意义上,这样说是对的:作为个体,你对这样的区别感兴趣,是因为某种程度上,你想要更大的个体自由。在极端的意义上,如果所有的道德命令都能被立法,那么对个体来说就没什么自由了。当然,有人会说,有德性的行动的自由还是有的,但是在"自由"这个词通常的和实践的意义上说,却没什么自由了。在这一意义上,格劳秀斯当然是为我们在现代获得更大的自由做了准备的思想家之一。

我要提一个我在之前讲过的内容中暗示过的问题,这也是暗含在整本书中的观念的问题。他的书怎么可能既致力于战争与和平的正义(right),又同时致力于普遍意义上的自然正义(right)?当然了,这是两个最广意义上的规划。我认为这可以理解。战争是自然法最大的障碍。如果正义/法(right)只有和平时才可能,和平不能通过法律来建构,通过合法的手段,而不是非法的手段——非法的手段是马基雅维利的论点——那么,就必须认为,罗慕洛斯(Romulus),那个杀了自己兄弟的人,是社会根基的原型或者象征。屠杀同胞是正义的根基,因为只有你拥有了和平,才能存在正义(right)。

不用说,这种观点在各种情况下都会有无限的可能结果。如果正义的命令只有在这些条件下才有效,那么,确保这些条件不可能是正义的主题。这是马基雅维利的观点。顺便要说的是,马基雅维利的罗慕洛斯象征也同《圣经》有关,即便马基雅维利没有明确指出:该隐(Cain)和亚伯(Abel),该隐是城邦的第一个创建者。从这一点来看,有人会说,格劳秀斯事实上是对马基雅维利的一个回应,但我迄今为止没见过格劳秀斯对马基雅维利有任何提及。

我们可以更为明确地来谈论一下这个问题。论证的第一步是:存在一个不受任何法律束缚的丛林状态,也就是战争。如果这样,那么可能存在两种结果。第一种结果是,不要在丛林状态中,或者说,任何人在任何情况下都不能发动战争,战争本质上不正义。格劳秀斯会在第二章中对此进行讨论。第二种可能性是,你不可能逃出丛林状态;你不能逃出,丛林状态会自己找上你。丛林状态威胁了和平,如果它没有毁灭正义的理念,那么战争必须正义地发动。那就必然存在战争法或战争的正义(right)。这当然是格劳秀斯的立场。

学生:你之前提到了霍布斯的一个引用。如果真有什么的话,在格劳秀斯那里,理性与激情的关系是什么?

施特劳斯:没关系。我那时没有想过这点;我那时只是说,我们在这里可以发现由一位值得尊敬的人(他不是个傻瓜)声称,他要彻底地给自然法来一场革命。格劳秀斯从未如此宣称过。格劳秀斯的宣称要有限得多,即他提出了一个特定的法律学科(我们现在所说的国际法),一个秩序的学科。霍布斯要宽泛得多。因此,我说,如果想要明白这个问题,应该从霍布斯,而不是从格劳秀斯读起;一旦如此,就会发现,大的分水岭是霍布斯,从这个观点来说,格劳秀斯无疑属于旧世界。不过,接下来会有一个更微妙的问题:他难道没有修改这些更为古典的学说，从而以他的方式为霍布斯后来作出的革命性变化做准备吗？

你们知道，有一个被马克思普及化了的黑格尔式的说法，即量变会在某一刻成为质变。说某人的肺不像五年前那样好了：这是量变。但是，到了某个点，肺一点也不再工作了，这时会存在一个质变，可以用"死亡"来表示。除此以外，还有其他的变化。也存在从一种事物变成另一种事物的变化。你可以说，格劳秀斯作出的变化仍然可以被理解成量变，强调的重点变了，但整个大厦仍在。如果你再往前走几步，那么大厦倾倒，那你就需要一个新的大厦，那就是霍布斯的观点。

学生：你怎么看待普芬道夫（Pufendorf）的例子？他某本书的开头将霍布斯和格劳秀斯都奉为权威，我记得基尔克（Gierke）认为普芬道夫也使用了社会性（sociality）的概念——

施特劳斯：我不太了解普芬道夫。我的意思是，我只读过他的书的导论部分。基尔克当然是第一流的法律史专家，但他完全不理解哲学问题，如果我可以这么说的话。因此，使用基尔克的书，经常会有这种危险。这话，我是充满了敬意说的，尽管是作为一个提醒。

这里，我必须再说一个情况。霍布斯作出了巨大的变革。这确实是一场革命。就像政治革命中发生的一样，革命发生之后会有一个和解。有人说，他达到了目的，但他是不是把婴儿和洗澡水一起倒了？这可以在很高的层面上完成，尤其是可以由[听不清]完成。这也可以在一个某种意义上更低的层面上完成，据我判断，那就是普芬道夫的例子。普芬道夫想要恢复一些霍布斯完全抛弃了的传统的东西，但整个大厦无疑是霍布斯式的，不是传统的。不再存在什么权威，权威现在仅仅是例证。

学生：你怎么看待普芬道夫的这个例子？他[认为任何人]都有权拒绝别人[对自己的自我保存]指手画脚。自我保存[是不可剥夺的]。

施特劳斯：是的，这个例子被卡涅阿德用来表明：有很多情况下，不可能对人类有任何义务要求，无论是自然的，还是实证的。

霍布斯与卡涅阿德的区别在于：卡涅阿德认为这证明了不存在自然正义。[正义不可能存在，]因为有很多情况下无法说清什么是正义的以及什么是错误的。霍布斯则认为：你所说的那些拒斥正义的内容，正是正义的根基。换句话说，霍布斯用卡涅阿德的怀疑主义来质疑卡涅阿德，就如同在更为广泛的意义上，笛卡尔使用怀疑主义的论证来反对怀疑主义。笛卡尔认为，假如你仔细思考你的怀疑主义，就会发现你的怀疑主义有一个绝对的确定性。因此，霍布斯认为（尽管他没有明确说，但你可以解读出来），你当作没有希望的反驳的东西，事实上正是自然正义（权利）的证据。

　　自我保存会导致这种不可解决的冲突，自我保存的这种权利是根本权利。自然正义（权利）学说只意味着，在可能的限度内（这当然意味着社会）使得大量的追求自我保存的人类之间消除冲突。冲突不可能完全消除，正如我们所知道的，在公民社会（civil society）中仍然有人会谋杀，即便这种行为会被以死刑来惩处。从霍布斯的观点来看，他们是大傻瓜，但不幸的是，不少人逃脱了惩罚，这也使得那种很低的利益计算（low calculation）不至于显得那么蠢。正如我所说的，霍布斯用卡涅阿德来反对卡涅阿德自己。普芬道夫是什么观点？

　　学生：我原来以为，这是普芬道夫更靠近霍布斯（而非格劳秀斯）的一个[主要]例子。

　　施特劳斯：至少在我的印象里，我认为格劳秀斯也会认为：在这个情况下，你不能说三道四。我是不是误解了你关于普芬道夫的说法？

　　学生：我原来以为，这意味着，普芬道夫对于那个例子的使用，显得他更接近霍布斯，而不是格劳秀斯。

　　施特劳斯：未必。① 如果你看普芬道夫的书，看他如何行文——章节题目等——然后将之与霍布斯和格劳秀斯相比较，你就会立刻明白。如果我记得没错的话，普芬道夫用一个关于自然状态（state of nature）的章节开始论述，或者是在第二章。你在格劳秀斯那里不会找到关于自然状态的章节。在霍布斯那里，你也能找到。这些是细节，我没有适当的机会讨论自然状态的主题，但对自然状态的思考是这场变革中最重要的问题。人所共知，这在霍布斯那里至关重要，在洛克那里也

---

① [译注]施特劳斯这一处似乎没听清楚学生的话，事实上，他与这位学生观点一致。

是如此。同样,在普芬道夫那里也至关重要。但在更早的思想家那里,则并非如此。这些东西也不会自己说自己最需要考虑。他们都谈及自然状态,但他们使用的"自然状态"的意思究竟是什么,各个都需要仔细思考。它未必就是霍布斯的含义,或者洛克或者卢梭(Rousseau)的含义。

换句话说,自然状态是好是坏的问题——这显然是一个以霍布斯为一边,以洛克和卢梭为另一边的争论性问题——这个问题不是根本性的问题。只有当所有事情都取决于你如何理解自然状态的时候,这才会是个问题。霍布斯之前的思想家说过这点吗?从他们作品的外在谋篇和写作来看,似乎都没有这么说过。

我手头没有《论公民》,但我记得《论公民》第一或第二章中和在普芬道夫的书中(这一点我记得很清楚)写得完全一样:自然状态是首要的东西。而在格劳秀斯那里,自然状态显然不是首要的东西。查看格劳秀斯作品的章节标题,或者在段落中,或者在章节下的"部分"中,你[不]会发现存在"自然状态"一词。这虽然只是看表象(比如,外在谋篇、章节标题),但这也能反映问题。这里的意思就是,自然状态在十七世纪变得如此重要[,而之前并非如此]。

学生:你关于"理论"的开场白提出了一个非常有趣的问题。古典人因此没有政治理论,他们将政治科学视为一种实践科学(a practical science)。格劳秀斯被称为"国际法之父"——

施特劳斯:从这个观点来看,格劳秀斯绝对属于旧世界,甚至霍布斯都属于旧世界。依据现在的观点,任何传授自然法或者甚至[道德]法的人——如果你能区分两者的话——都自然地属于老派人物(old fogies)。

学生:难道不能说霍布斯有政治理论?

施特劳斯:但是,霍布斯的理论仍然绝对是规范理论(normative theory)。从"最根本的现象是自我保存,是对[战争]及死亡的恐惧"这一事实出发,他规律地推论出,必须有一个主权,这个主权要拥有那么多的权力;假如你碰巧生活在一个不发达国家,权力四分五裂,一个部分是议会,一个部分是人民,一个部分是国王,那么当然任何有权力的人都有义务宣告制度不合宪。

学生：所以就有这样的情况，古典人在某种程度上没有政治理论。霍布斯有政治理论，但它没有被区分为规范理论和[因果理论]，而今天我们有政治理论，它被区分为规范理论和因果理论。

施特劳斯：不。这个问题比较复杂，所以有点误导人。我所描绘的以及现在被称为因果理论的政治理论，过去并不存在，尤其是不以政治理论的现存形式而存在。现在的理论之为理论，仅是一个用于形成"假设"的工具。这是很新的事物，最多是十五年前的事，但如今它有很强的力量，你被迫面对它、遭遇它。即使理论应该统治那些完全非理性的东西，理论让人敬畏，是因为其对年轻一代的影响力，而不是因为你必须担心可能失去工作。从这种观点来看，我们必须严肃对待理论。我并没有想表达更多的意思，我只说这一点：如果你严肃对待政治理论思想，那么就必须面对规范以及我们对规范（norms）的认知的问题。坚称存在这样独立于人类同意（human agreement）之外的规范的传统中，最有力量的就是自然法传统。

因此，我认为我们应当熟悉一下那个传统，一种熟悉方式（当然不是最主要的方式）是阅读一些经典文献，尤其是阿奎那和霍布斯的文本。我们有一门编号在 400—500 中间的研讨课（a seminar with a number in the 400's）①，因此可以认为，如果不是要处理大量的事实和信息，那么经过数次研讨，某种程度上的理论成熟是可以达到的，而之前（其他人的课程）从未有效地实现过这一点。我说得这么绕口，只是出于礼貌。这种政治科学或政治理论的问题非常重要，但我们没法在这门课上处理这个问题。

学生：当亚里士多德也遇到卡涅阿德的情况时，他难道不会认为，[人]可以为了保存他自身去做任何事情，且不用去知道义务（duties）？

施特劳斯：我们以后会讨论自我保存的问题。你的意思是，格劳秀斯的观点是什么？

学生：不，换句话说，就你所说的格劳秀斯的方式中，有没有什么

---

① [译注]不清楚具体含义，可能指课程在学校教务系统中的编号范围。

东西表明了格劳秀斯与亚里士多德的决裂?

施特劳斯：在我们下次的讨论中，这个问题会变得更为清楚，即开端与目的之间的截然区别，严格理解的正义只与开端有关。但是，说清楚这一点并不难。我不记得亚里士多德是否谈过这个问题，但搞清楚亚里士多德在这一点上的观点并不难。我认为，亚里士多德会说，如果在这种情况下，某人牺牲其他人［来拯救］自己，通常情况下，这不可能被认定为谋杀，因为这是第一重要的极端情况，而且不能因此而惩罚别人。

但是，如果这个问题提出来了，那么在可不被惩罚（being not punishable）与好（good）之间有极大的差异。让我们来假设其他人——让我们假设一个幸运地未发生的事情：麦克阿瑟（MacArthur）将军著名的澳大利亚之行。他们沉船了，他和一个海军陆战队队员在一个岛上，他们知道自己不可能活很久，那怎么办? 仅从自我保存的观点来看，海军陆战队队员有十足的权利/正义（right）把麦克阿瑟扔进海里，反之亦然。

但是，如果他进一步思考，他会说，麦克阿瑟能留下性命，这重要得多。这样的话，行动就并没有超出人类的可能性（human possibility）。在其他情况下，人们也牺牲自己的生命，故意地走向死亡。在这样一个例子中，理性思考或者道德思考的是这样一个问题：不是自私地对我而言，而是对共同体而言，谁的生命更重要? 你也可以举一个更简单的例子：一个大家庭的父亲的生命，还是一个单身汉的生命更重要?

在这里，你不得不假设——在这些典型的讨论中，人们会很烦恼，因为在这种情况中的人们不可能思考得很清晰。这也可能是为什么当你尚未碰到这些情况时应该先去思考它们的原因。这些并不是没有意义的问题，通过这些问题，你可以区分更智慧的（wiser）决策和差一些的决策，更有德性（more virtuous）的决策和欠缺德性的决策。顺便要说的是，我不清楚那个把麦克阿瑟扔进太平洋的海军陆战队队员会发生什么。

学生：［提出］吃喝及食物的问题，提出食人的问题。

施特劳斯：让两个人来决定谁吃谁的问题，当然非常令人惊骇。

我想，这个例子表明了自我保存的问题（仅仅基于自我保存而进行的决定）很狭隘。人们不应该因为做了通常人类不会去做的事情而被惩罚，这对于刑法的诉讼而言，可能是有用的。这是一个人道（humane）且明智的提议。

格劳秀斯一直强调，可以免受惩罚的行为（what can be done with impunity）并不必然是智慧的（wise）或者有德性的事情。这当然说明了，法律与道德的区分是合宜的。问题仅在于这种区分的精确根基和限度是什么。

第 二 讲

导言+*JBP*,1.1—1.2.8

(1964 年 10 月 8 日)

施特劳斯:我想就你的论文说几句。① 当格劳秀斯教导一种关于山上宝训(Sermon on the Mount)的特定解释——人类有权利(the right)去杀人,无论是通过死刑,还是通过战争——时,这种解释本身是否为一种创新,一种专属于格劳秀斯的创新?

学生:我觉得不是。

施特劳斯:这是一个普遍的观点,因此,我们必须看看是否有必要挖得更深。但我想,我们开始这样做时,你可以坚持你所提出的关于这两个圣约之间关系的复杂观点。

我首先提示你一下格劳秀斯在他的导言中所作的宣称。他声称自己是第一个完整地并有序地研究我们当今所称的国际法的人。不过,他还自己是第一个将法学减缩为一门技艺(reduce jurisprudence to an art)的人,也就是说,不仅仅是国际法,而是所有法。上次课,我没有说这一点,"将法学减缩为一门技艺"这个表述有很大的影响。毕竟,法学是审慎(prudence)的一种形式,而依据亚里士多德,审慎并不是一门技艺。

因此,这里存在一个非常重要的问题,我们之前忽略了。从亚里士多德的观点或者从托马斯的观点来看(从这个角度来说,这两种观点一样),在审慎和技艺之间,存在一个中间状态,广义的技艺则包括了

---

① 这一讲的开头阅读了一位学生的论文。这个过程没有录音。

所有的理论科学（theoretical science）。那是指什么呢？这一点在亚里士多德那里没有发展出来，至少我此刻想不起来，但这一点在阿奎那[和托马斯]传统中明确得到了发展。

这些被称为实践科学（practical science）。例如，家务的管理是某种审慎的事务，但也存在一些关于家务管理的宽泛的原则和规范，比如包括家庭中的购置和分配，如何对待孩子、妻子、仆人和奴隶。我们可以认为，这些事情也可以学术性地（academically）来研究。其他实践科学也是一样，而且这使得一个领域更加有趣：政治。在政治事务中，行事更有智慧，所要求的德性是政治审慎、政治家的审慎。但是，某种程度上说，审慎的政治家默默行动依赖的东西的重要部分，可以被融贯地、学术地以及甚至比政治家本人更清晰地展示出来。因此，这是政治科学，它与政治审慎相区分。

那么，依据这种根本上亚里士多德式的观点，存在实践科学的可能性，它们的主题就是实践性的，因为它们导向行动；但是这种实践科学与实践保持了一定的距离。只提一点：依据亚里士多德，如果没有道德德性（moral virtue），严格意义上的审慎就不可能，无论是指私人审慎，还是家务的审慎，或是政治审慎。在没有道德德性的情况下，你可以拥有聪明、聪慧，但这些恰好并不是道德德性，而是相反的东西。严格意义上的审慎与道德德性不可分割。实践科学则不要求道德德性。有一个非常简单和著名的例子：一个伦理学教授，可能生活得一点都不道德，但他教的内容则完全正确。那是一个巨大的谜团，而且确实是个很悲剧的事实，但这是生活的真相之一。

现在，我们把这一点运用到法学（jurisprudence）上。严格意义上的法学、在任何层面上的法官的审慎，同对于正义的充满激情的关注分不开。但是，如果法学变成了一门技艺，那么，这就可以被学术地（academically）处理，可以被正式且雅致地展示出来，没有我所说的这种内外差异（inner appearance）。这是一个微妙的区别，但同时是一个非常重要的区别，我们需要牢记在心。

回到格劳秀斯的宣称上来，除了某种程度上要将国际法作为一门独立的学科，他还希望将法学减缩为一门技艺。然后，他说，只有当自己仅仅限定于自然正义/权利的时候,这一点才可能,因为所有可能的正义/法(all possible right)①,所有依据意志的正义(all right dependent on will),不可能都被理性地考察,因此,他暗暗宣称,他自己是第一个融贯且完整地展示自然正义/权利(right)的人。

对自然正义的传统的处理方式,可见于《神学大全》(*Summa Theologica*)。托马斯先对一般意义上的自然法进行了讨论,然后进入到特殊问题,即高利贷或者谋杀或者其他什么东西,他并没有在每一个例子中都作出清晰、明确的区分:这种特殊的禁止或者要求,是来自自然法(right),还是神法,或实证法?

对格劳秀斯来说,这是一个全书一直在关切的问题,他讨论任何事物的时候——比如,赎回战俘或其他任何事情——都会问:这是依据自然法,还是其他什么法?某种程度上说,他并不拥有一个关于自然法的法典(code)。那是后来霍布斯的基石。十七世纪末和十八世纪,人们试图建构纯粹的自然法作品。这是后来的事,但格劳秀斯确实为之做了准备。

格劳秀斯同时清楚地表明(现在要讲的这一点,我们之前也提过),他尤其关注或者将他自己限定于严格理解的正义(right properly understood)。这与更宽泛意义上的正义相反,更宽泛意义上的正义要求放弃一切与人类自然不一致的东西——"人类自然"指的是理性和社会动物的自然——说得更精确一些,要求放弃与人类作为一个动物的完美不一致的东西。现在,那种区别存在一个根基。

顺便一提的是,涉及到正义(right),我知道这不是一个方便的表述,但这种不方便不可避免。[施特劳斯往黑板上写字]:这个拉丁词是 ius,这是英文 right(正义、法、权利)的名词形式。如果从拉丁文形容词 justum 派生而来,则是英文 just(正义),希腊语是[dikē],法语是[droit],意大利语是 diretto,德语是 recht。当然,德语 recht 与英语 right 在含义上完全一致。在英语中,right 的宽泛含义已经丢失,但只要稍微做些智识努力,就可以克服这个小小的困难。

---

① [译注]可能有误,似乎应该是"所有实证的正义"(all positive right)。

第 二 讲

"严格地[即窄狭地]理解的正义"与"宽泛地理解的正义",同亚里士多德在《伦理学》第五卷中所作的区别有一定的联系。让我们先来看看亚里士多德的区分。亚里士多德在两种正义(justice)之间作了区分——为了更清楚一些,我们还是称之为"两种类型的正义(right)"。

首先,正义(justice)是一种完整的、全面的德性,这种德性处理的是与他人有关的所有行动。德性与指向他人的所有事情有关,或者与属于法律规定的所有事情有关。亚里士多德在这里并没有区分自然法、神法和人类法——只有法律,换句话说,城邦的法律。这是一种全面的德性。法律要求我们,比如,交税、不偷盗、不在迎敌时做逃兵、不通奸,以及其他很多事情。所有的德性都以某种方式包含在正义(justice)中,但同时也存在一种窄狭意义上的正义,这时正义不再理解为一种全面的德性,而是作为其中的一种德性,这被亚里士多德区分为分配正义和交换正义。①

格劳秀斯的区分与亚里士多德的区分是什么关系?格劳秀斯在一个段落中宣称,他同亚里士多德是一个意思。不过,格劳秀斯的观点与亚里士多德的显然不同,读一下导言的第四十四段,你就能发现证据。在那里,他对亚里士多德有个总体性的批判,其中就有这个问题。他还挑战了亚里士多德的根本观点:德性是一种适度。②

朗读者:

> 甚至从正义的角度来看,这一点也是很明显的,即这样概括的基本原则是有缺陷的。因为不能在因之而来的激情和行动中找到与那种德性(that virtue)相反的过多或过少的两种极端,因此亚里士多德试图在正义相关的事物本身中(in the things themselves)寻找每一种极端——

---

① [译注]可参见本讲下文以及第八讲的相关讨论。
② *JBP*, Prolegomena, 44.

施特劳斯：在事物中——换句话说，在"愤怒"（anger）这个例子中，存在极其愤怒和不怎么愤怒两种情况。在各种方式上，这两者都是错的。但是，在"正义"的例子中，亚里士多德没有办法找到一种你沉溺过多或者过少——因而错误——的激情。他认为，他会在事物中找到，即你要求太多钱财或土地，或者要求太少钱财或土地。

朗读者：

首先，这是简单地从一类事物直接跳到了另一类事物（into another class），这是他在其他地方正确地批判过的。——

施特劳斯：应该是"进入了另一个种类的事物"（going over into another genus），但是亚里士多德先天地比格劳秀斯是个更好的逻辑学家。

朗读者：

然后，对于一个获得少于原属于他的东西的人，这是非正常的情况，是错误的，考虑到实际情况，尤其是考虑到他本人和依赖于他的那些人。但在任何情况下，这都不算是违背正义（justice），正义的本质在于：禁止取得属于他人的财产。——

施特劳斯：换句话说，如果你要求比你的权利（your right）更少的东西，这不能说是不正义的要求，但亚里士多德从未说这是正义的。亚里士多德会说：我对此不负责，因为生活太复杂了，不可能只采用一种规则。因此，亚里士多德找到了一种微妙的方式，表明正义也是一种多重方式之间的中道（a mean）。我为我自己要了过多的好东西，过少的坏东西——过多收入和过少交税是一个很好的关于"不正义的人"（an unjust man）的定义。

朗读者：

基于同样的错误推理，亚里士多德试图表明，在激情爆发时所犯的通奸,或者愤怒而杀人,严格地说,都不是不正义。但是,除了不合法地(unlawful)攫取属于他人的东西以外,不正义没有任何别的本质特征。不管不正义是来自贪婪、欲念、愤怒、欠考虑的同情,还是出于为了出人头地的压倒性欲望,虽然最大的不正义的行为通常都来自于此,但是这不重要(本质特征并不看这些)。考虑到保护人类社会(human society)不受到伤害的唯一目的,去遏制这些因素确实是正义的关注。①

施特劳斯:在这里,格劳秀斯似乎忘掉了一点。通奸的人究竟是因为欲望,还是因为他掏钱了,这并没有被考虑,因为通奸需要受到相应的惩罚。那么,亚里士多德是怎么想的? 格劳秀斯的观点是这样,亚里士多德则会认为:是的,如果你使用宽泛意义上的不正义概念,那就没什么区别,因为这两者都违背了法律。但在使用特殊的正义概念的时候,即窄狭意义上的正义概念时,就有很大的不同。

亚里士多德对这两种通奸的区分,与下面的区分没关系:即这种法律的[听不清]与并非严格意义上的法律区分开。但是,它和下面这个非常重要的点有关,即(让我以消极的方式来说)不诚实(dishonesty)②的特殊性。"不诚实"是一个很方便地可用来表示亚里士多德的"不正义"含义的现代用语。

例如,你说一个人不诚实,这与你说"一个人是懦夫、不节制、粗鲁或者不友好"不一样。"[不]正义"在更窄狭的意义上就是不诚实,亚里士多德试图把这点说清楚。这种更微妙的利益,不是难以让人信服的利益,我们都知道。我们讨论一个学生或者同事,就必须讨论他的德性和邪恶,我们必须谈及这些事情。一般来说,相比于一个不节制但却诚实的人,不诚实比较严重。不节制也是个问题,但不像"不诚实"那样严重。有必要理解"不诚实"与其他邪恶相对立,这意味着"窄狭及严格意义上的正义"与其他特殊的德性是相对立的。

---

① *JBP*, Prolegomena, 44.
② [译注]也就是"不忠贞"。

这当然与下面这个事实无关,即[立法者]是否区分了是因为欲望而进行通奸,还是因为[听不清]而进行通奸。盎格鲁萨克逊国家的法官们指出,有一些罪犯特别令人恶心,也有一些犯了同样罪行的人看起来不那么令人恶心,但并没有法律依据给予前者更重的惩罚。

但是,亚里士多德的窄狭意义上的正义本身仍然要比其他德性(其他特殊的德性)与法律的关系更紧。我就先不说了。我还有啥该说但没说清楚的东西吗?

学生:我只是想知道,对格劳秀斯来说,对等正义(expletive justice)为什么以及如何不一样?

施特劳斯:那是一个更特殊的例子。好吧,我们开始说重点吧。我们顺着格劳秀斯的论证走,也会涉及到那个问题。

在第一章开始,格劳秀斯谈及他为什么谈战争,而不是谈和平。毕竟,书名是"战争与和平法/正义"(*The Right of War and Peace*)。难道不是说"和平与战争法/正义"(*The Right of Peace and War*)更好一点吗?这里,格劳秀斯的论证不是那么令人信服,因为他暗示说,如果你不谈论和平的话,就不能谈论战争。但是,这当然反过来说也可以,因此这不是一个好的论证。

格劳秀斯默默地预设了"战争"的某种优先性。至少,相比于将和平纳入法律之中,将战争纳入法律是更困难的任务。然后,他谈及了战争与和平之间的区别,明确表示:战争当然不仅仅是指实际的战斗,而是指两个人类群体之间的一种情形、一种状态、一种条件。我认为,霍布斯在这一点上比格劳秀斯更为清晰,他认为,这指的是一段时间——换句话说,指的是从冲突的开始直到条约或者和约的签订。但是,主要论点很明确:没有人认为战争仅仅是指战斗。

格劳秀斯在这里也提及了私战(private war),认为从根本上讲,私战与公战有相同的特征。私战是个人之间,或者同时也是国家与个人的战争。例如,有人会造一艘游艇或者某种更实用的工具用来从事海上掠夺。这不是公战,因为这[不]是国家之间的冲突。顺便要说的是,这也是一个明确的标志:格劳秀斯并不仅仅处理国际法,也包括了公法。

现在,我们来看这些非常重要的段落,从第三段至第八段,内容是有关 right 的不同含义。① 第一个含义是,正义(right)指的是不与理性动物的社会自然相冲突。显然地,敌意(hatred)是指与理性动物的社会相冲突,因为敌意是某种反社会的激情。②

不过,现在,我们来看一个派生的含义,但它重要得多,因为某种程度上对于格劳秀斯开头所说的东西而言,那是微不足道的——这里正义(right)与人有关。在第一个例子中,他并没有涉及人,而是涉及了行动的特点、事物的特点。他对此下了更精确的定义:right 是一种道德属性,属于一个人,属于个人,他正义地拥有某项财产或者正义地行动。③ 格劳秀斯这里在想什么呢?他进一步作了一个区分,如果这种道德属性是完美和整全的,那么它就被称为 facultas,这类事物包括了,比如自由、财产、所有权、权力(在"有权统治"[potestas]的意义上的"权力");如果这种道德属性不完美,那么它就被称为 aptitude。

这个词的这一含义,格劳秀斯没有在罗马法中明确找到。罗马法学家谈及了 suum(一个人自己的),suum cuique(你自己的),这是个完全非技术性的词汇。但是,在这里,被如此定义的正义(ius)变成了一个很技术性的词汇。他所提及的涉及人的正义指的是严格理解的正义(right strictly understood)。你还记得的话,格劳秀斯作了一个区分:严格或者窄狭理解的正义和宽泛意义上理解的正义之间的区分。我们继续往下分析。严格理解的正义与权利(rights)有关,"权利"这个词,我们今天非常熟悉——有时候,它也被称为公民自由权——这个概念当时还不像十七世纪以后那样经常被使用。

当你阅读,比如,阿奎那作品中的讨论时,如果我记得没错的话,你不会在那里找到在这个意义上使用的权利/正义(right)。但是,在托马

---

① JBP, 1.1.3—8.
② [译注]讲稿整理版似乎有误(because it is a social passion),原始记录稿为:"because it is a certain anti-social passion"。这里"原始记录稿"指的是未经福德整理但业已在学界流传的打字稿,虽不完善,但却更早,且是唯一留下的文字版本。
③ JBP, 1.1.4.

斯主义的评论中,大约在1600年左右,这样的说法就存在了。我有时候追溯这个用法,最早是在大约1560年,一位天主教神学家那里。① 我不记得背景了;那就是一本神学著作。但是,在十六世纪末,与义务(obligation)相反的正义/权利(right)概念变得非常必要,这种必要性大大超过之前时代的情况。

为了让你们更明白这些看似技术性事物的重要性,我提一个事实,即格劳秀斯之后,下一代的托马斯·霍布斯所开启的伟大革命正是以这个区分为前提:对霍布斯来说,最重要的道德事实是权利(a right),这种权利与义务(an obligation)相对。在传统的自然法学说中,某种程度上,毋庸置疑地,根本的道德事实是约束和义务,但现在这种强调则发生了从"义务的首要性"向强调"权利(rights)的首要性"的巨大转变。某种程度上说,我们这里研究的就是这场巨大转变的最重要的文献之一。

"正义"(right)的第三个含义则与"法律"(law)一样,这种含义十分常见。当凯撒(Caesar)谈及"高卢的正义"(ius Gallorum)时,他所指的是高卢人的法律和风俗。

为了首先说明这种变革的重要性,以公民权利(civil rights)为例,我们来看其含义。公民义务(civil duties)不是这样的政治问题:他们来得不直接,这当然不是当前总统竞选的类似问题。提一下一部著名作品的书名:《人的权利》(The Rights of Man)。"人的权利"这个说法,我最早是在休谟(David Hume)的《英格兰史》(History of England)中发现的,但这并不意味着什么,因为那本书中表达了太多东西。传统的说法、关键的说法,是自然法。这边以前上过我课的学生们,请原谅我重复这个教学法。[施特劳斯往黑板上写字]:两个变革:自然法,以及

---

① 从经院哲学的自然法传统中生发出个人权利或者主观权力的兴起,考察这一进程的关键文献如今已经出现,比如,可参见塔克(Richard Tuck),《自然权利理论:起源及其发展》(*Natural Rights Theories: Their Origin and Development*), Cambridge: Cambridge University Press, 1979 和蒂尔尼(Brian Tierney),《自然法与自然权利:老问题及新方法》(Natural Law and Natural Rights Old Problems and Recent Approaches),收录于《政治学研究》(*The Review of Politics*),64(2002):389—406。施特劳斯这里提到的神学家,可能是德·莫利纳(Luis de Molina)。

第 二 讲

对我们而言更为直接重要的,法律 vs. 正义(law vs. right)。

他称为特殊自由意志主义者(libertarianism)——我不是在今天的意义上使用这个词的,保守主义者今天是自由意志主义者,在更深的意义上是自由主义者。举一个简单的例子,在亚里士多德的《伦理学》1138a7 中,我们发现这样一句话:"法无要求,即为禁止。"更为常识的观点则是:法无禁止,即为允许。亚里士多德在这里阐明了古典法律的原则:一切都由法律来控制。也就是说,你没有权利(rights),这确实是当行使义务时我们会说的。我不知道你们中是否有人接受过老式的犹太学训练——他会立刻明白我的意思。当苏格拉底在《申辩篇》(*Apology*)中说"我只是在为我自己辩护"时,绝对不能说他的意思是"我有权利为我自己辩护",或者说这是我的义务?可能这里更强调义务,而非权利(right)。苏格拉底并没有作出区分,仅仅这个事实就非常有趣。

为了实践目的或类似的目的,[权利与义务]这样的区分必须在普通法中作出。这不用说,但它没有成为所有法学(jurisprudentia)和哲学(philosophic)思考的原则。我们可以说,所有的事情都纳入法律。因此,法无要求,即为禁止。我读过一个现代评论者的言论,他认为这非常荒谬。法律要命令你呼吸或吃饭,但是显然地,至少在亚里士多德的时代,法律禁止你自杀。① 他们要求你做一个士兵、纳税人及其他人,并且暗示说,你吃饭和睡觉,并不是做了你有权做的事情,而是尽了你的义务。这样来理解人类生活,是可能的。

我再给举个例子。十二世纪的阿威罗伊(Averroës)写过一本关于哲学自由(freedom of philosophy)的书——人类或者某些人是否自由进行哲学思考——那本书的主要观点是,这些人有义务进行哲学思考。② 当斯宾诺莎(Spinoza)在十七世纪再做这件事的时候,他说的则是有权

---

① 《伦理学》中有一个段落,亚里士多德在其中举了一个例子,法律不允许(does not permit)自杀,因此法律禁止(forbid)自杀。
② 阿威罗伊,《决定法律与智慧关系的关键论文》(*The Book of the Decisive Treatise Determining the Connection Between the Law and Wisdom*), trans. Charles E. Butterworth, Provo, Utah: Brigham Young University Press, 2001。

利进行哲学思考。这是所发生的微妙的变革之一,这些变革都有很大的影响,因此需要仔细研究。

我们可以说,从更古典的观点来看,自由的领域的必要性并不存在,私人领域(我可以做或者不做我喜欢的事情)的必要性不存在。那并不意味着他们反对私有财产。亚里士多德很支持私有财产,但即便是你的财产,你也不能自由地在你认为适宜的时候使用或者乱用。有一些领域,比如放松(relaxation),人类生活绝对需要放松,但是放松本身可以被理解为一种义务,因为你需要放松来使你的身体恢复并继续工作等等。因此,这个巨大的变革也可以在格劳秀斯的这一段中找到某种证明。

顺便一提的是,在今天的美国法中,right 的技术性定义是什么?美国的法学家们现在如何定义 right 呢?嗯,所有权,战争权,或者任何别的什么东西。这一点并没有得到很多讨论。

学生:这是指其他人尊重的义务。

施特劳斯:但是他们怎么才尊重他们自己不知道的东西?换句话说,权利(the rights)是被个体地定义的。这对于所有的实践目的都够了吗?就不需要给出一种 right 的定义?

学生:总体上,你可以说,这是对某些东西的尊重,不管它们是什么。

施特劳斯:但是,某些东西包括了权利(rights)或者它们就是权利。

学生:不是某些东西本身,而是主体去行使特权的特权(prerogative)。

施特劳斯:当然了,特权是唯一一个比权利特殊得多的词。特权本身是一种特殊的权利。

学生:它为行使什么权利留下了选择的余地。

施特劳斯:确实,这是事实。

学生:我这儿有个字典上的定义——1867 年至[1883 年]的用法。你需要我读一下吗?

施特劳斯:好的。

学生:是这样的:

一个完备的宣称。如果人们相信人类本身构建或者证明了某种对于人类或者对于社会和政府的宣称,那么这些宣称就是人类权利(human rights);如果他们相信这些宣称是内在于人类的自然的,那么这些就是内在的、不可剥夺的权利。①

施特劳斯:我相信你必须比那个定义——right 是一种正义的宣称——要多走一步,因为这样的宣称不是一种权利(a right)。这对所有的实践目的都可以吗?

学生:我对其正义的部分不太确定。

施特劳斯:那么,一种合法承认的权利?

学生:你会发现一种情况,你说一个人有权做这件事,但是,如果做这个事情,他就是坏人。你明白我的意思吗?这在美国法律中完全可能。一个人可能有权利(a right)做某件事情,但是你可能说他不正义(unjust)。

施特劳斯:这一点之后在格劳秀斯那里也会显现。我们会讨论这一点。当格劳秀斯作出这一区别——即两种"涉及人的或者正义地做事的道德德性"——的时候,他区分出,一种是完美的正义(他称之为 facultas),另一种是不完美的正义,称之为 aptitude。这是区别。用亚里士多德的话来说就是,交换正义处理的是 facultas,而分配正义处理的是 aptitude。

这里,我们再说一点。严格意义上的正义(right)处理的是权利(rights),当然是其他人的权利;因此,它的领域同亚里士多德所说的交换正义一致,而不是与分配正义一致。这是什么意思?什么是交换正义?在亚里士多德那里,交换正义包含了什么?

学生:他称之为法庭的正义,即一个契约的当事各方之间的正义。人被看作是平等的个体,或者要求他们自己不把各自的优势考虑进来。

---

① 这个学生读的是:布维耶(John Bouvier),《美国宪法与法律词典》(*A Law Dictionary Adapted to the Constitution and Laws of the United States of America and of the Several States of the American Union With References to the Civil and Other Systems of Foreign Law*),Philadelphia: J. B. Lippincott & Co,1883。他读了其中 right 词条的内容。

施特劳斯：存在两个领域。第一个是严格意义上的交换（exchange）：买卖，及所有其他类型的交易，这些领域中被认为一定要有某种正义。但是，亚里士多德奇怪地将刑法也认为属于交换正义，因为比如你的眼睛没了，会换得对对方的惩罚，这不仅是民事惩罚，而且是严格意义上的（proper）惩罚。换句话说，所有的交易和所有［严格］理解的刑法——是交换正义。

分配正义有很多层面。我把我自己限定在一种最有趣的层面上：即分配公职。城邦（polis）会将公职分配给最有价值的人。对一个抓狗的人（dogcatcher）来说，这个职位所要求的特质与总统不一样，但是，分配正义关注的是事物裁定的个体的价值和优势。从格劳秀斯的观点来看，分配正义完全是在"严格理解的正义（right）"的范围之外。严格理解的正义，只与交换正义有关。

学生：格劳秀斯对对等正义（expletive）的理解是否与亚里士多德所说的交换正义完全一样？

施特劳斯：我没法回答这个问题，至少我没什么特别的印象。你有什么特别印象吗？

学生：区别是 right 的可执行性（enforceability）。对亚里士多德来说，如果一个人的公职是继承得来，那么他对这个职位的宣称就更弱一些，而要求别人还钱，则更为理直气壮。对吗？

施特劳斯：不是这样。让我们从更简单的事情开始吧，从（比起那些高位的公职来说）我更有经验的那些事情开始吧。如果大学聘用一个人，这很可能会是一个很大的不正义。照理应该聘用可能聘到的最好的人，但不仅是由于无知，也因为恶意（spite），有时会出现不正义的聘用行为。至于这个没得到这份工作的人是否有权利提起诉讼，对于亚里士多德来说，与道德问题相比，这完全是个无趣的问题。那些剥夺了应该属于他的那个职位的人们都是大骗子，就像以某种（可能更多的）方式偷走了银钥匙一样。不过，亚里士多德当然会认为，可能法律还是不应介入，因为对这种事情而言，法律太过粗鲁。你不可能让警察坐在招聘面试会上；他们没有能力判断，法官则更没有能力。从常识来看，这些事情显然是法律上不可能做到的。

但是,从道德上(morally)来看,如果某人出于恶意而否定掉系里最适合某个职位的应聘者,这个人当然是个骗子。我的意思是,谁能否定这点?那是亚里士多德的意思。所以,分配正义与交换正义一样,也是正义的重要部分。从不可能性及其他的技术观点来看,区分是可能的,但是道德视域更为窄狭,此时对于分配正义的考虑或多或少降到悬而未决的地步。

你们可能读过霍布斯的《利维坦》第十五章,布莱克维尔版(Blackewell Edition)的第九十八页存在一个明显的对于分配正义的拒斥。在卢梭的《论不平等的起源》(Discourse on the Origin of Inequality)的最后一个注释(note)中,你会发现一个更为广泛的陈述,而很遗憾地没有任何英译本保留这个注释。① 卢梭认为,官员仅仅是严格意义上理解的正义的裁判者(judge only of rigorously understood)。在礼仪和风俗方面,法律不能确切制定出措施来作为官员使用的规则。去裁判人(而不是裁判行动),不属于法律的范围。格劳秀斯后来讨论了某些微妙的地方,比如,自然正义/法(natural right)当然连上帝也不可变更,但是上帝又在《圣经》中确证了自然正义/法。

我们来看另一点。在第十二段②中,格劳秀斯提出了这个问题:如何证明某一事物是自然正义的规定?然后,他说,这可以用两种方式来进行证明,一种是基于原因(a priori),另一种是基于结果(a posteriori)。③ 现在,a priori 和 a posteriori 的含义与当时使用的含义不一样。现在的用法可以决定性地追溯到康德(Immanuel Kant)。对于康德而

---

① "对好人和坏人不加任何区别的社会,是从来没有过的……在道德品行方面,法律所定的尺度是不可能精确到足以使法官把它们作为准则的。为了不让公民的命运和等级听从官员的任意摆布,最明智的办法是:法律禁止官员对个人评头品足,而只允许他们评判个人的行为……法官只能是严格的法律上的裁判者;在风俗方面,只有人民才是真正的评判官……",参见卢梭,《论人与人之间不平等的起因和基础》(Discourse on the Origin and Foundations of Inequality),收录于《卢梭:一论及二论》(Rousseau: The First and Second Discourses),trans. D. Roger and Judith R. Masters, New York: St. Martins, 1964, pp. 227—228. [译注]中译本采用李平沤的译文,参见[法]卢梭,《论人与人之间不平等的起因和基础》,李平沤译,北京:商务印书馆,2007,页 159—160。

② [译注]应为 JBP, 1.1.12.

③ [译注]依据施特劳斯后文的说法,a priori 不翻译成"先验",a posteriori 不翻译成"经验"。

言,a posteriori 意思是"基于经验",而 a priori 是指优先于所有的经验,即先验。但是,在这里,a priori 的意思是从原因的角度,而 a posteriori 的意思是从结果的角度。

更严格的证据是基于原因的证据,也就是说,论证(argument):即与理性的和社会的自然相一致的东西。理性的和社会的自然要求这、要求那;这是自然正义的[规定]。基于结果,是一种很常见的方式,即所有的人类或者至少所有文明的(civilized)国家所一致同意的东西,就被看作是自然正义/法的内容。也就是说,如果所有文明国家都拒斥父母与孩子之间的性交,那么,我们就要认定,这一点在人类自然本身之中有一个作为自然法/正义的根基。

当然,你可以认为,这里有个困难。格劳秀斯所称的基于结果的证据,使得自然正义/法和万民法(ius gentium)之间难以区别开来(万民法则是一种意志正义/法,一种实证正义,任何地方都会存在)。因此,基于结果的证据就被反驳了。这里再一次地,霍布斯是关键人物。有一点很简单:"文明的国家"——首先,你的"文明"标准是什么? 你需要首先知道文明的标准,然后再进一步探究。

如果我记得没错的话,这一段在霍布斯的《论公民》的第一章第二段。不,不是的,应该是在第二章的某个地方。①

在这第十二段,出现了一个词,我们再详述一下。第一章第十二段,格劳秀斯使用了"sensus communis"这一表述,它基于拉丁文本,指的是公共观点都同意的东西。很抱歉,我现在找不到地方了。我要说,这个 sensus communis(英文是 common sense,来自拉丁文,但没有对应的希腊文)在这里并不是现在我们常用的意思,因为现在它的意思是一种对现代科学的结果的反应。总的来说,现代自然科学及其后代宣称自己是唯一有能力的,因此某种程度上存在某种意识:即人类在没有科学的(without science)时候对人类事物也有一些知识,而我们称之为常识(common sense)。② 因此,我们在与科学知识相对的消极意义上定

---

① [译注]参见霍布斯,《论公民》,第二章,第一部分。
② [译注]按照施特劳斯的说法,common sense 在古典的意义上表示"共同同意",现代则表示"常识"。

义了现在的"常识"概念。

原初的含义非常不同。亚里士多德也使用了"common sense"这一表述,但与现在的含义毫无关系。①

朗读者:

基于原因的证明需要展示某一事物与理性的和社会的自然之间一致或者不一致的地方;基于结果的证明需要作出结论(即便不是绝对的肯定,至少也是以每一种可能的情况),即在所有国家中,尤其是在更为文明的(more advanced in civilization)国家中,依据自然法确实会如此。因为一种普适的结果要求有一个普适的原因;除了被称为"人类的共同同意"(the common sense of mankind),不可能有其他的原因了。②

施特劳斯:这可以追溯到罗马作家,对他们来说,与实践事务、审慎的事务、必要性的事务相关,非常重要。这里没有什么理论含义。理论含义仅仅是顺带提到而已。

现在,我来说第一章第十四段中的最后一点。格劳秀斯给我们现在称之为国家的东西下了个定义,这自然是因为他不得不提及所有种类的法律,其中也包括了人类法,而人类法是由国家(拉丁语是 civitas)制定的。格劳秀斯所给出的这个是对于国家的传统定义,是一种西塞罗的《论共和国》与亚里士多德的混合,这进一步证明了格劳秀斯主要追随的是传统立场。让我们现在来看第二章,因为那里包含着某些非常重要的信息。我不想遗漏任何问题。

学生:我读这章时,当格劳秀斯说关于神法及其与自然法的关系的时候,我感到很困惑。

施特劳斯:那可能是在第一部分。

学生:他说自然法不可变更,甚至上帝都不能影响自然法,但然后

---

① 所指的可能是亚里士多德,《论灵魂》(*De Anima*),3.1—2。
② 这里更换了磁带;被引用的文本在原记录稿中并没有出现,现在依据 *JBP*, 1.1.12.1 插入。

他又说,表面发生的变化①——

施特劳斯:好,但这难道不是很简单吗?

学生:一直都很简单,但他说上帝可以命令某人杀掉某人,我就困惑了。②

施特劳斯:杀人是件非常糟糕的事情,尤其在芝加哥(Chicago)。让我们再举一个例子。在出埃及的时候,犹太人被命令去拿走埃及人的东西,但这个命令并不是要求犹太人偷盗或者抢劫;传统的答案——比如在托马斯那里——认为:这并不是偷盗,因为任何人可控的领域都与上帝有关,如果上帝说这属于你、属于A,而不属于B,那么,它就不再属于B。另外,那仅仅是不正义地扣留奴隶劳工的工资,是从那些并不需要它的人手中夺来的。这同样可以适用于杀人的例子。上帝命令[听不清]亚伯拉罕(Abraham)去杀以撒(Isaac)。

学生:但是,与阿奎那相比,这里难道不是有点不一样吗?我有这样的感觉,即格劳秀斯试图为自然法设定一个绝对的类别,因为阿奎那认为存在不同层级的法——似乎不存在绝对的区别。

施特劳斯:就迄今讨论过的证据而言,我们不能超出这样的事实:即格劳秀斯试图使得自然法独立出来,不仅独立于人类法,而且独立于神法。格劳秀斯做这一点时,比传统思想家更为明显。那并不必然意味着存在原则上的决裂,但是依我的经验,我已经发现这些看起来形式上的变革事实上并不仅仅是形式上的。为什么他不再满足于那种不严格的方式(格劳秀斯时代的天主教传统就是以这样的方式来处理类似的问题)?为什么他想要这种自然法,不仅加上了特点以及自然法不可变更的方式——而且还存在一个与他的主题相关的原因。国际法是一种不仅约束基督教,而且约束穆斯林和异教徒的法律。他们[非基督徒]不可能基于基督教律法(在这一点上,基于最古老的法③)而得到处理,他们只能基于人

---

① [译注]"表面发生的变化"这一说法,可见于 JBP, 1.1.10.6。
② [译注]令这位学生产生困惑的文本内容,可见于 JBP, 1.1.10.5—6。施特劳斯接下来讲疏的内容也是针对这一部分文本。
③ 摩西律法(law of Moses)。

类理性告诉每个人的东西而得到处理,因此,这是国际法与自然法之间的紧密联系。在国内的事情上,你可以认为你有实证法,这些法律对大多数目的而言都足够特殊。但是,对于完全不同国家之间或者完全不同的文化之间,除了人类的共同人道(humanity)(这种共同人道在人类的共同理性中展现自身),我们还能期待什么共同的基础呢?

第二章处理的问题是:发动战争是否可能是正义的。当然,这一点必须在自然法的所有层面上进行探讨。让我们来读这一章第一段的开头部分。

朗读者:

考察了法律(law)的起源之后,让我们来看第一个最一般性的问题,也就是,是否任何战争都是合法的(lawful),或者是否进行战争永远都是可允许的(permissible)。这个问题,也包括之后的其他问题,必须首先从自然法(law)的角度来进行研究。

施特劳斯:当然,拉丁文中全都是 ius。

朗读者:

追随斯多葛学派的作品,马库斯·图利乌斯·西塞罗(Marcus Tullius Cicero)在《论目的》及其他地方,很博学地认为存在某些自然的第一原则(first principles of nature)——希腊人称之为"首先,依据自然"——其他某些原则是之后显现的,但其他原则要优于那些第一原则。① 西塞罗称,自然的第一原则是这样一些原则:依据它们,每一个动物从出生之时起,就为它自己考虑,并被迫保存自己,热心地思考自身的状况以及有助于保存自身的事物,躲开毁灭或者可能导致毁灭的事物。他接着讲,如果有选择的可能性,任

---

① 格劳秀斯这里引用的是西塞罗,《论目的》(On Ends),3.5.17;也可参见西塞罗,《论义务》,1.4.11。

何动物都会使得自己身体的各个部分以合宜的方式保持秩序和完整,而不是变成侏儒或者形体变形。每个动物的首要义务(first duty)就是保持自然所给予的状态,然后坚持那些与自然相符合的事物,并且拒斥与自然相反的事物。①

施特劳斯:更精确地说,应该是 the first officium,这个说法并不和"首要义务"(first duty)完全一致。"义务"来自拉丁语 debere,意思是"我们欠的东西",但这个意思在拉丁词 officium 中没有。officium 的意思更接近合宜(而非共同)的事物。不过,我并不试图深究这种微妙的差异。first officium 是指每个人在自然状态中保存自己,"自然状态"是按字面翻译,指的是健康人的状态。

我们在这门课程中会非常多地遇到自然状态的问题,因此,这里是第一次出现,我要提醒你们注意。这是其古典含义:斯多葛学派的、亚里士多德式的、柏拉图式的含义。自然状态是完美状态,或者至少是初始的(initial)完美状态:健康而不是有病,生存而不是死亡,目明而不是眼瞎。这里仅仅是顺便谈一下,但这个问题却并非不重要,因为之后的自然状态问题极其重要。

格劳秀斯在这里提到了一个由斯多葛学派作出的、西塞罗也接受的区分,即在 prima naturae(自然的第一原则)和我们所称的"目的"(人类的完美)之间的区别。既然存在这个根本区别,我们需要考虑两个方面。在自然正义的例子中,我们必须考虑:它是与 prima naturae 相一致呢,还是与目的(即人类的自然完美)相一致? 主要的例子是自我保存:活着的人类的自我保存,我们在这一点上当然是与动物一样,这是关键。

考虑到我们已经听过的严格意义上的正义和窄狭意义上的正义之间的那种区分,我们不能得出这样的推论:刚才的所有思考都在严格理解的正义的规定范围内。换句话说,人类归于自己的东西,他作为一个理性动物并没有直接影响到他人的事情,这不属于严格意义上理解的

---

① *JBP*, 1.2.1.1.

正义的事情。他的自我保存和其他所有人的自我保存,才是严格意义上的正义的事情。

在《独立宣言》中,末尾部分出现了一个上升的短语,即"我们宣誓献出我们的生命,我们的财富和我们审慎的荣誉"。这是一个如此漂亮的句子,以至于我们不太愿意去分析它,因为显然他们宣誓献出自己生命和财富的方式,与他们献出名誉的方式不一样。他们愿意牺牲他们的生命和财富,但他们显然不愿意牺牲他们的神圣荣誉。这一点必须与另一个事实联系起来。根本权利在开始的时候是指生命权,而明显不是财富权,但你可以说在自由[听不清]中暗含。

所以,奇怪的是,这份文件从生命和财富的权利开始,高潮则是:一种牺牲的意愿(a willingness to sacrifice)。这个矛盾就与西塞罗所知道的那个一样,作为一个受过教育的人,杰斐逊(Jefferson)和其他人当然也知道,他们从西塞罗的这一段话和其他地方得知这一点。所以,首先、最首要的、在那个意义上根本性的东西,并不是最高和最有权威的东西。这个简单的事情——柏拉图和亚里士多德当然是伟大的哲人,但是如果我们考虑一下在《独立宣言》中从头至尾的这些简单的事情,很显然,他们最不可能参与讨论。某些根本的事情有可能必须被牺牲。其他事情在那个意义上并非根本。对于神圣的荣誉而言,并不像生命和自由存在权利一样,它并不存在权利。

但是,我认为,就这本书中的全部论证而言,我们需要记住是:right的两种含义之间存在联系(窄狭意义上的正义和格劳秀斯更关注的严格意义上的正义之间);所谓的开端和目的之间的区别。严格意义上的正义与开端的保护有关,或者与开端时产生的权利的保护有关。

在第四段中,格劳秀斯提到了自然正义(the right of nature)以开端的视角所教导的东西,即人与动物都分有的那些基本的东西。这很简单:自然给动物以攻击和防卫的武器;自然本身并不反对战争。没有爪子或其他此类东西的温和动物,它们有"速度"作为替代。比起狮子或老虎来说,兔子放在家里要温和得多,但即便是兔子,它依据自然也适合战争,因为它适合逃跑,这是克服危险的一种方式。

关于更高的(higher)思考——可以读一下第五段的开头。

朗读者：

　　正确的理性（right reason）和社会的自然——这一点必须放在第二位研究，但却有更大的重要性（of even greater importance）——都不禁止一切对武力的使用，但是只禁止那种对社会相冲突的武力的使用，也就是说，那种试图夺走他人权利的武力的使用。

施特劳斯：这里你会发现更高的思考，不是考虑那些任何动物一出生就会有的欲望，而是要考虑那些最高层面的（highest）东西；甚至是那些与战争不相冲突的东西。我这里并不仅仅考虑与战争有关的决定，而是考虑这两种思考的区别。从开端的角度来说，以及从人的最高层面来说，战争都属合法（legitimate）。这是格劳秀斯想要说的第一点。

不过，这里存在一个小困难，我没看出来格劳秀斯是否考虑过这个问题。他在这里谈及了社会的自然，但什么是社会的目的（purpose）呢？他在紧接的一句中说到——

朗读者：

　　因为每个社会都有这样的目标，即通过集体资源和力量保护每个个体属于他的财产安全。①

施特劳斯：有一点点夸张的是，社会的目的是保护所有人拥有属于他的东西，这些东西是指生命、身体的各个部分以及自由。在类似的一段中，霍布斯只谈到了生命和身体的各个部分。那么，如果保护所有人属于他的东西，是社会的目的，那么问题来了：社会是否超过了满足原始需要的层面（primary needs）？

格劳秀斯在这一章中关注的困难是这个。这一困难不涉及自然正义（right），因为在那个时代，没有人只在理性的基础上反对战争。所有明智的人都同意：战争是坏的。但问题在于，发动战争是否是一个不正

---

① *JBP*, 1.2.1.5.

第 二 讲

义的行动？格劳秀斯从未这样认为过。哲学上的和平主义者（philosophic pacifism）——如果我可以这么说的话——是现代在自我保存的权利绝对化的基础上出现的。如果根本权利是自我保存的权利（社会因之而得以存在），那么，社会在任何情况下都不能要求你让自己的生命受到威胁。怎么说呢，这可以用一种更有吸引力的方式来展现，但我想，没有这个坚硬的霍布斯根基，就不会得出那个结论。

所以，困难不属于理性或者自然正义的范围。困难涉及到《圣经》、神法。原则上，神法可能会总体上禁止自然正义/法所允许的东西。例如，之后，他会提到，不少人认为，自然法并不禁止一夫多妻制，但神法禁止一夫多妻制。因此，严肃的问题是：神法是否事实上禁止战争？

首先是《旧约》，在第五段中有一个相对简短的讨论——格劳秀斯只提到了一种法，而不是摩西律法（Mosaic law），因为这里理解的摩西律法只传给犹太人，不涉及非犹太人。在某种意义上，他的讨论依据了《圣经》，无疑也依据了犹太传统颁给所有人类的法律，即在《创世纪》第九章的第五和第六节，上帝在大洪水后晓谕给挪亚（Noah）及其后代的话。

格劳秀斯在这里认为，他没有看到战争如何被禁止；从暗示中看，战争甚至是被要求的。不过，他当然不会引用"你不可杀人"（thou shalt not kill）——我在一些小册子中看到这一点被引用——不仅仅因为这个法严格来说只颁给犹太人（因而不适用于其他民族），而且是因为一个坚实得多以及有趣得多的理由。为什么存在这种荒谬的反对战争的论证（我的意思是作为一种《圣经》中的禁止）？出于同样的原因，存在一种对于死刑的荒谬的论证。

学生：非基督徒。

施特劳斯：不，不是这个。你可以说这在某种意义上很牵强。你不可杀人，但可能人们杀人时觉得他们不仅杀得正义而且虔敬。

学生：这是针对只依据他自己的权威来行动的个人。

施特劳斯：在十诫的文本中，没有这样的区分。很简单，发动战争的诫命，尤其是因为某种罪行而杀人的诫命，大量存在。摩西显然还没有蠢到去禁止那些他一直命令去做的事情。那绝对不可能。这一点很清楚。顺便一提的是，这里文本中的希伯来语不是"你不能杀人"（thou shalt not kill），而是"你不能谋杀"（thou shalt not murder）。"杀人"用的是一个不同的词，因此那完全不相关。

困难来自《新约》，在第六段中，格劳秀斯转向了《新约》。格劳秀斯在这里碰到了两个相反的观点。第一种观点认为，《新约》只包含了自然正义/法。因此，关于《新约》是否允许自我防卫（因此也允许战争）的问题就没了。如果《新约》教导自然正义，而自然正义学说明显地允许战争，那么问题就解决了。

另一种相反的观点认为，《新约》（尤其是山上宝训）仅仅是对摩西律法和自然法的一种解释，意味着现在这是自然正义的正确解释。换句话说，我们及格劳秀斯通常相信，自然法必须在这种由耶稣在山上宝训中给出的最完美的解释下予以矫正。随之，这会导致这样的后果：严格理解的自然法——即耶稣所理解的自然法——禁止自我防卫以及战争。

我从格罗诺维乌斯（Gronovius）——我这里使用的评注者——那里得知，第二种观点（即山上宝训仅仅是自然法的一种解释）是所有新教徒的普遍观点，这一点可能确实还需要多加一点限定。毕竟存在一些理性的同时代人，他们不会就此胡说八道。他在这里想说的是，新教徒与天主教徒相区别是基于这样的事实：他们反对存在一种新法——旧法是摩西律法，新法是基督的法。从新教的观点来看，上帝的恩典（grace）——《新约》的[听不清]信息——与法律相对立，因此不可能存在一种新法。《新约》所包含的——看起来像是法律——仅仅是一种对老法的解释，当然也是最高的（highest）解释。

这点与我们现在的讨论无关，但这对之后第六章第二部分的讨论很重要，我们可以先读前两个部分。

朗读者：

> 从福音中得来的反对战争的论证有更大的貌似合理性。考察这些论证时，我没有像许多人那样认为除了有关信仰和圣礼的规

定之外,不存在任何不属于自然法的东西。我认为这不是正确的,至少不是在大多数人所认为的意义上。

我愿意承认这个事实,即福音中命令我们的东西中,没有一个不具有自然的道德之好(natural moral goodness),但不明白为什么我竟然要承认我们——在自然法及自然本身所施加的义务的限度之外——并不是由基督的法律所制约。当我看到有些持有不同看法的人努力去证明被福音所禁止的事物也是自然法所不允许的时候——比如,姘居、离婚和一夫多妻——我就觉得惊奇。事实上,这些事物具有这样的自然,即理性本身(reason itself)宣布不做这样的事情是道德上更好的(morally better),但这些事情在没有神法规定的时候并没有显得那么邪恶。再说一遍,谁说依据自然法就必须去做基督法律命令做的事——为了别人的生命而将自己至于危险之中(1 John, 3:16)?查士丁(Justin)的说法与此相关:"只依据自然生活,是尚未有信仰之人的问题。"①

施特劳斯:换句话说,对于那些非基督徒(格劳秀斯这本书的间接言说对象),这就不再有效。但是,我们要记住下面这一点,以便于后面讨论,即姘居、离婚和一夫多妻制并不违背自然法。这是一个反讽,我们以后会发现其他的反讽,它们会在这个问题提出的那一刻出现,即什么是自然理性确切教导[听不清]。

接着,他讨论了基督教反对战争的论点,或者类似的反对战争的基督教论证,这种论证基于山上宝训中的著名段落。他试图在每一个例子中展示:我们今天所称之为和平主义的阐释仅仅是一种误读。我们可以读一下第八段中的第十部分,我认为,这里很清晰地展示了格劳秀斯内心的原则。

朗读者:

让我们承认"邻人"(neighbor)一词的更宽泛的意义,它包括

---

① *JBP*, 1.2.6.1—2.

了所有人类——如今所有人都被接受入一个共同的教规,没有民族被上帝认为是应该摧毁的——过去以色列人被允许的事情,所有人都将被允许;他们过去被要求互爱(love),如今所有人类都被这样要求。

施特劳斯:这不太合理。换句话说,据格劳秀斯的意思,这个发出命令要求爱邻人的伟大的非犹太人(Gentiles),原来的意思是命令犹太人互爱,而在基督教中意味着一般意义上的人类。结果呢?

朗读者:

如果你倾向于认为在福音的律法中要求了更大程度的爱,而且认为这是不言而喻的,但下面这一点也要被承认,要承认这样的事实,即爱不能以相同的程度适用于所有人,父亲获得的爱要比陌生人多。类似地,依据有秩序的爱的法律,无辜者的利益要比有罪之人的利益获得更优先的考虑,公共利益要比个人利益获得更优先的考虑。

死刑和正义战争的根源正是在对于无辜者的爱之中。这一点可以参看《圣经》"箴言"中第二十四章第十一句提及的道德观(*Proverbs*, 24:11)。因此,基督关于爱和帮助他人的教诲应该被付诸实践,除非为了实现更大和更多的爱而需要做出取舍。有句老话比较类似:"饶恕所有人和不饶恕任何人,是同样残酷的事情。"①

施特劳斯:那么,这就是原则:"对邻人的爱"与对不同人类的不同程度的爱的区分可以完美地协调一致,并且承认,死刑以及正义战争也是来自于此。

在第十四部分的末尾,有个段落我不太理解。

朗读者:

第五段(有些人使用过的)是在《圣经》的"哥林多后书"第十

---

① *JBP*, 1.2.8.10. 引号中的句子引自赛涅卡(Seneca),《论宽恕》(*On Clemency*), 1.2。

章第三节中(2 *Corinthians*, 10∶3)："因为我们虽然在血气中行事，却不凭着血气争战。我们争战的兵器，本不是属血气的，乃是在神面前有能力，可以攻破坚固的营垒。"此外，也包括该文后面的内容。

这一段与我们正在讨论的问题没有关系，因为在这段之前的段落和这段之后的段落显示，保罗(Paul)理解的"血气"(flesh)指的是身体的虚弱状态，这种状态引起了别人的注意，受到了鄙视。保罗用自己的武器来与血气对抗，也就是，作为使徒而被赋予的限制难治之人的权力(power)，他用这种权力对付了以吕马(Elymas)、乱伦的哥林多人(Corinthian)、许米乃(Hymenaeus)和亚历山大(Alexander)。他说，这种权力不是虚弱的血气；相反，他声称那是最强大的。这与死刑和发动战争的权利有什么关系呢？没啥关系。因为当时的教会得不到公共权力的支持，为了加以保护，上帝使这种超自然的权力(the supernatural power)起作用；同样，当基督教的皇帝开始支持教会的时候，这种权力就开始逐渐减退了，就像犹太人到达肥沃的土地之后，吗哪①就消失了一样。②

施特劳斯：换句话说，原来是奇迹的(miraculous)东西，后来变成了自然的(natural)。他讨论了生活于罗马帝国的早期基督徒的状态——在第二章，还是说之后章节中出现？

学生：我认为是在第二章。

施特劳斯：后面难道不是存在一个段落——噢，那是与反抗政府的问题有关。

现在，我想说的第一点——有没有哪个你们考虑过的观点，在我们之前的讨论中没说过而应该说一下的？

学生：格劳秀斯认为，为了理解基督的话语，我们必须考虑摩西律法中的两个情况：与人类法(human law)相同的部分，以及与宗教法

---

① ［译注］吗哪(manna)，在荒野中上帝赐给犹太人的食物。参见《出埃及记》。
② *JBP*, 1.2.8.14.

(spiritual law)相同的部分。从那种观点看来,基督的要求似乎是把人类法或者类似人类法的法律变成超过人类法的法律。换句话说,人类法对于谋杀是不够的,你必然会愤怒,但不用去动用可见的惩罚,会存在一个超自然的最终惩罚。

施特劳斯:那你从中得出什么结论?

学生:基督在这方面的教诲是否破坏了摩西律法中的区分。

施特劳斯:但是,只有从基督教的观点来看,在这种情况下,世俗政府(temporal government)是不可能的。否则会怎么样呢?他当然没谈及过这点。我不明白;可能你必须进一步阐述你的观点。我认为,于我而言,对这一点的讨论非常有趣,因为这是一个古老的讨论,已经持续了一段时间。由于十六世纪末和十七世纪各宗派的传播,它变得更有活力。正如你们所知道的,在这些宗派中,有些是和平主义者:贵格会(Quakers)开始在那个时期孕育,尤其是在荷兰。门诺会(Mennonties)为后来的很多事情做了奠基……因此,当时,这有很大的话题效应,但并没有持续特别长的时间。

现在来说说其他的点——这与亚里士多德的复杂关系,虽然只是表面上复杂。现在清楚了吗?亚里士多德式的区分——在更宽泛意义上的正义,包含了所有涉及与他人之间关系的事情,换句话说,这是这样一种正义,它与服从法律不同,但又应该与服从法律相同。为什么不一样,又为什么应该一样?这很重要。

呃,法律总是非常不完美。如果法律依据各种具体情况制定得很完美,那么就可以简单地认为正义地行动就是依法行动。正义的这种宽泛意义——这里的正义同时也有"守法"的意思——是更宽泛意义上的正义。不过,随后也存在窄狭意义上的正义,这意味着一种特殊的人类德性(human virtue),一种人类的优越(excellence),就像所有的优越一样,这在某种意义上是更宽泛意义上正义的一部分,但尽管如此,它仍旧是一种特殊的德性,比如节制、勇敢、慷慨或者别的什么。

正如你们看到的,这在某种程度上是格劳秀斯的起点,但现在来看亚里士多德认为这种区别是什么意思,格劳秀斯认为这种区别又是什么意思,这一点非常重要。这里我们只限定于格劳秀斯就够了。格劳

第 二 讲

秀斯将这种区别以某种方式转变,使得以下这样一种区分成为可能:即依据人类法,人类会被迫以及正义地被迫去做的事情,和那些不能被正义地依据人类法而被迫去做的事情。这种意志自由式的考虑,在亚里士多德那里不存在。

在格劳秀斯的意义上严格理解的正义与权利(rights)有关,与交换正义(而不是与分配正义)有关。严格理解的正义的基础是这些开端(beginnings),是这些与完美或者完整意义上的德性相反的"自然的第一原则"(prima naturae)。你们同意这一点吗?我没法说得更好了。我现在的这种简单的表述,不是格劳秀斯所作出的,但他在不同的场合说过这些,我认为这就是他的"严格理解的正义"的含义。

如果你现在把这些段落放在一起,你就会认可我所说的这个表述。但是,他没有这么做,而且问题在于:格劳秀斯究竟是在找寻一些他自己整体上没有看清的东西,还是他实际上不太愿意展现那些东西。那我不知道。我的意思是,在阅读格劳秀斯关于这一点的论述时,他很摇摆。他做出了一些[听不清],这对理解他所说的两种正义之间的区别很有用。

挥霍——如果你只是浪费你的钱,而不考虑你的义务,那么挥霍就只是一种习惯。但是,如果你给了某人一张一百美元或者甚至可能一千美元的支票,这个人就变成了这一千美元的合法(rightful)拥有者,而不论他是否需要这一千美元。你可以看到这种区别。格劳秀斯心里想的东西就是——我确信这个例子在格劳秀斯之前很久就有人用过,这是一个更为清晰的简单例子——就是之后开始被称为(格劳秀斯没有这么说)"法律与道德之间的区别"的东西。

换句话说,到底这个人是不是从一个"窃贼+醉汉"那里接受了一千美元,接受这份礼物的这个人是不是一个非常好的人,这不是一个问题。不过,他当然不会因为这个而受罚。当然,这自然地需要一些推理。为什么我们作出这样一种界分?我认为醉酒会是一种法律上相关的考虑,当他醉酒的时候,他是否可以送出礼物;他是清醒的时候,这是他的钱,他可以用他的钱做他想做的事情。还有很多其他的例子。我们从自己的经验中可以知道,这样一个在法律和道德之间划清界限的建议如何有道理。

有趣的是,一直到1600年,非常多有智慧的人,他们像格劳秀斯和像我们一样知道这些事情,但他们不觉得需要很迫切地在法律和道德之间作一个明确的分离,而这一点在十七、十八世纪及以后变得非常迫切。在那种程度上,一种量的问题再一次变成了一种质的问题或者一种原则的问题。为什么会这样?

有一个理由很清楚。你可以看到很多不同的理由,例如,去限制严格的法律的范围,这当然意味着去限制政府的权力,既然政府不可能被认为是永远好的和智慧的,那么,要把政府限定在绝对必需的事物上,就是一个有道理的建议。这是一点。除此以外,我们不能忘记,尽管在理论上并非最重要,道德要求在传统上被理解为是为了操作意义上的实践目的,这一点与基督教的要求一样。社会的世俗化——这是在十六世纪和十七世纪进行的——在实践上意味着这种划清界限的欲望的强化,这种划清界限涉及:不归于立法(比如政府)的事物以及良心的自由,还有所有与之相关的事情。

学生:我对于这种截然的区别有一点困惑,即对于自然的第一原则很重要的事物和更高层面的(higher)事物之间的区别,因为格劳秀斯确实回避了对法律的讨论,但是当他提及它的时候,他说国内法的部分目的是把好的东西变成义务。

施特劳斯:我认为,首先要更为优先地坚持第一秩序的权利或者"自然的第一事物"(the first things of nature)的权利。很简单地,亚里士多德用古典式的简朴认为,城邦或者政府的义务是使得公民变好,这里"好"的意思不仅仅是指披头士(Beatles)进城的时候,他们不会尖叫或者做类似的事情,亚里士多德的意思是一般意义上的好又健全的特质。柏拉图当然持有同样的观点。这是一种传统观点,很容易和《圣经》教义相协调。严格理解的德性不可能有强制力,因为你自己必须做选择——出于很简单的原因,这一事实是一种很无礼的结论,尽管它有或者宣称有约翰·弥尔顿(John Milton)的权威。在你有权利去选择之前,你必须长大;一个三岁小孩不能胜任严格理解的道德自由(moral freedom),因此要很大地依赖于他如何被养大。换句话说,大问题是

(在"教育"这个词宽泛的意义上的)教育的问题,强调的是性格的形成,这可能需要严格地限制父母的自由。从关注培育一代人的观点来看,父母房间内的战争图片的问题,孩子们在那里听到的音乐,都显然最为相关。

这里我们有一种立场,这种立场在理论上很难像今天某些人认为的那样容易抛弃:这就是政府的立场,城邦(polis)的立场,去使得公民们变得好。同时,我们也会发现相反的立场,即道德和人类的好与政府无关。洛克尤其持有这种立场,亚里士多德也知道这个立场,因为他在《政治学》第三卷中简单地对此讨论了一下,某些民族当他们还债时有一种安排,不关心人民的品性。这不是一个城邦(polis)。那种认为这可以是一个城邦的观点很著名。我认为这是一个非常严重的问题,因为并不需要特别多的思考就可以看到,城邦(或者我们今天说的社会)确实对某些德性有兴趣。高层的腐败同社会之所以为社会并非没有关系,所以我认为,某种公民精神(civic spirit)普遍需要,或者可以称之为爱国主义。公民精神或者爱国主义是亚里士多德所说的"德性"的基础形式。但这产生了第一个困难。

另一个困难也紧跟着来了。每一个政制(尤其是民主制)有某种特定的道德,我们可以认为,某些行为的方式——它们在其他类型的社会中完全无可厚非,并不必然不高贵——会被简单地认定为是不合适的:比如,如果你有仆人,你对待仆人的方式。如果你去欧洲旅行,你会看到区别,尤其是在那些更为传统的地区。

所以,道德的问题不能因为简单地说"政府除了保护你我的东西之外没有其他的功能"而被扔掉。但是,既然已经到了这个点,把这个问题说透更明智,所以你要使自己符合民主社会的要求,然后从一个全面和宽泛的观点(不对情势做任何的妥协)来看,这些要求是怎样的。我完全支持妥协,但是我会让妥协变得明智一些。如果你首先不知道在可能的情况下你想要什么,那就绝对不可能做一个明智的妥协。接着,你才能知道哪些地方你可以调解,哪些地方不可以。

第 三 讲
JBP, 1.3.1—1.5.2
(1964 年 10 月 13 日)

施特劳斯：这篇论文展示出某些像我一样处于类似情况的人，在两种立场中，仅选择一种立场会有多么困难。① 为了简略，我总是称自己为一个保守主义者(即便不是反动者)，因为我不害怕争论，但是不管怎样，我认为，在大学里，自由主义者要有权力得多。你说自己不是一个自由主义者，要比你说自己是一个自由主义者，更需要道德勇气。这纯然是一个修辞上的但并非完全不重要的考虑。

如果你转向校园里的祈祷问题，就会立刻发现事情不这么简单，在校园里，正好相反，保守主义者支持某种程度对隐私的侵犯。如果你像我一样阅读一本定期出版的保守主义杂志，那么你会发现保守主义阵营内部有很大的分裂。其中一个派别是严格的"曼彻斯特经济学"②，我的意思是，当然，由弥尔顿·弗里德曼(Milton Fredman)所代表，也有一些记者，比如哈兹里特(Hazlitt)③等人。其他人则更多地强调某种道德义务，他们认为自由主义者太松懈了。在参议员戈德华特的演讲中，这两个敌人时不时出现。④因此，某种程度上讲，你刚说的是对的，但这没有穷尽这个问题。

---

① 这一讲开头阅读了一篇学生论文，施特劳斯评论了这篇论文。阅读过程没有录音。
② "曼彻斯特经济学"或"曼彻斯特自由主义"是以自由市场思想为标志，最初与十九世纪英格兰的曼彻斯特有关。
③ 有可能指的是亨利·斯图亚特·哈兹里特(Henry Stuart Hazlitt, 1894—1993)。
④ 戈德华特是 1964 年的共和党总统候选人。他的竞选最早遇到共和党内部的这种重要分歧，即后来所称的"经济保守主义"和"社会保守主义"之间的张力。

学生：我不想谈这些类别，我想讨论一下民权法案（Civil Rights Act），因为我觉得这是这个国家最重要的政治问题。如果我们看那些反对和支持这一法案的人，就会看到有一个重申（restatement）——

施特劳斯：但你所说的两类中少了另一个问题，即解决方案（prescription）的重要性。如果你认为自由主义观点是激进观点，那么凡是内在正确的（right）东西，不管怎样都要立刻做到；而保守主义者则会认为，这不可能行得通，那么你就要考虑各种情况——某些事可能内在正确，但可能会产生很大的麻烦。如果你考虑到两大阵营中的这个区别，情况就不一样了。

我只能说，你们中间有一位同学——他此刻不在——偶尔提醒我这一事实，即我的名字在《国家》（Nation）中被提到——我认为这是一份自由主义的报纸——因为他们已经知道我在某一点上确实同意他们，因为我支持正义（justice）。正如我们部分地从格劳秀斯那里所得知的，这有时候会导向复杂化。因此，很极端地说，如果不能简单抛弃邪恶，那么对非正义的多大程度的妥协是可以接受的。这是一个很复杂的问题，我们必须考虑它。

学生：作为对解决方案的回应，我会提议亚里士多德的审慎（prudence），自由主义者会认为，这不会立刻就来，已经至少有一百年了——

施特劳斯：这个说来话长，需要涉及许多细节，因此，我认为，我们都会同意两个阵营中都存在诚实的人。问题仅仅是：哪一方更智慧？

［施特劳斯转向了另一篇学生论文］

你确实很好地展示了格劳秀斯给人的印象，他这人犹犹豫豫、磨磨唧唧，说话一点不明确。他不是站在人民一边的人，也不是一个像［听不清］①一样的绝对主义者。他很虔诚，又不是特别虔诚。嗯，正如你所智慧地指出的那样，他是个法学家。他关注的是法律，而法律与政治相区别，他的整本书是一部法学作品。这对我俩而言造成了困难——我们都没有接受过法学训练。你必须懂罗马法和教会法，甚至传统的犹太法律，才能理解他所说的每一个小点。但是，

---

① 很可能是指霍布斯。

你仍然会看到存在另外一个困难,这个困难不直接与律法主义(legalism)相关,而是他践行了某种审慎,他犹犹豫豫地去处理那些需要明确决定的事情。说他审慎只是说得好听,其实他就是试图拐弯抹角,给人带来理解上的困难。

当然,这是一个法学作品,但却是在比今天使用这个词宽泛得多的意义上使用这一说法。你一定已经从格劳秀斯自己的脚注中——如果那时不那么清晰的话,至少以后会出现——大量引用了阿奎那,无论是直接引用,还是作为评注。当然,主要的是(当然有例外)——我没有统计过——在讨论关于更窄狭意义上的正义的部分中。

当然,他对权威的使用非常引人瞩目,在一代人之后,这种做法将会变得令人厌烦。到时候,人们在笛卡尔和霍布斯的影响下,开始觉得这种对权威的使用仅仅是为了展示博学。这种感觉如下:这些是一种并非先例的先例,因为这只是一种对权威的选择性使用。尽管如此,我现在还是要说,这部作品确实存在一种统一性(a unity),尽管这种统一并不明显。

在进行我们今天的讨论之前——我可能之前误导了大家——有一个点,是在第二章第一段的一个段落中,第三部分,第五十二页。

朗读者:

> 因为事情多样性的原因,有的时候,我们所称的"道德的好"(moral good)包含了一个临界点,如果你偏离了哪怕最短的距离,就会转向一个错误的方向;有的时候,它有一个更宽泛的范围,在这个范围内,一个行为如果做了,可能会被称赞,而如果完全没做或者换其他方式来做,也是不会被指责的。总体上的区别在于,没有中间状态。但是,在以不同的方式对立的两个事物之间(比如黑和白),某种中道(mean)可以被找到,无论是通过两者的结合,还是通过在两者之间找一个中间的状态。
>
> 无论是神法,还是人类法,通常关注的都是后一种类型的行为,其目的在于使这些本身仅仅是值得称赞的(praiseworthy)事情

第 三 讲

可能变得也具有强制力。①

施特劳斯：我们在这儿停一下。所以，换句话说，从超过严格意义上的正义的观点来看，人类法可能是强制性的。他翻译成"道德的好"，翻译得挺好，拉丁语是 honestum，这被用来翻译希腊语 Kalon。在这个方面，格劳秀斯仍然同意亚里士多德，即人类法不仅关注窄狭理解上的权利（rights），也关注高贵的事物。这一点必须得到应用。

现在，我们马上转向第三章的开头，请读一下开头。

朗读者：

> 公战和私战的划分②
>
> 战争的首要和最本质的划分是：公战、私战和混合战争。
>
> 公战是指由拥有合法（lawful）发动战争的权威的人所发动的战争；私战是指由不具有合法权威的人发动的战争；混合战争是指一方面是公战，另一方面又是私战的战争。我们先来考虑私战的问题，因为它更为古老。
>
> 我认为，从自然法的角度来看，有时私战也可能是合法地（lawfully）发动的，这一点已经在前面说得足够清楚了，我们当时展示了使用武力抵御伤害并不与自然法相冲突。但是，可能有些人认为，在公共法庭建立以后，私战就不再被允许了（permissible）。因为尽管公共法庭的建立不是出于自然，而是依据人类意志，尽管如此，一件事情由没有个人利益涉及的人来调查，比起由过多考虑自身利益、用自己的手去获得他们认为正义（right）的东西的个人，要更为符合道德标准、更有利于个人之间的和平——③

---

① *JBP*, 1.2.1.3.
② [译注] 这是标题。
③ 接下来的段落为："因此，自然赋予我们的公平和理性告诉我们，这样一个值得称赞的机构应该获得我们的全力支持。"施特劳斯在下面的某些讨论中提到了这个接下来的段落。*JBP*, 1.3.1.1—2.

施特劳斯：我们在这里停一下。私战的最简单的例子是个人之间的战争。如果你在一个巷子里被袭击，并与你的袭击者枪战，那就是私战。当然，有一方是正义的（just），也就是，受袭击的一方。但这不是我想要说的重点。

格劳秀斯区分了两种形式的自然正义/权利（natural right），其中之一，先于任何人类行为。那是自我防卫的权利（the right）：这一点依据自然就可获得，你不用做什么。然后，还存在一种自然的权利（a right of nature），它预设或者至少要求一种特殊的人类行动。例如，当他说，公共法庭的建立——当然是由人类建立——乃是公平和自然理性所要求的，他的意思是，建立公共法庭也是一种自然正义的方案，它与首要意义上的（in the primary sense）自然正义的地位不一样。

他首先谈私法，私法先于公法，比公法更古老，而且在这里，他暗示了类似一种自然状态（a state of nature）的东西，一种先于社会的状态。格劳秀斯并没有谈及过"自然状态"这个表述。这表面看起来仅仅是语汇上的差异，但实际上有重大的实质性结果。我们现在只需要知道，他在这里没有谈及自然状态。所以，首先是私法，他在第二段和第三段中证明，私法在《新约》中是被允许的，但没有说它也是被自然理性所允许的。在某种程度上，他在这里重复了第二章所讲过的内容。

你们发现这两个地方的处理有什么微妙的差异吗？我的意思是，第三章中对于私法的处理，第二章中基于基督教观点对战争的处理。

学生：我之前正在说这一点呢。

施特劳斯：对这两个段落进行一个完整的比较，非常有趣。但我没做过。

有一点，我要提一下，我不知道这是否属于格劳秀斯的原创，在第三段的第七部分。① 他讨论了彼得（Peter）的例子，彼得被禁止使用剑，他被指责不是出于自卫的欲望，而是为了复仇的欲望。彼得是一个激情的人。我只是顺便提一下这点。

---

① *JBP*, 1.3.3.7.

第 三 讲

学生：第二段或者第二部分（不管怎么称呼吧）的末尾——

施特劳斯：让我们先理清楚这些说法吧，免得老有问题。我们称"章"（chapters）的下面为"段"（paragraphs），"段"的下面为"部分"（sections）。

学生：第二段的末尾，他认为，如此显然的同意（agreement）——他提到了雅典的法和《旧约》中的法——已经确证了自然法。在第三段的开头，他认为在《新约》中可能会存在问题。①

施特劳斯：为什么不呢？这难道不好理解吗？难道不是更高的法限制了更低的法所赋予的自由？

学生：但我很好奇的是，他在这里是否确实说过这会发生？在第二章中，他说他不会否认《新约》可能会造成问题，而且他说在通奸之类的问题上确实已经造成了问题。

施特劳斯：确实，还有婚姻问题。

学生：不过，当他开始说实际问题的时候，他总是说，这可能，但是——

施特劳斯：我认为他开始讨论这些婚姻和乱伦的问题时相当清晰。

然后，他在第五段中讨论了这样一个问题：即一个下属能否在没有得到其政府的正式命令之时发动战争。② 现在进行的是一个不一样的讨论。战场上的命令者，到底是应该依据他所设想的其政府的意志来行动，还是说，他应该认为他的政府希望"如果没有提前与政府联系的话，就不能采取任何行动"？我只是提一下，这些问题并不是今天要讨论的问题。

我们现在必须转向中心问题，这一问题出现在第六段中，当然是：公法与私法之间的根本区别是什么？③ 当然，存在这样一个区分：一个由国家发动，另一个并非由国家发动——并不必然是由个人发动，也可能由一群人发动，两伙人也可能互相打仗。

---

① *JBP*, 1.3.2.2, 1.3.3.1.
② *JBP*, 1.3.5.
③ *JBP*, 1.3.6.

那么,什么是国家? 答案是:人类的某种机构(body),在其中,人人都服从于一个共同的权力(即政府),这种机构称之为 summa potestas(最高权力)。那么,什么是最高权力? 一般的定义不是非常把握要领:管理国家(civitas)的道德能力(moral faculty)。道德能力的意思就是我们所说的正义(right)。道德能力与物质能力相区别,某人可能有管理一国的物质能力,但却没有道德能力。

这个定义非常一般化。格劳秀斯这里仅仅追随了亚里士多德,列出了政府的各个部分,正如亚里士多德在其《政治学》的不同部分中所做的那样。我想我们应该继续,并与洛克的《政府论》(下篇)中第一章的末尾相比较,该处所谈论的"政治权力"(Political Power),与格劳秀斯称为 summa potestas 的意思一致:"(政治权力)就是为了规定和保护财产而制定法律的权利,判处死刑和一切较轻处分的权利,以及使用共同体的力量来执行这些法律和保护国家不受外来侵害的权利;而这一切都只是为了公众福利(the public good)。"① 这当然与格劳秀斯所给出的(或者说,引用的亚里士多德的)定义非常不一样。这里的困难在之后会变得更为清晰。

在下一段(第七段),他作出了一个非常重要的区别,也就是说,summa potestas(最高的权力)必须有一个根基。② 权力不是在空中楼阁中发展起来的。最高权力必须存在于某些人或者人类的机构中。根基就是最高权力的主体。格劳秀斯在这里作了一个区分:共同主体和真正主体。那是个非常简单的区分——比如,视力。视力的特性也是一种能力。共同主体或共同基础当然是人类身体或者动物身体,但专属于视力的真正主体是眼睛,因为眼睛是视力所在的地方。③

相类似的,最高权力的共同基础是 civitas,我们译为"国家"(state),我们不能忘记这个词的原初意思中有更多的"共和"的含义,

---

① 施特劳斯在这里引用的是洛克的文本:洛克,《政府论》(下篇),chap. 1, § 3。[译注]译文采用叶启芳、瞿菊农的译本,参见[英]洛克,《政府论》(下篇),叶启芳、瞿菊农译,北京:商务印书馆,1964,页2。
② *JBP*, 1.3.7.
③ 此处讨论的段落在 *JBP*, 1.3.7.1。

而"国家"本身不是一个共和主义的词汇。它的意思是公民机构——你会说,"人民"(the people)。但是,真正的主体——换句话说,如果不存在公民机构,没有人民,就不可能存在一个最高权力,权力并不必然要在公民机构中存在。他也可以存在于一个人或者许多人那里;"许多人"在理论上也可能是"所有人"。所以,在使用"人"(person)这个词的时候,存在一种技术性的后果。公民社会/国家(civitas,或者 civil society)不是一个人。person 总会是一个人类。霍布斯详尽阐述了"国家是一个人(person)"这种观点,并产生了很大的影响。在格劳秀斯的这一关键段落中,则完全不存在这类东西。

在下一段中,格劳秀斯拒斥了人民主权的教义(虽然非常有力,但并非无可指摘):也就是说,最高权力依据自然存在于人民之中。我们必须来看看,当时反对这种观点的人如何来看待这一教义。萨尔马修斯(Salmasius),一个为查理一世(Charles I)辩护、反对革命者的法国作家,他认为,持有这种观点的人都是狂热分子(fanatics)和狂热者(enthusiasts)。① fanatics 在当时的含义与今天不一样。fanatics 是指那些关注《圣经》的精神(sprite)甚于关注《圣经》文字的人。enthusiasm 当然也含有一个消极内涵:那些过于依赖他们自己内部标准(lights)的人。费尔默(Filmer)——当时另一位著名的君主制辩护者——也将这种观点追溯至这些人和天主教徒(Papists)。换句话说,这些不是通常的新教徒(Protestants)。格劳秀斯站在他们一边。

依据这种当时很极端的观点,即没有任何国王或者贵族依据他们自己的权利/正义(right)而统治,也不依据神圣的权利(right)而统治。一个国王可以统治,单独统治,贵族也可以统治,但这种统治必须总是从人民的授权中转化而来。格劳秀斯则拒斥了这一观点,而且举了很多国家的例子,这些国家不承认人民的主权。这一观点在卢梭的《社会契约论》第一卷第二章中得到了认真的展示。

格劳秀斯否认人类一切权力都是为了有利于被统治者而建立的。

---

① 克劳狄斯·萨尔马修斯(Claudius Salmasius,1588—1653),在革命者杀了英格兰的查理一世之后,萨尔马修斯为他写过一个辩护,《为查理一世辩护》(Defensio regia pro Carolo I)。

他举奴隶制度为例,很显然奴隶制并非有利于奴隶。他最常用的推论方式,一直都是凭借事实来确定什么是对的(what is right)。你还可以使用更为融贯的方式——也就是说,事实也会相互冲突——但是两种方式都不见得更赞成僭主,因为基于正义/权利(right),你不可能为僭主提供很值得尊敬的根基。我认为,这是反对格劳秀斯的一种非常有力的、某种意义上非常合理的表述。①

让我们来读第八段的开头。

朗读者:

> 主权在民的观点是被拒斥的,并回答相关论证②
> 首先,必须拒绝这些人的这种观点,即任何地方,主权都无一例外地属于人民,因此,当君主滥用他们的权力时,人民限制和惩罚君主是可被允许的(permissible)。每一个智慧的人都能看到,这种观点已经导致了多少邪恶,如果它深入人心,还会导致多少邪恶!③

施特劳斯:换句话说,如果这个观点被不明智地加以使用的话,无序、动荡、无政府状态都是这个观点的后果。在同一段中,他发展了这样的观点:人民可以选择他们喜欢的任何政府,也就是说,如果他们愿意,他们甚至可以为了好的目的而疏远最初的正义(right)。这并不意味着所有的政府都来自于人民。换句话说,他没有试图将统治人民的权利(right)奠基于征服(conquest)。他也没有试图将其奠基于契约(contract)。

那显然是霍布斯做的事情:政府的所有权利(right)都来自契约,因此,甚至主人对奴隶的权利都基于契约。就我所知道的而言,格劳秀斯还没这样说过。统治的权利可以通过一场正义战争获得,但在这里,我认为格劳秀斯的意思是,无论如何,产生的屈服(被征服者承认征服

---

① 施特劳斯在这里重述了卢梭的一段话:卢梭,《社会契约论》(On the Social Contract), Bk. 1, chap. 2。
② [译注]这是标题。
③ JBP, 1.3.8.1.

者)不是严格意义上的契约承诺,即便是的话,[他们的权利也已经完全放弃了]。这一点还不够明确。

学生:后来,当他提到一位篡位者的时候,他说,抵抗权仍然存在,除非人民某种程度上已经接受了他。

施特劳斯:是的,但那是正义战争。不用说,这些都是极其热门的话题。想想果阿(Goa)和安哥拉(Angola)①,以及所有这些地方。从格劳秀斯的观点来看,这些未独立的国家变成独立国家,绝对不行——不管从我们的观点来看这在政治上有多坏。不管怎样,这点并不那么简单。换句话说,这些民族已经臣服于一个外来权力长达五百年;这也不意味着这个问题现在已经解决了。我认为,这所有的问题在今天都应该得到承认。

学生:当他说篡权的时候,他仿佛在说这是新……

施特劳斯:当然了,不过如果过了五百年——那就不再新了。

学生:我就是这个意思。格劳秀斯会认为,他们已经拥有了它。

施特劳斯:换句话说,葡萄牙人统治安哥拉的权利,绝对不容置疑。

学生:是的。

施特劳斯:在这个问题上,果阿也是如此。格罗诺维乌斯(Gronovius),我所使用的评论者,同时他是一个新教徒,他反对格劳秀斯的说法,否认在德国、法国、西班牙不存在最终来自人民授权的政府。这些欧洲政府最终都基于人民的授权。他同时还否定终止反抗和惩罚僭主的权利。换句话说,格劳秀斯在这里采取了一个大大有利于绝对政府的立场,这点远甚于很多他的同时代人。

我们可以读一下这一段第十三部分的开头。

朗读者:

> 从另一个方面提出的观点也不难反驳。因为,首先,那种认为赋予他人以权威的人要高于那些被授予权威的人的观点,只有在两者

---

① 果阿是一个原本由葡萄牙持有的、印度的一个邦,后在1961年由印度武装拿下。安哥拉是葡萄牙的殖民地,1961年爆发武装独立战争,1975年最终获得独立。

关系上被授予权威的人持续地依赖于有权威的一方的时候,才是对的。如果情况是下面这样,那也是不正确的:意志的行动带来了具有强制力的关系结果,就像在这样一个例子中,即一个妇女把支配自己的权力给了丈夫(那么,她就要完全服从自己的丈夫)①——

施特劳斯:换句话说,她不能随意撤销这个权力。一个附属国家也类似:无论是同一个国家的[听不清]或者不是,这一点并不重要。

也读一下第十四部分的开头。

朗读者:

从哲人们的学说中得来的另一个论证是,所有的政府的建立都是为了被统治者的利益,而不是为了统治者的利益。从这里,他们得出结论,从目的的价值来看,被统治者要优于统治者。②

施特劳斯:这也被格劳秀斯否定了。我的意思是,这些论证共和制或者民主制的关键论证都被格劳秀斯否定了。

接下来,他转向了实践问题。既然我们知道公战只能由拥有最高权力的人(们)来发动,但在一个给定的社会中,发现谁是拥有最高权力的人有时候是困难的。称呼并不能解决问题;换句话说,如果有人被称为君主,即他有君主的称号,但他可能仅仅是一个共和政体的官员。世袭也不能解决这个问题。必须不仅考虑谁拥有一般意义上的最高权力,而且考虑拥有这种权力的各种不同方式。

格劳秀斯在第十一段第二部分有一个很奇怪的句子,一位小君主的独裁官(dictators)或执行官拥有最高权力。③ 换句话说,独裁官将拥有六个月权力,六个月完整的权力。在这段时间内,他拥有最高权力,而这一点自然与一般的主权原则相冲突。我不知道还有没有其他人坚持这种观点。罗马人民任命的独裁官,当然不是最高权力的拥有者,但

---

① *JBP*, 1.3.8.13.
② *JBP*, 1.3.8.14.
③ 这里的"dictator"指的是古代罗马共和国时期临时设置的独裁官。

是在他任职期间可以行使罗马共和国的全部权力——甚至也不是全部权力,只是大部分权力。

他对于人民主权教义的讨论在第十二段又被提及,在那里,他挑战了[某些"有学问的人"(learned men)]。这些人在十六世纪被称为"屠杀僭主者"(tyrant-slayers)。① 他们都是属于这一派别的加尔文主义者及天主教徒,他们认为僭主之为僭主,可以被杀掉。这里需要各种区分,因为存在两种僭主,一种称呼上有瑕疵,即一个篡位但有可能非常公正(fair)的人;另一种是一个合法但不正义地进行统治的君主,我们称之为 tyrannus in regimine(从权力的使用中得来的僭主)。② 这并不完全同等地决定了两种情况,但是简单地说,有一种派别认为可以杀掉僭主。格劳秀斯对此当然非常怀疑。霍特曼(François Hotman)③认为不能如此,人民属于君主,所以君主可以对他们做任何他想做的事情。格劳秀斯认为,人民缺乏公民自由(civil liberty)的时候仍然可以拥有个人自由(personal liberty)。换句话说,他们不是奴隶或者仆人;他们拥有自己的财产,但他们没有政治权利(political right)。这里的公民自由是指政治权利,它与个人权利不同。接着,他说到了人民自愿将他们的权力(power)给予君主的例子,即并非被胁迫。在格劳秀斯看来,这就是指日耳曼民族的例子。

让我们读一下第十五段的开头。

朗读者:

> 这种区分④的另一个证据可见于因为君主年纪轻或者生病而

---

① 格劳秀斯没有指出这些"有学问的人"的名字。JBP, 1.3.12.1.
② 还有一种僭主是 tyrannus in titula。在"天主教百科"(The Catholic Encyclopedia, 1907—1914; New Advent, 2012)中,对此有一个简单的表述,征引了某些天主教和新教作家。参见"tyrannicide"词条:http://www.newadvent.org/cathen/15108a.htm。
③ 霍特曼,《法兰克-高卢:古代自由法国记述》(Franco-Gallia, or an Account of the Ancient Free State of France [1574]), trans. Robert Molesworth,见莫尔斯沃思(Robert Molesworth),《丹麦记述》(An Account of Denmark, with Franco-Gallia and Some Considerations for the Promoting of Agriculture and Employing the Poor), ed. Justin Champion, Indianapolis: Liberty Fund, 2011。
④ [译注]最高权力(或主权)与绝对拥有最高权力之间的区别。

无法履行职能时,所采取的维护王权的方法之中。

在并非世袭的君主制的例子中,摄政权力交给那些由公法授权的人;如果不能,那就交给那些人民同意(consent of the people)的人。①

施特劳斯:这仅仅是有关最高权力能否完整持有的另一个标志或迹象,最高权力在一个世袭王国中被完整或者不完整地持有。最高权力不会因为在位之前的承诺而被放弃,比如年轻君主做出的某些承诺——这些承诺对他没有约束力。让我们读一下第十六段的第四部分。

朗读者:

如果有这样一个增加的条件,即这位君主违背了他的诺言,他会失去他的王位,那会怎么样?甚至在这样的情况下,君主仍然拥有最高的权力,只不过他拥有权力的形式会受到条件的制约,就像主权权力也会受到限制一样。阿加塔奇德斯(Agatharchides)说,赛伯伊人(Sabaeans)的国王不需要对任何人负责,拥有最绝对的权力,但是如果他离开了他的官殿,就会被人用石头砸死。依据阿特米德罗斯(Artemidorus)的权威论述,斯特拉博(Strabo)也记下了这一事实。②

施特劳斯:所以,你们可以看到,格劳秀斯在某些情况下会作出一些限定来支持公共自由(public liberty)。在第十七段中,他讨论了最高权力问题的另一个方面,他在那里作了两种主权(sovereignty)的划分。让我们来读一下开头。

朗读者:

需要留意的第四点是,尽管主权是一个统一体,它本身不可分

---

① *JBP*, 1.3.15.1.
② *JBP*, 1.3.16.4.

割,包含了之前我们所说的那些部分,并且包括了"不需对任何人负责的"最高权威;但是,有时候,主权也可以用以下两种方式进行划分:"功能的(potential)部分"和"下属的(subjective)部分"。①

施特劳斯:这一区分的更详细讨论可见于托马斯的《神学大全》第二集第二部分的第四十八个问题(Summa, secunda secundae, question 48)。我在这里仅限定于用来理解格劳秀斯这几段话的那个部分。最高权力可以被分开,但是以两种不同的方式:依据下属的部分(这里的sub-jectivas总是指下属的,有下属部分的东西可以被分开),比如,罗马帝国、东罗马帝国、西罗马帝国;但是罗马帝国当然仍旧是统一的,他们并不是分别的国家。至于最高权力的功能部分,如果人民保留了部分最高权力,并将其他部分授予君主,为什么这是所谓的功能部分?因为这两方都没有完整地(in full)占有最高权力,他们只是功能地(in potency)占有。

第二十段中有一个引人注目的段落。

朗读者:

> 这一点上还有亚里士多德的概括。他认为,在享有完全权力的君主制,即他所说的绝对君主制(这与索福克勒斯[Sophocles]在《安提戈涅》[Antigone]中所说的"完全的君主制"是一样的;普鲁塔克[Plutarch]称之为"完全依据自己的意志统治而且不对任何人负责的君主制",斯特拉博[Strabo]称之为"绝对权威本身")和斯巴达人的王权(kingship)(仅仅是一个由几位领导人领导的政府)之间,还存在几种不同的君主制。
>
> 我认为,可以从犹太教国王们的案例中找到主权权力划分(division of sovereign power)的一个样板。在很多情况下,这些国王们毫无争议地掌有主权权力。②

---

① JBP, 1.3.17.1. 这两个词的拉丁文原文分别是 partes potentiales 和 partes subjectivas。[译注]"功能"(potential)的译法参考了[意]阿奎那,《神学大全》(共十七册),周克勤等译,台南、高雄:中华道明会、碧岳学社联合出版,2018,第九册,页32。

② JBP, 1.3.20.1.

施特劳斯：不是翻译成"这种划分（not of this division）的例子"，而是"这种事情（of this thing）的例子"，也就是"王权"。让我们从上下文来看他的意思是什么。

朗读者：

但是，事实上，犹太民族希望有一个同邻近民族一样的国王；但是东方民族则处在非常极端的专制统治之下。①

施特劳斯：让我们来读下一个部分的开头。

朗读者：

正如我们在前面所指出的那样，整个犹太民族是处于一位国王的统治之下：撒母耳说明了国王的权利，足够明确地表示，人民在面对国王方面的不正义行动之时，并没有什么可以依靠的东西。这个结论同早期评论者对《诗篇》中"我向你犯罪，唯独得罪了你"这句话的解释相一致。②

施特劳斯：仅仅与上帝相冲突。在这一段中——这一整段描述了所有的东西——格劳秀斯所说的是，绝对君主制是在东方，而西方民族、日耳曼民族（称日耳曼是因为他们的日耳曼根源）则没有这种东方专制主义。这一点有某种重要性。马基雅维利（Machiavelli）在他的《论李维》中提出了类似的观点③，而这也可能在之前有人说过，而这一点尤其适用于犹太人。犹太王权是绝对王权，这一点自然遭到质疑。对这种解释的最著名的质疑者是约翰·弥尔顿（John Milton）。这种事情相当复杂。在《撒母耳记上》第八章中有一个段落，撒母耳告诉以色列人他们的国王将会怎样做。他会夺走他们的儿子

---

① *JBP*, 1.3.20.1.
② *JBP*, 1.3.20.2.
③ 很可能是指马基雅维利，《论李维》（*Discourses on Livy*），trans. Harvey C. Mansfield and Nathan Tarcov, Chicago: University of Chicago Press, 1996, Bk. 2, chap. 19。

第 三 讲　　　　　　　　　　　　　　　　75

和他们的女儿,他会强加专制的税收,等等。这是个问题:这是一个预言、警告,还是真的确定了国王的权利?传统的犹太教的解释是:这就是国王的权利,这一点当然很为绝对主义者所接受,但是,今天更自由主义的人们则认为这仅仅是一个警告,国王很有可能会这么做。但那就说来话长了。

关于这一章,还有一点要说的是,接着,他提到了政府的这一最高权力如何因为联盟的存在而受到影响。联盟的国家当然仍是主权国家,但存在某些限制和某些他们能做或者不能做的事情。因此,他在第八段尤其提到了霸权——就像雅典在海洋联盟中一样——霸权当然并非帝国。① 帝国意味着有命令的权利,我想这一点雅典原来并不具备。

让我们来读第二十一段第十部分的结尾。

朗读者:

在李维(Livy)的《罗马史》中,欧迈尼斯(Eumenes)说,罗德岛人的联盟仅仅是名义上的,实际上受另一个民族的统治,并且对它负责。马格内西亚人(Magnesians)声称,德米特里亚人表面上看是独立的,但实际上听从罗马人的命令。②

施特劳斯:换句话说,这也就是今天的卫星国的命运。③ 严肃地看,它们到底是不是独立国家?

朗读者:

接着,波利比乌斯(Polybius)也认为,色萨利人(Thessaly)表面上独立,实际上处于马其顿的统治之下。

这样的事情发生时,结果就是,更弱一方不加抵抗,自己处于更强一方的统治之下——我们在其他地方还会有机会讨论这一点——然后,要么以前的联盟变成臣属,要么在任何意义上形成前

---

① *JBP*, 1.3.21.8.
② *JBP*, 1.3.21.10.
③ 推测是指东欧的苏联卫星国。

文所说的主权的划分。①

施特劳斯：耐心、忍受、接受，最后变成了权利。这些民族放弃他们的主权并没有一个给定的时间点，以及一个法律方案，但是他们一直就是卫星国，然后就不再拥有主权了——甚至在法律上都如此。这样的合理性在哪里？那种很长时间的忍受，给了统治者统治的授权？

学生：这些民族在某种意义上是自然奴隶（natural slaves）。

施特劳斯：我觉得这不是格劳秀斯回答的方式，因为另外的选择就是不断的无政府状态，不断的骚乱。对于反抗的权利的承认，必须要有一个终止。这一点，我们以后会发现。现在，让我们转向下一章，在这一章里有相当多有趣的东西。格劳秀斯处理一般意义上的战争；因此他也必须处理内战或者我们所称的革命；毕竟，存在多种形式的战争。因此，这里的问题是：臣民是否可以发动战争反对政府？反抗侵犯者的自然权利（the natural right to resist the aggressor）必然会在公民社会（civil society）中受到限制，尤其是反抗（作为侵犯者的）政府的权利。也就是说，如果袭击你的人是警察，这与袭击你的人不是警察的情况，完全是两回事。《撒母耳记上》第八章中的国王权利就证实了这一点，格劳秀斯在第四章第三段解释了这一点。

朗读者：

> 在希伯来法律中，无论是不服从高级祭司，还是不服从上帝以正常方式任命为人民统治者的人，都要被处以死刑。
>
> 如果我们仔细考察《撒母耳记》中处理国王权利的段落，很清楚地，一方面不能将此理解为是规定了一种真正的权利，即道德上正确和正义的方式去做某事的权力（power）（讨论国王义务的法律为国王设定了一套完全不同的生活方式），但另一方面，它也不仅仅是说明一种事实——

---

① *JBP*, 1.3.21.10—11.

第 三 讲

施特劳斯：正如弥尔顿和这些人所说的，国王事实上会夺走他们的儿子和女儿。

朗读者：

这不仅仅特属于国王，因为私人也会对私人做不对的事情。在某种程度上，这说明了一个事实，这个事实有一定的法律效力，也就是：存在不反抗的义务。补充一点，当人民被不法侵害时，可以诉诸上帝的帮助，因为人类事实上没有什么可依靠。这被称为合法权利(a legal right)是在这个意义上：长官是"在行使合法权利，哪怕他作出一个不正义的决定。"①

施特劳斯：换句话说，尽管犹犹豫豫、磨磨唧唧，他还是站在了绝对主义者一边，这个关键的段落赞成不抵抗国王。这个结论很明显。《旧约》远不是那么严苛，但它也禁止抵抗国王，那么，《新约》对忍耐(patience)有更高的要求，对抵抗国王这一点的要求会更高。这就是此处的论证逻辑。

现在，我们来看一下第四段的标题是什么？

朗读者：

依据福音书的法律，那种反抗更不被允许；证据可见于《圣经》②

施特劳斯：因此，换句话说，比起《旧约》，福音书更不能容忍反抗。这点是什么意思？这种严苛的禁止的根基是什么？让我们来读第三部分——请省略中间的引文。

朗读者：

如果有些时候，因为过度恐惧或过度愤怒或其他激情，统治者

---

① *JBP*, 1.4.3.
② *JBP*, 1.4.4.

可能会偏离通往安宁的直接道路,但这种事情毕竟必须被视作很少发生;正如塔西佗(Tacitus)所说的那样,这类事情经常会因为之后有更好的(better)事情介入而抵消……①

但是,不常发生的情况也应当适用一般性的规则;因为尽管法律中的原则②——

[更换磁带]

施特劳斯:现在,如果我们试图理解那一点,就我所知,在这里的这些段落中不存在基督教作者。格劳秀斯引用了很多作者,但没有基督教作者。可以这么认为:基于自然理性的总体观点支持对于这种法律的无条件的服从,这种法律基于共同的好(common good)优先的基础之上。作为个体或者作为团体的人所遭受到的伤害和羞辱,无法与无政府状态(anarchy)的灾难相比拟。

现在,让我们来看这一段中第六部分的开头。

朗读者:

让我们把彼得当作保罗的同伴吧——

施特劳斯:在这之前——这里显示出格劳秀斯并不反对使用某些小技巧。在第二段中,他已经提到了保罗,现在他又提到了彼得。在这之间,我们有了一个完全异教式的、既非基督徒又非犹太教式的教义。他试图表明基督教式的推理和自然的推理在关于不反抗这一点上存在不同。

朗读者:

彼得的话是:"尊敬君王。你们做仆人的,凡事要存敬畏的心,顺服主人;不但顺服那善良温和的主人,就是那乖僻的也要顺

---

① 省略的引文如下:"同时,正如泰奥弗拉斯托斯(Theophrastus)所说,法律足够处理平常发生的事情。加图(Cato)也这么说:'没有任何一个法律足够适用于所有的场合;这只是法律试图达到的目标,法律可以为大多数的情况服务,并且因此能够普遍适用。'"

② [译注] *JBP*, 1.4.4.3.

服。倘若人为叫良心对得住神,就忍受冤屈的苦楚——"①

施特劳斯:简短地说,我认为格劳秀斯这里想要说的内容如下:关于忍耐和绝对守法的基督教式推理更是为了特殊的宗教考虑,而不是为了共同的好。以后,我们会进一步证明。此时,我只提一个引人注目的事实,这一事实让我认定,相比于第一次阅读所瞥见的印象,格劳秀斯那里实际上存在更多的内容。这里有一个很奇怪的事情——正如我所说的,在第二段中是保罗,第三段中是五个异教作者,然后很突然地,他又引出了彼得的证明。所以,问题就是:基督教或者《新约》的教义与那些历史学家、哲人等等古典人的说法完全一致吗?格劳秀斯当然意识到了这是个问题。

接下来,他在第五段中表明,基督教实践与《新约》的教义相符合,也就是不反抗(non-resistance)。但是,他仅仅举了异教帝国统治下的基督徒的例子,没有举基督教帝国统治下的例子,这当然也就是上面这个问题。毕竟,基督教皇帝必须遵循基督教法律。他怎么来证明?我们不能忘记他是一个新教徒(Protestant)。原始教会、早期教会、完全未腐坏的教会——我们应该去那里寻找法或者正义的规则(rule of right),依据新教的观点,这一点非常有说服力。

然后,他在第六段认为,他当时的某些基督徒确实允许反抗,私人不能反抗(因为这绝对可怕),但下级官员可以反抗。②[听不清]十六世纪的著名作品。换句话说,适时聚会起来的某个民族的一些国家可以反抗一个僭主。③ 这是有序且合宜的,但如果是个人杀死了僭主,那就是无序的。格劳秀斯拒斥了这种观点。相比于最高权力,下级官员仍然算是私人公民。换句话说,他在这里采取了更为绝对主义的观点。

---

① 原文中的《彼得前书》引文还有如下:"倘若人为叫良心对得住神,就忍受冤屈的苦楚,这是可喜爱的。你们若因犯罪受责打,能忍耐,有什么可夸的呢?但你们若因行善受苦,能忍耐,这在神看来是可喜爱的。"*JBP*, 1.4.4.6.
② 在这一点上,格劳秀斯引用了如下文献:殉道者伯铎(Peter Martyr, 1499—1562),《〈士师记〉评注》(*On Judges*);巴罗斯(David Pareus, 1548—1622),《论〈罗马人书〉》(*On Romans*);丹尼奥(Lambert Daneau, c. 1530—1595),《政治格言》(*Politici*)。
③ 施特劳斯这里可能想到了法国三级会议的各个部分;他似乎并没有提及格劳秀斯这一段中的任何内容(*JBP*, 1.4.6)。

让我们来读第六段的第四部分。

朗读者：

　　在犹太人中，举行公共礼拜的条件总是取决于国王和犹太人公会的意志(will)。既然依据国王的做法，公共官员和人民也同时承诺忠于上帝，那么这就必须被理解为，犹太人同时分别受国王和上帝的统治。我们从未听说过哪怕是公共场合立着的错误的神(false gods)像被人推倒过，除非是在自由共和国内人民的命令下，或者是根据国王的要求。如果某些时候暴力反抗君主的事件确实发生了，这只是证明神义介入并允许这种事情，而不是说人们可以赞成这种行为。①

施特劳斯：换句话说，服从的义务(the duty to obey)已经扩展到了可以容忍神像崇拜(idolatry)的地步。如果政府允许神像崇拜，那么无论这个政府是什么政府，个人都没有权利私下行动，《旧约》中先知的例子非常有趣，但他有个很好的解释：他们有特权。

第七段是个特别有趣的段落。反抗是否在任何情况下都不被允许？让我们来看格劳秀斯在第七段第二部分中设定的总规则。

朗读者：

　　我不否认，甚至根据人类法，命令某人去做某些具有道德自然(a moral nature)的行动，可能会使他陷入死亡的危险之中。一个例子是，命令某人不得离开他的岗位——

施特劳斯：这是说在战争中，在军队中。

朗读者：

　　我们不能轻易地认定，这就是法律制定者的目的；很显然地，

---

① *JBP*, 1.4.6.4.

第 三 讲

除非是极端必需(extreme necessity)的情况,否则任何人都不可能接受这样一个极端的法律来适用于自身和其他人。因为(人类的)法律是人制定的,因此就必须考虑人的脆弱。——

施特劳斯:换句话说,那个可怜的家伙今天行军很多,导致他忍不住要睡觉,但却不允许他睡觉,这种规定极度荒谬,因而不合理。这对他的清醒的要求太过分了。

朗读者:

> 我们正在讨论的这个法——要求不得反抗的法律——的合法性似乎来源于最初聚合起来构筑一个公民社会(civil society)的人们的意志;进一步地,统治他们的人的权利也来源于此。如果你问这些人,他们是否要求所有人都有这样的义务,即在任何情况下,都宁可选择死亡,也不拿起武器来反抗那些有超级权威的人所施加的暴力?我不知道他们是否会给出一个肯定的回答。如果有这样的限定,即反抗不会导致国家内部的大骚乱,不会导致许多无辜人民的死亡,那么他们会给出一个肯定的回答。我不怀疑,在这种情况下,人类法所适用的东西也可以是博爱(love)所称赞的东西。①

施特劳斯:换句话说,经过了很多犹犹豫豫、磨磨唧唧,格劳秀斯认为,在残忍僭主的极端情况下,反抗会被允许。正如我们已经看到的,对于反抗的严格禁止,不是来自于自然法(natural law),而是来自于人类法(human law)。

接着,在这一段的第四至第六部分,他讨论了大卫和扫罗、马加比(Maccabees)和安条克、叙利亚国王的例子。在这里,大卫拒绝攻击扫罗,即便他其实很容易做到。这些反抗的例子非常得体,并且按照格劳秀斯的说法,完全与整体的反抗教义不违背。这整个论证把我们带到

---

① *IBP*,1.4.7.2.

了第八部分,我们来读一下。

朗读者:

决定下面的事情是更为困难的问题,即在这个问题上,基督徒是否也像大卫和马加比家族一样允许反抗?因为基督徒的主人很多时候要求他们背负十字架,这似乎说明他要求他们更大程度地长时间忍受苦难(long-suffering)。——

施特劳斯:应该翻译成"忍耐"(patience)。

朗读者:

确实,当更高的权力(higher powers)因为这些人的基督教信仰而要处死他们的时候,基督承认他们有逃跑的权利——在任何意义上,对于解除义务的人来说,他们没有必要被束缚于一个特定的地方。除了逃跑的权利,基督并没有作更多让步。事实上,彼得(Peter)说,在受难方面,基督给我们设定了一个我们应该遵循的范例;尽管他没有原罪,且不奸诈,但"他被骂不还口,受害不说威吓的话,只将自己交托那按公义审判人的主"。他还说,如果基督徒遭受了惩罚,基督徒应该感谢上帝,同时应该欣喜。我们看到,基督教的信仰日益增强,主要是因为这种长时间的忍受苦难。①

施特劳斯:换句话说,无论自然正义或者最古老的法律有多么正确,基督徒们宁愿选择死亡,也不选择反抗——如同古代基督徒们,而不是像十六世纪造反的基督徒那样。这里,他说到,古代基督徒们不仅仅是因为缺乏权力(power)而选择忍受,这是一个非常低下的理由。格劳秀斯后文在涉及犹太人时又提到了这一点,是在第十二部分。我们读一下第十四部分。

---

① *JBP*, 1.4.7.8.

第 三 讲

朗读者：

瓦林斯（Valens）不虔敬地以及残酷地痛恨那些依据《圣经》和教父传统而相信"本体同一论"（homoousian doctrine）的人。尽管相信这一点的人非常多，但是他们从未为自己辩护①——

施特劳斯：瓦林斯与本体同一论者之间有矛盾，本体同一论指的是相信三位一体的基督教徒②，这是个有力的例子。出于宗教原因，基督徒并没有反抗的权利，这是我们之前读到的最终说法。更古老的评论者格罗诺维乌斯（Gronovius）提出了一个非常有趣的观点：基督徒不能因为宗教原因反抗他们的统治者。这等于是对那些在低地国家、德国和法国这样行动的英雄们进行谴责。

当然，他想到了新教徒和那些新教徒良心的自由所依赖的使用武器的人。你可以看到格劳秀斯在这里犹犹豫豫，因为他自己是一个新教徒。正如格劳秀斯所承认的，如果一个人可以反抗，以便能够在僭主前捍卫自己的生命和身体，那么为什么不去为了一个大得多的好处（a much greater good）——也就是，真正的宗教——而去反抗呢？这是一个很强有力的观点，格劳秀斯显然选了更低下的这个观点。当然，这是霍布斯的一种铺垫：如果你的生命有危险，那你就可以行动，而不是相反。

格罗诺维乌斯提到了约翰·弥尔顿的观点：古代基督徒不反抗，因为他们没有权力，同时也是因为他们完全不在意此世（this world）的事情，他们期待末日（the last day）即将来临。早期、古代的基督徒不反抗，不是因为他们不能反抗。即便他们能反抗，他们也不愿意反抗，不是因为他们认为反抗是被禁止的，而是因为有太大的物质利益的野心。弥尔顿也不是一个很正统的信徒。

你发现问题是什么了吗？从基督教的观点来看，早期教会的实践

---

① *JBP*, 1.4.7.14.
② 本体同一论者认为，三位一体中的三个位格（persons）是同一个东西。

是范例。早期教会不反抗——我的意思是,不参与到反抗活动中去。他们为什么不反抗?这是个问题。现在,你也可简单地认为他们没有权力,否则他们当然可以拿起武器,但是约翰·弥尔顿并没有承认这一点。他认为——这非常重要,因为弥尔顿支持基于宗教原因的武装反抗,而他认为的原因是他们更乐意获取物质利益,因为对于物质的东西有太大的野心。这一点我说清楚了吗?

在第八部分,格劳秀斯讨论了反抗君主的问题,而这些君主事实上仅仅是共和国的官员,这当然是个特殊的例子,因为他们都服从于法(law)。我们来读第十一段。

朗读者:

第四点,这同一个巴克利(Barclay)认为——

施特劳斯:巴克利是保皇派作家,洛克还用了一些篇幅讨论他。

朗读者:

如果一个国王有明显的恶意要摧毁整个民族,那么他的王位就被剥夺了。

这一点我是承认的,因为治理的意志和摧毁的意志不可能同时存在于一个人身上。如果一个国王承认他是整个民族的敌人,这一事实就已经使他的王位失效。很显然,这种事情几乎不可能发生在一个具有正确头脑并统治着一个单一民族的国王身上。当然,如果一个国王统治着多个民族,这就可能会发生,他会为了一个民族的利益而摧毁另一个民族,以便在被摧毁的民族的领土上进行殖民。①

施特劳斯:这引出了一个有趣的问题:即受害者有权做什么。不过,格劳秀斯在这里并没有讨论这个问题。所以,换句话说,他承认这

---

① *JBP*, 1.4.11.

一点:如果有一个恶意的统治,国王试图摧毁他所统治的民族,那么当然必须对此采取措施。但是,很难找到这样的统治,因为没人可以说希特勒试图摧毁德意志民族。对此,没有任何证据。可能后果上如此,但他意图上肯定不是。

我想请你再读一段,下一章的第二段。

朗读者:

但是,就算没有所有其他的联系,人类自然(human nature)的共同纽带已经足够强大。没有人类的共同利益,就没有任何属于人类的东西——

施特劳斯:下面是米南德(Menander)的引文①,接着他又引用了德谟克利特(Democritus)。

朗读者:

德谟克利特也这样说:"我们必须竭尽全力来保护那些受到不法迫害的人,不忽略他们;这是一项有关正义和好的工作。"拉克坦提乌斯(Lactantius)发展了这一思想:

"上帝没有把智慧赋予人类之外的其他动物,因此他使得它们能够利用防御的自然的手段来使自己免受袭击和危险。但是,因为上帝使得人类赤身裸体并且弱小,上帝给人类武装了智慧,给了人类相互关心的情感,还有其他礼物,因此人类应该保护自己,相互关爱,应该保护人类,应该为了应对所有的危险而相互接受和提供帮助。"②

施特劳斯:拉克坦提乌斯是个基督教作家,当然会采用这样的看法。我们会提出的问题是下面这样的。如果你将拉克坦提乌斯视作基督徒——这里引用的话当然不是特别符合基督教的教义,但是如果我们认定

---

① 刚读的文字是格劳秀斯的话。施特劳斯在米南德的引文朗读前就打断了学生。
② *JBP*, 1.5.2.2.

这是一个基督徒的观点,那么这意味着:基督教博爱的义务会使得一个人去帮助一个民族反抗僭主。那么,问题就变成了:在禁止反抗和基督教博爱的义务之间是否存在对立?格劳秀斯至多会暗示这个问题,他肯定不会面对这个问题。他宁可放任这个问题,止步于"忍耐"(patience)的教义。

学生:这种情况真的会出现吗?因为具有顺从的义务的那个人,不可能帮助其他人来反抗僭主。

施特劳斯:存在一些简单的例子——国王 A 攻击国王 B。但是,如果是从国王 B 那边来的秘密大使试图说服国王 A 发动攻击呢?毕竟,从道德上说,他们应该为这场战争负责,这场由国王 A 发动的解放战争。我认为你最多可以认为格劳秀斯暗示了这个困难。他的正式教导显然支持我们今天所说的"现状"(the status quo)。

我认为他在第五章最后一段里所说的内容没有什么特别的,即"神职人员可以不服兵役"这一点并非普遍适用。在紧急情况下,神职人员当然可以和其他平时并非士兵的人一样被当作士兵来使用。

你是不是想表达一个更为宽泛的观点?

学生:我感兴趣的点在于他说的关于主权的来源。他确实认为,没有人民的同意就不可能有主权,但这看起来是他可以说的唯一方式,也是他说过的唯一方式。

施特劳斯:你不会在格劳秀斯那里发现一种关于社会或者政府起源的直接、明确的自然权利式的论述。这一点被某种意义上掩盖了起来——如果你把这点与霍布斯和洛克相比较的话——而后来某些经院哲人则给出了明确的论述。除此以外,如果我没记错的话,经典形式的社会契约学说在格劳秀斯同时代的西班牙人苏亚雷斯(Suárez)那里已经得到了发展。[①] 在古奇(J. W. Gough)的《社会契约》一书中,有对这一点的非常有益的展示。[②] 你可以认为,社会契约论的经典形式发展得相对比较晚,直到十六世纪末期。但它有一个更为古老的起源,其构

[①] 苏亚雷斯(1548—1617),西班牙人,参加了萨拉曼卡(Salamanca)的耶稣会。他以托马斯主义传统写作,但以多种方式预示(或铺垫了)现代(modern)发展。

[②] 古奇,《社会契约发展史批判研究》(*The Social Contract: A Critical Study of its Development*),Oxford,1936。

成要素都在之前存在。所以,格劳秀斯知道这一点,但出于某种原因——可能是因为他并不完全认同契约学说。这一点存在某种根基。

学生:他不愿意。

施特劳斯:你可以认为,也许他太过亚里士多德主义了,以至于不能接受契约学说。这是我的印象。

学生:格劳秀斯没有提过自然状态,但他确实想表示人类生活在没有启示情况下的状态。

施特劳斯:过去,这在基督教内通常被称为自然状态。但是,这当然实际上是公民社会状态(state of civil society)。所有的异教徒都生活于自然状态。罗马帝国也是自然状态,西班牙征服之前的墨西哥也是自然状态。

但是,自然状态慢慢开始表示这样一个意思——这种意思在今天已经被理所当然地使用——指的是任何人类法或者任何人类政府都没有出现之前的状态。这个概念如何产生,这就说来话长了。人们谈论这样一种状态,个人在丛林中漫游的早期状态,诸如此类,这与山川一样古老——但这被认为是自然的(natural)状态,这是困难所在。我的意思是,我花了很长时间才开始意识到这一点,因为所有人到处都在说自然状态。我碰巧在霍布斯的《论公民》中读到了这种状态,这种人类的状况,它可以被称为是"自然的"(natural),我才突然意识到,这个词当初不是这样普遍的用法,只是霍布斯擅自这样称呼它。

比如,在卢克莱修(Lucretius)那里——这是有关人类前社会和前政治状态描述的最著名源头之一——当然并没有被称为自然状态。[1] 尽管实践中所有关于格劳秀斯的教科书和观点都说[原初状态(the primitive state)][2]就是被称为自然状态。这并不恰当,因为它如此有缺陷,它不是人类的自然的(natural)状态。依据卢克莱修的观点,人类的自然状态是哲人的状态(the state of philosopher),不是这种自然

---

[1] 卢克莱修,《物性论》(On the Nature of Things),5,ll. 925ff. 。
[2] [译注]在表示"原初状态"这一概念时,施特劳斯并不同意《战争与和平法》英译本使用 primitive 一词,他更倾向于使用 primeval。参见第四、十二讲。这一句中 the primitive state 为本讲学录英文编者所加,似应为 the primeval state。

状态。

这种表述早于霍布斯就出现了,我们甚至在格劳秀斯那里也可以发现这种表述,如果我能相信[听不清]的某个文本的翻译,那么这种表述就也出现在了[听不清]的版本中。它在那里出现了,但如果可以的话,我本应该读一下精确的起源,但现在做不到。索奇尼(Socinus),一位著名的神学家,十六世纪基督教一神论的创始人,因为某种原因据说最早作出过这个表述。①

语言并非任意,语言有意义。突然地从霍布斯开始,人人都随时在谈论自然状态。一个世纪以后,卢梭可以说,所有的政治哲人都认为有必要提及自然状态。在柏拉图和亚里士多德那里,自然状态在哪里?

我可以提一提的解释是这样;作为第一个相似物,我认为这是可以的。正统的基督教教义是这样:存在一种自然状态(a state of nature)和一种恩典状态(a state of grace)。我在这里忽略了存在于两者之间的法律状态(the state of law),因为这种状态仅仅适用于犹太人。自然状态,要么是纯净的自然,要么是堕落的自然。当然,这也是所有的非基督徒的状态,犹太人则不是,他们属于法律状态。

霍布斯所做的事情是:自然状态,社会状态。我认为,这是不言自明的。

基督教	霍布斯
纯净的自然状态	堕落的自然状态
(Pure State of Nature)	(Corrupt State of Nature)
恩典状态	公民社会状态
(State of Grace)	(State of Civil Society)

霍布斯否认了纯净的自然状态和堕落的自然状态之间区别的重要

---

① 浮士德·索奇尼(Faustus Socinus,1539—1604),最著名的是他持有三一论的非正统观点。

性;因此,没有必要恩典,但是因为自然状态被承认不完美——或者使用洛克更温和的漂亮说法,它存在很多"不便"(inconveniences)——因此,你需要某些东西来补救这些不便,那就是公民社会(civil society)。

我会认为,这仍然是人们可以给出的最好的主要解释,但存在一些复杂的地方。毕竟,一个个体不可能做所有这些事情,除非他有格劳秀斯这样能做所有事情的工作能力,或者他是某种具有这样特质的人。格劳秀斯就是这样的人,这也引出了其他非常有趣的问题。既然这源自基督教神学,那么自然状态确切地是来自基督教神学的哪部分?它源于堕落的自然状态,这很明确:堕落之后(after the fall)。但是,关于纯净的自然状态呢?这是一个困难的问题,因为依据正统的基督教教义,从来不存在什么纯净的自然状态,因为亚当在堕落之前(prior to the fall)不仅拥有一个纯净的自然,而且拥有超自然的伟大(supernatual greatness)。卢梭在其《论不平等的起源》的某个段落中也是这么想的,他认为,严格来说,一个基督徒不可能承认存在自然状态。①

大学里的状况——主要是新教大学,因为在新教大学里会讲授这种现代自然法——是认为,自然状态仅仅是一个假设概念,仅仅意味着一种从未存在过的状态,为了方便的缘故,我们假设这样一个概念,来理解未曾服从于政府和未曾属于任何社会的人类的法律状态。这仅仅是假设,为了使事情更为清晰。这是一种主流的观点。我认为普芬道夫也是这种观点。如果我记得没错,这也是十七世纪后期及十八世纪的通行观点。不过,这显然不够理解自然状态概念的爆炸性,而只是暗示了这样一种回归的可能性,忽视了依据人类的错误或愚蠢并且回到

---

① "尽管在我们大多数哲人的头脑中从未怀疑自然状态曾经存在过,但一读《圣经》就可以发现,第一个从上帝那里得到智慧和训诫的人,他自己就没有在这种状态中生活过;如果我们都像基督教的哲学家那样相信摩西的著述的话,那就不能不认为大洪水发生之前的人类不是处于纯净的自然状态……"卢梭是在《二论》第一部分前的本论中作出这样表述的,可参见卢梭,《论人与人之间不平等的起因和基础》(*Discourse on the Origin and Foundations of Inequality Among Men*),收录于《卢梭:一论及二论》(*Rousseau: The First and Second Discourses*), trans. D. Roger and Judith R. Masters, New York: St. Martin's Press, 1964, pp. 102—103。[译注]中译采用李平沤的译文(略有改动):[法]卢梭,《论人与人之间不平等的起因和基础》,李平沤译,北京:商务印书馆,2007,页46—47。

自然的牢靠根基所可能或很可能产生的所有事情——只要影响到了人类社会,那就意味着自然状态,意味着在那里发现了自然的真实权利。这就是那些革命性的思想家想要做的事情。

学生:这难道不就是马克思主义关于资本主义社会异化的观点……

施特劳斯:确实。但是,马克思主义是一种再后来的形态,此时,自然权利的概念已经被抛弃了,或者至少部分地被抛弃了。恩格斯(Engels)为什么急于证明有一种早期共产主义,一种原初共产主义?甚至是母系氏族社会?为什么他如此急切?马克思主义者可以认为,这些刚开始时候的野蛮人做得很糟糕,我们关注的是最终的状态。为什么他们如此急切?我认为这仍然是十七世纪和十八世纪的遗产,我们必须回到纯净的自然,在那里去发现最终的证明。我不认为一个[正统的]马克思主义者必须这么做,但有时候会这样——至少像恩格斯说的那样,我不知道马克思本人有多么——

学生:是否存在一种中间状态,即社会(society)状态,但又不是公民社会(civil society)的状态?

施特劳斯:当然。

学生:我在想,格劳秀斯似乎有所区分地使用社会(societas)和公民社会(civitas)①这两个词,这两个词某种程度来看相互对立。他在开头认为人类自然地爱过群体生活,之后他又认为,人类在公民社会(civil society)中不得不聚合在一起。

施特劳斯:他在社会和公民社会之间所作的区别非常显然,因为社会可以表示任何联合。如果你有一个演奏吉他的俱乐部,那是社会。如果你有一个工会或者在药店投资,那也是社会。但是,你所表示的这个关键点是指其他的东西,不是这种小社会。它们不是这么令人感兴趣。我们今天所说的社会是什么意思——怎么说的?社会对这样的事实负责,即男孩子有[听不清]的许可。你不再是指工会或者类似的事

---

① [译注]注意现代契约论中的"社会"含义与"国家"含义的接近与差异,与一般意义上"社会"含义的接近与差异。不过,civitas/civil society 有时也被直接翻译成"国家"或者"社会"。在本书中,一律译成"公民社会"。

物,而是说其他的东西。

现在,在社会契约学说的前霍布斯形式中,有如下的说法。依据自然,人类是个体或者人类处在家庭中,这并没有什么区别,但毫无疑问不存在比家庭更高的单位。然后,他们构成了社会,而这一点必须通过契约达成,因为他们依据自然相互之间独立。这是严格理解的社会契约。① 完成前面的事之后,他们很快发现必须要有社会的某种代理人——政府、统治者。所以又需要一个契约:服从的契约。首先是社会契约,然后是服从的契约。这当然暗示了,社会是一个独立于政府的道德人或法律人,因为社会仅由设立政府的原初契约所建立。这属于[前现代],尽管这在十六世纪获得了全面的发展。这某种程度上是个旧事物,可以追溯到希腊,某些方面在中世纪得到了发展,现在由霍布斯作出革命性的变革,并被洛克和卢梭所接受——这一时期三个最激进的思想家。只存在一种契约,也就是社会契约。服从的契约与此一样。

在霍布斯那里,个人在自然状态下相互订立契约,是为了第三方的利益,即未来的政府。我们要求自己相互遵守契约。这意味着政府不是契约中的一方。政府确实是绝对的。根本上说,这也是洛克的观点。不过,洛克也标志着一种向卢梭的过渡,卢梭认为只有一种契约,那就是社会契约,社会借此得以形成。社会与政府之间没有契约关系。政府仅仅是代理人,绝对是社会的不独立的代理人。政府没有反对人民的权利。传统的教义总是有这样的困难:即存在两个平等的伙伴,人民和君主,你并不知道谁是谁。谁拥有决定性的权利/正义(right)? 所有中世纪的冲突以及男爵的战争等等都来自这个困难。另外,帝国皇帝及反对势力的冲突也一样。现代教义试图做的则是:永远地消除这种不安全和无政府状态的根源。每个社会中都有一个明确的部分,它拥有全部的政府权力。那可能是人民,或者人民可能是其中一部分,但不可能存在分裂的权力。只存在一个契约。

然而,我必须补充一点。在传统的关于分裂权力(或者用一种更有尊严的表述,分权)的观念中,存在很多常识。我提一下这些人的一

---

① [译注]这里的社会实际上指的是"公民社会"(civil society)。

个学生,孟德斯鸠(Montesquieu)。他复兴了分权的学说,但却将其奠基于一个新的基础。那是一个非常复杂且有趣的理论成果。在孟德斯鸠的方案中,你有行政的命令权,有立法权,有司法权。这之间当然存在冲突,但孟德斯鸠的隐含观点是:冲突和僵局也比暴政更好。联邦党人的建构(即美国宪法)与孟德斯鸠有根本性的差异,因为依据孟德斯鸠的观点,这三个部分(至少两个)是以自己的权力进行统治,也就是说,行政权可以是一个世袭的君主,他的权力并不是来自人民权威的代表,理论上说,司法权也是如此。但是,依据《联邦党人文集》(*Federalist Papers*)或者美国宪法,所有的权力都必须来自人民。可以看美国宪法的开头。所以,这里你们可以看到一个非常有趣的联合,将"人民主权"学说和更老的学说融合在一起,这事实上意味着一种对于单纯的人民主权学说的质疑。

我们今天就讨论到这里,但我希望你们发现,有必要回到这个更早的时期,我们能在早期尚未固化的状态中,发现那些在如今已经固定下来的状态中,我们无法看到的微妙的东西。从这一观点来看,你可以说,就像显微镜在自然科学中那样,历史研究在社会科学中也扮演了同样的角色。

第 四 讲

JBP, 2.1—2.4.15

(1964 年 10 月 15 日)

施特劳斯：[进行中]①格劳秀斯承认基于恐惧的自我防卫，但比起霍布斯，他设定了严格得多的限定。如果你只是一般意义上的恐惧，或者可能是不理性的恐惧，这并不能因此给你权利(a right)：必须是明确的、当下的危险，而不是假设的危险。即便我们预设两个人都清醒和审慎，但这仍然某种程度上取决于攻击者，他捡起石头的行为到底是无辜的行动，还是危险的。区别的根源在于对自然状态(换句话说，没有政府的状态)如何理解。

个体之间相互敌对的状态是什么样子？这种状态中，你可以像格劳秀斯所说的那样合理地信任你的同类吗？还是说，像霍布斯所说的那样，在这种状态中，完全不能信任你的同类？更简单地说：要么自然状态是坏的(霍布斯的观点)，要么自然状态是好的(格劳秀斯的观点)。霍布斯使用了一个词——他一直都是清晰表述的大师：自然使人类反社会(dissociates)。格劳秀斯则认为自然使人类更加社会——如果我们能这么说的话。人类依据自然就是社会的。这与天意(providence)的问题有关，这意味着，格劳秀斯某种程度上教授了自然正义(natural right)，那么，在哪种程度上，天意是一种理性的真实呢？我们得再等等看，暂时还没有足够的证据。

格劳秀斯很焦急地要区分自然法和神法，他这么做的原因很清楚，

---

① 这一讲开头阅读了一位学生的论文。这个阅读过程没有录音。

因为毕竟在他的时代,基督徒和非基督徒的联系足够多。想想对美洲的征服,尤其是征服北美的西班牙人和其他征服者,想想与印度、中国的关系。这些是基督徒可以做出的要求。格劳秀斯认为,这些基督徒不可能让这些人变成基督徒,只能视他们为理性生物(rational beings)。这是一个非常重大且实践上非常重要的问题。问题在于,这是否意味着在欧洲内部或者甚至基督教内部会产生一定的实际后果。这个问题我还没有答案,但又不得不提一下。

十七世纪的某些作家预示了这样一种状态,在这种状态中,法律秩序是完全世俗的,而且从法律的视角来看,基督教秩序将不再那么具有约束力。在霍布斯的例子中,你可以确定这一点。在格劳秀斯那里,则并非如此。

这位同学你还提到了摩西律法的问题。在某些例子中,或者在某个例子中,格劳秀斯通过提及[听不清]法来解释它。他为什么这么做?意思是什么?我认为,最明显的意思在于显示其他完全独立于犹太人的民族也有这些法律条目。这至少表明了这是自然法或万民法,且并不必然是神法。我们先把这个观点搁置一下。

上次课结束时,我被要求做个讲座而不是进行一次讨论,想到这一点,我决定再做个讲座,谈谈之前我讲过的一些东西,对于那些没有参加过我的研讨课的同学来说,那些东西在我的上一讲导论中可能并没有说得清楚。

好,下面是这个问题,非常明显的问题:为什么要研究格劳秀斯?在那个问题上,没有别的书吗?让我们从头开始,从一些简单的真理开始。从我们目前的情况来看,我的意思不是说选举那天的情况,而是从这个词更完整的含义上来说,我们目前的困境(confusion)。同时,最外部的事物——我不想在社会科学中作价值判断或其他东西——比如,氢弹的发展。人类权力的急剧增长导致人类面临之前所从未遇到过的危险。如果你读过任何关于最野蛮、最恐怖时代的描述,即便它们也没法与今天的人类所要面临的危险相提并论。承诺和希望已经变成非常巨大的危险。那是基于科学知识的承诺和希望——有些东西出了问题。无论怎样来实际地判断核战争的前景,事实就是:核战争有可能发生。我们的实际判断取决于现在的状况——美国和苏联。在经过足够长的时间后,比方说五十年,这种事情会怎样？没人敢说,因为没人知道到时候谁统治着什么国家。原则上说,危险一直存在。

为了权力的科学,向人们承诺改善人类的状况。这是十七世纪早期由培根、笛卡尔和霍布斯所作的允诺,很多人都追随这一观点——这是理论哲学或科学的一项根本变革,因为十八世纪之前哲学和科学并非区分开。理论哲学上的这一根本变革,伴随着实践哲学或政治哲学上的相应变革。这场变革意味着,对于所有人类而言,虽然之前也被注意过,但现在则是更大得多的自由的希望,无论是政治上的,还是其他方面的。我们也可以认为,现在所称的完美的开放社会的前景,无论是哪种意义上的"开放"——要么是指普遍的,即没有边界的;要么是指内部极大的开放性和流动性。这样一种根本变革毫无疑义地发生了,我想任何人都不能否认这一点。但是,我们目前要面对的情况——你们可能是第一代直接面对这种情况的人——这种情况是：这样的现代决定(modern decision)是否看起来有益、慷慨、博爱等等？这是否是一个明智的决定？

数个世纪以来确定的事情,如今变成了有疑问的事情。这是著名的古今之争：要么是古代,即对于哲学或科学的目的的前现代理解;要么是现代。对我来说,古今之争这一名称下最底线的问题是"保守主义之间的分歧",我们之前曾经提过这一点,但通常它们被以一种很肤浅但又实用的方式加以陈述。① 现在,这一争论又变成了问题。简单地接受现代(modernity)或者进步(progress)已经不再可能,你可以认为,很显然地,共产主义者和某种程度上说自由主义者,我的意思当然不是说自由主义者是不可信任的"拼奇"(pinkie)②——当然不是。不过,他们仍然是最不怀疑现代和进步的一群人,在保守

---

① 施特劳斯可能正在说第二讲开头部分的讨论,提到了保守主义之间的区分,即自由市场经济学激发的保守主义和那些倾向于传统社会道德的保守主义。经济保守主义认可现代性,认为对自我利益的追逐是社会秩序的关键。社会保守主义关注道德和品性,认可古典观点。

② [译注]pinkie,激进自由主义者。

主义者中,我们会发现更多怀疑者。如果我们必须面对这个问题,即古今之争的问题,十七世纪就是这样来称呼这个问题的——现代发展的一般特质……

首先,回顾来看,存在一些试图决然全新的东西,我们可以把格劳秀斯当成一个很好的样本。在他之后的一代中,发生了与更早的传统更为明确的断裂,这当然最终由笛卡尔、霍布斯呈现。这场革命的胜利高峰则是能力卓越的牛顿。

但是,即便在那个时候,仍然有人是反动者,仍然有人不愿意与这类东西有关联。这其中最著名的可能是乔纳森·斯威夫特(Jonathan Swift),他的《书籍之战》(Battle of the Books)并非是他最好的作品,但却是古今之争的明确标志,他的《格列佛游记》(Gulliver's Travels)则尤其如此。我只提示大家该书第三卷中对于拉普达(Laputa,即天空之城)里学术计划的描述:如何生产无毛羊。这是有用的,但这并不重要[①];还有其他很多有伟大意义的事情,尽管或因为其展示令人惊奇。在某种意义上说,也是很偶然地,十七世纪末的沙夫茨伯里(Shaftesbury)——他是洛克的学生(洛克当过一阵他的导师),但他显然反对洛克和霍布斯,他试图在略作修改的基础上恢复古老的原则。[②]

这里只提示一点:康德和黑格尔中间的德国哲学是什么样的?它试图在很高的层面上重述并重建道德哲学和政治哲学,像它们在柏拉图和亚里士多德那里具有的高度一样,但却是在一个新的根基之上,这个新的根基是由霍布斯和洛克这样的人创立的。德国哲学对当代思想产生了巨大的影响,即便当代思想激烈地反对德国思想。比如,你基本上可以在杜威(John Dewey)的例子中发现这一点——杜威的思想中有

---

① [译注]在原始打字记录稿中,这后面还有"但谁之前这么做过?"(but who did it before?)一句,英文编者删掉了。另外,洪涛认为格列佛在这里展示了现代(而非古典)的理想国:牛顿为代表的科学成为现代"利维坦"的根基。参见洪涛,《〈格列佛游记〉与古今政治》,上海:华东师范大学出版社,2018,页7–40。
② 安东尼·阿什利·柯柏(Anthony Ashley Cooper),第三代沙夫茨伯里伯爵(1671—1713),洛克曾指导过他的教育。他最著名的著作《论人、风俗、舆论和时代的特征》(Characteristics of Men, Manners, Opinions, Times)(1711年),在某种程度上是与霍布斯和洛克相决裂、并更接近古典思想的作品。

很多黑格尔和其他人的东西。①

这些宽泛的东西可以很简单地说清楚,而且我们必须记住这些东西,要不然就会失去方向感。我们当然不能忽视缺陷,但缺陷非常复杂、非常技术化,所以必须以如下的方式来加以对待。这些技术性的细节有这种直接影响,即他们会遮蔽根本性的问题。我给你们举个大家所熟悉的遮蔽了根本性问题的例子,许多历史学家是受害者。我们必须避免这一点,而只有不把所有的书都看得一样重要,才能够避免这一点。换句话说,如果你做一个纯然的统计分析,即关于1650年左右西欧思想状态的分析,你会发现,只有少部分人是创新者,而大多数人当然都接受传统思想。这种统计是关于小团体的,但他们潜在的可能性非常强大。一战期间,列宁在瑞士聚集了六七个人,这只是些毫无权力的人,但最后证明,他们比当时控制俄罗斯的最强大的人都更为强大,所以我们必须非常谨慎。

还有一点,我也想提一下。当我们说"前现代"或者"古代"的时候,这里存在着某种模糊,这种模糊并不是所有人都考虑过的。不考虑它,会让你活得更容易。但是,既然我们在这里不是为了活得更容易,那就要规避这种不去思考的诱惑。比如,在自然科学的讨论中,你甚至在很博学的书中读到——这里,你得到一个亚里士多德式的宇宙物理学的描述,它认为存在一个有限的宇宙②和其他所有这类事情,以及十五世纪和十六世纪这些事情如何发生变化。有不少古典哲人和古典科学家坚持宇宙的无限性。换句话说,存在另外一个反亚里士多德或反柏拉图的传统,这也是西方传统的一个部分,尽管它在历史上远没有柏拉图和亚里士多德式的观点那么强大。现在,我只局限于政治哲学:不仅仅只有柏拉图和亚里士多德,还有伊壁鸠鲁和德谟克利特,以及智者。所以,如果我们想要精确地界定什么东西特别地属于现代变革,那么仅仅比较霍布斯与亚里士多德是不够的,虽然这非常容易做到。你

---

① 杜威在约翰·霍普金斯大学跟随黑格尔主义哲学家乔治·莫里斯(George Sylvester Morris)学习。黑格尔的影响可见于杜威的《心理学》(*Psychology*)(1877)和《作为经验的艺术》(*Art as Experience*)(1934)。

② [译注]参见亚里士多德,《论天》,1.5;《论宇宙》,1.2。

必须比较色拉叙马霍斯(Thrasymachus)或者卡里克里斯(Callicles)或者伊壁鸠鲁。这点说清楚了吗？这[不]琐碎,反而非常重要。我发现这一点经常被忽视。

现在,回到我上次讲过的东西上来。最重要的技术性和遮蔽性的问题之一,是社会契约的观念,因为社会契约在前现代思想中扮演了很重要的角色。我这里说"前现代",指的是"霍布斯之前"。社会契约论当然也在现代思想中(在霍布斯、洛克、卢梭那里)扮演了重要角色。不过,如果两个人使用同一个词,他们也并不一定表达同一个意思。这当然要求更为精细的思考。现在,我只想提一下上次忘记说的一个点。社会契约论很早就开始发展,并且可以追溯到古老的时代。我上次提到,有两个东西需要区分开:政治契约,人民与君主之间的契约。这在日耳曼民族、国王与人民的契约、加冕典礼等等事件中扮演了非常重要的角色。更为根本的事情是这样一种社会契约:通过这种契约,产生了人民或社会。随后,它能产生一个政府,或者特殊地,产生一个君主制。这样的学说才是严格意义上的社会契约学说:即社会通过契约——这是一种人类行动——而产生。依据自然,社会是不存在的。依据自然,人类是反社会的,当然,也反政治。至少还可以认为,依据自然,没有人是任何其他人的统治者。

我们就不考虑不那么有趣的"家庭"的例子了。大部分人承认,父母依据自然就是他们孩子的统治者,但这在政治上并不有趣。不过,没有任何成年人依据自然是任何其他人的统治者。相反,所有人类依据自然都是平等的。这当然是一个很老的故事,谁也不知道是从什么时候开始的,尽管我们可以在罗马法中找到早期最明确的表述[①],但是这些罗马法学家仍然不是最早的创始人。我们只能尽可能猜测,然后找到某个起源。我们知道在亚里士多德和柏拉图传统与其他的传统之间有一个明确的对立。根据亚里士多德和柏拉图的观点,人类依据自然是不平等的,因此依据自然,人类中有些人是其他人的主人。

在格劳秀斯那里,我们还会碰到这个问题。就像在其他问题上一

---

① 例如,可参见查士丁尼,《国法大全》(*Institutes*),1.2.2。

样,格劳秀斯在这里又开始故意模模糊糊。如果所有人类依据自然都是平等的,那么这根本上是一个民主教义。真正发展出完整的民主含义则要到现代晚期,原因我们必须要分析,但不会在这门课上考察。所以你会发现这个问题在多大程度上与我们的直接政治问题相关联。

"社会契约"概念不是简单说说"之前从未存在过"就可以一扔了之的。"自然状态"可能也类似,但不像"社会契约"这么显然。"主权"学说——你可以更确定地说,这是一个现代学说,它在十六世纪的博丹那里出现。① 博丹仍然很犹犹豫豫,但两代之后的霍布斯那里,主权学说得到了完整的发展。我认为应该提示这一点,我们进行古老的讨论并不是在浪费时间。就我刚才所说的内容而言,有没有人想说点什么?

学生:你刚才说的,尤其要阅读这些著作,并要细致地阅读,你的目的是什么?

施特劳斯:为了理解古今之间的问题。在这场改变了十七世纪理论和政治哲学特质的大变革中,到底包含了什么?确实,在霍布斯的例子中可以看到明确得多的东西,因此,从理论深度来说,霍布斯相比格劳秀斯而言更属于另外一个集团。这些事情都准备好了:自十六世纪以来,某些东西在地下涌动,时不时在各种地方展现自己,然后——我必须用这个意象(image),否则无法表述清楚——在某个时刻,这个婴儿就诞生了。它不再待在子宫里,或者不再待在地底下——换个比喻——它变得可见了。在培根、笛卡尔、霍布斯的著名论说中,这一点变得更为明确:所有过去的哲人都是错误的,犯了根本性的错误——我们不能否认他们确实说出了一点东西,但是他们仍然根本性地错了。因此,就需要一种新的研究所有事物(无论是自然事物还是政治事物)的方式,那么,从这一刻起,新的事物就产生了。甚至在休谟的时代(十八世纪中叶),这个问题仍然在被讨论,即古与今的问题。在《人性论》②中,他怎么来称呼古代人和现代人的哲学?他分不同的部分来处

---

① 让·博丹(Jean Bodin,1430—1596),通常认为他的《国是六书》(1576)中首创了现代主权观念。
② [译注]这里的书名已经约定俗成,其中的 human nature 依据习惯译为"人性",不再译为"人类自然"。参见"中译本说明"。

理这个问题。①

出于某种原因,这个问题几代以来变得模糊了。比如,凯雷(A. J. Carlyle)是个好例子。② 对于凯雷来说,情况就是这样。古典哲学曾经存在过,即柏拉图和亚里士多德。然后,古典哲学急剧变革,因为斯多葛学派脱离了城邦(polis),坚持所有人类的平等。自然法(这是从斯多葛学派开始的政治思想的基础)是从亚里士多德之后一直到柏克反对法国大革命这段时间内的政治思想的基础。这是凯雷使用的模式。他是上一代人中唯一一个纵览全局的人。不过,整个论述完全不可靠,非常表面,当然也并不是完全没有根基。正如社会契约的例子所展示的(我之前讨论过),有一些概念可能一直存在,并且显然与这场剧烈变革无关。对于这种政治问题的讨论是用法学语言进行的,当然也是自然法的语言,但仍旧是法学语言。这在中世纪和一直到十八世纪都非常普遍。从这个观点来看,你可以认为这是一个唯实论(realism)、自然法和理性的时代,而亚里士多德的《政治学》和柏拉图的《法义》中没有这些东西。随后,在十九世纪,这些自然法的讨论同样失去了重要性。但毫无疑问,它仍然会有一些影响,因为霍布斯所开启的现代自然法根本上不同于前霍布斯的自然法。

学生:古代数学和现代数学之间存在什么区别?你提到了笛卡尔。

施特劳斯:当然,我只是从二手文献得知这一点。我并不懂。我对此作不了判断。但是我知道非常著名的事实是:1 和 2 被认为是同 3、4、5 等等一样的数字,这种看法是这场剧烈变革之后的结果。对亚里士多德来说,可能 2 是数字,但 1 肯定不是一个数字。很简单地,你只有一个东西,你不会说"所有"(all)。[施特劳斯显然在作展示。]当你说"所有事物"(all things)的时候,你的意思是至少有三个。严格地数数,必然预设了多于一个的数目。这是一个标志,当然,还

---

① 休谟,《人性论》(*A Treatise of Human Nature*),1.4.3,《论古代哲学》(*Of the Antient Philosophy*),1.4.4;《论现代哲学》(*Of the Modern Philosophy*)。
② 施特劳斯可能是指凯雷,《政治自由:中世纪及现代概念史》(*Political Liberty: A History of the Conception in the Middle Ages and Modern Times*),Oxford: Clarendon Press,1941。

有零、数字和分数这样的东西,这有一个巨大的变化。同样地,还有解析几何的可能性,你会有数字的坐标、直线、曲线等等。这无疑预设了巨大的变化。当然,我只是从二手文献中知道的这一点,所以不要相信我。① 存在一些东西看起来像十四世纪的解析几何,库萨的尼古拉(Nicola da Cusa)②和这类人,但是仍然需要一个微妙的探讨来分析那些看起来是解析几何的东西同笛卡尔及其后继者们做的东西有什么区别。

学生:你是否认为现代困境(confusion)的问题——你在开头提过这个问题——仅仅是来自于你所说的外部原因,比如氢弹,还是说,你认为内部原因——

施特劳斯:我从不相信这些变革仅仅是外部原因。我这么说,仅仅是想以尽可能最简单的方式使得关于这种发展的某种疑问——似乎仅仅是一种反动、狭隘——乍看起来不再如此。英语中有一个很粗俗的词汇(我很讨厌使用它),某种乐观主义(optimism)已经盛行了三个世纪。这已经不再可能,我只是想某种程度上更精确地加以表述。

学生:你所说的断裂在很大程度上是自然科学的变革,从神学目的论的自然科学开始转向——

施特劳斯:不,这还不够,因为[古典的非亚里士多德式的]自然科学也并非神学目的论。别忘了这一点。

学生:但就这点而论,一个像亚里士多德这类人的政治环境至少与这种自然科学相一致。这里存在着某种统一性。

施特劳斯:如果你看得更仔细些,柏拉图为亚里士多德的巨著做了决定性的准备,我想这一点你们在小学就学过,尽管两者之间存在巨大的差异。柏拉图自己声称向我们展示了苏格拉底的学说。苏格拉底则践行了与古典的分裂,这种分裂在这种转向之中是决定性的。我再

---

① 施特劳斯正在说的内容可能依据了克莱因(Jacob Klein)的著作:《希腊数学思想与代数起源》(*Greek Mathematical Thought and the Origin of Algebra*), Cambrdge, MA: MIT Press, 1968。

② 库萨的尼古拉(Nicola da Cusa),德国哲学家和数学家。

一次说得很表面,但我们必须从表面开始。我们可以从亚里士多德模式化的陈述中得到关于苏格拉底的什么教诲?① 苏格拉底拒斥了自然[科学],仅仅关注伦理学(伦理学在宽泛的意义上也包括了政治学)。这是你们阅读柏拉图所得到的印象。

所以,很奇怪地,自然哲学(或者称形而上学,或其他什么称呼)中的激进变革,始于反思道德问题和政治问题。我很奇怪这种事情是不是在现代并没有发生。在古代传统中,谁首先开始了这种断裂? 苏格拉底、柏拉图、亚里士多德,[他们反对]伊壁鸠鲁和智者派。[谁开启了现代的断裂?]确实,霍布斯非常突出,但他并不是开启者。霍布斯给了这次断裂一个特殊的[转向]和非常重要的[转向],但第一个说出"所有前面的作家都根本上[错了],我们必须要有一个全新的起点"的人是马基雅维利。没人会认为马基雅维利对自然科学有任何革命性的影响,所以整体的科学(不管是被称为自然科学,还是形而上学)并不必然在各种科学的排序中更高,也并不必然是创始性的学科。

学生:但是,科学之前从未如此改变生活的各个方面,这难道不要求在自然科学内重启这个问题吗?

施特劳斯:这个事实是你所提及的这个问题的一个部分。直到1600年之前,科学并没有对社会产生影响,从1600年之后,开始以逐渐增长的速度对社会产生影响。这意味着科学的整个现代版本存在那种影响;那是现代科学问题的一个部分。

学生:但是,你坚持政治科学和伦理科学的独立性。你让现代自然科学——

施特劳斯:你可以坚持某种优先性,但是很难简单地说独立性,因为它们之间如此相互交织在一起。但这是什么意思? 你会在多大程度上提出反驳?

学生:对我来说,比如,现代相对主义植根于现代宇宙观,简单地不攻击这种宇宙观,让它占主导地位,然后看——

施特劳斯:但这是——让我们说得更一般些,如今一般理解的政

---

① 可能是指亚里士多德,《形而上学》(*Metaphysics*),A,chap. 6。

治科学当然是指自然科学及其方法向政治现象领域的一种延伸。这很清楚,且与相对主义的事实有关联,但又没这么简单。第一个要求我们必须要有一个"社会物理学"(social physics)的人是[阿道夫·凯特勒(Adolphe Quetelet)],"社会物理学"是[凯特勒]的一种表述①,后来[孔德]也用过,但最先使用的人是[凯特勒]。[孔德是]实证主义的创始人,但[凯特勒]不是实证主义者。② 对他而言,很显然存在绝对价值(用现在的语言来说)。你可以看到,[相对主义]比较而言较晚出现,我倾向于认为,如此有力的社会科学相对主义的出现,是因为德国唯心主义哲学的影响。这里面非常复杂。科学传统并非相对主义,你读霍布斯和洛克(或者读启蒙时代的所有作家)也会发现这一点,他们认定这是人类生活的自然秩序(natural order)。这并不存在什么问题,凯特勒仍然属于这类人。

用今天所理解的这个术语的含义,相对主义[在反对功利主义中产生]。我认为下面这件事不是一个巧合,即为相对主义辩护得最为成功的最伟大人物是马克斯·韦伯(Max Weber),他远非一个功利主义者。你可以看到,当时功利主义(即用最简单的语汇所表示的简单原则:最大多数人的最大幸福)——更好的食物、更好的住处、更好的教育,用林登·约翰逊(Lyndon Johnson)的话来说,则是"伟大社会"(Great Society)——当时,这一原则遭到质疑,人们认为这种功利主义可能非常人道或者有其他好处,但它也会导致人类的退化。然后,这就变成了一个选择的问题。最简单的方式是认为:好,你是功利主义者,这是你的选择;我可以是反功利主义者,这是我的选择。我有所夸大,但我认为这就是相对主义的起源,这并非什么科学方法。试图把相对主义同"是/应该"的两分法联系起来,这并没有什么根据,而这种两分法分别由休谟和康德提出,但休谟

---

① 阿道夫·凯特勒,《论人类及其才能的发展,或社会物理学》(Sur l'homme and le développement de ses facultés, ou Essai de physique sociale), Paris: Bachelier, 1835。
② 奥古斯特·孔德(Auguste Comte, 1798—1857),实证主义的创始人,他显然是施特劳斯在这一对"听不清"的人名中提到的后者。关于他对于"社会物理学"的发展,可参见他的《实证哲学》(Positive Philosophy)的第六卷。这个表述更早是被统计学家阿道夫·凯特勒使用过,他因此应该是施特劳斯这里提到的前一个更早的思想家。

不是相对主义者,康德也不是相对主义者。这个话题说来话长。现在,我必须放下这个话题,尽管我之前可能并没有说过这个话题。我不是很明白你的意思。

学生:听了你的讲座,我感觉自己知道了这样一个观点:古人与今人之间的基本问题可能首要的并不是"最好的政制是什么",因为你也可以给出一个关于民主的古典式论证。古今之间的基本问题是关于人类是否有德性,如果你分析霍布斯反对柏拉图和亚里士多德——

施特劳斯:这在某种程度上是对的,但在另一方面,我觉得这样说更为智慧:即至少十七和十八世纪的这些人(比如霍布斯、洛克、卢梭)并不那么关注最佳(best)政制,尽管他们也在某种程度上关注这一点,但是对他们而言,主要的问题是:什么是合法(legitimate)政制?既然人类依据自然是自由和平等的,一个政制要变得合法,需要满足哪些条件就不会背离根本的平等和自由?对于古典人而言,主要的问题当然是"什么是最佳政制"。这是我之前当作某种教义讨论过的现象,它在十七、十八世纪非常有力量,当然,现在已经消失了,尤其是从更早的传统来看。在那种传统下,"什么是正义(just)政制?"这一问题当然意味着在任何情况下,不考虑任何特殊情况。当你说"最佳政制"时,你在暗示最佳政制可能并不总是可得,而且你们知道如今这一点有多么重要。这是所谓的自由主义者和保守主义者之间的分界线,保守主义者怀疑同一个政制能适用于所有的情况。当然,你也可以说这两个阵营之间的观点有所重叠。

学生:你会将韦伯思想溯源到哪里?溯源到哪些哲人?

施特劳斯:我想这相当简单。这整个思想体系,"最大多数人的最大幸福",所有的食物、住房、衣服、教育等等,但这一点受到了批判,无论是自由主义形式,还是共产主义形式——这并没有区别。批评这一点的是一个非常著名的德国哲人——尼采(Nietzsche),在他的《查拉图斯特拉如是说》(*Thus Spake Zarathustra*)接近开头的部分,那一部分的标题是"末人"(the Last Man)。韦伯明确提及并同意尼采这一观点。换句话说,所谓的物质幸福的状况某种程度上并不与"最佳"相一致。这是韦伯的观点。因此,他要将他所理解的社会学从功利主义原

第 四 讲

则中解放出来,而最简单的方法是他认为价值判断完全独立于事实判断。

学生:柏拉图试图避免尼采所说的状况——

施特劳斯:对的,但重点是下面这样。作为科学家,韦伯说:我不能作道德判断。换句话说,他觉得他没有能力作道德判断。他觉得解决这个困难的最好方法是作出"事实-价值"的两分,这样的话,社会科学家和社会科学就不再被束缚在这些特殊价值上。更不用说,还有其他理由,但可能这是更明显的理由。一方面存在这种类型的相对主义者,另一方面也存在军事极端民族主义者。他们占据了德国大学相当多的教席,他们这些相对主义者只是想保存科学的完整性,这一点受到那些极端信仰者们的威胁,而最简单的方法是认为,这些事情完全超越了理性知识的范畴。这当然是个大问题。

学生:在我看来,如果存在拥有氢弹的城邦或者像柏拉图那样的理想国,仍然会有同样的问题。

施特劳斯:但是,你难道没有发现,如果科学家全都不去做这样的事情,那么——

学生:我经常见到的则是,科学家出于战争的必需而不得不去做这样的事情。

施特劳斯:问题则在于是否有一个更深刻的理由。阿基米德(Archimedes)为了保卫叙拉古(Syracuse)也做了一些事情,而且因为叙拉古被罗马人夺取后而被杀。不过,总体而言,科学的观念确实反对全力投入实践应用的企图,依据这一观念,科学不是服务于实践,因而科学根本上是沉思。这个问题说来话长。有一些关于达芬奇的故事,说他做了一些军事上有趣的发明,但他从来没有透露给他人。

不过,根本错误仅仅是:为了权力的科学。这些人没有完全看到的是,从科学为了权力而产生的这一刻起,从政治的视角来看,科学家将变得非常抢手。无论是专制政体,还是民主政体,不存在什么区别。换句话说,科学将丧失自由。没有极其昂贵的设备,相当多的发明都不能做出。科学的这些伟大进步将取决于有钱人,无论是私人的,还是公共的提供资金的人。但你得不到什么东西。你失去了自由。某些物理学家或者化学家的道德进步令人感动,如果他倾向于流泪的话,但除此以外则很荒谬。如果为了战争的目的,这些事情最终并不是为了政府的目的,那么他们就不再是科学家。他们什么也不知道,他们是不应该去讨论政治事物的小孩子。哪怕他们是诺贝尔奖获得者……①

学生:你提到了《马克卢斯传记》(Life of Marcellus),阿基米德在战争和防卫的压力下研制机器。②

施特劳斯:[听不清]但是,他仍然为帮助他自己的家乡做了一些事情。你的意思是他原本可以做得更多?

学生:我的意思是,他没有把这些东西写下来。

施特劳斯:我明白了。很感谢你告诉了大家这个问题的出处。普鲁塔克的《马克卢斯传》是有关这个问题的主要资源之一,因为在那里我们有某种程度上说是古代最伟大的物理学家——阿基米德,他面对的是最为紧迫的实践问题。

现在,我们转向对于第六[段]的融贯讨论。③ 在第一[段]的开头,格劳秀斯作了一个区分,即开战的正当(justifying)理由和有说服力的(persuasive)理由之间存在区别,后者我们可以认为是出于实际需要的理由。格劳秀斯当然只关注正当理由,因为从功利角度获得正当性的战争理由,并不必然是正义的。这当然是个大[问题]——正义理由不一定是出于实际需要的理由。在第二部分,时间太紧,我们就不读了,其中两个关于狄摩西尼(Demosthenes)和迪奥·卡修斯(Dio Cassius)的引文似乎暗示了,只有正义(justice)战争才能给军队以胜利的美好希望,即提供功利的前景。这是一个很复杂的问题,因为这很有可

---

① 这里可能是指奥本海默(J. Robert Oppenheimer),曼哈顿计划的负责人,根据这一计划,为二战中的美国制造原子弹,而紧接着,他又因为原子弹所释放的巨大摧毁力量而烦恼。但是,奥本海默从未接受过诺贝尔奖。这里也可能是指恩利克·费米(Enrico Fermi),他是曼哈顿计划中获得诺贝尔奖的科学家,后来担忧核武器的影响,他曾经执教于芝加哥大学。
② 阿基米德的故事可见于普鲁塔克,《马克卢斯传记》(Life of Marcellus)。
③ 我们现在是在讨论 JBP, 2.1.1.6。[译注]此处,英文讲稿有一个重要尾注:"原纪录稿为'第六章'(Chapter 6),已删除。施特劳斯在第三讲中曾明确表示,章(chapters)下面划分成'段'(paragraphs)。但他在这里暂时背离了自己的说法。"本处据此改为"第六段"

能是以宣传为条件而去相信正义[理由]。这里只需要提一下希特勒的军队,他们也相信战争的正义性。这点不存在问题。这里有个大困难,即正义与功利之间的裂痕。这当然是马基雅维利坚持的观点,最终也同样是卡涅阿德的观点,格劳秀斯提及过后者。

在第三部分,他明确说了这样一个观点——这也确实正确,而且是一个反对马基雅维利的大论点——即国家和王国同强盗集团之间必然存在根本性的差异。要不然,你怎么去尊重你的社会? 如果没有根本性的差异,你怎么去尊重你的政府?

正义战争的理由只有伤害(injury),正如这里所清楚表明的,伤害有三种。第一种是尚未造成的伤害,所以这种伤害不能被实施——一种被担心发生的伤害——然后,是实际发生的伤害,这种伤害要么要求补偿,要么要求惩罚。① 这是这本书第二卷的总体谋篇。对于这些伤害的简单分类则可以指身体、生命和肢体,或者指事物、财产。因此,他首先讨论了拥有财产的自然正义/权利/法(right),然后讨论了身体的自然权利。

自我防卫的权利可以在不用考虑另一方为不正义的情况下就实施。换句话说,可能一个无辜的人会基于某些错误、某些合理的错误,[而被袭击]。这本身会导致出现两边都是正义战争的可能性,格劳秀斯在这里没有讨论这一点。格劳秀斯并没有得出这个结论。

在第四段,仍然是第一章中②,自然,更进一步地,自然正义/权利/法(natural right)似乎更多地关注个人的自我保存,而非更关注社会。这与下面的这一区别有关,即自然的第一原则(prima naturae)、自然的开端和自然的目的、人类的目的——这是格劳秀斯从西塞罗那里学来的——之间的区别。无论如何,在这一段中,格劳秀斯不再考虑目的,或者他用博爱的法(the law of charity)代替了目的。

格劳秀斯认为夺走贞操或者侵犯或威胁贞操是个人之间发动正义战争的一个理由,这一点上,他比霍布斯走得更远。但他没有回答这个

---

① 格劳秀斯在 *JBP*, 2.1.2.2 中展示的三个原因是"防卫、追偿和惩罚"。这是最早对于有限的先发制人的(preëmptive)行动或者预先行动的允许。
② *JBP*, 2.1.4.

问题:即战争的这个理由是基于自然法(right),还是仅仅依据万民法(ius gentium)——依据格劳秀斯的意思,后者意味着拥有一个实证的基础,一种人们之间的同意。格劳秀斯没有回答这个问题。

[更换磁带]

从严格理解的正义的角度来看,因为扇耳光①而杀人是被允许的,这显然是因为你没法知道扇耳光最后会发展到什么程度。② 你可能会因此而受伤。这一定会被福音书律法所禁止,同样也得不到哲学的支持,即依据更高(higher)层面的观点,依据那种不仅仅关注自然的第一原则或者开端(beginning)的观点,不会支持这种做法。人不能依据这样一个理由而杀人。但是,依据严格理解的正义的观点,你可以这么做,因为你不知道这种羞辱最后会到什么程度。讨论这一点的这一整段——第十段——反对[封建制的荣誉(deudal honor)。荣誉]不是发动战争的一个理由。格劳秀斯会认为这是很愚蠢的事情。

格劳秀斯在这里还讨论了私人[战斗]的例子。他清楚地表明了预防性(preventive)战争不是正义战争。

我们来读第十四段。

朗读者:

> 有些人提出了这样的问题:是否市民法通过允许私人杀死盗贼赋予了他们一种决定他人生死的权利;同时,它是否完全免除了这种行为的罪责。
>
> 根据我的判断,肯定的观点是无论如何都不能接受的。首先,市民法并没有赋予所有公民可以针对他人的任何罪行而将其杀死的权利,只是赋予他们杀死那些罪行十分严重,因而应当被处死的人的权利。我完全赞同司各脱(Scotus)的观点。他认为,除非有关罪行按照《摩西律法》应处死刑,或者依据公平的标准裁定该罪行具有同样严重的性质,否则,处死任何人都是不正义的。对于如

---

① [译注]即被羞辱。
② 我们现在是在讨论 JBP, 2.1.10。

此重要的问题,我们似乎只能从法律中领悟让人头脑冷静的神意的启示,而神法并没有明确地规定盗贼应当被处死。其次,除了针对最残暴的犯罪之外,法律不应当,而且通常也没有赋予私人杀死那些罪有应得的人的权利,否则,法庭的权威就荡然无存了。因此,如果法律规定杀死盗贼可以免受惩罚,我们也只能认为法律撤销了对这种行为的惩罚,而不能认为它赋予了私人一种处死盗贼的权利。①

施特劳斯:换句话说,这里免除了杀人者的罪行。给杀人者免罪,并没有使得他的行为变得正义。这种区分好理解吗?他可以做很多事情,且不受惩罚,但没有人会认为这是正义的行为。

下面读第十八段的开头部分。

朗读者:

> 同样不能接受的是一些学者提出的另外一种观点,即只要本国认为对方应当受到战争的惩罚,则本国进行的战争就是正当的自卫,其理由是几乎没有人会满足于按照所受损害的比例实施报复。但是,对于不确定性的恐惧不能赋予个人诉诸武力的权利,因此一个被控犯罪的人不能因为担心自己所受的惩罚可能重于应得的惩罚,而有权使用武力对抗要将其捉拿归案的公共权力机关人员。②

施特劳斯:这里,我们可以很清楚地看到区别。霍布斯在这一点上是怎么说的?

学生:为了生存,你可以做任何事情。

施特劳斯:甚至当你被逮捕,并被合法地判处死刑时,你仍然保有杀死看守的自然权利(natural right)。

---

① *JBP*, 2.1.14.
② *JBP*, 2.1.18.1.

学生：霍布斯难道不是还说了,正是因为[这种反抗的可能性],因此需要武装人员来[看守]他？

施特劳斯：这是一个好的论证吗？如果人们认为某些事不应该做,这是否证明了这一有疑问的行动就是合法的(lawful)？我认为这会导致很大的后果。

学生：需要优先考虑这些——国家是为了保护个人所建立起来的……

施特劳斯：这是另一个问题。那意味着,在任何情况下,没有人为了被杀而想要进入社会。他进入社会是为了保护自己的生命,为此需要付出的代价则是：遵守法律,接受合法社会的惩罚。他有权力(power),不去叛国或者谋杀,或者做其他事情。

现在,我们来读第二章。① 这里,格劳秀斯开始讨论实际遭受到的、而非仅仅来自预想的伤害,首先是对于属于我们的物品的伤害。属于我们的东西可以是共有物(换句话说,人类是共同所有人),也可以是私人物品。简短地说,他讨论了财产权的根源。从根源上说,所有东西都曾是共有物。这要说起来就很长了。无论这是真是假,我们都不可能探讨它,但这是一个普遍接受的预设。当所有东西都是共有物的时候,东西变成私有根本上是通过先占(occupation),占有土地或者任何其他东西。他在第二段给出的关于世界上第一个人类的状况的描述,大部分是基于异教徒作者,而非依据基督教作家或《圣经》。当然,将这些他所描述的状况整合进《圣经》历史确实不容易。我们来读第二段的第三部分。

朗读者：

不过,人类的和谐主要是被一种并非十分可耻的恶习——野心所破坏的,而试图建造巴比伦塔(Tower of Babel)就是人类野心的一个显著标志。建造巴比伦塔失败之后,人类很快被划分为不同的国家,并分别归属于它们。不过,相邻的人们后来仍然保留着

---

① *JBP*, 2.2.

某种共同所有物,当然,这种共同所有物不是牲畜,而是牧场,因为相对于当时很少的人口数量来说,牧场的面积实在是太大了,它足够供许多人使用,而不会产生任何不便。

"在田野上标明或者划分界限是不允许的。"①

最后,随着人口和牲畜数量的增加,所有的土地开始以家庭为单位进行分割,而不是像原先那样以民族为单位。同时,因为水井是干旱地区非常必要的资源,而一口井不可能满足许多人的需要,所以水井也被土地的占有者所占有。这是我们从《圣经》中了解到的情形,而且它和哲人与诗人关于最早的共同财产及随后的财产分配的论述相当一致。对于他们的论述,我们已经在其他地方②进行了展示。③

施特劳斯:这没有什么问题,因为《圣经》和哲人以及诗人对人类的最早状态(first state)都有一致意见,这里并不称之为人类的"自然状态",而是"最早状态"。因此,关于自然权利,存在一个非常牢靠的结论:既然异教哲人和诗人的说法一致,那么关于这一点就没有什么特别神学的东西。但是,仍然,如果你更深入细节,格劳秀斯没提出的问题就会显现,我们在之前的研讨课上讨论[自然状态]的时候,曾经详细讨论过。④ 由异教作家所做的编年,尤其是那些展示[远古]埃及历史⑤或者《圣经》史的编年史,[是最不可靠的]。

在第五段中,格劳秀斯的主要观点——私有财产是如何出现的。一般的答案是什么?

学生:因为人口增加。

施特劳斯:不。我的意思是,什么东西使得私有财产合法化,因为

---

① 维吉尔(Virgil),《农事诗》(Georgics),1.126。
② [译注]格劳秀斯,《海洋自由论》(Mare Liberum),chap. 15。
③ JBP, 2.2.2.3。
④ 如果这里确实指的是"自然状态",那么施特劳斯在第三讲中讨论过这个论题。
⑤ 施特劳斯想到的可能是西西里的狄奥多罗斯(Diodorus Siculus),他写了一本《历史的图书馆》,包揽了关于人类的前文明、野兽状况以及古埃及史的记录。狄奥多罗斯,《历史的图书馆》(Library of History),1.8ff.。

依据自然,所有的东西都是共有的。

学生:自我保存的需要。

施特劳斯:不。法律上的根基是一个协约(pact)。共有物的所有者们同意分割共有财产,这个协约可以是明确的或者不明确的,先占是基于不明确的协约,其他人则是默默同意。你所说的把财产权同自卫权联系在一起,是谁做出了这样的联系?

学生:卢梭。

施特劳斯:是的,但是——

学生:洛克。

施特劳斯:洛克。洛克非常详细地讨论了这一点,他否认私有财产可以被追溯到任何协约。私有财产的根源在个人和他的自我保存的权利之中。是的,为了保存自己,你需要食物,所以只有你占着食物且别人拿不走的时候,食物对你才有用。更为粗俗的说法当然是:把食物吃掉。但是,如果超过了某个点,对每个人来说,食物就永远消失了。蛮横地先占,是基于自我保存的权利。然后,洛克表明,存在某种可能性,当你捡起一个苹果和私自占有一大片土地之间有着相同的合理性。这之间的连接点,格劳秀斯从未提及过,那就是劳动(labor)。因此,并非是先占之为先占,而是劳动决定了先占:先占中包含的劳动,捡苹果时包含的劳动,或其他劳动。其实,格劳秀斯那里有一些类似的有趣想法,但从未明晰。

海洋不可能被私占,也不能被民族所私占,因为它不可能被占有,这意味着海洋的完全自由。这是格劳秀斯的主要观点,他曾经为荷兰的商业进行辩护。①

在第五段出现了这样一个表述:[illo primaevo statu],即"原初状态"(that primeval state)。② 对于那些注重更微妙表述的人来说,这不

---

① JBP, 2.2.3. 格劳秀斯早年著有关于海洋自由的一篇长论文(即海洋不可能由任何国家私有):《捕获法》(De Jure Praedae)。这篇论文十九世纪之前从未完整出版过,但是相关的部分在格劳秀斯生前即已出现,题为《论海洋自由》(Mare Liberum)。格劳秀斯的论证部分地针对打破海洋垄断和排他性贸易区,这两点正是荷兰人所反对的。

② 凯尔西翻译成 their primitive condition。[译注]施特劳斯并不同意《战争与和平法》英译本将 primaevo 翻译成 primitive,他更倾向于 primeval,因此这里使用了后者。参见第十二讲。

应该被称为"自然状态"(natural state),而是"原初状态"。在极端必需的情况下,这种将所有事物视为公共所有的权利(right)再次出现。我想这点在过去和现在都得到了承认。如果你要挨饿了,可以从面包店偷得一片面包。你不会因为盗窃而获罪。对格劳秀斯来说,这不仅仅是一种可以不受惩罚的行动,而且是一种正义的(just)行动,因为从这一行动中,你所获得的好处(也就是你的生命)要高于法律不被破坏所获得的好处。①

在这一章的结尾,他还提到了通过权(the right of transit),不仅涉及人员,而且涉及商品。② 这同样是依据一些古老的文本。这对于商业社会来说当然极其重要。格罗诺维乌斯(Gronovius)——我之前提到过的评论者——反对这种观点。我们不得不通过在这一段的上下文中仔细辨析来发现格劳秀斯是否有言外之意。

我们或许可以读一下第十六段的开头部分。

朗读者③:

> 此外,对于被逐出家园正在寻找避难所的外国人,国家不应当拒绝给予他们永久居留的权利,只要他们服从当地政府的管理,并遵守为避免冲突所必需的所有规则。④

施特劳斯:这一段,我相信与《圣经》中犹太人的政府有关(格罗诺维乌斯也这么指出)。有些时候,人们不会知道这项普遍的法条表述在实践中的意味。这里要说的是,格劳秀斯并非仅仅对商业自由感兴趣,他也对人道(humanity)感兴趣。两者是一并的。然后,人道和商业逐渐被视为自然的联盟。亚当·斯密(Adam Smith)是这种联盟的伟大讲述者。

下面我们再分析一下第三章第三段的一些章节。

---

① [译注]此处英文为 is higher than the good constituted by breaking the law,似有误。
② JBP, 2.2.13—14。
③ 在原始记录稿中,朗读者在这里读出了页码:"第 201 页"。
④ JBP, 2.2.16。

朗读者①：

　　对于取得财产的方式，法学家保罗(Paul)认为还应当补充一种似乎完全符合自然的方式，即因我们的劳动而形成财产的方式。

　　依据自然，如果不使用原来存在的材料，任何产品都不可能被制造出来。因此，假如材料是我的，则制造出来的产品依然是属于我的，尽管它具有了新的形式。但是，假如材料不属于任何人，则对制造出来的产品的取得就属于先占取得的类型。但是，假如使用的材料是属于他人的财产，则制造出来的产品自然不能为我们单独所有。②

施特劳斯：这是一项非常审慎的表述，但它用沉默清晰地表明了劳动不能被视为一种财产权。你必须是所有者；你可以通过先占来成为所有者，但格劳秀斯不能理解作为劳动的先占。劳动后来成为了你做的所有事情的共同标准，无论是从地上捡起一个苹果，还是将石头制作成武器，或者任何劳动所导致的其他变化。这将是一种共同接受的观点，洛克也采取了这种观点。请读第六段。

朗读者：

　　另外，必须注意的是，如果我们只从自然法的角度来思考问题，那么财产权的主体仅限于具有正常理性的人。但是出于共同利益的考虑，万民法规定婴儿和精神不正常之人也能取得并拥有财产权，因为人类作为整体，同时也包括他们在内。

　　毫无疑问，人类法在许多方面比自然法规定得更为详细和具体，但它决不能违背自然法。因此，就像某些学说观点主张的那样，这种为文明各国共同接受的有利于婴儿或处于类似状态下的人的财产权仅仅限于一级行为，而不能扩大到二级行为。也就是

---

① 朗读者在这里读出了页码："第206页"。
② *JBP*, 2.3.3.

说,它包括拥有财产的权利,但不包括财产所有人自己处分财产的权利①——

施特劳斯:这里很明确。其他人授权拥有它。但是,精神不正常的人只能限于一级行为,而不能扩大到二级行为。

朗读者:

因为财产转让或者其他类似行为依据自然是在理性支配下的意志的行为,而对婴儿和精神不正常之人来说,不存在由理性所支配的意志。关于这一点,你可能会很恰当地想到信徒保罗的论述:尽管继承产业的人是全业的主人②,但在孩童的时候,却与奴仆毫无分别。当然,他在这里指的是行使财产权的情形。③

施特劳斯:我们下次可以继续讨论这一点。这一段是自然法(natural right)与万民法(ius gentium)之间的区别的一个清晰例证。万民法在这里所表示的是为了便利和公平而由人类订立的一种法,但是基于某种拟制(fiction)。我们来看下一章第一段。

朗读者:

在依时效取得权利方面,出现了一个难以解决的困难。由于这种权利是国内法(municipal law)规定的——

施特劳斯:应该翻译成"市民法"(civil law)。

朗读者:

——(事实上,时间就其自然而论是没有效力的。尽管一切行为都是在特定时间内实施的,但时间本身不能实施任何行为),

---

① *JBP*, 2.3.6.
② [译注]"全业的主人"的说法,可参见《圣经·加拉太书》。
③ *JBP*, 2.3.6.

因此，正如瓦斯奎兹(Vasquez)所说，无论是在两个独立国家或国王之间，或者是在一个独立国家和一个国王之间的关系上，还是在一个国王和一个并非臣属于他的个人之间，或者是在属于不同国家或国王的臣民之间的关系上，它都无法适用。

除了有关土地的法律调整的财产或行为之外，时效的效力似乎的确如此。但是，假如我们承认这一点，一个明显的且非常严重的问题就会接踵而至，即涉及王国之间以及王国边界的争端将永远不会随着时间的推移而得到解决。这种情形不但会给许多人带来困扰并导致战争，而且也不符合各国的共同意愿(common sense)。①

施特劳斯：这种说法的基础是什么？不是自然法，也不可能是市民法，因为市民法不超出单一的政治社会。

学生：基础是便利(convenience)。

施特劳斯：是的。但这属于什么法？格劳秀斯没有结论，但我想这一点是清楚的：这是万民法。因为如果这些问题被无限地重新开启，就会异常不方便(inconvenient)。不过，这并不是严格意义上的自然法(natural right proper)。我们来读第三段。

朗读者：

我们应当说什么呢？具备意图要素的法律行为的确不能只从心理活动中推断出来，除非这种活动具有某种特定的外在表现形式。赋予单纯的心理活动以法律效力不符合人类的自然，因为人类的自然要求通过人的外在表现来识别其心理活动。由于这个原因，单纯的心理活动不受人类法的调整。

不过，外在表现不会像数学那样准确地反映心理活动，它只具有表现心理活动的可能性，因为有时人们所讲的可能和他们所希

---

① *JBP*, 2.4.1.[译注]按照施特劳斯在之前课程中的说法，common sense 在古典的意义上表示"共同同意"，现在则表示"常识"。

望或者所感觉的并不一致,甚至有时还可能用某种行为来遮盖其真实的意图。但是,人类社会的自然(nature)承认,具有充分外在表现的心理活动应当被赋予某种法律效力,因此,充分的外在表现所反映的心理活动被认为是行为人真实意思的表示。这样一来,根据语言推定当事人意图的困难就得到了解决。①

施特劳斯:这是为何人类事物不可能拥有数学一样的精确性的重要原因,因为问题就会提出来:他的意图如此吗?还是并非如此?我们不可能进入他的内心,更不要说其他的复杂性了。我们以后还会再来分析这项规定。

学生:语言和行动的关系难道不是印证了洛克的观点吗?他说,偶像崇拜不能受到惩罚,因为你不能看到(see)人们偶像崇拜。

施特劳斯:这个问题我们会在第二卷的第二十章进行讨论,那一章谈论惩罚的问题。在某种程度上,这是对的,而且这种观点并非创新。当然,偶像崇拜可以被看出来——你是不是跪下了,所有人都能看到。但是,这样的行为依据自然法是否需要受到惩罚,那是一个问题。你所说的确定意思到底是指什么?

学生:我认为这印证了洛克的观点。

施特劳斯:哪一段?

学生:"由于这个原因,单纯的心理活动不受人类法的调整"②,第三段。

施特劳斯:但此处他哪里说到了偶像崇拜?换句话说,哪里说到了思想(thoughts)?语言(words)并不仅仅是思想。换个说法,谁被惩罚?我的意思是,被惩罚的人要么是因为偶像崇拜的言语,要么是因为偶像崇拜的行动,这些都是人类所能感知到的——而思想则不能。这是区别所在。我们以后还会再讨论偶像崇拜的话题。

下面我们来看第八段的第三部分,这里开始谈论时效的问题。

---

① JBP, 2.4.3.
② JBP, 2.4.3.

朗读者：

为了人类社会的利益，政府应当建立在稳定和没有争议的基础之上，而一切为此目的所做的努力都值得称赞。西锡安的阿拉托斯（Aratus of Sicyon）曾经指出，剥夺已经被私人占有长达五十年之久的财产是一件十分困难的事情。如果我们认为阿拉托斯的观点有道理，那么，我们更应当记住奥古斯都（Augustus）说过的话："不希望国家现状发生改变的人是善良的人和善良的公民。"这样的人，用修昔底德书中亚西比德（Alcibiades）的话来说："乐于维持他们已经接受的政府形式。"

伊索克拉底（Isocrates）在《反卡利马科斯》（Against Callimachus）的演说中使用了"维持现行政府形式"这样的表述。西塞罗在《反鲁拉斯》（Against Rullus）中指出："一个向往安宁和社会和谐的人将会维护国家的现状。"李维说："所有最好的公民都希望生活在目前的政府形式之下。"①

施特劳斯：换句话说，时效确证了这个最有趣的例子。我们来读第九段的开头部分。

朗读者：

也许可以肯定地讲，财产权的调整并非只能基于推定放弃而发生。根据万民法中的一项规则，如果对财产的占有超过了个人记忆所及的时间，而且这种占有从来没有中断，也没有因为存在争议而被提交法庭，那么它的所有权就完全应当转移。事实上，我们可以相信各国都同意接受这样一项规则，因为它对于维护共同的和平具有最重要的意义（of the greatest importance）。②

---

① *JBP*, 2.4.8.3.
② *JBP*, 2.4.9.

施特劳斯：换句话说，格劳秀斯没有非常明确地说，但他几乎就是在说时效乃是基于万民法(ius gentium)。永远不要忘了 ius gentium 的双重含义。这是一项实证法(positive right)，而非自然法(natural right)，但这又是一项整个人类接受的实证法，或者至少是所有文明的人类(all civilized men)所接受的实证法。不过，这仍然是实证法，而非自然法。

在第十段的第三部分中，格劳秀斯通过暗示，在第三部分开头表明，自然法并非依据法律[拟制]（而市民法则是如此）。在[市民法]中，自然(nature)和习俗(convention)混为一谈，因此拟制就进入了。这可能是[完全(complete)]①拟制，比如，若不能被证明有罪，就是无罪。这样的话，[某些人]可能是有罪的，尽管他没有被证明有罪。

我认为应该读一下第十二段。哦不，这段太长了。主要的观点是——他在这里讨论的问题是：从市民法里得出的时效能否约束神(gods)和最高权力(summa potestas)？答案是不能。这一时效也不能成为统治的资格。这难道不是很奇怪吗？之前，他说过一些这样的言论。我想我们不得不读一下这一段。

朗读者：

> 值得研究的另一个问题是：由掌握主权权力者制定的关于根据时效取得所有权的法律是否可以适用于主权权力本身以及我在其他地方所阐述的主权权力的必要组成部分。
>
> 许多根据罗马的国内法论述主权问题的法学家主张这样的法律应当适用于主权权力，但我认为并非如此。因为要想让法律对任何人产生拘束力，立法者必须有这样的权力和意图，或者至少必须推定他有这样的权力和意图。除了法律形式之外，即上级命令的形式之外，没有人会自觉地约束自己；同时立法者本身有权改变自己制定的法律。另外，一个人可以受自己制定的

---

① [译注]此处英文编者有一个重要尾注："原纪录稿为'听不清'(inaudible)，已删除。这里的意思也可能是'有正当理由的'(justifiable)。"英文编者在正文中将 inaudible 换成了 complete，并加了这个尾注。

法律的约束，但这种约束不是直接的，而是一种推定：因为他是社会中的一员，所以，他有接受自然正义（natural fairness）的义务，而自然正义的原则要求个体在其与整体的关系上应当受到调整。《圣经》中记载，扫罗（Saul）在刚成为以色列王的时候，同样要遵守这一原则。不过，我们论述的重点不在于此，因为我们并没有把立法者看作社会成员的一分子，而是把他视为集整个社会的权力于一身的人。事实上，我们是把他作为主权者来看待的。①

施特劳斯：继续读下一段，第十二段第二部分。

朗读者：

从以上论述可见，如果缺乏前面提到的基于自然法的推定，则关于时效的市民法中规定的时限并不足以取得主权或者主权的必要组成部分；同时，如果在确定的时间内存在充分的基于自然法的推定，则取得主权或者主权的必要组成部分并不需要如此长的时间。最后，即使市民法禁止在规定的时间内取得财产所有权，它也和涉及主权的事项无关。

不过，在主权转移的情况下，人民有权表达他们的意志，因为一旦行使主权的方式和时间不当，主权就可能会丧失。人民所表达的意志无疑应当被遵从，即使是拥有主权权力的国王，也不得违反，因为这种意志并非针对主权本身，而是针对拥有主权的方式。对于这种区别，我在其他地方已经进行了论述。②

施特劳斯：这项讨论的结果出现在第十四段，他认为这样的说法并不完全正确：失去自由的人民可以一直重新要求这种自由。换句话说，存在一种时效权，它并不需要一直回溯。格罗诺维乌斯在他的注解

---

① JBP, 2.4.12.1.
② JBP, 2.4.12.2.

中认为,欧洲君主的权利(right)因为这种时效而得到增强。在欧洲,或者在亚洲,也是如此,既然他们的统治依据时效,他们就受时效制约,同时也包括了承诺以及其他。一个国王会通过法律而限制他自己。换句话说,认为制定法律的人就可以使法律无效并因而这就是绝对的统治,这种说法无效。在主权的教义上,格劳秀斯已经被博丹误导了。博丹是霍布斯的先驱。

我们来读第十五段的结尾。

朗读者:

除非由于禁止性或者限制性规定的结果,否则,这些权利不会丧失,而且有充分和一致的证据表明,它们得到了尊重。因为这样做不但符合国内法,而且符合自然理性,所以它也完全可以适用于地位最高的人们。①

施特劳斯:换句话说,这些国王当然受自然法(natural right)制约;格劳秀斯坚持这条传统教义。

你们还有什么要提的问题吗?

学生:在何种意义上,格劳秀斯被博丹误导了?

施特劳斯:在这一点上:他拒绝认为时效制约了主权者。如果统治本身是基于时效,那么君主们也受制约于时效,因为他们会摧毁自己的统治资格。严格的主权教义当然意味着——但博丹没有发展这一点,霍布斯发展了这一点——主权者不受任何事物的制约,甚至不受自然法的制约,因为自然法时时需要解释。举个例子,在必需和极端必需的例子中,任何事情都是合理的,主权者不受制约。如果主权者立法并且只要法律有益就尽可能地维持法律,这样的主权者是审慎的;但是,主权者必须是唯一的法官。从法律的角度来说,只要主权者认为合适,就可以立法,让法律无效,主权者可以让法律存在例外情况。依据霍布斯的说法,这是唯一可以同无限变化

---

① *JBP*, 2.4.15.

的环境以及国际冲突的无限危险特质相适应的一种统治。这是最极致的观点。自然状态的危险——国与国之间的关系永远是自然状态(依据霍布斯的观点),因为国与国之上不存在共同的上级、不存在共同的法官、不存在公正的你可以信任他会作出公正判决且永远不会因为他的国家利益而动摇的法官。一个法官也会效忠他自己的母国。可能会存在一些拥有非比寻常的德性(unusual virtue)的人,他们能够做到不考虑具体的瑞典人、荷兰人、波兰人或者其他国家的人;但是一个国家也永远不会将其根本利益交给这样的法官,因为在根本利益和毫无偏私之间存在一定的矛盾。

第 五 讲

培根《学术的进展》+*JBP*, 2.5.7—2.5.32

(1964 年 10 月 20 日)

施特劳斯：你认为这是一本关于公法的书，你认为存在着一种持续的从私法向公法的转变。① 这是你的观点吗？

学生：是的。

施特劳斯：换句话说，统治者与被统治者可以用被统治者之间的关系来理解。lordship，dominion，在拉丁语中的意思是"独占"。② 这是一个非常不充分的解释，但从语义上看，dominus 是指所有者及主人。在封建秩序中，私域和公域当然完全一致，而这一点一直延续到了现代世界。现代世界的一大成就便是私域和公域之间的严格区分，这种区分也以某种方式存在于古典时代之中。

你还说了其他一些观点。你引用了卢梭对格劳秀斯的批判，这种批判在很多方面相当正确。记得吗，我引用过卢梭的另一段文字，在那一段文字中，他评论了格劳秀斯关于奴隶制的论证。③ 有一点要说一下，格劳秀斯为所有类型的可怕僭政作辩护。但是，我们不能忘了，在第二卷结尾的地方，我们清楚地看到，格劳秀斯非常人道，但他的人道受到他对于可行性（feasible）的观念的限制。是说现在这意味着可行性，还是在 1625 年，或者任何时候？这一点与最后一个问题有关：他是否教导了一个真实的自然法，它在任何时间和地点都适用？还是说，这

---

① 这一讲开头阅读了一位学生的论文。这个过程并没有录音。
② 拉丁语是 dominium。
③ 参见第三讲。

种自然法至少会因当时的情况而修改?

你正确地指出了格劳秀斯谈及乱伦(incest)问题时的犹豫。我们会讨论这一点。

你最棒的观点之一是,你认为,格劳秀斯与亚里士多德在涉及家庭的三个要素上的区别——父母与孩子之间、夫妻之间、主奴之间,这三对关系是亚里士多德所认为的家庭三要素,格劳秀斯则事实上至少作了这样一个区分,即主奴关系并不具有其他两种关系相同的特质。我认为你所说的这一点非常正确。

关于孩子和父亲的关系,成年孩子和父亲之间的关系是怎样的情形?对于成年的已经结婚的孩子而言,这种法律关系是怎样的?

学生:他认为,他们在所有事情上都独立,但仍然对父母持有孝顺的感情和尊敬。

施特劳斯:我确信有些同学已经读了洛克关于这个主题的论述。那么,洛克与格劳秀斯的区别是什么?

学生:他难道不是认为,只要父母供养他们,孩子就对父母存在义务?

施特劳斯:严格意义上的服从并不因为这个,但尊敬则是如此。在那种程度上,他们同意这一点。

学生:这是一种等价交换(quid pro quo)的关系。儿子经常意识到他父亲为他付出了多少,将来这会决定他回报多少尊敬。

施特劳斯:更简单地说,可能是这样:成年孩子表面上对父母的遵从(而不是尊敬父母)是源于他们对于继承父母财产的期待。① 格劳秀斯则完全忽略了这种自私的观点。

学生:我想说,洛克认为儿童原初不会有什么感情。他从孩子的立场来说,孝心不是一种自然事物(natural thing);但从父母的角度来说,孝心是一种自然事物。

施特劳斯:我不是很记得,在洛克的章节里,他好像没说过关于孝心的话?我确确实实记得他强调了尊敬,在格劳秀斯那里,这一点一

---

① 洛克,《政府论》(下篇),§§72—73。

样。这可能确实是非常重要的一个点。洛克为他对情感问题的沉默给出了什么理由？这个问题也就说来话长了。

感情能被命令吗？尊敬，至少从外在来看，可以被命令。像以下这些事情，很容易被命令：绝不违背你的父亲，他进来后起身，等等。完整意义上的严格尊敬也不能被简单命令。这可能就是原因，格劳秀斯肯定不会反对这点。

在我们开始阅读今天的章节之前，我想仍然以一番讨论作为开始，以免我们迷失在十七世纪那些被遗忘的事物中。当我们阅读这样一个文本的时候，我们是由某个问题所指引着，或者我们是从某个特定的观点来看待这个文本的。这种观点，我说过不止一次，就是古今之争的观点。但是，这种观点是必然的吗？换句话说，难道不是存在许多种观点，每一种都与我们这种观点一样优秀，从而我们选用这种方法本质上是武断的吗？

你可能了解以已故的贝克尔(Carl Becker)为代表的历史学派的观点，这种观点可以用这句话来总结："每个人都是他自己的历史学家"，或者类似的话。① 这话的意思是，每个历史学家或者每个历史学家群体都有一种不同的看待事物的观点，而且下面这一点不可改变：即对所有历史而言，存在着一种根本上的主观性。

现在，如果我们从政治科学的当前处境开始考虑，我们一开始就会遇到这个大问题。即便你走进一个政治科学系，里面碰巧确实仍然教着政治哲学，但这并不是普遍情况。那么，问题就来了：是否存在或者不存在与纯然的政治科学相对的政治哲学？这个问题预设了政治哲学与政治科学之间存在区别，而这一区别又基于哲学与科学之间的区分。你们都很熟悉这一区分，是十七世纪大革命的结果；这并不是指这些伟大人物（伽利略或牛顿），而是他们之后产生的结果。这一结果只是到了十八世纪后期才显现出来。

为了理解这一区分——这一区分在哲学与科学区分的所有方面都

---

① 卡尔·贝克尔就任美国历史学会主席时，发表就职演讲，题为"每个人是他自己的历史学家"。

得到了强调,它可以或者不可以确证对于政治哲学的拒斥——我们必须知道事情的原初状态(the original state)。这个问题本身对我们来说不可避免,并且是继续探讨的关键第一步。这个问题使得我们思考政治哲学与政治科学原初的统一,思考它们可以相互区分、相互分离并最终相互对立的含义。这是古今之争的一种特殊形式。

我想说一下我自己的倾向,我更年轻时对古今之争的态度与现在有点不同。我被一个事实惊到了:十九世纪以来,历史——历史研究——获得了一种哲学重要性,一种就人的总体理解而论过去从未有过的重要性:相当令人瞩目的对于历史研究的关注。

这就是所谓的历史意识的兴起,仿佛它就是现实的一部分那样,但事实上,这种东西以前未知,也未得到严格理解。我们得拿它与另一个事物作一下比较:无意识。某些人认为,整全的现实是存在的,但是它在弗洛伊德(Freud)发现无意识之前则是未知的。不管弗洛伊德有多正确,第一眼看起来很清楚的是:我们所说的现实的历史维度,在十九世纪之前是未知的。

这种历史研究——这种激情且根本上是哲学激发的历史研究——是什么意思?

作为十九世纪最伟大的历史学家之一,兰克(Ranke)①认为,我们试图理解过去,这种过去确实发生过;也就是说,并非是当前视阈下的过去。比方说,我们研究十字军时,我们不能像伏尔泰(Voltaire)或休谟那样视其为迷信的疯狂后果,我们要像十字军战士或者当时最好的同时代者们理解十字军东征一样来理解它。我们必须就像它过去所被理解的那样来理解过去。换句话说,这种现代历史意识声称自己不仅具有哲学重要性,并且能够像过去理解其自身一样理解过去。这是可能的。后者在某种程度上被更早的思想家视为理所当然;他们只是对此没有什么兴趣。但是,这种历史客观性事实上并没有达到,同时,发展了的历史意识最终否认了去追求这种历史客观性是有意义的——你

---

① 对于列奥波德·冯·兰克(Leopold von Ranke,1795–1886)而言,历史就是探究"事实的真实"(wie es eigentlich gewesen)。

不可能像过去理解自己那样来理解过去。你只能在自身视野和自身观点的框架内理解过去。

这就是我们今天所遇到的困难。一方面,历史研究是绝对有必要的,而且这种必要性绝非仅仅为了循古的原因。即便我们并不能作出解释,但也能理解这种必要性。一般认为,如果现在有人在没有任何历史根基的情况下谈论政治哲学的任何议题,那就是肤浅的。上帝才知道为什么,但事实确实如此。因此,如今历史研究[被认为是基础],但亚里士多德或者阿奎那则并不需要任何历史研究。阿奎那研究亚里士多德之时,并不是在进行一项历史研究。亚里士多德生活在大约一千五百多年以前,但这[并没有关系]。他在决定性的意义上是阿奎那的同时代人(a contemporary)。

首先,如今对我们而言,这样则完全不可能。我们必须沉浸于这样的历史研究,我们不知道如何带着历史学家所宣称的客观性来做这种历史研究。这在今天是一个非常明显的困难。这使我这样一个个体对于作为另一种现象的历史意识的整个问题感到好奇,更具体的是这样一个问题:历史客观性或者历史客观性的可能,这样一种观念难道不是基于古典根基比基于现代根基更好理解吗?也就是说,无论古典及中世纪的思想家相互之间有多么不在意,依据他们的原则,一旦他们投入进去的话,他们难道不是比我们这些人更有能力研究历史吗?我们这些人只会读这些之前时代中并不存在的著名历史学经典或者类似的东西。

学生:为什么[听不清]阿奎那完全重塑了亚里士多德,并使得他成为了阿奎那的同时代人?

施特劳斯:不完全如此:他纠正了他。阿奎那是一个基督徒,他不可能接受亚里士多德所说的所有东西。对阿奎那而言,他并没有绝对的必要将亚里士多德视为希腊文化的一员。亚里士多德是一个异教徒,他信仰了错误的神(gods)。这一点相当重要,但在这些限度内,阿奎那的成就极大。毕竟,阿奎那对希腊文化知晓多少?几乎没有。他不知道荷马,或者悲剧,或者某种程度上,不知道喜剧。他不知道希罗多德、修昔底德。他知道亚里士多德,他当然知道柏拉图的[《蒂迈欧》],也可能知道柏拉图的其他篇目。他知道后来由经院学者所作的亚里士多德评论,这些并非是对希腊文化的赞颂。

尽管今天——我们来看这个小问题。我尤其想到了马基雅维利的例子。我发现关于马基雅维利的当代研究(也就是过去一百年中的研究)都是这样的,即大部分都极其重视这样一个事实:马基雅维利是文艺复兴的成员之一——如果我可以使用这个词汇的话。如果你不知道这一点,那你就不能理解马基雅维利。我则认为这是个非常糟糕的立场。就我们所知道的全部来看,马基雅维利并不是文艺复兴的成员。他是文艺复兴的同时代人,并不能证明他就是文艺复兴的成员。文艺复兴是马基雅维利自己构建出来的——或者用方法论的说法,我们的文艺复兴概念派生于一系列事物,其中之一则是马基雅维利。如今它变成了自己的固有部分,并且成了理解马基雅维利的关键,但它并不仅仅来源于马基雅维利,因此我们不知道它属于哪里。我认为,在这一点上,在马基雅维利那里有一种对于文艺复兴的间接关联,这种关联存在于古代雕像的重生或者重新发现,也存在于那些已经被遗忘了一段时间的古典著作再次被人们记起。[①] 在调查之前,在研究之前,我们不可能知道在哪种意义上一个人是成员之一,或者属于他的时代。从表面上来看,这可能是对的,但是他的意大利语不同于十五世纪或十七世纪的意大利语。如果一个人穿戴得像 1964 年的美国学生,你会怎么说他?你甚至不知道他是否戴领带,这里存在多样性;甚至即便你知道这是一种时尚,那你对这个个人又了解多少?你啥也不知道。他有可能完全穿得像一个 1964 年的美国人,但在其他地方可能很随意。坚信一个人受到他的时代的绝对影响,这是一种可疑的预设。

学生:那么,"大多数人都受到他们的时代的绝对影响"这种预设呢?

施特劳斯:嗯,大多数人确实如此。但是,之后,你会遇到更大的困难,因为(尽管这听起来比较奇怪)使用一种好的方式来研究一个伟

---

① 马基雅维利,"第一卷导言"(preface to "First Book"),见《论李维》(*Discourses on Livy*), trans. Harvey C. Mansfield and Nathan Tarcov, Chicago: University of Chicago Press, 1996, pp. 5-6。

大的思想家，比研究一场思潮要容易一些，因为如果是后者，你得使用某种统计的平均值，你怎么做到这一点呢？清教徒——清教主义——存在多少种清教徒？什么是正常的（normal）清教主义？你怎么来确定？如果是研究约翰·弥尔顿（John Milton），就可以有一个明确的答案。因此，尽管如果你不去多想的话，研究大的思潮相对容易，但去可靠地理解一个伟大的人物则更加容易——虽然从另一个角度来说，也会遇到困难。这仅仅是我们研究的一个部分。

现在，我想作一个暂时的结论，以便获得一个合适的视角。你们记得格劳秀斯那里与"宽泛意义上的法"相区别的"严格理解的法"的观念。我们已经看到，格劳秀斯从西塞罗那里得知了这一点，它基于这样的事物之间的区分：第一类是那些依据自然首先（first）出现的事物，每个婴儿出生时就拥有的事物；另一类则是人类的目的（end），只有当完整发展之后才会清晰展示给人类的事物，它们绝非根源性的事物。这种区分非常有启发、非常重要。为了能够理解这种区分，我来给你们读一些段落，作者是马基雅维利的一位追随者，弗朗西斯·培根爵士。我选择他最易获得的作品《学术的进展》，因为现在有一个"现代图书馆版本"（Modern Library Edition），你们都可以买到这本书。这本书也是用英语写成的，所以对你们而言没有什么语言上的困难。

当他开始谈及道德科学与政治科学时，他说：

> 对这门学问的研究，已经有了很多的著述，但是在我看来，这些著述有一个共同的特点，它们就好像一个书法方面的专家，只是向人们展示了字母表和连用的字母写起来如何漂亮，但是并没有教给人们运用手腕和安排字母结构方面的规则或指令。研究欲望和意志的学者只是提供了一些美好而纯洁的样板和副本，用它们来传达善行、德性、责任、幸福等的大致模样，认为所描述的这些品德足以作为人们意志和愿望的真正目的和目标。但是，对于如何获得这些优秀的特征，如何调整或抑制人们的意志，做到忠实于这些目标、顺从这些目标，他们或是根本没有提及，或是略微提到

一点,无法给人提供教益。①

这一点他说清楚了吗?他们(古代哲人们)给了我们德性、正义、勇气、幸福或者其他东西,但并没有向我们展示如何达到它们。他们向我们展示了规范,但并没有告诉我们如何实现这些规范,如何实践这些规范,如何运用这些规范。真理可能很美好,但是在这种情况下,你还能期待这种美好吗?

学生:不过,我认为——只要读一下《王制》(Republic)或者——

施特劳斯:确实如此。② 你说得很对,在根本上,这是不正确的,但是在讨论培根眼中的美好时,你不能忘了这一点。某些东西开始变得活跃,而这种新的事物,无论是好是坏,都会被权威所压制。在牛津和剑桥,占据着教职的人们不会去听某些人口中的这样一个行贿和腐败之人说话。你们都知道他的经历。

但是,培根的说法至少是第一个批评。古代人将"标准"(standards)阐释得很好,但这是不够的。我们再来读一些段落:

> 在道德知识方面,主要的、基本的分野似乎可以划定在善行的榜样,或模型与心理的统御和陶冶两部分之间。前者描述善行的特征,后者制定规则教人如何掌控、运用以及调整人的意志来实现善行。③

换句话说,柏拉图和亚里士多德就前者而言做得非常好,但就后者而言,即便不是一无是处,也是做得非常差。他又说:

---

① 培根,《学术的进展》(*Advancement of Learning*), ed. G. W. Kitchin, Philadelphia: Paul Dry Books, 2001, 2.20.1。[译注]中译使用[英]弗朗西斯·培根,《学术的进展》,刘运同译,上海:上海人民出版社,2007。本讲中涉及章节大致可见于第136—154页,不再一一标明。

② 这个学生很可能是想提出反驳:古代人也会考虑究竟如何在人的灵魂中培育德性,这与培根的说法相反。

③ 培根,《学术的进展》,2.20.3。

第 五 讲

不过,在他们论及通行的善恶、苦乐及其他观念以前,如果能更深入地探究过善恶的根源及由此根源发出的枝杈,那么照我看来,他们就会给后来者更多的启发。①

你们看到这里的不同了吗? 首先,有首要的东西,即道德;其次,但非常重要的事情是如何运用(apply)它。培根认为亚里士多德忽略了某种首要的探究,他称之为对于恶的根基(roots)的思考,也就是说,根基(roots)。天花板(platfond)②并非真正首要的事物;有些事情更为首要,而亚里士多德忽略了这些事物。我们必须看到这一点。你发现这一点更加复杂了。

我现在再给你们读几段:

在职业或行业的责任研究方面,还应包括另外一部分相关或相反的论述,就是戳穿各行各业的欺诈、虚伪、欺骗和恶行。

但这还没有得到足够的研究。

在我看来,完整而真实地探究这一类问题……

意思是对于邪恶的研究,不是由邪恶的人来进行,而是要"完整而真实地"做研究(可以看到,如今的政治科学家,研究政治腐败,不是由政治腐败的人来进行,而是恰恰相反)。

是巩固诚实和德性的最好方法之一,但是这方面的研究我认为是不够的。③

---

① 培根,《学术的进展》,2.20.6。
② [译注]原文为 platform,疑为原记录者未听清施特劳斯所说的 platfond(现常写为 plafond)。参见第一讲、第十二讲。
③ 培根,《学术的进展》,2.21.9。

换句话说,仅仅知道德性、诚实和规范,是不够的;你要卫护它们,因此你必须知道邪恶。如果不了解你的敌人,你怎么能在邪恶面前卫护德性呢?这个问题之前被忽略了。

> 因此,我们应当对马基雅维利和其他人心存感激,他们只是描述人们的作为,并不是告诉我们人们应该做什么。①

就人们应该做什么而言,柏拉图和亚里士多德做了许多非常棒的演说,但是他们没有关注人们做了什么,这是不够的。

> 除非人们了解了毒蛇的所有情况,它如何在地下生活,如何用腹部爬行,如何缠绕、狡猾,它的嫉妒、毒牙等等,也就是说,罪恶所有的情形和特性,人们是不可能把毒蛇的狡诈与鸽子般的天真结合在一起的。因为缺乏了这类知识,德性就是敞开着、没有防御的。一个诚实的人如果对罪恶一无所知,想要帮助那些邪恶的人改邪归正也是不可能的。②

这是古典思想的根本缺陷,这种缺陷最终由马基雅维利加以修正:关于邪恶的知识。培根稍后引用了一个段落,亚里士多德自己说道:谈到德性,"德性是什么"以及"如何获得德性"这两点都是必需的。这里当然存在应用(application)的问题。因此,他了解亚里士多德,并直接引用了亚里士多德:

> 亚里士多德在此用了这么多言辞反复申说,谆谆告诫人们。③

那么,亚里士多德错在哪里?我再给你们只读一段,然后我就不读了。他指出:

---

① 培根,《学术的进展》,2.21.9。
② 培根,《学术的进展》,2.21.9。
③ 施特劳斯这里提及的培根对亚里士多德的引用,是在培根,《学术的进展》,2.22.1。

第 五 讲

说到这一点,我不得不再次感到惊奇,亚里士多德写下了好几卷的《伦理学》,为什么对于作为伦理学主要研究对象的情感(affections)[施特劳斯:这个词的意思是激情(passions)]反而没有涉及。在他的《修辞学》(*Rhetoric*)中,按理只应附带地论及情感问题(因为它们可以由言辞来鼓动),但他却花费相当的篇幅,详细地讨论情感问题,而在真正应当讨论的地方[施特劳斯:在《尼各马可伦理学》中],他反而忽略(preteritted)了[施特劳斯:他忽略(omit)了这些东西]。①

换句话说,激情(passions)——这是关键的一点——并未被古典作家合宜地处理,诗人及历史学家是拥有这种知识的最好的学者(doctors)。这里的 doctors 当然不是指医生,而是指学者。

我们可以看到,他们生动地描绘出各种情感怎样被激起和煽动,怎样被平息、压服,怎样压制不发作、不恶化,怎样显露,怎样发泄,怎样变化,怎样积聚增强,怎样相互纠缠、对抗,以及其他种种细节。这其中最后一项对于道德和社会事务具有特别的功效。[施特劳斯:即如何相互对抗]因为我们可以用一种情感去对抗另一种情感,用一种情感去控制另一种情感[施特劳斯:这里的 affection 意思是激情(passion)],如同用野兽来捕获野兽,用飞鸟来抓捕飞鸟一样;否则我们也许很难恢复到正常的状态。共和政府的运行依赖于对奖赏和惩罚的巧妙运用,而对奖赏和惩罚的巧妙运用却是以情感之间的对抗为基础的。政府利用恐惧和希望这两种主要的情感,来抑制和约束其他的情感。②

你必须读完这整段话,才能逐渐明白这里的大概意思。我们说,这些是目的(ends),是规范(norms)。它们众所周知,但不为人知的则是

---

① 培根,《学术的进展》,2.22.6.
② 培根,《学术的进展》,2.22.6. 施特劳斯将"praemium and poena"翻译成原初的"奖赏与惩罚"(reward and punishment)。

如何才能达到它们的最重要的方法：即通过对激情的操纵。马基雅维利是亚里士多德的一种补充，但我们必须承认我们会立即置身于一种完全非亚里士多德的精神之中。马基雅维利被认为发现了或者拼凑出了操控德性的技艺。然而，德性不能被操控，因此亚里士多德与马基雅维利的目的就不可能一致。这是很简单的一点，我用这个漂亮的几何方式来呈现一下。[施特劳斯往黑板上写字]：这里是规范(norm)或者天花板①，这里则是将要依据规范被塑形的人类；就这么简单地表示一下。古代人对此没有足够关注，但马基雅维利则相反，他如其所是(as they are)地看待人类。不过，培根的影响不如马基雅维利持久——怎么会这样呢，他是英格兰的大法官，马基雅维利只是个佛罗伦萨人。你知道，这是他们之间的著名差异。②

我们应该怎么做？我们发现了一种操控德性的技艺，因此很低下的人类也能有德性。不过，这种变化——严格意义上的道德诉求被道德操控所代替——使得严格理解的德性随之发生了变化。你不能简单地视之为道德操控——我们事实上获得了一个新的标准，一个更低的(lower)标准。如果你读完了全部内容，就会发现这正是培根试图做的事情——而且不仅是培根，还有相当多其他思想家试图这么做。

现在，马基雅维利自己拒斥了这种目的(end)、拒斥了这种天花板③，他试图通过对激情的研究找到一个现实主义的目的，试图发现这种现实主义的目的就是由激情所确证的。这就是他所说的公共利益(the common good)，但实际上仅仅是某个特殊社会的自私的利益。

我们现在来比较一下格劳秀斯。格劳秀斯关注规范(norms)，这一点完全是非马基雅维利式的。在这一方面，他完全认可亚里士多德，但是他关注规范的这种相对排序。[施特劳斯往黑板上写字]：格劳秀斯关注严格理解上的法。这是关键点：有一些依据自然可以用强力

---

① [译注]原文为platform，疑为原记录者未听清施特劳斯所说的platfond。
② 马基雅维利担任过佛罗伦萨共和国的外交官。施特劳斯很可能提到了这点，但这里没有记录下来。
③ [译注]原文为platform。

来推行,另一些则不能依靠强力来推行。这是第一点。

我们看到,格劳秀斯本人并没有完全发展出后来的格劳秀斯主义思想(Grotian thought),这种思想最终会导向一种新的道德科学,它仅仅基于一种"低下但牢靠"的根基——"低下但牢靠"(low but solid)这一说法,我是从丘吉尔那里学来的,这一说法同格劳秀斯传统有一定的联系。换句话说,自我保存——你们记得这是自然的第一原则(prima naturae)的关键,人类依据自然会首先关注自我保存。① 这是一种新的科学,以前从未存在过的科学,关注自我保存的典型现代科学。当然,它也不是仅仅在依赖橡果或其他类似东西的最低层面上关注自我保存,而是关注——我们采用约翰·洛克精彩的表述——"舒适的自我保存"(comfortable self-preservation)。②

所谓的"经济学",在其起源时,当然是这种"舒适的自我保存"的科学的一门重要技艺。因此,现代意义上的经济学事实上在古典政治哲学中没有位置,但它在所有现代政治哲学中却起到了关键作用。在后来的发展中(我只谈论一小部分),既然已经有了这种新科学——你看到,格劳秀斯没有马基雅维利式的意图,这一点相当明显。但是,格劳秀斯将规范中最低的部分分离出来的意图,同马基雅维利不从"人应该是怎样"而从"人是怎样"出发的做法之间,存在着某种奇怪的亲缘关系。将这两者结合起来的天才是霍布斯。在霍布斯那里存在一种自然法教义,这种教义对马基雅维利而言是陌生的,与格劳秀斯却有关系,但它比格劳秀斯的学说要远为激进,它仅仅限于格劳秀斯所称的严格理解的法。这是现代思想的基本层面之一。

这里,我们做一些大的省略。这种限定于且只关注自然的第一原则(prima naturae)的新道德科学,后来发展得越发复杂化。总是存在一些问题,总有一些必要的新变化,这在某种程度上构成了这部现代政治理论史。在某个阶段,这种新科学的教授们——并非是学术意义上的,而是管理层面上的(administrative)教授——意识到这样的事实:这

---

① JBP, 1.2.1.1.
② 洛克,《政府论》(下篇), §87。

种科学要比古典的科学更容易使用科学方式,它是基于对最高领域(highest sphere)的一种武断的抽象。现代道德科学在1800年左右发展成了功利主义。功利主义仍然是如今社会科学的根基。其中存在法国学者的影响。① 随便找一个一般意义上的社会科学家,他就是功利主义者。

再重复一下最后这几点:在某个阶段,一些有想法的社会科学家开始意识到,对于更高(higher)层面的事物的无视,是一种武断的抽象,而这可能会给更低的领域带来一些有用的影响,使得更低的领域显得自足或者独立。我认为,这是事实与价值两分的第一个基础。他们宣称,更高的考虑并没有被排除。更高的考虑仍然存在着,但是我们必须使得严格意义上的社会科学从这样的问题中独立出来:即到底是使得自己确信"低下但牢靠",还是采取更为宽泛的观点。在这一点上,社会科学是中立的。我们现在的问题则是:这是否可操作?

我给你们读的培根,这里存在一个实际的问题,就是这样:如果我们想理解发生了的那场伟大革命(great revolution)的特质,但格劳秀斯和培根之间并没有什么可比性。格劳秀斯完全不像培根那样希望成为这场运动中思想家群体的一员。但是,我们仍然可以从他身上学到不少东西。

学生:我想知道这样说对不对:格劳秀斯的重要性在于,他试图划定"审慎"(prudence)的界限或者系统研究"审慎",他的重要性不在于他忽视了更高的(higher)……

施特劳斯:你所说的 prudence 是啥意思?这是个危险的词汇。你是在口语的意义上使用这个词吗?

学生:"实践的智慧"(practical wisdom)。

施特劳斯:但是,"实践的智慧"表达的意思同样模糊。这意思是,与道德相对的所谓存在(the existential)吗?

学生:"政治家的技艺"(the art of the statesman)。

施特劳斯:那得看具体情况。你所说的"政治家"是什么意思?

---

① 施特劳斯可能是指凯特勒(Quetelet)和孔德(Comte),施特劳斯在第四讲中提到过他们。

学生：实践中的政治家。

施特劳斯：哪一种？马基雅维利式的，还是另一种？马基雅维利式的政治家对于审慎有不同的理解。你可以看到，亚里士多德在聪明（cleverness）和审慎之间作了区分，在没有道德德性的情况下，审慎是不可能的，但聪明是可能的。我不知道你指的是哪一种审慎。

学生：我的另一个观点是，在我看来，格劳秀斯写下或者至少编纂了关于审慎的一部分立法时，他确定了政治家的界限，也就是说，他去掉了政治家审慎的必要性。

施特劳斯：这不正确。

学生：这是我的提问。

施特劳斯：这不正确。我们在接下来的阅读中会看到，他明确区分了法律和政治。审慎的领域属于政治的领域。他主要关注的是法律，所以他关注的问题不在于用权宜之计（expediency）来取代正义，而是用一个窄狭的正义概念来替代更为宽泛的正义概念。这才是格劳秀斯的观点。

我必须提醒大家，我的说法有相当的条件限制。在马基雅维利所做的事情，以及某种程度上培根所继续做的事情，同格劳秀斯所做的事情之间，存在一定的联系。为了方便，我这么说，他们做的事情是在政治的范围内，格劳秀斯想做的事情则在法律的范围内：都集中关注更低（lower）层面的事物。当在政治中考虑更低层面的事物同在法律中考虑更低层面的事物碰到一起时，霍布斯对此作出了精彩的合成，这种合成产生了巨大的影响。之前所有人看起来都仅仅是一种摸索，当霍布斯把这一切纳入计划的时候，一切都变得清晰起来。我想，每个读过霍布斯的人都必然会获得这样一种印象，这种印象你们也能理解：在培根或者格劳秀斯甚至马基雅维利那里，我们第一次阅读他们作品的时候，很难发现他们到底在追寻什么。在霍布斯那里，则人人都能看得很清楚。

学生：这是否就是你的部分意图，即通过带我们进入经典著作，回到一种对于更高层次（最高层次的抽象）的研习？

施特劳斯：对于我想表达的意思来说，抽象（abstraction）这个词太学生：我是谈论你的(更)高层面……

施特劳斯：但这并不意味着更加抽象。在友谊、仁慈(benevolence)或者其他与严格地及窄狭地理解的法律义务相对应的事物中，到底什么是抽象的？抽象在这里是个错误的词汇。

现代发生的事情是这样的：在第一阶段，是以霍布斯为代表，试图达到一种清晰和权宜，而这其实永远不可能通过对更高(higher)层面的事物的无视来达到。当这种不可能性及不完整性被发现后，存在一种留存更高层面的事物的努力，而这些是霍布斯、洛克甚至卢梭所忽视的，然后，问题就是——但是这种新的努力(以康德为代表)实际上是基于霍布斯的基础，那么，真正的问题就在于，这种试图获得更高的道德教义的努力是否能在牢靠性和证据方面与柏拉图-亚里士多德的教义一样？对我而言，这最终是一个问题。我认为现代人不够牢靠，但这就说来话长了。

我们今天来读第五章，题目是"论(对人)权利的原始取得"①——"原始"当然是与"派生"(derivative)相对。到目前为止，格劳秀斯已经处理了对于物的权利的原始取得，即财产权，现在则处理对于人的权利的原始取得。人不能像物一样被别人拥有。对物的原始取得只能通过先占。这是原始取得，因为这种取得并不依据任何法律或者其他人类之间的约定，这显然不适用于对人的权利的取得。你不能通过占有一个人而取得对他的权利。对人的权利，原始取得是通过代际关系、同意或者犯罪行为。

格劳秀斯首先讨论了通过代际关系取得的对人的权利。我们来阅读第二段的结尾。

朗读者：

> 但是，在这一阶段，根据普遍适用的习惯法，子女能够享有财

---

① 第二卷第五章，题目是"论对人权利的原始取得"(On the Original Acquisition of Rights over Persons)。

产权,尽管这种权利的行使会由于他们不具有健全的判断能力而受到阻碍。普鲁塔克谈到儿童时指出:他们有权"拥有"财产,但不能"使用"财产。父母取得儿童的财产并非源于自然权利/法(natual right),而是由于某些国家法律的规定。这些国家的法律还对父亲和母亲、成年儿子和未成年儿子、婚生子女和非婚生子女等作出了区别规定。不过,除了在父母因行使亲权而发生争执时需要考虑我刚才提到的性别优势之外,自然(nature)并不注重这些区别。①

施特劳斯:换句话说,儿子比女儿有更大的权利,这很自然(natural)。但是,这种合法子女与非法子女之间的差异,则自然(nature)并不知晓这种差异。这一点很有趣:"自然的"子女是非法子女。② 这让我们想起了与法律或者习俗相对立的"自然"的原初含义。我想这是这个区分在当今可见的唯一特点了。

那么,婚姻不是自然正义(right)的一种制度吗? 如果婚姻是自然正义的一种制度,那么,婚生子女与非婚生子女的地位就不一样了。你可以看到这是怎么发生的。

如果一个父亲不能养活他自己的孩子,那么他拥有卖掉自己孩子的自然权利(a natural right)。正如格劳秀斯所猜测的,希伯来人认可这一点。格罗诺维乌斯(Gronovius)认为,格劳秀斯所想的那些段落(《出埃及记》21:7)并不能证明格劳秀斯所说的话。罗马的父权(父亲的权利)包括了卖掉子女的权利,当然包括了对子女的生杀大权,这种权利被格劳秀斯称之为僭政。我们来读第七段的最后一段。

朗读者:

在波斯人中,父亲也有类似的权利。亚里士多德称之为"僭政"。我们列举这些法律的目的是希望说明,在这个问题上,国内

---

① *JBP*, 2.5.2.2.
② [译注]legitimate children 为"婚生子女",illegitimate children 为"非婚生子女"。此处为了强调其"非法"的含义而改为直译。

法和自然法有着明显的区别。①

施特劳斯：这是什么意思？生杀大权不是自然权利/法(right)。我的意思是父亲或者父母可以合法杀掉他们的孩子，但是，如果这些孩子能活下来的唯一可能性就是被父母卖掉，父母可以卖掉他们，那么这就是另外一个问题了。

然后，格劳秀斯转向了经同意所获得的对人的权利。这也同时可以来源于结合(association)——最自然的结合形式是婚姻——或者来源于臣服。因此，婚姻在那种意义上不是自然的，婚姻需要同意②，而在子女的例子中则明显是自然的，因为子女的状况决定了达成"同意"是不可能的。X 夫人是 X 的妻子，这预设了她之前的同意，因此并非自然。婚姻关系的自然(nature)在第八段中得到了讨论。我们来读第二部分。

朗读者：

根据自然法，婚姻是使一名男子和一名女子共同生活的形式③，在这种形式中，女子处于男子的关照(under the eye of the man)和保护之下。④

施特劳斯：准监护(quasi-guardianship)；几乎(quasi)在他的眼睛下——因为这不可能每时每刻都做到。

朗读者：

这样的结合甚至在某些动物身上都可以看到。但是，人类作为具有理性的动物，婚姻具有女子以誓约的形式保证服从男子约束的意义。⑤

---

① *JBP*, 2.5.7.
② ［译注］原文为"不需要同意"，似有误。
③ 这里更换了磁带。
④ *JBP*, 2.5.8.2.
⑤ *JBP*, 2.5.8.2.

第 五 讲　　　　　　　　　　　　　　　　*141*

施特劳斯：他并没有谈到这一誓约的另一方面。换句话说，他并没有正式地解答这个问题，即自然的子女同合法的子女之间的区别是否是依据自然——因为毕竟，如果一个人同一个女子（这个女子是他的妾）住在一起，这个女子也给了他这样的信仰（faith）或誓约，那么这在自然正义/法（right）的意义上就是婚姻，他没有任何理由不在这两个地方做类似的安排。我的意思是这两个地方之间的交通足够便利。

他在第九段开头忽略了……

朗读者：

> 自然（nature）仿佛并没有对缔结婚姻提出更多要求，而且在《福音书律法》广泛传播之前，神法似乎对此也没有进一步的要求。①

施特劳斯：换句话说，这一点在《旧约》中完全没问题，格劳秀斯给出了《旧约》中一些非常著名的例子。因此，严格意义的婚姻观念属于基督教，这不能溯源到自然正义（right）。在格劳秀斯对于婚姻、丈夫与妻子之间关系的定义中，最引人注目的是什么？——哪怕与亚里士多德这样一个异教徒相比。那只有非法同居（cohabitation）。还有哪些事物被认为是婚姻的主要敌人？

孩子的生育和抚养才一直被认为是婚姻的一个部分，一种通常的事情。格劳秀斯在这里则忽视了这一点。我手头的评论者②认为可以加上信仰或者誓约。他暗暗提到信仰，并且表明信仰不是依据自然，而是依据制度（institution），无论所信仰的真理到底是什么。

格劳秀斯在这里所开始的这种推论——即无视孩子的生育和抚养——其极端形式则是康德对于婚姻的定义，这种定义从表面来看非常粗俗。不过，康德是有史以来最正派的人之一，他的粗俗自有其非常

---

① *JBP*, 2.5.9.1.
② 可能是指格罗诺维乌斯。

有趣的理由。他认为,婚姻是两个不同性别的人就他们相互使用对方的性器官而达成的契约。有些人说,这证明了康德是严格意义上的单身汉,而且,如果我可以这么说的话,他对婚姻的细节没有任何概念。但我认为这很不正常。康德心里所想的东西是很严肃的。如果你认为生育和抚养孩子是婚姻关系的一部分,甚至是最高的部分,那些没有孩子的婚姻怎么办?这是一个巨大的困难。对于较古的思想家,这很明显是一个有缺陷的婚姻——不是法律上有缺陷,而仅仅是说这种婚配没有充分实现婚姻的功能。在亚里士多德式的教义中,缺陷是可以被允许的,所以就不会存在什么理解上的困难,因为还有其他各种缺陷。比如,一个盲人在视力上是一个有缺陷的人类,但他当然还是个人类,诸如此类。

然而,康德处在这种新的现代科学的氛围中,他试图在这里也有一个普遍适用的规则,不存在任何例外。因此,他不得不以这样的方式来给婚姻下一个定义:无孩子的婚姻和有孩子的婚姻之间的区别,在这种定义中无关紧要。另外,那时候,在更为严格的新教徒之间,还存在所谓的精神婚姻(spiritual marriages),即结婚时有这样的理念:不能发生性关系。这当然某种程度上也与康德的道德品味(moral tastes)不同,因此他还是强调了相互使用(性器官)……

格劳秀斯在某种意义上为这类观点做了准备,他完全强调了同居(cohabitation),在其字面意义上是"生活在一起"。第九段中暗示,一夫多妻制和离婚都不违背自然正义/法(right)。有趣的不仅仅在于这是他的观点,更在于他没有强调这一观点。这一观点让人不舒服和震惊,他明确说到,依据《新约》中的神法,一夫多妻和离婚是不被允许的,但既然这仅仅是依据神法,那么它就不是依据自然法。

我们来读第九段第二部分的第二小段。

朗读者:

但是,就像在其他问题上一样,基督的法律对基督教徒之间的婚姻提出了更高和更完美的要求:凡休妻另娶的,若不是为淫乱的

第 五 讲

缘故,就是犯了奸淫;有人娶那被休的妇人,也是犯了奸淫。①

施特劳斯:请从第二部分的第一句开始读。
朗读者:

此外,《圣经·旧约》中说明了与妻子离婚的方式。除了其前夫和祭司之外,任何男子都可以和离婚的妇女结婚。不过,妇女再嫁他人的自由应当受自然法的限制,以免导致子嗣问题上的混乱。②

施特劳斯:换句话说,这是自然法的关切,因为子嗣上的混乱会导致所有事务的混乱,尤其是财产权的混乱。请继续读。
朗读者:

因此,塔西陀提出了教皇制定的法律中的问题,即"已经怀孕但尚未生产的妇女是否可以合法地结婚"。犹太人的法律规定,两次婚姻应当间隔三个月。

但是,就像在其他问题上一样,基督的法律对基督教徒之间的婚姻提出了更高和更完美的要求:凡休妻另娶的,若不是为淫乱的缘故,就是犯了奸淫;有人娶那被休的妇人,也是犯了奸淫。③

施特劳斯:请继续读。
朗读者:

使徒保罗解释这种法律的时候,不但给予丈夫像处于自然状态(the state of nature)时那样对妻子人身的权利(阿特米德罗斯[Artemidorus]说:"根据有关婚姻的法律,与一名女子结合的男子

---
① JBP, 2.5.9.2.
② JBP, 2.5.9.2.
③ JBP, 2.5.9.2.

对该女子的人身拥有完全的支配权"),而且给予妻子对丈夫人身同样的权利。①

施特劳斯:因此,这是一个基督教的特殊规定,而不是一个自然法的规定。自然法的规定严格地更重男性,因为男性更为卓越。这是自然法的观点。不过,我想指出,这里出现的"处于自然状态"(in the natural state)这一说法,其他地方也出现了一些。在这里,它指的是前基督的(pre-Christian)状态,与霍布斯的观点没有任何关系。这里对于阿特米德罗斯的引用的翻译不是非常准确,因为他是在依据阿芙罗狄蒂(Aphrodite)的律法进行言说。英译者这里是怎么翻译的?

朗读者:"根据有关婚姻的法律。"(by the laws of marriage)

施特劳斯:这当然是依据了格劳秀斯的拉丁文翻译。在希腊原文中,这个说法的含义相当有趣,因为阿芙罗狄蒂毕竟不是婚姻女神。没有人可以这么说。这一点相当有趣。

在下一部分中,格劳秀斯为他自己的观点辩护,他表示自己是在严格和窄狭的意义上谈论自然法,而非在完整意义上谈论自然法,后者指向人类的完美目标或终极目标。他为此给出了一些证据,即存在这样的事实,比如,《新约》的观点是欧里庇得斯(Euripides)的观点。格劳秀斯是一个伟大的古典语文学家(philologist),我们可以看到他在第三部分所作的评论,"当上帝这么说时也是这样"——大概在这一部分的中间。

朗读者:

因此,上帝通过摩西向亚当说到(said to Adam, through Moses),婚姻的纽带是如此的牢固和重要,以至于为了和妻子建立一个新的家庭,丈夫应当离开父母。②

---

① *JBP*, 2.5.9.2.
② *JBP*, 2.5.9.3.

第 五 讲

施特劳斯：他在这里指的是创世纪中的一个段落(《创世纪》2：23—24)，但在这里你可以看到，他说的是"通过亚当或者摩西"（said either through Adam, or through Moses）。① 格罗诺维乌斯对此评论说，就好像摩西自由地将这些话文学地归之于亚当，同历史学家把他们自己写的演说归给将军一样。从这个观点来看，考虑到《圣经》的文学技巧，这一段非常有趣。现在，请读第十段的开头部分。

朗读者：

现代，让我们来探讨这个问题，即根据自然法，什么婚姻是合法的。为了就这个问题得出结论，我们应当谨记，并非所有违反自然法的行为都会因此而无效。作为一个明显的事例，虽然赠送奢侈的礼品违反自然法，但它并非无效。事实上，只有那些缺乏使之有效的必要条件的行为或者其结果同样错误的行为才是无效的。②

施特劳斯：我们知道存在一个简单但又精彩的关于一个挥霍之人所给礼物的例子。这是一种罪恶的行为，因为挥霍是一种恶行，但这种赠送并非是法律上无效的行为。我们要记住这个简单的例子，它证明了法律与道德之间的区别。这种区别是有必要的。格劳秀斯在这里想要表达的观点如下：儿子有义务尊重他的父母，但他可以在没有父母同意的情况下结婚。我想这个问题在我们这个启蒙后的时代，已经越来越不是个让人担忧的问题了。

现在，让我们来读第十二段中的一个重要得多的问题，也就是乱伦的问题。请读第一部分。

朗读者：

那些由血缘或婚姻关系联系在一起的人们缔结的婚姻是一个经常引起热烈讨论并难以解决的问题。假如有人试图以确定的自

---

① ［译注］英译者并无错误，朗读者读错了。
② *JBP*, 2.5.10.1.

然原因（natural causes）来说明为什么这种婚姻不合法——像它被法律或者习惯禁止的那样——他将从经验中发现，完成这个任务是多么困难，如果不是完全不可能的话。

根据普鲁塔克在《罗马问题》（Roman Questions）中提出并被奥古斯丁在《上帝之城》第十五卷第十六章中接受的理由，人们通过在不同地区之间缔结婚姻并结交盟友，使友谊扩展到了更广泛的区域，但是这种做法并没有重要到会使相反的做法被认为是非法和无效的地步。事实上，不太有益的事物并非一定是非法的事物。

另外，需要补充说明的是，不太有益的事物可能会因为另外一种更有益的事物而得到弥补。上帝为犹太人制定的法律对死亡时没有子嗣者的妻子做了例外的规定。同时，按照希伯来法和阿提卡法中的规定，作为唯一继承人的女子（他们称之为"得了产业的女子"），有权继承祖先的产业。此外，在许多其他情况下，例外的规定也得到了共同遵守，或者有可能被设计出来。①

施特劳斯： 这里的主要观点是：不存在反对乱伦的理性论证。如此直言不讳。奥古斯丁和普鲁塔克给出的是权宜之计的理由，但权宜之计，不管有多么强有力，总是能被驳倒，因为在一个给定的情形之下能被认为是权宜之计，在另一个情况下则可能不是。我认为，这是今天我们会在人类学、社会科学或者类似学科中看到的最重要的问题之一。处理乱伦问题的这种令人震惊的方式很典型，这是自然法传统中的一个非常古老的问题。这些受人尊敬的法律是基于什么根基？奥古斯丁给出的理由（柏拉图在其《政治家篇》中也对此做了暗示）如下：如果没有异族通婚，没有法律强制的家庭内禁止通婚，城邦就不复存在了。②

如果只存在家庭，家庭太小了，无法卫护自身，那么许多家庭就必须联合。但是，这种为了卫护家庭而创造的联合（称为城邦），要求相

---

① JBP, 2.5.12.1.
② 柏拉图，《政治家篇》（Statesman），310a-b。

互之间感情的纽带必须超越家庭。为了这种相互之间的感情纽带能够存在,家庭内部的婚姻必须被严格禁止。这是一种很好的论证,但格劳秀斯当然说了,这不能解释为什么乱伦被普遍地禁止。对社会不好,并不是禁止的理由。最重要的是,它不能解释这些法律所带有的神圣光环。我们来读下一段。

朗读者:

> 但是,我认为,允许例外的一般原则并不包括父母与其后代结婚的情形,因为如果我理解无误的话,这种行为的非法性(unlawfulness)是显而易见的。在这种情况下,按照婚姻法的规定处于支配地位的丈夫不可能像自然法要求(as nature demands)的那样对自己的母亲表现出应有的尊重;同样,女儿也不可能对父亲表现出应有的尊重。因为虽然女儿在婚姻关系中处于从属地位,但是,由婚姻所造成的她和父亲的结合排除了她原来基于父女关系对父亲的尊重。①

施特劳斯:格劳秀斯在这里作了一个限定,除此之外,这也是一个大问题。孟德斯鸠在他自己作品处理这一问题的章节中对此作了讨论,他在其中反对格劳秀斯式的和传统式的观点。他否认权威关系被性交摧毁了,他举了丈夫和妻子之间的简单例子,因为依据老派的观念,丈夫当然是妻子的权威,尽管他们之间有性关系。② 这同样说来话长。

在下一部分中,格劳秀斯展示了一种很好的论证,即涉及这种事情时,动物的例子是无关紧要的,因为[人类的习惯法]并不认可这一点。③ 更有趣的是第四部分。

---

① *JBP*, 2.5.12.2.
② 孟德斯鸠对这一问题的讨论,可参见孟德斯鸠,《论法的精神》(*Spirit of the Laws*), Bk. 26, chap. 14。
③ 在 *JBP*, 2.5.12.3 中,格劳秀斯基于人类自然和"普遍适用的习惯法",否定了动物可以乱伦的例子。

朗读者：

在这个问题上，苏格拉底的观点可能会令我们大吃一惊。根据色诺芬的记载，苏格拉底认为，除了年龄的差异之外，他发现这样的婚姻并没有什么值得指责的地方。他说，年龄的差异只是可能导致不孕或者新生儿畸形。事实上，如果这是反对父母与其后代结婚的唯一理由，那么这种婚姻肯定不是非法或无效的，因为在其他人之间缔结的婚姻中，双方的年龄差距也可能像父母和子女那么大。①

施特劳斯： 这是非常有趣的，因为色诺芬的《回忆苏格拉底》第四卷第四章的这一论证是古典文献中少有的明确讨论这一问题的。② 另外，还有一个同等有名的关于乱伦的论证，我想你们所有人或者大多数人都知道另一个关于乱伦的观点。柏拉图排除了这种观点，不是吗？他怎么做到的？

学生： 他这么解决：兄妹之间有一定的年龄范围，在另一个年龄范围，在《王制》中，父亲……

施特劳斯： 换句话说，不能有不同代际成员之间的婚姻，如果丈夫与妻子、父母之间年龄的差异有任何坏结果的话，就应该避免结婚。③

学生： 我认为一半的兄妹会结婚。

施特劳斯： 是的，就是这样。无论在色诺芬的那一段以及《王制》中所暗示的内容中，关于兄妹之间的乱伦禁忌都不存在规定。我想当然地认定，柏拉图或色诺芬看到了这个问题，但是很难为之找到一个理性的理由。

学生： 这个问题在俄狄浦斯（Oedipus）的戏剧中不也以某种方式出现了吗？在那里，因为不同家庭之间的相互通婚是必需的，所以俄狄浦斯的乱伦不仅仅是一种违背自然的罪行，而且是违背城邦的罪行。

施特劳斯： 但在那里，并不是都以这样的词汇来讨论这个问题。

---

① *JBP*, 2.5.12.4.
② 色诺芬（Xenophon），《回忆苏格拉底》（*Memorabilia*），IV.4.23。
③ 柏拉图，《王制》，461d-e。

他违背了神法,在那个时代中,神法的观念很难与自然法、万民法或者甚至自然正义相区分开。这个问题基于这样一种普遍接受的观点:杀掉自己的父亲以及同自己的母亲发生性关系,都属于最可怕的罪行。这毫无疑问是普遍观点。我不知道你的问题在哪里。格劳秀斯作为一般意义上的哲人,他试图找到这种禁忌的理由。

学生:我认为,在俄狄浦斯那里,与乱伦相比,谋杀父亲是一种更轻一些的罪行,因为它破坏城邦律法的程度更轻一些,因为异族通婚(intermarriage)的必要性显得更重要一些。

施特劳斯:你所说的观点有明确的文本依据吗?我感觉,对俄狄浦斯而言,最可怕的东西是他的母亲,我认为对任何一个人而言,这都是很容易理解的。杀掉一个你不认识的老人,但他是你的父亲,这种行为听起来没有下面的说法来得更令人不适:你可能同样在不知情的状况下与你的母亲发生了性关系。但是,整个俄狄浦斯神话的含义是什么,索福克勒斯(Sophocles)借助这个神话想要表达什么,这是个很复杂的问题。从表面来看,你只能认为,索福克勒斯理所当然地认为这些罪行是可怕的,但并没有去讨论为什么这些罪行如此可怕。在某种意义上说,格劳秀斯、色诺芬和柏拉图则去探讨了原因。

在第十三段,格劳秀斯谈到了其他形式的乱伦,这些乱伦都被神法所禁止并适用于所有人类,它们并不是依据《新约》或者摩西的神法,而是依据给诺亚(Noah)的神法,然后颁给了所有人类。因此,它约束了所有人类,但它不是自然法。请读第十五段第二部分。

朗读者:

在自然状态(the state of nature)下,如果一名女子处于丈夫的保护和照顾之下,并承诺对他保持忠诚,这种男女之间的结合就是真正的婚姻。同时,按照基督教的法律(under the Christian law)①——

---

① *JBP*, 2.5.15.2.

施特劳斯：应该翻译成"在基督教法律的状态中"(in the status of the Christian law)①——我想提一下这一点的原因如下：status naturae 表示"自然状态"(the state of nature)，这种自然状态不是与"社会(civil)状态"相对立，而是与基督教的状态相对立。② 这是广为接受的传统观点。迄今为止，我们没有看到格劳秀斯有从霍布斯的意义上理解"自然状态"的任何迹象，他指的都是这种著名的传统观点。

在第十七段中，他谈到了除婚姻之外的其他结合，这些结合都是采用多数决定的方式，少数决定的方式显然是不公平的，但格劳秀斯并没有给出为何显然不公平的理由。

我们来读第十八段的开头。

朗读者：

如果在表决中双方票数相等，则不能采取任何行动，因为没有充分的理由对现状作出任何改变。正因如此，所以当赞成票和反对票相等时，应当考虑宣告被指控之人无罪。③

施特劳斯：格劳秀斯在何种程度上谈到了多数的权利(right)？有一点是明确的：如果票数相等，不能作出决定。但如果存在多数，为什么多数能反对少数，使这个决定得以通过？毕竟，这也需要某种理由，不是吗？洛克式的推理如下：作出一种变革，相比于少数，多数在影响这种变革的过程中有更大的力量。格劳秀斯没有明确这么说过。洛克认为，多数的权利反映了多数所具有的更大力量。④ 在通俗的话语中，选票代替了子弹，因此选票在某种意义上也反映了子弹。

学生：但是，在一个基于同意的结合中，如果某个人知道少数人将决定议案，他还会加入这个结合体吗？

施特劳斯：但他并不会知道。我认为这个论证非常令人信服，我

---

① 拉丁文原文是 in statu legis Christianae。
② [译注]施特劳斯多次提过，这种"自然状态"是指"前基督教状态"。
③ *JBP*, 2.15.18.
④ 洛克，《政府论》(下篇)，§96。

跟你们说了,也在很多其他课堂上展示了,他们认为我搞错了。我认为,如果所有成员都是平等的(即每个人作为成员都平等),那么多数决定就是唯一的决定方式,没有其他方式。当然,股份制公司中的情况有些不同,你可以正确地认为,大股东可以自己组成一个团体,还有那些拥有中等股份的成员,以及小股东。这一点很清楚。但是,如果所有人都被认为是平等的,那么就不可能有其他的方式,怎么可能有其他方式呢?唯一的可能性或许可以说是少数通过了议案。如果这一情况发生了,也很简单:每个人都违背自己的信念而投票。我们来举一个简单的例子。雪茄税将要提高50%,你并不希望加税;但是你投票赞同。那些希望加税的,则投票反对。这其实是说的是同一个道理,只不过用一种迂回的方式。

学生:难道不能使用"三分之二"多数的方式吗?

施特劳斯:那当然是可能的,但它有一个简单的缺陷。在重大问题上,这样做是明智的,但在次重要的问题上,这种方式使得办事非常困难,因为这样很难达成决定。通过51%的多数,能够更容易达成决定。但我们现在关心的问题是,既然有限的多数仍然是一种多数,那么为什么仍然要多数,而不是少数?① 所有的成员当然是平等的——如果他们是不平等的,这种形式的问题就不会被提出。比如,有两个团体,上议院和下议院,你可以让上议院更有权力。但是,如果存在平等,那就有了这里的问题。

格劳秀斯谈完婚姻结合之后,开始在第二十三段讨论社会(civil)团体②,他将其理解为是由父亲们联合组成的。社会团体并不是简单地、无限制地由个人组成,而是由父亲们组成,因此社会团体预设了家庭的存在。这自然是一种老派的观点。社会是父亲们的联合,因而也预设了以父亲为首的家庭和结构,这种结构不受公民社会(civil society)的干预,是强加的。我认为这是普遍的观点。用个人取代父亲,这是一个非常巨大的变革,这种变革很大程度上来自个体的解放:他不再

---

① [译注]比如,49%。

② [译注]国家。

通过其父亲来成为公民社会的一个成员,而是完全通过他自己。

总体来说,格劳秀斯认为,在一个给定的公民社会中,公民可以放弃他的身份,但在家庭中的情况则有所不同。

人类获得对其他人的权力的另一种方式则是臣服(subjection),这与前面所说的同意或结合不同。臣服当然也可能基于共识,但仍然不能严格地称之为结合。很显然,如果你臣服于一个征服者,接受征服者的规则,这并非一个自由选择的结合,在这个基础上,很有可能——这种臣服也可能变成奴隶制,正如格劳秀斯在第二十七段明确说的那样。不过,我们已经知道,格劳秀斯对奴隶制并没有罪恶感。

朗读者:

最卑微(basest)的自愿服从形式是一个人把自己完全置于他人的奴役之下,就像那些把人身自由作为赌注并通过掷骰子来决定命运的日耳曼人那样。塔西陀指出:"在赌博中输掉的人自愿成为别人的奴隶。"①

施特劳斯:请读下一段。

朗读者:

终身为主人服务以换取食物和其他生活必需品是一种完全的奴隶状态,只要对奴隶役使的条件在自然限度之内(within natural limits),就不是对他的过度压迫和苛责。②

施特劳斯:这里的"在自然限度之内"要非常准确地加以理解,这是在与市民法和神法相区别的自然法的限度之内。

朗读者:

在奴隶状态下,奴隶长期履行劳役义务的回报是获得长期稳

---

① *JBP*, 2.5.27.1.
② *JBP*, 2.5.27.2.

定的食物供应,而那些按日雇佣的短工通常不能获得这种保障。①

施特劳斯:这是一种对奴隶制的辩护:这并非一种单方面的契约,并非只有一方获益,另一方仅有义务。这不会是非正义的,因为奴隶有这种安全。

学生:为什么他称之为卑微的(base)?

施特劳斯:毕竟,你因为无法控制自己的赌博欲望,最终将自己置于另一个人的手里,那个人可能与你相比一无是处(考虑一下德国人的例子),这难道不是不光彩的事吗?这是一个原因,但即便从另一个角度来说,这也是侮辱人格的。为他人之命是从,有辱人格。只要你有哪怕不过分的骄傲感,这就是一种侮辱。如果你有很强的荣誉感,并且你在其他方面很卓越,你可能感觉不到这种侮辱②,但大部分人不喜欢被颐指气使,尤其是被轻视他的人指挥。这是一个很好的理由。但是,我们这里考虑的是合法性(legality),而不考虑荣誉(honor)的问题。

学生:在上一段中,格劳秀斯认为自愿臣服的最高贵的形式是成年人的收养。他也比较了卑微的奴隶制(即臣服)与收养,就格劳秀斯所能考虑到的来看,这可能是——他想不出比自愿服从更卑微的情况了。

施特劳斯:但我认为,我们也可以基于自己在社会中的经验来理解这一点,即便在我们的社会中,奴隶制已经不复存在。任何人如果处在一种依附的关系中,便都能理解。

学生:[听不清]……西方人……传统。③

施特劳斯:我认为这是最大的错误之一,我自己也对此感到有罪:借由我们著名的社会科学传统,我们相信,如果人们所处的条件不同,

---

① *JBP*, 2.5.27.2.
② 施特劳斯可能是指爱比克泰德(Epictetus),一位斯多葛学派的哲学家,一个奴隶,他教导人接受自己的人生命运。
③ 从施特劳斯的回答来看,这个学生的问题可能是关于现代殖民主义(modern colonialism)的。

那么一切都会完全不同。我们不理解在殖民时代臣服于西方国家的所有民族，不理解他们的怨愤之深之广，因为（尽管我不是基于社会科学，而是依据亚里士多德）我以前也认为他们缺乏坚韧（stamina）——或者不管怎么称呼这一点——他们接受了殖民。① 所有民族，无论多么原始，臣服于其他民族、被他人颐指气使，都会真的愤怒。在所有时代、地方、文化中，存在一些个人，他们……

学生：不过，他在这里或者其他某个地方认为，东方生来就适合僭政。

施特劳斯：但这是另一个问题。僭政与政治问题相关，政治问题与个人问题不一样。如果不在意和厌恶这种事情，你可以说，呃，让乔治（George）做吧。当然，如果某人从来没有想法，说[听不清]两百年以前……②我认为这不可能发展，因为没有可能性，尽管我不知道奴隶出于复仇会对主人使用怎样残酷的手段。回想起来，我相信这确实发生过。当然，如果惩罚非常严酷……存在一些非常简单的事情：如果那个行凶者没被找到，那么所有人都要受罚。你可以加以镇压，但如果有机会……

请看第二十八段。从完整理解的正义的角度来看，主人没有权利决定其奴隶（仆人）的生死。这引出一个问题：如果从窄狭和严格理解的正义的意义上，他是否还有决定奴隶生死的权利？格劳秀斯回避了这一点。依据自然法（right），奴隶的子女并不是奴隶。③这是一个非常人道的规定，因为事实上，市民法的规定当然与之相反。

某种程度上更有趣的是第三十一段中所讨论的问题：公共的服从，这种服从不同于私人的服从（私人的服从，就是个人对个人的服从），比如，一个民族服从于某一个人。对格劳秀斯而言，这里不存在问题，

---

① 亚里士多德，《政治学》（*Politics*），VII. 7。
② 这里想说的可能是，一个民族或许没有兴趣进行统治，因此假设了一个人（"乔治"）作为绝对统治者。"听不清"的地方可能是指某个两百年前臣服于宗主国的殖民地国家。这里的思路似乎在段落中间有变化；可能某一个句子或者短语未能被记录下来。
③ [译注]*JBP*, 2.5.29.1。

但在这一点上,他被卢梭严厉批评。格劳秀斯认定一个民族可以将自己完全臣服于一个人,他指出,这种臣服基于同意。一个民族的臣服可能源于一种罪行,如果是某个或者那些对这个民族有管辖权的人,这就可能发生。如果主人有管辖权,那么因为犯罪而导致的臣服就是合法的(legitimate),否则就有问题。

我想我们应该读一下第三十二段。

朗读者:

　　作为犯罪的结果,可能产生一种无需当事人同意的服从①——

施特劳斯:我的意思是,这可以得到当事人的同意,也可以没有当事人的同意。

朗读者:

　　当一个罪有应得的人被剥夺自由并被强行置于有权对他实施惩罚之人的权力之下时,这种情况就发生了。我们将在下文看到究竟谁有权对罪犯实施惩罚。②

施特劳斯:现在请读第二段。

朗读者:

　　犯罪的个人可以被置于服从私人管制的状态下。在罗马,没有响应征兵号召的人、没有向调查官如实申报财产的人以及后来与他人的奴隶同居的妇女等,都可以被命令服从私人的管制。如果犯下侵犯公共利益的罪行,犯罪人也可以被命令服从公共机构的管制。不过,在这个问题上,民族和个人是不同的:一方面,如果

---

① *JBP*, 2.5.32.
② *JBP*, 2.5.32.

处于奴役状态下的是一个民族,这种状态将自然地(naturally)延续下去,因为奴役状态的延续不会影响一个民族的继续存在①——

施特劳斯:这难道不令人惊讶和震惊吗?如果一个民族犯了罪,即便所有被认为是犯了罪的人都已经去世了,这个民族依然永远是合法的奴隶。当然,格劳秀斯后面又谈到了一些限制条件。

朗读者:

另一方面,如果个人因为犯罪而被置于奴役状态下,则这种状态不会延续到其本人之后,因为犯罪只与犯罪者自身有关。②

施特劳斯:既然国家是永恒的,但某种程度上,个人则会死去,而国家仍然可能会陷入奴役状态。这样的观点相当异乎寻常。

---

① *JBP*, 2.5.32.
② *JBP*, 2.5.32.

第 六 讲

JBP, 2.7.4—2.11

(1964年10月22日)

施特劳斯：你关注万民法(ius gentium)，但我不知道你对它的理解是否严谨。① 人类靠什么来判断权宜(expediency)？

学生：理性(reason)。

施特劳斯：理性与审慎的关系呢？

学生：相当接近。

施特劳斯：请读一下你论文的最后一句。

学生：相当自然地，自然法限制了它，使用权宜来调和，而非审慎。

施特劳斯：不是审慎。

学生：但是审慎某种程度上与道德相关。

施特劳斯：我们选择权宜，难道不是为了将其限定为合宜的权宜吗？我的意思是，如果某人缺钱，他伪造支票，就是一种权宜之计，但这不是一种审慎的行为。审慎的行为是去工作，因为这样更直接，并且没有欺骗别人。

这当然首先是一个[病源学的(etiological)]问题。[施特劳斯往黑板上写字]：万民法有一种模糊性。从某个角度来说，它极其简单：万民法是罗马市民法的一部分。智慧的罗马立法者，对严格意义上并非罗马市民的民族之间的交易作出了规定，这种外国人、罗马市民以及非罗马市民之间的交易过于繁琐，因此需要运用一个容易得多的、不那么

---

① 这一讲开头阅读了一位学生的论文。这个过程没有录音。

正式的法律,也就是"万民法"(ius gentium)。这是一个巨大的革命。这与严格意义上的罗马法的绝对主义形式特点有关,与罗马财产权的宗教背景有关,当然就是指土地财产,但也不仅仅如此。因此,万民法就是在罗马市民和外国人之间存在的法律。第二,这也是更有趣的一点,在某些罗马法文本中,万民法被界定为与自然法(right)相对立的法。自然法是自然(nature)教授给所有动物的法,比如,自我保存,繁衍后代。所有动物都如此。然而,万民法的根基在于理性,但严格意义上的自然法则不需要理性,因为所有的动物都依据自然法。①

这非常简单,阿奎那在他的《神学大全》中尤其清楚地表明,罗马法学家所说的万民法事实上就是自然法。阿奎那在这些话中作了一个区分。他将严格理解的自然法称为自然法的最高(highest)原则,而从这些原则中得出的结果(consequences),他称之为万民法。在这种意义上,万民法当然就是自然法。它只是依据传统,而被称为万民法。②

实际上,新的情况则是,万民法完全失去了这两种含义,开始表示我们如今所称的"国际法"(international law),再也不是罗马法中所表示的含义,而指的是政府同外邦和外国之间的法,罗马法称之为"外交法"(the fetial law)。外交法是罗马市民法的一部分,罗马法在其中规定了如何开战……

我们现在来讨论国际法。如果我不幸成为格劳秀斯作品的译者,我可能会笨拙地在所有场合保留 ius gentium,让读者自己去发现这个词在给定语境中的含义,因为一旦你依据自己对语境的理解对它进行

---

① ius gentium 的意思是"万民法"(law of peoples)或"万国法"(law of nations),最初被制定适用于罗马帝国内部不同民族之间(他们在国际事务中大多数都随意地使用他们自己国内的法规)。这在最简单的意义上可被视为最初的"国际法"。原则上,万民法包括了所有或者绝大多数民族之间共享的法律规定,因此自然而然地,它被认为代表了某种国与国之间关于正义的共识(consensus gentium),或者人类关于正义(justice)的共识。对某些人来说,这反过来表明万民法反映了自然法。可以注意到,格劳秀斯有时使用 consensus gentium 一词来表示自然法的部分特定含义。施特劳斯所提到的万民法与自然法之间的区别,可参见查士丁尼,《国法大全》,1.2—3。依据这种理解,万民法是一种对于单纯的自然法的理性提升。这些在格劳秀斯那里也有说明。[译注]本书将 ius gentium 一律译成"万民法",关键处会加注拉丁文及英文,请读者留意其含义的差别。
② 阿奎那,《神学大全》(Summa Theologica),2.1.95.4。

了翻译,就会使读者忘了这个词本身的模糊性,这恰恰是格劳秀斯作品的部分情况:这种模糊性依旧存在。另外,你对特定语境中的这个词的理解本身也可能出错。那么,国际法的特点是什么？它是意志法,而非自然法。它预设了人类之间存在同意(an agreement),更具体地,它并非不证自明。自然法直接就能不证自明,或者在通过一些努力达到以后就是不证自明的。

对不起,我之前犯了一个错误。你记得罗马法中 ius gentium 的两种含义。在格劳秀斯那里的一种新含义则如下:ius gentium 是意志法,也就是说,它并非自然法,当然,它也不是市民法。这是实证法,它基于某种同意。我们上次谈过一个很好的例子,就是禁止乱伦。格劳秀斯在这里则暗暗地认为这类禁止的理由不可能是完全自明的。你们应该还记得,他反对色诺芬和其他想要给出理由的学者。①

为什么格劳秀斯称之为 ius gentium？这种法并非自然法,为什么他称之为 ius gentium？因为这种同意不像其他同意一样是地方性的(local),而是普适的(universal)——至少所有的文明国度都就此达成了同意。这仍然意味着,如果存在数个文明国度,就有数种相互独立的同意,尽管这些同意的内容一致。

格劳秀斯某种程度上假定下面这并不仅仅是一个偶然事件,即所有的国度都完全一致同意。这种同意并非局限于一个特殊的国度。因此,这也能在人类之间——至少是所有文明的人类之间——构建起一种法(right)的关系。这样,它就还能呈现出"国际法"的含义。但是,这里有一种模糊性,因为格劳秀斯所理解的国际法是部分的自然法,又是部分的万民法。它不能是市民法,因为市民法不能约束其他任何国家。如果按照当今对于更文明国家间国际法的理解,国际法约束了个体国家,在这种意义上,它是市民法的一部分。

但是,对格劳秀斯而言,国际法并非国内法的一部分。它本质上高于国内法,且并不需要个体国家先形成一个自己将受到国际法约束的正式同意。我有没有把这一点说得比之前更清晰一些？

---

① 参见第五讲。

学生：在何种意义上，国际法是国内法的一部分？

施特劳斯：如果你违反了国际法，难道你不是作为美国公民而犯了罪？

学生：我认为这里包含了某种东西——

施特劳斯：对。关于这一点，在宪法的文本中不是谈到了吗？

学生：条约（treaties）。

施特劳斯：然后，我们可以说，条约以及其他更多并不要求条约的东西，造就了国与国之间的义务。

学生：按我们的理解，国际法中最重要的部分是那些约束国家的部分。国际法要求一个国家——而非一个个人——必须去做某事。

施特劳斯：在更为晚近的时代，严格意义上的国际法以及国际私法之间会有区分。我们还是回到主要的观点上来。主要的观点是：在格劳秀斯那里，ius gentium 并不简单就是"国际法"，因为格劳秀斯理解的国际法是部分的自然法。关于这一点，我们暂时就说到这里。

上一讲我们略过了两章……我正巧又一次读到了一位非常有趣的作者的作品，麦考利（Thomas Babington Macaulay）的《散文集》（Essays）。如果我有时间制作一本国际政治科学（international political science）的读本，我会选用这本散文集中的很多段落。这与我们上一讲所讨论的问题有关。以下段落来自他评论詹姆斯·麦金托什（Sir James Mackintosh）的《革命史》的一篇论文："毫无疑问地，我们应当使用现代知识来看待古代的交往。毫无疑问地，一个历史学家的首要义务是指出之前数代中的杰出人物的错误。"他的意思当然也包含了优点。这一点与我们上次讨论的问题相关，但我并没有读这一段来加以强调："毫无疑问地，我们应当使用现代知识（by the light of modern knowledge）来看待古代的交往。"①

这看起来似乎与我上次讲的内容相矛盾。你看到这里的困难了吗？我上次说，我们的义务是，像格劳秀斯理解自身一样去理解格劳秀斯的作品。去考察当下的处境，并非历史学家的首要义务。如果我们

---

① [译注]英文编者给出的原网址已不能访问，因此重新给出一个：麦考利，《詹姆斯·麦金托什》（Sir James Mackintosh），可见于 https://www.gutenberg.org/files/2332/2332-h/2332-h.htm#link2H_4_0008。

没有能用目前所拥有的最好的知识(也就是当代知识)来判断格劳秀斯,难道就不会迷失在好古癖(antiquarianism)之中吗?举个例子,如果我们研究亚里士多德关于天空(heavens)的教诲,并拒绝考虑之后经由牛顿、伽利略等人的发展,这难道不是一种幼稚的娱乐?同样地(虽然可能并不是那么显然),当我们研究格劳秀斯时,不也是一样的道理吗?我们该怎么说?我想我们必须面对这个问题。

学生:首先,像这些作家理解自身一样理解他们,这可能是重要的;然后,再从现代知识的观点来考察。

施特劳斯:这种区别听起来足够完美。换句话说,在作判断之前,你必须知道事实。一种判断上的不成熟是致命的。这是一种常识和绝对的真理,但在这个例子中是这样吗?

我们看,麦考利是培根的崇拜者,他写了一篇非常著名的关于培根的论文——辞藻华丽,但非常值得一读。他在评判培根时,采用的是现代知识(也就是说,尤其是大约 1840 年左右的自然科学)和他自己的哲学。四十年以后,大家又以非常不一样的视角来看待培根,因为人们认为这是在谈论经验和试验——这一点非常误导人,因为所有时代的所有明智之人都会诉诸经验。但是,这种新科学的特质是它的数学特性,初看的话,培根与这一点没有任何关系。这是由完全不同类型的人所写的作品。当我还是个学生时,培根的名声很差,哈维(Harvey)对培根的判断被认为是对培根的定论:他像一个大法官一样进行哲学思考。① 后来,我自己开始读培根,我第一次惊奇地发现自己在学校被灌输的观点有多么错误,当你开始阅读培根时,就会明显地感受到培根展现的魅力,我所面对的培根作品所具有的宏富、天才和想象力。

你应当"使用现代知识(by the light of modern knowledge)来看待古代的交往",也就是当代的知识。当代的知识会随着时代变迁或多或少地变化。因此,判断也必然变化。如果历史客观性(historical objectivity)指的是对于真相或者假相之优劣的客观判断,那么就不可能存

---

① 威廉·哈维(William Harvey)是培根的同时代人,是其自身意义上的科学大师,据称他对培根作出了如此评价。

在客观性。这个可以理解吗?历史客观性。丘吉尔在他的《马尔伯勒传记》中对此有非常好的讨论,也就是在其对《乌德勒支和约》的讨论中。我手头没有文本,但你们很容易就能找到文本。他展示了这个在当时充满争议的和约,在某些时候看起来非常合情合理,某些时候又非常不合理,然后某些又非常合理……他说,你怎么来判断呢?[①] 你不能事后判断。你只能在当时已知或者对于足够细致的人来说已知的情况下作出判断。在任何情况下,你都不能横向地(horizontally)找到标准,而只能纵向地(vertically)找到标准。用我们现在的语言来说,就是美德与罪恶、审慎与愚蠢——所有时代的人都能同样地理解这些东西。

在美国,本世纪关于林肯的讨论是一个非常好的例子,其中存在一定争议。哈瑞·雅法(Harry Jaffa)在他关于林肯-道格拉斯辩论的著作中[②],试图将这种争论置于一个更为牢靠的根基——林肯的准确意图,而不是基于未能预见和不能预见的内战后果。这对于我上次所讲的内容来说,是一种补充。

我们现在来读……先等等,你们还有什么想法或者还有什么话想说?

学生:我的问题是关于自然法的,是这样:格劳秀斯似乎时不时地会谈到动物。你是不是会认为,他和阿奎那一致,将自然法等同于正确理性(right reason),还是认为他也将动物的行动囊括在其中,换句话说,后代的抚养……

施特劳斯:这样的说法——自然法是自然(nature)教导给所有动物的东西,万民法则要求理性——这并不是阿奎那的区分,这是罗马法学家那里的区分。阿奎那以他普遍受尊敬的方式,并没有认为这些罗马法学者胡说八道,他视之为智识之士的一种观点,并试图展示在何种方

[①] 丘吉尔对于《乌德勒支和约》及其后续的讨论,可参见《秘密协议》(The Secret Negotiations), chap. 27 和《〈乌德勒支和约〉与继承》(Utrecht and the Succession), chap. 36,收录于丘吉尔,《马尔伯勒传记》(Marlborough: His Life and Times), vol. 4, Bk. 2, Chicago: University of Chicago Press, 2002, pp. 873—884, 991—1005。
[②] 哈瑞·雅法,《分裂之家危机:对林肯-道格拉斯论辩中诸问题的阐释》(Crisis of the House Divided: An Interpretation of the Issues in the Lincoln-Douglas Debates), Chicago: University of Chicago Press, 1999。

式下这种观点能有意义。换句话说,阿奎那不会认为自然教导给了动物,不会认为这是严格意义上的自然法。在任何情况下,自然法都要求理性的存在。阿奎那定义中的自然法,根本上是指理性生物(rational beings)对于永恒法的参与,因此,严格来说,动物不服从于自然法。①

在阿奎那的话语中,存在三种自然的倾向,这是托马斯意义上的自然法的根本划分:自我保存;社会性,这其中当然包括了生育;知识,尤其是关于上帝的知识。人类有这三种根本倾向。②

我们可以看到格劳秀斯正在做的事情是什么。格劳秀斯正关注最低(lowest)层面的东西,关注自我保存,这是之后霍布斯以清晰得多和宏大得多的方式来做的事情。

我们现在来读第六章,这一章谈及的是财产的派生取得(derivative acquisition),而非初次取得。派生取得可以通过人类行为,也可以通过法律。③ 通过人类行为的取得,首先意味着通过让渡(alienation)来取得;换句话说,原初取得就是通过先占,比如说一片土地,但如果它已经被别人先占了,那你如何获得对它的财产权呢?只有当原初的产权被所有人以某种方式让渡财产权才行,比如通过赠予或者其他任何方式。

存在一种自然法,它能掌控所有这些人类的让渡行为。自然法不仅仅有关那些先于所有人类行为的东西(比如,自我保存),也包括了那些以人类行为为先决条件的事物。从公法(public law)的角度来看,这里的关键点在于,政府可能被让渡,但这当然与人民主权相悖,但是格劳秀斯并不接受人民主权的原则。

从第六章的第四段中,我们可以看到,这里存在一些困难。④ 通过法律的取得——最有名的例子则是继承。也有些财产并非是通过先占而原初取得的,这种财产已经有其所有人,但其所有权的更换并非通过让渡。我的意思是,这有可能是某种赠予或者交换,或者也不是这些,

---

① 阿奎那的这一观点可参见阿奎那,《神学大全》,2.1.93—94。
② 阿奎那,《神学大全》,2.1.94.2。
③ 在出版的英译本中,本章题目是"二次取得"(secondary acquisition),拉丁文原文为 acquisitione derivativa。*JBP*, 2.6。
④ 这一段处理的是这个问题:人民能否分割自己的一部分主权(在未得到这一部分人民同意的情况下),将其转让给另一个不同的主权。*JBP*, 2.6.4。

但法律规定:如果所有权人去世了,那么东西就归其长子或者其他人。

船难遭遇者的财产无权被没收,因为财产权已经归他们的继承人所有。这种观点在当时显然有争议。

在第七章的第四段中,依据严格的自然法,父母并没有义务去喂养孩子。格劳秀斯并没有否认,一般而言,人类对其子女有一种自然倾向,但这并不意味着一种无条件抚养子女长大的义务。格劳秀斯也并没有完全抛弃[这种义务,但他没有明确这一点]。在孩子出生后,遗弃或者加以杀害的权利——我认为,格劳秀斯所思考的是饥荒等情况。①

但是,在更为宽泛的自然法的意义上(这等同于"德性"),当然存在抚养孩子的义务,而且也存在将财产留给自己孩子的义务。格劳秀斯提到,根据罗马法,私生子无继承权。那就意味着这可能是罗马的一个缺陷。依据自然法(right),婚生子女和非婚生子女之间的区别不适用。②

赡养父母的义务不像抚养子女的义务一样的平常和普遍,可以参看第五段。这是一个德谟克利特(Democritus)已经讨论过的古老故事,他认为,父母对于子女的关心要大于子女对父母的关心。③ 与母亲不同,父亲很难确定孩子是否是他自己亲生的,格劳秀斯在第七章的第八段中讨论了这一点。

朗读者:

> 对于上述规则,我们必须承认存在一种例外,即它不适用于在谁是孩子父亲的问题上无法达致满意的协议的情形。
> 尽管无法得出绝对肯定的结论④——

施特劳斯:对事实的归纳——事实一般不可能绝对确定。你认为

---

① 很可能是指 *JBP*, 2.7.7。
② *JBP*, 2.7.4.3, 2.7.8。
③ 格劳秀斯就此问题引用了卢奇安(Lucian)和亚里士多德,参见 *JBP*, 2.7.5.1。
④ 完整的句子是"尽管对事实的归纳的确无法得出绝对肯定的结论"(*JBP*, 2.7.8.1)。施特劳斯补全了这里的意思,朗读者就直接从下一句开始继续朗读了。

不存在疑问,这个说法没有矛盾。

朗读者:

但是,通常在众目睽睽之下发生的事情本身就是确定的证据。从这个意义上讲,孩子的母亲是确定的,因为无论男女都可能在场见证孩子的出生过程;然而,至于谁是孩子父亲的问题,就不可能有相同程度的确定性了①——

施特劳斯:格劳秀斯接下来给出了关于这一事实的大量引用。解决这一困难的最简单的方式是什么呢?最数学的方式吗?如果母亲知道真相,但父亲不一定知道真相。那就让孩子属于母亲,父亲的权力仅仅是间接的。这是霍布斯的解决方案。② 格劳秀斯没有那么极端。

我们留意到,格劳秀斯在这里对婚姻的讨论,他没有将婚姻视为互相帮助的需要,没有视为养育孩子的需要。我们来读第八段第二部分的开头部分。

朗读者:

即使在法律对婚生子女和非婚生子女作出区别规定之后,非婚生子女依然享有继承权。欧里庇得斯(Euripides)指出:"尽管法律对非婚生子女的权利有所限制,但他在各个方面应当和婚生子女相同。"除非法律有禁止性规定,否则,非婚生子女也可以被收养。从前,阿纳斯塔修斯(Anastasius)时期的罗马法是允许收养非婚生子女的。但后来,为了鼓励合法婚姻,一种使非婚生子女在获得与婚生子女同等地位的问题上更为困难的制度随即产生,其途径或者是将非婚生子女的身份问题提交城市的元老院决定,或者是等待非婚生子女的亲生父母嗣后缔结婚姻。

---

① *JBP*, 2.7.8.1.
② 霍布斯,《利维坦》(*Leviathan*), chap. 20。

关于收养非婚生孩子的一个古老的事例发生在雅各(Jacob)的儿子们中间,被收养的儿子与雅各妻子所生的儿子有着平等的地位,而且平等地分享遗产。①

施特劳斯:格罗维诺乌斯(Gronovius)有一种感觉:格劳秀斯认为市民法某种程度是不公平和不荣誉的,因为市民法给予婚生子女以比非婚生子女更好的待遇。确实如此。

现在,我们很快地略过一些章节。在这一章中,他自然是在处理继承问题,因此也自然处理了世袭君主制的问题。我只提一点,在第十九段中,与公共权力相区别,君主可以拒绝成为其前任的财产和债务的继承者。这意味着,君主的父亲有很多个人债务,君主可以借此摆脱这些债务,他可以说:"我不想要他的财产,我登基不需要他的财产。"格罗维诺乌斯极其反对这一点,这让他想起了佞臣。

请读一下这一章第二十七段第一部分的结尾处——

朗读者:

事实上,对主权权力的继承并没有包含在主权权力的范围之内,它仍然处于一种缺乏裁判权管辖的自然状态(the state of nature)。②

施特劳斯:因此,这里的"自然状态"并不仅仅是指非基督教的、非臣服的状态,而是指没有裁判权的状态。实际上,这就是霍布斯式的含义。有趣的是,这个表述出现得如此罕见和偶然。拉丁文的表述是status naturalus。

我们现在来读今天的任务——第八章。ius gentium 作为国际法的含义——我们来读第一段第二部分的开头。

朗读者:

严格地讲,这样的万民法(law of nations)并不是国际法(inter-

---

① *JBP*, 2.7.8.2.
② *JBP*, 2.7.27.1.

national law)①——

施特劳斯：应该是 ius gentium。

朗读者：

这样的万民法并不是 ius gentium，因为它没有影响由国家组成的社会中各个成员之间的相互关系②——

施特劳斯：换句话说，这里的 ius gentium［没］有"国际法"的含义。

朗读者：

——它影响的只是处于和平状态的每一个特定的国家。正因为如此，一个国家可以改变自己的决定，而无需征询其他国家的意见。甚至可能发生这种情形，即在不同的时间和地点，存在着各种大相径庭的当地的共同习惯，并由此形成不同的万民法（尽管称之为"万民法"并不恰当），我们看到，的确发生了这样的现象③——

施特劳斯：如果我的理解没问题，这种不恰当的用法更为古老，与国家间的关系无关，但又和每个国家内部都有关。你们意识到这种模糊性就足够了。

学生：在你的导论中，你提示说，国际法是部分的自然法，因此国际法并不意味着 ius gentium，但这里似乎给了一个不同的理由。我不能理解。它不会影响人与人之间的相互社会。这里存在一个分歧，一个关于一般事物的分歧。

---

① *JBP*, 2.8.1.1.
② *JBP*, 2.8.1.1.［译注］朗读者搞错了，施特劳斯的意思是应该翻译成"这样的 ius gentium 并不是国际法"。
③ *JBP*, 2.8.1.2.

施特劳斯：我们来澄清这个模糊之处。[施特劳斯往黑板上写字]：ius gentium——我们把它视为国际法。[国际法有]一个理性的、即自然的部分。这里有一个意志的[部分]，也就是说，[基于同意（consent）]。这样说清楚了吗？但这样的 ius gentium 又意味着什么呢？它等同于意志的普适法。一种基于人类[同意]的意志法，但普遍适用于或者至少适用于文明国度中。它本身与国际法无关，如有关系，也只是间接的，因为这种意志法预设了自己会被其他国度承认。它确实与国际法不同，这有一个很好的理由——国际法包括了自然法，但这种[意志的普适法]不包括自然法，因为它基于意志。这其实不难。我需要再说一遍吗？

ius gentium 等同于国际法，它包含了理性的或自然法的部分，以及意志的或者基于同意的部分。意志的普适法意义上的 ius gentium 不同于、不等同于国际法，因为这种万民法完全基于意志，因此不包含自然法。

学生：但是，在两种情况下，它岂不是都影响了国家间的社会；否则它[就完全是国内法了]。

施特劳斯：对，但是基于不同的原因，非常不同的原因。举个"誓言"（oaths）的简单例子。誓言在国家内部和国家之间一样重要。誓言并非必然仅仅与国家有关。如果你使用今天的含义，条约（treaties）则当然[完全是国际的]；但是协约（pacts）则在任何时候都会在公民之间出现。① 这种模糊并不困难，如果你把它写在一张纸上，并时时查看的话。

关于这一点，我们读一下第八章的第二十六段。

朗读者：

> 以上论述的目的是为了使大家明确，当你们看到罗马的法学家们表述的"万民法"（law of nations）时，不要马上认为它意味着一种不可改变的权利，而是应当根据自然法认真区别哪些概念完

---

① 也就是说，涉及违背誓言的惩罚的万民法（ius gentium）不仅仅适用于国际，也完全适用于国内情况。

全符合自然法,哪些概念只是在特定条件下(under certain circumstances)符合自然法①——

施特劳斯:应该翻译成"考虑到某种状态"(with a view to a certain status)。②

朗读者:

——此外,你们还应当区别哪些法律是许多民族共同的法律,哪些法律是对人类社会有拘束力的法律。

最后,我们应当明确的是,如果按照被不适当地称为"万民法"的法律,或者说,甚至只是按照一个国家的成文法,明确了一种对市民和外国人同样适用的取得财产的方式,那么外国人就可以立刻取得这种权利。如果这种权利的行使受到阻碍,则因此产生的损害可以成为发动战争的正义理由。③

施特劳斯:这是出于实际的理由,你可以看到这一点。如果把与商人公民所有的相同权利都给予外国商人,如果客国歧视这个外国商人,这就是不正义的。即便这个外国商人所在的国度确实做出了这种恶意歧视的行为,但这仍然是一个很好的发动战争的理由。这是一个实际的理由。

学生:你是说,这种区别("一种对各个不同民族都相同的法"和"一种含有整个人类社会纽带的法")和自然法与意志法之间的区别相类似?

施特劳斯:这样说不够清楚。我在第一讲中提到过由牛津的努斯鲍姆撰写的《万民法简史》,出版于1945年左右,他是个国际法学家。④这本书可能会有用。

---

① *JBP*, 2.8.26.
② 拉丁文原文是 pro certo statu。
③ *JBP*, 2.8.26.
④ 这本书在第一讲中提到过。

请读第八章第六段——他顺便又一次提到了占有的开始(the beginning of possession)……

朗读者：

> 其原因是占有的开始应当有身体与占有物的实际接触。①

施特劳斯：先占显然有这层含义。你坐在土地上,在任何取得财产权的形式中,这样一种身体的接触是必需的。这对于理解洛克的财产学说极其重要,因为劳动就是你眉头和身体滴落的汗水。这一点非常有趣,因为有些是在更早的时代,还有些在更为现代的时代,存在很多没有身体接触的权利,但基本的观点就是这种肉体接触。请读这一章第九段的开头。

学生：当洛克说私占财产就是消化吸收(digestion)的过程的时候,他难道不是更为严格了吗？②

施特劳斯：当然是的。我总是说,上帝禁止我弱化约翰·洛克的原创性。洛克彻底不同,因为他宣称——洛克与格劳秀斯(以及格劳秀斯之前的整个传统)之间的关键区别是什么？不存在这种原初的共同财产权:要求有协议,以便能够存在私有财产。也不存在一种原初共同体的状态,据说,在这种共同体中,不存在百分百排他性的私占权利。个人的排他性的私占权利与人类同步;这是洛克的关键观点。财产的根基(root)——洛克使用了一个更妙的表述——财产的源泉(foundation),财产的起源,是在个人之中的,因为个人需要私占来进行自我保存,这是唯一重要的考虑,而不是原初的共产主义。每个人都有需求,这种绝对需求,进一步地,还有排除其他人私占的权利。

学生：我在洛克论述地方官的管理的一篇早期论文中发现了一个有趣的先兆。这是一个关于中国城市的故事,这个城市被包围和攻下,侵占者要求人民剪掉他们背后的长发,他们拒绝了,因此都被屠杀了。

---

① *JBP*, 2.8.6.
② 洛克,《政府论》(下篇),chap. 5, § 26。

但是,洛克认为,为什么人们居然更想要一种仅仅是身体的外在的东西,而不是洛克称之为真实的自然之物。①

施特劳斯:我认为,其他人也得出了相同的结论。我承认,这毫无疑问是正确的,在洛克那里论述得尤其优雅,因为他的整个学说并没有过分强调这一点。②

学生:我认为这是通过消化吸收来获得财产的观点的预演……

施特劳斯:但在这点上并不十分明确。不,在他早得多的文章中,有一个清晰得多的表述,他在那里绝对明确地说:政府同罪恶(vice)或德性(virtue)无关,只与财产的保护有关。当然,这就会导向这样的说法:财产权仅仅是自我保存的发展形态。我偶尔会说得有些像谚语:财产权就是以"肉"(flesh)的形态呈现出来的自我保存。换句话说,在自然状态中,你也可以有自我保存。但是,然后,财产权——至少这对于霍布斯来说,是一个有趣的状态,现在则被称为资本主义财产权——仍然是自我保存,自我保存是它的最终理由。这是人类最深层的自然要求——如果不是为了自我保存,就不存在正义的财产权。

请读第九段的开头部分。

朗读者:

如果我们考察通常发生的情形③——

施特劳斯:通常(generally)发生的情形——也就是说,并不是所有的情形。

朗读者:

——我们就会发现,在土地被分配给个人之前,各个国家或人

---

① 这个例子来自洛克于《政府论》(下篇)出版之前二十年写的一篇论文,参见洛克,《关于政府的第二短论》(Second Tract on Government),收录于《政治论文集》(Political Essays), ed. Mark Goldie, Cambridge: Cambridge University Press, 1997, pp. 59—60。
② 这里的修正显示,施特劳斯的观点是,那些身体的部分(bodily parts)并没有生存(survival)重要。
③ JBP, 2.8.9.1.

民对他们的土地不但拥有主权,而且拥有所有权。塞涅卡说①——

施特劳斯:我们就只读这里的西塞罗吧。
朗读者:

> 西塞罗说:"另外,依据自然(by nature),原本不存在私人所有权。——

施特劳斯:依据自然,没有任何东西是私人所有的。
朗读者:

> ——私人所有权的出现或者是由于古老的先占,比如,一些人首先进入了尚未被其他人占领的土地;或者是由于战争的胜利,比如,一些人由于胜利而取得战利品;或者是由于法律、协议、拈阄或具有某种地位而取得财产。"②

施特劳斯:这当然是常识。如果你四处看看,就会发现大多数人都这样认为。有个微妙的问题就会出现,如果你说:呃,你怎样能通过战争获得财产呢?毕竟,那是其他国家的领土。假设那个国王是邪恶的,并且攻击了你,但这并没有给你夺走其财产的权利(right)。约翰·洛克对这个问题进行了详细的讨论。③ 这一观点相当令人瞩目,并且被重复了多次。依据自然,没有东西是私人的,也就是说,所有东西依据自然都是公共的。

学生:你的意思是,这与洛克的说法不一样?

施特劳斯:是的,不一样。但这不仅仅与洛克不同。我要说,西塞罗的观点不如另一位古典作家的观点那样深刻,即柏拉图的观点。这

---

① *JBP*, 2.8.9.1.
② *JBP*, 2.8.9.1.
③ 洛克,《政府论》(下篇),chap. 16。

第 六 讲

证明了西塞罗和洛克之间的联系。柏拉图谈到了那些依据自然属于私有的东西,属于个人的东西。他谈到的是什么呢?身体(body)。这是你的手——这一点毋庸置疑。依据自然,没有人制造了你的手,这也不依据任何契约。① 某种程度上说,洛克所做的事情就是基于这种更深刻的柏拉图观点:我要向你们展示,财产在某种程度上是自然的,也就是说,身体、自我保存、身体性地抓牢、对身体的使用、基本的食物等等。因此,我认为我们应该提一下这一点。

学生:对我来说,西塞罗有一个类比。[在一个公共剧院内先占到座位的人,合法地"拥有"那个座位,]② 因此我们通过先占可以自然取得,这是洛克那里出现的方式。

施特劳斯:不是的。但他在这段引用的最后提到:"个人财产也类似。"换句话说,他首先提到了人们如何获得财产权。不过,即便是在有关个人(individuals)的例子中,也还是先占(occupation)。为什么是先辈的先占呢?呃,别人也会占有它,但你之前已经占有了它。我们是最初的占有者,在经过一段时间后,你拥有它,或者你的孩子或孙辈通过先辈的先占而拥有它。

先占和劳动之间存在很大的区别。你们知道,整个劳动的发展导向了社会主义或者类似事物,真正获得所有权的方式并不是占有,而是劳动。从老派的观点来看,这种说法无法理解。我意识到这样一个事实,在洛克那里存在一个很大的模糊:即劳动来认定财产权,是一回事;劳动作为所有价值的来源,则是完全不同的另一回事。通过将这两种完全不同的考虑十分聪明地混合起来,洛克提出了他在《政府论》(下篇)第五章中的论证。下面我们来读第十九段。

朗读者:

不过,如果我们认为自然的真谛(the truth of nature)——

---

① 施特劳斯可能是指《王制》第五卷中对"共有"(communism)的讨论(462b-e)。
② 我猜测这个学生想到的是西塞罗的一个例子(《论目的》[*de Finibus*],3.20.67),格劳秀斯用过这个例子(*JBP*, 2.2.2.1),他用其来展示使用和占有的权利。[译注]正文此处括号内文字系英文编辑者所加。

施特劳斯：准确地说，应该翻译成"自然的真理"（natural truth）。①

朗读者：

> 不过，如果我们认为罗马的法学家们得出的如下结论符合自然的真理，即在使用混合材料制造产品的情况下，应当按照各自提供材料的比例实行财产共有，因为不可能采取其他符合自然的方式对产品进行分割，那么，当某一产品是由材料和形状构成的时候，假如材料属于一个人，而形状归功于另一个人的劳动，则他们自然应该按照各自部分的价值所占的比例对该产品享有共同所有权。②

施特劳斯：这里的"自然的"，很明显地被理解为与"自然的真理"相一致，与自然法相一致。我的意思是，这里当然不是指"仅仅是自然的"，而是前述明确的含义。③ 这是基于严格理解的自然法的决定的例子之一。

我们现在来看第九章的第三段。何时帝国或者控制权消失？我们先来读第二段的标题。

朗读者：

> 如果家庭成员全部死亡，家庭的权利同样即告终止。④

施特劳斯：如果不再存在任何亲戚，不管是多么远房的亲戚——当然，这并不是说有人夺走了这个权利；可能存在一个明确规定，这种权利就归共有了；这一点是很清楚的。但这里的家庭已经丧失了权利。

---

① 拉丁文原文是 naturalem veritatem。
② *JBP*, 2.8.19.2.
③ 回想一下，格劳秀斯有时候使用 natural 来表示"原初的"（primitive），指某些需要通过人类技艺或者协议（compact）来加以提高的事物。
④ *JBP*, 2.9.2.

第 六 讲

朗读者：

> 如果一个民族不复存在，该民族的权利同样即告终止。
>
> 如果一个民族停止存在，结果同样如此。伊索克拉底和在他之后的罗马皇帝尤里安(Julian)指出，国家是永恒的。也就是说，国家可以持续地存在，因为国家属于一种由单独的成员组成的实体，这些成员之所以能够在一个统一的名称之下结合在一起，是因为他们像普鲁塔克所说的那样具有一种"独特的本质特征"——或者诚如法学家保罗所言，他们具有一种独特的精神。这种独特的精神或者"本质特征"使人们在社会生活中形成一个完整和完善的联合体，而这个联合体首要的产物就是主权权力。主权是维系国家的纽带，正如塞涅卡所指出的那样，它像成千上万的人们呼吸的空气一样重要。另外，这种人为形成的实体明显地类似于自然的躯体。在其他哲人之后，阿尔菲努斯(Alfenus)争辩说，虽然自然的躯体的各个部分都会逐渐发生变化，但只要其形状保持不变，它就不会停止存在。①

施特劳斯：格劳秀斯对这种人造的实体(body)非常感兴趣，它是人民，而非船只和其他东西。这种人造的实体，比如人民，被认为在某种意义上是永恒的——并非在严格理解的意义上，因为他承认人民可能会消失不存在。

究竟是什么使得普通百姓变成了人民？而且，一位罗马法学家在这里称之为一种独特的精神。在十九世纪，民族精神或民族思想②，同德意志浪漫主义和黑格尔一起，扮演了非常重要的角色；到十八世纪时，孟德斯鸠写出了他的《论法的精神》，事实上，他使用了民族的"精神"一语。这就说来话长了。格劳秀斯在这里的一个注释中提到了亚里士多德。

---

① *JBP*, 2.9.3.1.
② 这是德语 Volksgeist 的两种翻译方式。

朗读者：

亚里士多德在他的《政治学》中指出，政府是城邦的生命。①

施特劳斯：但是亚里士多德——当他这么说的时候，他谈到人民了吗？亚里士多德谈到了政制（regime），它给予人民以一种特质。人民是人类，是质料（matter）。这种质料由政制形式化，被政制给予了一种特质，给予了一种生命（一种特殊的生命）。这种生命可能是寡头的、民主的、僭政的或者任何形式。所以，格劳秀斯某种程度上对此进行了改变。在格劳秀斯那里，人民先于政府。在亚里士多德那里，则正好相反。人民并不仅仅是质料，而是建立起来的——人民以政制为前提。格劳秀斯与亚里士多德的差异，可以用这样一个事实来充分地说明，他在这一章第八段第一部分的结尾处提到了这一事实。

朗读者：

在这个问题上，没有任何人有理由援引亚里士多德的言论来反对我的观点。亚里士多德主张，当政府的形式发生变化以后，国家就不再是原来的国家了。他说，这就像一段乐曲，当它从多利亚调式（Dorian）转变为弗里吉亚调式（Phrygian）时，就不再是原来的那段乐曲了。②

施特劳斯：这是亚里士多德《政治学》第三卷中的一个著名段落，他说得很清楚——同样的人，同样的个体，他们今天组成一个悲剧的合唱队，明天组成一个喜剧的合唱队，亚里士多德会说他们是两个不同的合唱队。他们是否是由不同的个体组成，这一点完全不重要，因为悲剧合唱队本身并不是喜剧合唱队。③ 类似地，如果一个社会现在的组成

---

① *JBP*, 2.9.3.1(n)；亚里士多德，《政治学》，1295b1—2, Bk. IV（这句话中的 politeia 在这里译成"政府"，施特劳斯之后则将其译成"政制"[regime]）。
② *JBP*, 2.9.8.1.
③ 亚里士多德，《政治学》，III.3。

是民主式的，明天则是寡头式的，这就不是同一个社会。对亚里士多德来说，这不仅仅是一个比喻式的讲话，类似某人说工党治下的英国与之前的英国不是一个国家一样，这类模糊的说法在口语中很常见，但是对于亚里士多德来说，这具有严格的含义。

如果一个社会之为社会，它献身于一种不同的理念、一套不同的价值体系，那么它就不再是原来的那个社会，因为这种献身是一种最重要的政治现象。当然，一个社会也可能在其他方面发生变化：它可能会变得人口更多，或者人口更少，各种情况都有可能发生，但最重要的还是这个社会的理想是什么，这来自于社会本身的看法，而非来自任何由某个教授或并非教授的人所设定的武断的标准。这个社会的理想是什么？我们不用超出这个问题的范围。这就是这个社会的理想、价值，不管你怎么称呼它。而这就是亚里士多德所说的"政制"。

我们现在来看第十章，格劳秀斯在这一章中讨论了那些基于我们的权利（right）、他人所负有的对我们的义务，这与基于自己所有的东西所产生的义务不同。其他人所负有的义务——举个简单的例子——那些找到了属于我们东西的人，必须将这些东西还给我们。

我们来读第一段的第二部分。

朗读者：

> 来源于有形之物的义务就是占有我的财产之人有义务尽一切努力将其返还给我，并使其处于我的控制之下。我之所以说他"有义务尽一切努力"，是因为他没有义务做不可能做到的事情，又或者是为了返还我的财产而自己承受损失。但是，占有人有义务使自己占有有关财产的事实为他人所知悉，以便所有人都能收回其财产。①

施特劳斯：换句话说，他没有必要花大价钱来雇一个私人侦探，去找寻真正的失主。

---

① *JBP*, 2.10.1.2.

朗读者：

　　就像在财产社会共有的状态下必须遵守公平原则，每个人都可以和其他人一起使用共同财产一样，在财产所有权制度建立之后，所有人之间应当相互做出某种安排，占有他人财产之人应该将财产返还其所有人。事实上，如果所有权的效力被限制在只有当所有人提出主张时才应予返还财产的范围之内，那么这种权利的效力就太弱了，而保护财产的代价也太大了。①

施特劳斯：我们来读第四部分的开头。
朗读者：

　　由于返还财产的义务像一项普适性的协议一样对所有人都有拘束力，并且为财产所有人创设了一种特定的权利，因此，以后签订这一方面的单个协议就会受到限制。②

施特劳斯：你们可以看到，这种权利/法（right）的意思似乎是，所有者的权利以财产权制度的引入为前提，更有甚者，要以普遍的协议为前提。那么，问题就来了：这仍然是严格理解的自然法（right）吗？这难道不是普适意志法意义上的万民法吗？这里相当不明确。但我认为下一部分的开头就说清楚了。
朗读者：

　　至于所有权的性质，无论所有权是根据普遍的法律原则，还是根据特定的国家的法律产生的，其性质并无区别。事实上，所有权一直具有某些自然法的属性，其中的一点就是每个占有人都有义务把财产返还给它的所有人。马西亚努斯（Marcianus）充分肯定

---

① *JBP*, 2.10.1.2.
② *JBP*, 2.10.1.4.

了这一点,他指出:"按照普遍适用的法律原则,可以对非法占有财产之人提起返还财产之诉讼。"①

施特劳斯: 这个罗马法学者认为其所依据的是万民法,但他显然不是在格劳秀斯的意义上使用这个词汇。我认为,格劳秀斯的意思是,这位罗马法学家在这个特殊段落中所称的万民法(ius gentium),在更严谨的语言中,指的是自然法(ius naturale)。不过,这只是顺带一说。我们来看看其他的内容。在第二段的结尾处,我们会发现有趣的东西。请读一下。

朗读者:

如果能够正确理解上述两条规则,那么,我们就不难回答由法学家和制定良心裁判法庭规则的神学家们共同提出的问题了。②

施特劳斯: 我认为这是法学家和神学家之间差异的一个体现。神学家同时也决定那些法律所不能决定的事情。更传统的评论者就是这么理解这种区别的。请读第十二段。

朗读者:

第十,根据自然法,一个人不论是因为哪种可耻的原因而取得金钱,还是因为他实施的诚实履行义务的行为而取得金钱,他都没有返还的义务,尽管一些国家的法律要求他应承担返还义务也不无道理。其原因在于任何人都没有义务提供财产的所有细节,除非有人主张它属于别人所有。但是,我们现在考虑的情形是,金钱所有权的转移是在之前所有人的同意之下进行的。

如果金钱是通过诸如敲诈勒索这样的非法方式取得的,情况

---

① *JBP*, 2.10.1.5.
② *JBP*, 2.10.2.3.

就不同了。事实上,它涉及关于义务的另外一个不同的原则,而这个原则不是我们这里关注的对象。①

施特劳斯:这非常有趣。如果某个人通过不名誉的交易来挣钱——我们举一个有名的例子,即卖淫。那这个钱是属于谁的?这是妓女通过提供有问题的服务而获得的钱,它属于妓女吗?我们该怎么评论呢?不那么严格的、宽泛的道德家会认为:不管是失足妇女拥有这个钱,还是那些控制这些妇女的人(无论你怎么称呼他们)——皮条客——拥有这个钱,都并不重要;也没有必要去考虑他们所提供的服务;甚至没必要区分出谁有权拥有这个钱。我认为,仅仅为了最低程度的秩序的缘故,应该让法庭来介入这类事情。格劳秀斯显然采纳了这种律师的观点。自然法并不关注不名誉的事业和体面的事业之间的区别。除非市民法认定卖淫是一种罪行,否则这就是超越法律的。这是又另一回事了;这样的话,整个交易就是无效的。但是,总体来说,立法者并不禁止卖淫,因为禁止卖淫太过复杂。不过,如果立法者允许卖淫,那他就必须接受这类后果。

我不认为这在格劳秀斯那里是什么新的东西,但这是个有趣的例子,它反映了窄狭理解上的自然法同宽泛意义上的正义之间的区别,实际上这是必然的。另外一个例子是我们之前谈过的,关于挥霍者的礼物。这样一个人——想象一下,这是一个穷人,很穷,很老,而且生着病,还有十四个孩子,这个人从一个挥霍者手里得到了一百美元,这是作为一种挥霍浪费的行为,而不是出于博爱的一种行为,这个挥霍者还把百元大钞给了各种不同的人,那么这个贫穷的老人,我们都同情他——是否是这张百元大钞的合法拥有者?他是合法拥有者,因为他没有敲诈、勒索、偷抢。

这个区别更早的提出者是阿奎那,他在《神学大全》中讨论买卖圣职(simony)问题时提出了这一区别。问题是这样的:接受了买卖圣职的钱的人是否必须把钱存起来,还是只能被迫将钱仅用于虔敬的目

---

① *JBP*, 2.10.12.

的——也就是说,不能用于他自己的目的? 然后,又有了一个问题:买了圣职的人是不是不能首先卖掉那些不是他自己的东西?① 这是将会出现的另一个问题。

但我认为,主要的观点很明确:有必要在狭窄理解的法(right)和宽泛意义上的法之间作出区别。同样地,问题在于,作出这种区分的原则是什么? 是否除了依据情况的便宜行事之外并不存在什么原则? 还是说,存在一个原则? 这将成为问题。这个问题还会再现。在下一章的开头,我们会发现另一个例子。

朗读者:

> 按照本书的写作顺序,我们现在应当研究由承诺产生的义务的问题。在研究这个问题时,我们立刻发现自己和学识非常渊博的弗朗索瓦·康南(Francois de Connan)的观点产生了对立。他主张,依据自然法和万民法,不包含对价交换的约定不创设任何义务;不过,如果依照约定所涉事项的性质,即使在没有承诺的情况下,也应当根据诚实信用原则或者其他德性(virtue)予以履行,则该约定也可以被诚实履行。
>
> 另外,为了支持自己的观点,康南不但引用了法学家们的论述,而且也说明了自己的理由。他指出,首先,一个轻率地相信别人在没有正当理由的情况下作出的承诺的人和一个作出没有价值的承诺的人都存在过失。
>
> 其次,如果人们有义务遵守任何单纯的承诺,它将会严重损害所有人的利益。因为这些承诺常常只是一种爱的表达,而不具有特定目的;或者有时它确实具有特定目的,但那也是无足轻重和缺乏深思熟虑的目的。
>
> 最后,有些事情由个人根据诚实信用原则作出决定比强加给他必须履行的义务更加公平合理。一个人不履行承诺是可耻的,但这不是因为不履行承诺的行为不具有正当性,而是因为它表明这种承

---

① 阿奎那,《神学大全》,2.2.10。simony 就是指买卖圣职或圣物。

诺毫无价值。我们援引西塞罗作为权威。西塞罗指出,如果你作出的承诺对被承诺人没有好处,或者它对你产生的损害大于给被承诺人带来的利益,你就不应该遵守它。①

施特劳斯: 这是一个争议,但让我们也来看看,在最宽泛的意义上,这种争议是什么。承诺具有严格意义上的约束力吗?还是说,承诺的履行只是一种得体或者有德性的事情?格劳秀斯在这里认为,承诺原则上具有约束力。我们来读第三部分。

朗读者:

不过,康南用一般性预言表达的观点并不成立。按照这种观点,首先,只要国王之间和不同民族之间的约定的任何部分还没有得到履行,它们就是没有法律效力的,特别是在确定的条约形式和履约保证制度还不存在的地区,情况尤为如此。

其次,事实上,没有任何理由可以说明为什么作为人民共同的协议形式之一的法律(亚里士多德和狄摩西尼[Demosthenes]认为法律是人民之间一种共同协议)能够赋予约定一种履行义务的效力,而每个人尽力使自己受到约束的愿望却不能强化这种效力,特别是在市民法并没有为此设置障碍的情况下。

进一步的事实是,财产所有权可以根据个人理性的意志行为而转让。我们在前面充分说明了这一点。既然我们对支配自己的财产和行为有平等的权利,那么,为什么不能也给予我们转让财产所有权的权利(此权利并非所有权本身)或着实施行为的权利呢?②

施特劳斯: 换句话说,格劳秀斯开始支持承诺,支持承诺的约束力。这里论证的关键点在于,根本上的社会契约具有承诺的特质,所以如果你拒绝了承诺具有约束力的这一方面,那么你就摧毁了这样的公

---

① *JBP*, 2.11.1.1—2.
② *JBP*, 2.11.1.3.

民社会(civil society)。

从这样的观点来看霍布斯《利维坦》第十四章可能会非常好,他在其中谈到了承诺的问题。不过,存在某些限定——我们来看最有趣的例子。请读第五段的第三部分。

朗读者:

如果协议是在海上或者荒岛上达成的,或者是相距遥远的人们通过交换信件的方式达成的,情况就显然不同了。这样的协议只能由自然法调整。同样,主权者之间缔结的影响他们主权权力的协议也只能由自然法调整。自然法甚至会影响主权者以私人身份实施的行为:它可能使对主权者有利的行为无效,但同时不影响对其不利的行为的效力。①

施特劳斯:换句话说,主权国家之间订立的协议本身只能服从于自然法,因此将我们所称的国际法限定在自然法上,非常重要,因为它与其他法相区别。现在,你可以认为,这解释了所有这些观点,即格劳秀斯作品中国际法与自然法的关切之间的联系。

在第七段中,他讨论了这个问题:哪种承诺是有效的,但受到恐惧而作出的承诺,当你被胁迫时作出的承诺,是无效的。请读第七段的第二部分。

朗读者:

总的来说,在这个问题上,我同意有些人提出的这样一种观点,即如果不考虑能够撤销某种义务或者对义务的范围加以限制的国内法的规定,则因恐惧而作出承诺的人有义务受该承诺的约束。因为在这种情况下,就像我们刚才在讨论因错误而作出的承诺时讲到的那样,存在着某种并非有条件的,而是真实同意的承诺。事实上,正如亚里士多德正确地指出的那样,如果不是担心有

---

① JBP, 2.11.5.3.

发生船难的危险,那些因为害怕发生船难而把货物抛入大海的人们当然希望能够保全自己的货物。但是,考虑到当时所有的情况,他们放弃自己的财产完全是出于自愿的行为。

施特劳斯: 请继续读。

朗读者:

同时,我认为以下规则无疑是正确的:如果恐惧来自被承诺人的非正义行为,而且承诺人的承诺是因为这种恐惧而作出的,那么即使恐惧并不严重,只要承诺人不愿意履行承诺义务,那么被承诺人就应当放弃履行义务的要求。这不是因为承诺不会产生效力,而是因为被承诺人的非正义行为给承诺人造成了损害,对于万民法孕育的这一规则的例外情形,我将在后面适当的部分进行解释。①

施特劳斯: 换句话说,如果你因为恐惧另一个人而作出承诺,那么你有义务受承诺约束。但是,如果某个人让你恐惧并让你对他作出承诺,那么你当然不受约束。那么,就这样的例子而言,霍布斯如何在自然法的基础上作出决断?

学生: 谁让你恐惧,这一点并不重要。

施特劳斯: 在自然状态中,恐惧所引起的承诺是有效的。② 为什么霍布斯的说法如此与格劳秀斯不同? 公民社会就是基于恐惧所引起的承诺。霍布斯当然会认为,如此构建起来的公民社会可以禁止敲诈勒索,那么你也就不用再被敲诈勒索了。

学生: 难道不是这样吗,这个人仍然——原来的所有权人已经同意给予,因此财产就属于那个使用了恐惧手段的人。在这个意义上,承诺是有约束力的,这与霍布斯的观点类似,但是格劳秀斯消极地认

---

① JBP, 2. 11. 7. 2.
② 霍布斯,《利维坦》(*Leviathan*), chap. 14。

为,接受财产的人有义务归还财产,因为他使用了强力或者恐惧。这种同意的影响也约束了原来的所有权人,这与霍布斯难道不也类似吗?

施特劳斯:不完全如此。最终的结论与霍布斯不一样。在某种程度上,格劳秀斯是基于亚里士多德和他的《尼各马可伦理学》来处理这个问题的:出自恐惧的行为并不必然是非自愿的。举个例子,某个人宁可丢掉他的东西,也不愿意丢掉生命。我们曾经读过一个段落,由亚里士多德所写。亚里士多德认为,这个人当然是出于自愿而选择了生存,放弃了财富。这种因为非常特殊环境的自愿选择偏好,并没有消除这样一个事实:他做了自己意愿的事。① 这是格劳秀斯与霍布斯之间一致的地方。换句话说,霍布斯与亚里士多德一致的地方,也是霍布斯与格劳秀斯一致的地方。

学生:看亚里士多德那里的例子,似乎有一点奇怪,因为这似乎表明,认定国王是所有船难财产的所有者的法律,事实上是有效的。

施特劳斯:不是的,国王不是所有者,如果所有他的臣民都是奴隶,那么国王将是一切东西的所有者。至少在当时的西欧,这种情况很罕见,因此存在自由人,也存在他们的财产。既然存在自由人的财产权,那就是说,并非所有的财产都属于国王。国王没收财产需要在一定的条件之下,但条件并不仅仅这么简单:发现了一艘遇难的船只,财产被找到,问题在于,财产到底属于谁。所有者去世的简单事实,并不能使得贵族获得这些财产。

学生:问题是,在格劳秀斯以某种赞成的语气所征引的亚里士多德的这个例子中,考虑到时间和地点的因素,所有者愿意绝对地放弃他的财产,就已经放弃了他的财产权。

施特劳斯:确实,但那是完全不同的情况。这个人扔掉了他的东西,是为了救自己的命。然而,在那些遇难者的例子中,他们并没有扔掉自己的东西。船的某一部分"存活"(survived)了下来,而他们的财

---

① 亚里士多德,《尼各马可伦理学》(*Nicomachean Ethics*),110a1—1110b9 in Book III,相关的讨论可见第七讲。[译注]应为 1110a1—1110b9。

产碰巧在上面。他们并没有做过选择。如果你带有同情心,那么对于这些相关的可怜的人们来说,我们讨论的这一点没有什么意义。但是,对于法学家和法官来说,这一点很重要。他们必须决定,财产到底属于谁?船上发现的东西,属于船上死难者的继承人。那些被海水卷走的东西又称为什么呢?

学生:漂浮残骸(flotsam)。

施特劳斯:没听说格劳秀斯就此有过讨论,但这种情况在海上确实会发生,船可能无法靠岸。我们看看是否能发现有关漂浮残骸的讨论。

学生:如果格劳秀斯认为,由不正义的恐惧所强迫的承诺是没有约束力的,那么僭主的例子呢?僭主的权利呢?

施特劳斯:但问题在于,在这个例子中的义务是否基于恐惧,而不是考虑是否从一般意义上说,从公共利益的角度看,任何暴烈的改变都是坏的。当保罗说"在上有权柄的、人人当顺服他"[①]时,在很大的程度上,这意味着要顺从于僭主。十七世纪的某些保王党人当然不会说"顺从于僭主",否则他们会被枪杀或者肢解。出于良心,保罗排除了这一点。换句话说,这是真的,但不仅仅如此——呃,如果僭主行事足够有效率,那么我们大部分人会服从他,但是出于良心,当然不可能从内心深处服从他。我们来读这一章第八段的第二部分。

朗读者:

其次,如果有关财产现在不在承诺人的掌握之中,但它在将来的某个时间可能为他所掌握,那么,承诺的效力就处于一种不确定的状态。这时的承诺应当被认为是一种附条件的承诺,即假如该财产将来可能被承诺人实际控制。不过,如果该财产可能被承诺人实际控制这一条件是指他有取得该财产的能力,那么,他就有义务采取一切在道德上具有正当性的行为来履行自己的承诺。[②]

---

① 《罗马人书》(Romans),13:1。
② JBP, 2.11.8.2.

第 六 讲

施特劳斯：这难道不是一个公平的决定吗？我认为我们应当从这些观点如何激起我们的伦理感的角度来阅读这些段落,我们会发现自己有伦理感,这不仅仅是因为我们是这个特殊伦理传统的继承者,也是因为这本身就是公平的。在某些情况下,我确信,格劳秀斯把依据《圣经》传统或罗马传统是公平的东西错误地当成了依据理性是公平的东西。但这里并非如此。

朗读者：

虽然这种类型的承诺自然地(naturally)具有拘束力,但市民法经常宣告许多此类承诺无效——

施特劳斯：重复一下：自然地。格劳秀斯总是强调这一点。

朗读者：

——如已婚男女对第三人作出的将来与其结婚的承诺,以及儿童或者仍然处于父母管理之下的子女所作的承诺。①

施特劳斯：这里关于未来结婚的承诺,意思是,这个丈夫有一个活着的妻子,只要这个妻子一去世就另一位女子结婚。这样的话,另一位女子当然就不能控告他违背了承诺。可以看到,法学家们需要感兴趣的是哪些事情……

学生：我们从格劳秀斯的自然法中看到的公平(equitiy)概念——这是他严格意义上的自然法,与霍布斯的自然法极为不同,也与亚里士多德的不同。

施特劳斯：非常好。霍布斯当然不是看不到公平,但他处理的方式很不一样。根本原因是什么呢？

学生：在我看来,格劳秀斯那里,得体(decency)的观念要更重于利益计算。

---

① *JBP*, 2.11.8.3.

施特劳斯：当然是的。但是，如果我们不考虑所有不必要的东西，而开始讨论具体的问题，那么问题仍然是：区别到底是什么？我们之前已经讨论过这一点了。人类的基本状态是什么？格劳秀斯（还有亚里士多德，以及属于这一传统下的其他所有学者）从正常（normal）状态开始论述，他们认为在极端（extreme）状态——船只遇难、极度萧条，以及我所不知道的其他情况——之下，很多事情没法做，没法实现。他们知道这一点，并在某种程度上试图将人类的权利和义务的现象视为以最高度发展、最为丰富、最为细致和密集的形式呈现的人类正义现象。毕竟，谁也不知道，如果存在这种严酷的大屠杀，如果我们被逼到不可能的境地，我们能做什么，但可以确信，不会有多少美好（niceties）存在。

不过，仍然有一种状态，我们在其中可以变得美好——不仅仅是口头上说说——我们可以变得精确、认真、小心，这种状态比起极端状态更使我们身上最好的东西得以完整展现，难道不是吗？在正常状态中，难道不是可以比在极端状态中更好地把握方向吗？这种"正常"不是统计意义上的平均，而是指在这种状态中，最好的人类也能够完整地得到发展。我们在之后讨论战争的问题时，还会涉及这个问题。在战争这样的典型状态中，美好的东西当然很难存在，但事实就是如此。霍布斯说得有点粗暴，但他本人是个非常体面的人。有传言说，他有个私生子，所以如果你要借此抨击他，也没有问题。但我对此一无所知，我只知道他是个好争论的人，但他也是个有修养的人。他的错误是一个巨大的理论错误。只要他读过那些古老的文本，那他就肯定知道这些美好的事物，而霍布斯肯定是读过的。

学生：但在我看来似乎是这样的：之前存在过的那种将格劳秀斯的一般自然法与其他特殊自然法相区分的观点，必须要做一些修改，之前认为自然法有开端（beginning）和终点（或目的［end］），而霍布斯所做的则是将目的删除。①

施特劳斯：不管霍布斯的学说——

---

① 这个学生似乎是在提及格劳秀斯道德学说的双重特质，其中更低的层面是给予自然的第一原则（prima naturae），也就是"开端"（beginning），而更高的则是关于人类作为理性和社会生物的目的或终点（end）。

第 六 讲

学生：但那意味着，格劳秀斯所说的"严格理解的自然法"就等同于霍布斯的自然法。不过，两者之间存在差异。

施特劳斯：但问题——非常好，可以说，即便在最低的层面上，格劳秀斯所教导的东西仍然与霍布斯的有差异。[施特劳斯往黑板上写字]：这里是严格理解的法的范围，我上次说过这一点，这是霍布斯唯一承认的，而格劳秀斯也承认这一点，但并非承认其为严格的法，或者整体的法。某种程度上说，整体的含义变化了。这种含义在不同的地方和不同的人群中呈现。这完全正确。① 确实如此。

现在来读第十二章第三段的最后部分，请为那些对社会史感兴趣的同学读一下。

朗读者：

> 鉴于行为的多样性，"我做这件事是为了你可以做那件事"的契约有许多种形式。不过，实践中更常见的是"我做事是为了你可以给我财产"的契约。其中一种情况是我为你做事，你给我钱。例如，在日常生活中，提供和购买服务的行为称为"出卖劳动力"和"雇用"；为偶然和难以预料的损失提供补偿的行为称为"风险补偿"，或者在日常用语中叫作"保险"。这种契约形式从前鲜为人知，但今天已经十分普遍了。②

施特劳斯：这很有趣，保险大约在那时出现，十七世纪的一位革新者想出了人寿保险，如果没有人寿保险，我们现在的生命看起来都无法想象。这种保险曾经并不存在。换句话说，社会保障（social security）仅仅是更宽泛意义上对安全的关注的一种派生形式，它在十七世纪出现。这不仅仅是狭窄意义上的社会史。这是人类的态度在各个方面的重大变化。

我们下次将讨论第十二章的结尾部分。

---

① 施特劳斯的观点似乎是，法的更高（higher）层面的那一部分的存在，影响了格劳秀斯的整体学说。比如，人类法可以要求超越窄狭或者严格意义上的法所要求的义务。
② *JBP*, 2.12.3.5.

第 七 讲

JBP, 2.12—2.16.13

(1964年10月27日)

施特劳斯:我不是很确定你对格劳秀斯的评论是否正确。① 当格劳秀斯说这些和约[很困难(onerous)]时,他的意思是什么? 这并不是为了证明荣誉的例子。这是[困难的],是因为它给罗马人带来了负担,要求其帮忙发动战争。

学生:我认为,给予负担的事实并不一定意味着这个条约本身是[困难的],我认为问题在于究竟得到的是这种负担,还是获益……

施特劳斯:呃,当然,我们会讨论这一点。我这里只提一点,涉及到讨论誓言的那一章:誓言属于哪一种法?

学生:严格地说,誓言不属于自然法,因为誓言不会赋予人类权利。它们应该属于宗教体验之类的同意(agreement)、感激……

施特劳斯:我觉得这样说太模糊了。我们必须使用清晰的格劳秀斯式的词汇。

学生:誓言使得你直接对上帝负责。

施特劳斯:但是,既然异教徒所立的誓言也有效……

学生:格劳秀斯在同一个地方也说:以虚假的神灵的名义所立的誓言也有约束力。②

施特劳斯:是的。一句话,誓言属于万民法(ius gentium)。这是

---

① 这一讲开头阅读了一位学生的论文。这个过程并没有录音。
② 格劳秀斯讲这话是在:*JBP*, 2.13.12。

第 七 讲

我的印象,但我们以后还会再讨论这个问题。

就我的原初观点来说,你的最主要观点是一个很好的起点,你观察到总体上有一个向自然法的转变,你将之与世俗化(secularization)放在一起谈论。我直接使用了你所用的词汇。这当然非常正确。

在进入我们今天的文本讨论之前,我们先从对这个问题的总体考察开始。我们回忆一下格劳秀斯关于他自己的写作意图所说过的话。他将对法律的研究提高到技艺(art)的地位——"技艺",当然是指亚里士多德所指的含义,而非当今的含义。他不想把法律变成诗歌或者雕塑。但是,只有自然法能够被提升到这种地位,因为自然法不可变更。[①] 因此,自然法具有更高的地位。这确实是格劳秀斯的总体倾向,我们在很多地方而且也将会在以后的很多地方发现,格劳秀斯异常关注某个特殊的制度(institution)到底是自然法,还是万民法,抑或神法,等等。对他而言,仅仅去区分自然法和其他两种法是不够的,他想把这一点贯彻到对每一种法的主题的讨论中——什么是自然法,什么不是自然法。

如果按此推演下去,我们最终就会得到一个自然法的体系,除了自然法,其他什么也没有。我们也会有一个第二卷:万民法会如何评论自然法,联合国的实践会如何评论自然法?但毫无疑问,格劳秀斯并没有在一本书中谈论所有的东西。因此,这种想法的最终产品会是一种自然法的法典,或者使用一个十八世纪后期的说法,"自然的法典"(code de la nature)。这当然也就是一种理性的法典(code of reason),这一点我暂时就不展开讨论了。这意味着,将来一个完美的社会只需要自然的法典:完美的理性社会。更不要说,格劳秀斯其实比这走得更远。为了更好地理解格劳秀斯,我们必须考虑这种可能性。

然而,格劳秀斯与后来那些奇怪的变化没有什么关系,最简单和最明显的原因是什么呢?任何时代阅读格劳秀斯该作品章节的读者都会惊奇,他居然没有为我们展示这样一种自然的法典。呃,你们都看到了:格劳秀斯的各种引用,对权威的依赖。而自然的法典则并不需要权

[①] *JRP*, Prolegomena, 30

威。我们还从来没有读过霍布斯的这样一个段落,这个段落显示出,一种巨大的变化开始了。这个段落是霍布斯《论公民》第二章的第一段。

请读一下,请读得清楚一些……

朗读者：

> 论契约的自然法。①
> 人们经常在对"自然法"这个词的定义没有多少认同的情况下就在其著述中使用它。不是含糊其辞,而是从定义出发,这样一种方法对于不想给反对者留下漏洞的人来说,当然就是恰当的。——

施特劳斯：这里说得很清楚。

朗读者：

> 其他人却是用不同的方法来处理这个问题的。他们中的一些人说某种特定的行为有悖于自然法,因为它于所有最智慧或最开化的民族的共同看法相悖——

施特劳斯：所有最智慧的民族,或者说,所有最文明的民族。这里当然存在一种小区别:有悖于所有民族的一致同意,还是有悖于那些最智慧的民族的看法。

朗读者：

> 但他们并没有告诉我们,是谁在对所有民族的智慧、学识和道德作判断。——

施特劳斯：换句话说,我们首先要确定这些民族是否事实上具有智慧,然后才能将它们用作权威。对吗？

---

① 这是章节的题目,参见霍布斯,《论公民》(*De cive*), chap. 2, para. 1。

第 七 讲

朗读者：

> 另一些人则说某种行为违背了自然法，是因为它与全人类所认同的看法相悖。我们当然不接受这种定义，因为除了婴儿和弱智之外，谁都不可能因这种缘故而冒犯这样的法则——

施特劳斯： 孩子和弱智，因为总体来说，他们不知道自己在干什么。因此，他们是无知的，他们做出的事就不能被认为是冒犯这样的法律。

朗读者：

> 由于"人类"这个词当然指的是所有那些自觉运用理性（reason）的人，故而，冒犯者或者并没有与这条自然的法则作对，或者是在未经他们自己同意的情况下造成的，因此是可以谅解的。而从那些更经常违背而非遵守各种自然法的人的角度来思考自然法，这显然是站不住脚的。况且，人们常常人云亦云地去谴责自己所赞同的东西，公开赞扬他们私下所抛弃的东西①——

施特劳斯： 诸如此类。换句话说，不存在什么对于民族的共同看法或任何其他东西的依赖，那完全是过时的。在格劳秀斯和霍布斯之间存在一个巨大的鸿沟，两人之间存在一种转变——如果可以这么说的话——在一场大的革命性变化的转变阶段。

在《论公民》的第二和第三章以及《利维坦》的第十四和第十五章中，霍布斯确实给出了一种"自然的法典"，但其中不存在任何权威——没有对于西塞罗以及古代部落实践的引用。这是第一点。

格劳秀斯为第二点巨大变化做了准备：格劳秀斯对于严格理解的法的理解。正如我们所看到的，这是一个可以回溯到亚里士多德的复

---

① ［译注］这里的中译采用［英］霍布斯，《论公民》，应星、冯克利译，贵阳：贵州人民出版社，2004，页14。

杂问题。我们将自己只限定在格劳秀斯的时代。严格理解的法等同于道德的最低要求。你可以认为是道德的最低但最紧迫的部分——最原始的。总体来说，这其中并不需要什么道德上的改进，比如，你不应该谋杀。但在格劳秀斯那里，这种对于严格理解的法的限制是基于这样的预设：人类依据自然是社会动物。这一点同这样的事实有关，即格劳秀斯解释严格理解的法时，使用了西塞罗的语言，西塞罗区分了依据自然首先的(first)事物和作为人类自然目的的终点(end)。

霍布斯与格劳秀斯之间的鸿沟在于：霍布斯认为，人类依据自然不是社会动物，因此法(right)的定义与社会(society)没有内在的关系。严格意义上的法，强调了法与义务的区别，尽管法中也有义务，但它本身是法。法的首要性就在这里。再说一次，霍布斯关于这一点的论述要比格劳秀斯明确得多。

我们现在来看看之前已经观察到的另外一点。在格劳秀斯那里，自然法并非是绝对标准。自然法可能会被修改，万民法甚至会与自然法相悖，神法也会与自然法相悖。所以，即便存在与自然法最相一致的人民主权，这并不有趣，因为自然法经常会被万民法改变。并不存在不可剥夺的人类权利。自然法(ius naturale)可以被修改。引用一个说法，"痛苦或者主动的屈服，就会转变为法"(patientia in ius transit)。如果你对某物有一种权利(right)，但你放弃使用它，那么这就不再是一种权利。比如，禁止反抗僭政：依据自然，你当然可以反抗，但这种反抗有可能被人类行动或者神圣行动所禁止。

换句话说，这种自然法不承认时效，但如果没有时效的话，人类生活当然是不可能的。这是前述这种变革的另一个表现。这里如此残酷的论点，我们之前看到过：人们臣服于一个绝对的统治者，在时效上本身是永恒的。这样时效的原因是出于稳定和秩序的考虑。自然法在这里没有这种特点，它是从那种被认为是不公正的情况来看，可以诉诸的东西。我认为，我们必须记住这些说法。这当然也最终导致了那场伟大的革命性运动，你可以诉诸自然法，而且不仅仅如此，某种程度上还可以诉诸自然法的现代修正版所发展出来的那种自然法的法典(code)。

第 七 讲

现在,我进一步作一些解释。我之前已经谈过了自然的法典,这个观念的兴起同格劳秀斯存在某种关系,但在这里,我们要作进一步的阐释,在属于自然法以及不属于自然法的东西之间作一个区分。既然现在我们有这种自然的法典,这就意味着我们从过去的整体平稳中、从所有的传统中解放了出来。这并非是一种人造的法典,因而不可由人类撤销。但是,这种思想也可以在古典思想中找到,我们现在来讨论一下这些现代的自然法典的特质。出于牢靠(solidity)及有效性(validity)的考虑,他们试图——他们想从在全部人类身上都有效的东西开始,也就是说,从最低的(lowest)层面开始,这是你在所有场合中都可以依赖的东西——我们也可以说,这是从绝对最低层面的事物开始的。只有绝对最低才是这些自然法典的基石——用一个词来说,就是"自我保存"。从"自我保存"开始,才能容易地谈及财产权和自由权以及其他东西。在"自然状态"这个概念中,这些事物某种程度上被整合了起来,但是自然状态呈现出来的则是一种绝对的苦难状态。在这个状态中,不存在任何人类的制度,当然也没有任何神的制度。换句话说,使得生命值得过的,是人类本身的努力——这也是自然状态学说的一个结果。在自然状态中,我们所有人都很悲惨。

与自然状态相对的"好社会"(good society),是一种基于自然权利(natural right)的理性建构(rational construct)。你从那种"绝对最低"开始——比如,自由、财产或者你所拥有的其他东西——然后,你在此基础上搞清楚哪种秩序最有利于这些事物。这需要你将其搞清楚,这是人类理性的工作,而非由自然(nature)所给定的。在更宽泛及更不严格的意义上,你当然可以认为,这种秩序最有益于人类的根本权利,是最为自然的秩序,但这只是一种不严格的表述方式。

这些人的想法可以表述如下。[施特劳斯往黑板上写字]:自然状态——从某种程度上说,这是处于开端(beginning)。然后,它会带我们走到如今我们现在所在的地方——一种极其不完美的状态,在某些方面可能要比自然状态还糟糕。我们称之为"现实中的社会"。

他们做了什么?我是说,霍布斯、洛克和卢梭他们。他们从这里开始:自然状态。然后,这就导向了好社会,好社会的建构。换句话说,我们不需要这种可怕的东西:即对于人类愚蠢和罪行的记录,这也被称为"历史"。我们不需要历史,我们只需要不费力地回到绝对必然的状态,即如其所是的人类自然(human nature),然后,我们就能搞清楚什么是好社会。存在一个与那时开始发展起来的所谓"知识论"(theory of knowledge)严格相对应的东西。存在一个严格相对应的东西。你可以粗略地说,人类知识包含了两种东西,一种是认识(percepts),一种是概念(concepts)。你会有感性认识(sense perceptions),但感性认识当然是不够的——它们必须以某种方式组织起来,而这正是由概念来完成的事情。如今,我们都有概念,甚至最野蛮的部落也依据概念来组织他们的世界。这些概念是什么?它们是人类理性的无意识产物。这事实上同我们这里的情况相一致。① 我们现在为了去除这些流行的概念而必须去做的事情,就是回到这些认识(percepts)。然后,好好加以理解,不再做一个充满迷信的野蛮蠢货,而是做一个受启蒙的人,我们将建构起正确(right)类型的社会。类似地,我们这里像一个野蛮人一样依赖自己的感性印象,但是我们不再依赖这些流行的概念、无意识的概念来解释我们积累的感性认识,我们要依赖有意识的概念。我们监督这种有意识的建构:其中不存在任何黑暗和可疑的东西。无意识的建构则没有任何监督。也难怪,它们会非常粗糙。

我这样简短地做一番展示,是因为我觉得咱们不能忘掉更宽泛意义上的事情。现在,我得谈一下——我们上一次具体讲到了哪里?我们没有讲到第十二章的结尾。请读第十二段的第二部分。

朗读者:

> 罗马法并没有把这一项规则适用于契约中可能发生的所有不公平的情形,因为如果它被用来调整当事方之间细微的利益差别,将会导致大量的法律诉讼。但是,如果双方利益存在实质性的重大差别,如货物价格超出公平价格的二分之一,这一项规则就应当予以适用。正如西塞罗指出的那样:毫无疑问,法律调整的是明显

---

① 施特劳斯此时可能指着他的黑板上的示意图:在公民社会之前的可怕状态。

第 七 讲

的非正义现象,而哲人们研究的则是根据理性和智慧可以识别的非正义现象。① ——

施特劳斯:换句话说,我们在这里看到,格劳秀斯引用西塞罗作为权威,来论证法律与道德之间的某种区别。

朗读者:

——事实上,那些不受市民法支配的人们应当适用这项规则,因为正当理性(right reason)告诉他们这样做是公平的。另外,当有关交易在道德上具有正当性而不存在瑕疵的时候,受市民法支配的人们也需要遵循这项规则,假如尽管法律没有授予或者剥夺某种权利,但由于特定原因拒绝具有正当性的一方提供救济的话。②

施特劳斯:现在,我们来看西塞罗《论义务》(Offices)③中的段落,请读第三卷的第六十八段和第六十九段。④

朗读者:

我为什么要举这些例子呢?目的是为了让你知道,我们的祖先并不鼓励这种不择手段的行为。杜绝不择手段的行为有两种方法,一种是法律的方法,另一种是哲人们采用的方法:法律只是以其强有力的威慑力制止这种行为,而哲人们则是通过启发人的理性和良知来防止这种行为。理性要求我们不做任何不公正的、不老实的或弄虚作假的事情。布设陷阱不就是欺骗吗?即便人们无

---

① *JBP*, 2.12.12.2.
② *JBP*, 2.12.12.2.
③ [译注]西塞罗的《论义务》一书,施特劳斯有时候称为 *On Duties*,有时称为 *Offices*,中译直接予以保留,不再统一。书名拉丁原文为 *De Officiis*。
④ 这一段来自西塞罗,《论义务》, trans. Walter Miller, Loeb Classical Library 30, Cambridge, MA: Harvard University Press, 1975。[译注]中译采用徐奕春的译文,依据英译,略有改动,参见[古罗马]西塞罗,《论老年·论友谊·论责任》,徐奕春译,北京:商务印书馆,1998,页 242—243。

意于将猎物惊入或赶入陷阱,那也是欺骗,因为野兽常常就是在没有追赶的情况下堕入陷阱的。张贴售房告示也是如此,如果你所出售的房屋具有某些缺点而又不告诉买方,那不就像一个陷阱,让人稀里糊涂往里跳吗?

我发现,由于世风日下,现在这种做法既不被按习俗看作是不道德的(morally wrong),也不为法令或民法所禁止。不过,它还是为道德律(moral law)所禁遏。因为人与人之间存在着一种伙伴关系的纽带(虽然我以前常说这句话,但以后还是会一遍一遍地反复说),这种纽带具有极广泛的适用性,它把所有人全都一个个地联结起来。在属于同一民族的那些人之间,这种纽带联结得比较紧;在属于同一个城邦的那些人之间,这种联结的纽带则更加密切。正因为这一缘故,我们的祖先喜欢用普适法(universal law)来理解一件事情,用市民法来理解另一件事情。

施特劳斯:你现在读到哪里了?

朗读者:第六十九段。

施特劳斯:请把它读完。

朗读者:

市民法未必是普适法,而普适法则应当也是市民法。但是,我们并不拥有关于真正法律(law)和真正正义(justice)的有血有肉、栩栩如生的图像,我们所享有的只是一个大概的轮廓。即便如此,我还是希望我们能不折不扣地按这一大概的轮廓行事,因为它毕竟是从自然和真理所提供的那些卓越的范围中提取出来的。

施特劳斯:这一点是很清楚的:西塞罗在这里存在一种——英译非常不准确——道德与法律之间的区分。① 西塞罗这里所想到的例

---

① 在所征引的段落中,被翻译成"道德"(moral)的词语,实际上第一次使用的是 turpe(可耻的),第二次使用的则是 naturae lege(自然法)。

子——不久之后,他会更详细地加以讨论——是这样的:有人出售自己即将倒塌的房子,这个房子有各种材料,但就是没有任何优点(virtue),它没有窗户,没有屋顶,但这个人做广告说这是个漂亮的住宅。诚实的人只会认为它实际上没有价值,如果有人出于某种原因想要这个房子,他会说:拿走吧,或者给我一美元就好了,我们这样就可以签合同。那么,不诚实的人会怎么做呢?他会用一定数目(比如,一美元)把它买下来,[然后,他会倒手卖掉],并会隐瞒或者欺骗消费者,让他们意识不到房子的缺陷,他会作出各种各样的承诺。是的,他会尽可能快地完成交易……然后,他还会把这房子用高价卖出去。但是,在这里,谁承担道德上的责任?这是个复杂的问题。因此,法律依据粗略的逻辑,认为不能证实是欺骗,我们不可能像护士一样,照看每一个受到欺骗或者陷入谎言的人,我们无能为力。

因此,法律与道德之间的区别显然有必要,且总是得到人们的承认。但尽管如此,什么东西改变了呢?十八世纪和十九世纪,尤其是在德国——我知道在德国,是因为我就在那里长大,但我认为同样的事情也发生在欧洲其他国家——现代法学(jurisprudence)的伟大成就之一,就是法律和道德之间的明确区分。

我们来看一下关于禁令(prohibition)问题的讨论。关于赌博这件事的法律:在这里,我们会发现某种程度上与现代欧洲的大陆精神不相容的东西。不同在哪里?在欧洲大陆,原则是:对于伤害他人的事物给予尽可能最严格的限制。如果你伤害自己,[那是合法的]。呃,这种区分显然很难作出,比如,X 的赌博行为没有伤害 Y,但伤害到了 X 的家人。总是存在这样的复杂情况。但不管怎样,原则是明确的。可能还是应该认可这种明确的观点。

从老派的观点来看,审查(censorship)这类东西不会受到任何反对。毕竟,去看一下一本书是否得体——比如,是否包含淫秽的表述或者淫秽的图片——并不是很复杂的事。陪审团的任何一个正常的成员就可以看到这一点。或者看看是否有鼓动叛国,或是任何其他情况。又或者,是否有鼓动不忠。

在这里,依据现代的观点,人们相信他们已经发现了一条原则,这条原则使得所谓的思想自由(freedom of thought)作为一种普适的规则成为可能,这当然是指自由表达,但人类立法者(human legislator)不能干涉这一领域。无论这是什么,现代发展强调这一点,即发现这样一条原则:允许对立法者设定明确的界限,立法者不得违背。简单地说,就是道德或者德性不是立法者的考虑范围。西塞罗当然从来没说过这种话。西塞罗确实认为,这是他的关注,但他只能非常浅层地关注这一点,不可能在刑法中完整地对此加以关注。

不过,后来,这就不再是立法者的关注点了,十七和十八世纪很重要,因为这些问题得以清晰地区分。立法者必须保护每个人的生命权、自由权、财产权,防止他人侵犯,除此以外,没有其他任务。德性、宗教或者其他任何东西,都绝对不是立法者所考虑的。这是原则上的区分。然而,问题是,这种原则上的区分明智吗?比如,在忠诚的例子中,忠诚很显然是立法者关注的东西——不仅有叛国的简单例子,而且还有普遍不满的状态,这对于任何政府来说都至关重要;另外还有我们称之为公共精神的东西,这可能并不是亚里士多德意义上严格的道德德性。毫无疑问,没有公共精神,体面的政治生活是不可想象的。明确的界限很难划出,但你坚持这一点,那么就存在一种明确的界分,也就是说:生命权、自由权、财产权才是立法的范围,其他任何东西都不是立法者的事情。

回到主要的观点上来,在现代发生的事情似乎如下:并非是法律与道德之间的区分——从西塞罗那里征引的这段话证明了,这并非是现代发明——而是确信法律与道德之间存在明确的区分原则……

学生:我认为你不可能在格劳秀斯那里找到这样的观点。我认为格劳秀斯明显与西塞罗一致。这更是一个法律可以覆盖多大范围的问题。

施特劳斯:当然,是的。

学生:呃,那么,除了他正好处于那个时代,我们怎么来说格劳秀斯是一个转折点呢?

施特劳斯:但我们已经看到了一些东西。他为什么如此关注自然法的区别,从而某种程度上准备了一种自然法的法典呢?他为什么系统地关注法——自然法——与其他形式的法之间的严格区分呢?为什么?

学生：因为他是一个法学家。

施特劳斯：但当时也存在其他的法学家。他不仅仅是一个法学家。毕竟，在他的生命中，哲人们和神学家们都扮演了非常重要的角色。我们之前已经讨论过这一点。

学生：他关注这些，是因为他试图区分出自然法中那些会得到遵守的基本原则，他试图使得那些不会被得到遵守的原则不再成为障碍。

施特劳斯：换句话说，关注严格意义上的自然法，这实际上是关注法律的范围，这个范围与完整意义上的道德的范围不同。这是你想表达的意思吗？但有这么个限定：格劳秀斯意义上的窄狭理解的法，实际上当然只是道德范围的一个部分。

第十二章第二十段的标题是什么？

朗读者：

> 禁止收取利息的权利根据是什么①

施特劳斯：这个讨论非常奇怪。格劳秀斯没有明说自然法不禁止高利贷，一般都认为自然法禁止高利贷，但格劳秀斯则暗示自然法不禁止。② 我认为他暗示了这一点。这里并不是格劳秀斯唯一一次试图接手这种烫手的山芋——整个基督教的宗教传统都反对高利贷。当然会存在一些例外，尤其是在十七世纪，但是总体上，他们都反对高利贷。格劳秀斯没有明确地谈论这一点。我们来看第二十五段结尾的一些观点……

朗读者：

> 在海上航行中联合组成的船队的共同利益在于抵抗海盗的攻击，有时也包括分享战利品。在通常情况下，对每一艘船和船上货物的价值都要进行评估，并由此得出整个船队的价值。一旦发生

---

① *JBP*, 2.12.20.
② 也就是说，格劳秀斯在这段话中暗示：自然法并没有禁止高利贷。

任何损失,包括照料伤员的支出,船只和货物的所有人就可以根据他们在整个船队中所占的份额按比例分担。

到目前为止,我们所讲的一切都符合自然法。①

施特劳斯:请读第二十六段的开头。

朗读者:

对于那些有关契约的问题,万民意志法并没有作出什么改变,唯一的例外是当不存在欺诈或者隐瞒应当披露的消息时,作为外部行为,契约中的不平等条款被认为是平等的。因为在《戴克里先法典》(the Constitution of Diocletian)通过以前,市民法不允许针对契约的这种不平等条款提起诉讼,所以那些只是根据万民法建立起来的联盟也不允许因此而提出主张或者要求纠正。②

施特劳斯:现在请读第二十六段的第三部分。

朗读者:

不过,确立我刚才论述的规则的可取之处在于,它显然可以终止关于契约不可胜数的纠纷。因为人们对货物价格的不确定性不可能有共同的判断,所以这种纠纷将是无止境的;同时,假如允许人们以契约条款的不平等为理由撤销已经达成的协议,由此产生的纠纷势必难以避免。③

施特劳斯:换句话说,存在如下的一种考虑,这种考虑不属于严格意义上的自然法:这种自然法不能提供一种称职的判断,而问题在于如何提供改正,这才是走向万民法的方式之一。

---

① *JBP*, 2.12.25.
② *JBP*, 2.12.26.1.
③ *JBP*, 2.12.26.3.

第 七 讲

我们现在来读第十三章,这一章极其重要。在任何时代和任何民族中,伪证罪(perjury)都被认为是一种非常严重的罪行。在誓言(oaths)中包含了什么?招来上帝对于伪证者的愤怒。格劳秀斯卫护了这种观点,即上帝的愤怒是一种伤害的意志。请读第三段的开头部分。

朗读者:

对于一个人故意宣读誓词但没有立誓意图的情形,有人认为,虽然他有草率立约的过错,但没有受誓约拘束的义务。不过,更加正确的理解应当是他以请求上帝见证的方式所立的誓约,他有义务受其拘束①——

施特劳斯:这并不意味着这就是正确的。很大的问题在于,来自誓言的义务是一种自然法的义务吗?在这一段里,我们显然没有找到答案。向上帝起誓,自然地预设了上帝的正确,但上帝是否可能不误导、不欺骗?我们来读第三段,这里有关于所谓的神圣法令的变化的一项简短讨论,这是我们没法进入的一个巨大困难。②

第十五段中的主要观点是:所有的誓言都必须被遵守,哪怕是那些向海盗和僭主作出的誓言。首先,这是对上帝的义务,而不是对海盗和僭主的义务。其次,即便与海盗之间也存在一个法的社会(a society of right)。毕竟海盗也是人类。我们来读第十五段。

朗读者:

上述原则不但适用于公战中的敌人,而且适用于任何人。对于誓约,不但要考虑被立约人,还要考虑以其名义起誓的上帝。同时,援引上帝的名义足以产生对上帝的义务。因此,我们坚决不能同意西塞罗表达的这样一种观点,即拒绝向海盗支付原来为保命而发誓同意支付的赎金,这不算发假誓的行为,因为海盗是

---

① *JBP*, 2.13.3.1.
② *JBP*, 2.13.3.3—5.

人类的公敌,不享有在战争中敌人可以享有的权利;对于海盗,既不需要遵守一般的誓约,也不需要适用诚实守信①(good faith)原则。②

施特劳斯:我们来读第十七段。
朗读者:

另外,必须注意的是,尽管像我说过的那样,由于存在某种瑕疵,誓约可能不会为相关之人创设权利,但立誓约人仍然需要对上帝诚实(good faith)履行誓约。不过,一个人所立的誓约不会产生拘束其继承人的义务。就像在货物买卖中那样,虽然当财产被转移给继承人之后,与财产有关的义务也会被转移给他,但是,诸如因宗教情感、感恩或者诚实信用(good faith)原则而承担的其他义务,则不能以同样的方式发生转移。事实上,就像我们在其他地方曾经讲过的那样,这些义务在严格意义上不属于人们可以主张权利的范畴。③

施特劳斯:严格理解的法是否只关注人类内部的关系(intra-human relations)呢? 这个句子结构中的拉丁语 inter homines 存在一定的模糊性④,但这后来则是常用的说法,即这种法仅仅与影响到其他人的东西有关——因此,比如,涉及性变态的问题,在这个问题中没有涉及其他人类。

在第十九段中,他讨论了另一个例子:一个人发誓不会卖掉他的东

---

① [译注]good faith 经常用来表示"不欺骗""真诚""守信"等,格劳秀斯通常也表达了这些含义(在中国政法大学出版社出版的中译本《战争与和平法》中,通常将 good faith 译为"诚实信用原则"、"诚信原则"等),但他本人事实上更强调 good faith 与上帝的联系(信守誓言,本质上是因为对上帝发誓),更强调 good faith 作为信仰本身的神圣性。本课程中出现的 good faith 均译为"诚实守信",但同时均标注原文,方便读者自行判断。
② *JBP*, 2.13.15.1.
③ *JBP*, 2.13.17.
④ 这种模糊性在于,"人之间的法"(right among men)这种说法,是否意味着这种法仅仅处理人类之间的关系。

第 七 讲

西,但他还是卖了。这种买卖有效吗?(这要区别对待)是的,有效——如果他只是发誓不卖的话。不,无效——如果誓言被理解为:其卖东西的权利被让渡了。在后一种情况中,他就不能再卖掉他的东西了。这个让人迷惑的(enigmatic)段落似乎是想说,国王的誓言或者外国人之间的誓言并不必然具有法律重要性。这一点是非常可疑的。我们来读第二十段的开头。

朗读者:

> 现在,让我们探讨上级或者长辈,如国王、父亲、主人等对于下级订立誓约的权力,同时,它也包括婚姻关系中丈夫对妻子订立誓约的权力。确实,对于真正有拘束力的誓约,上级的行为不能使其不被履行,因为履行誓约是自然法和神法的要求。①

施特劳斯:他这里说到了两者:这是自然法和神法的要求。换句话说,这里并没有清晰、简单、明确地说:这同时是自然法和神法的要求。两者究竟如何区分? 这完全由你自己决定。这使得问题更为迫切:在何种程度上,誓言有拘束力? 依据严格理解的自然法吗? 请读这一段中的第四部分……

朗读者:

> 另外,如果实施由一般或者特殊形式的誓约予以保证的某种行为存在障碍,那么由上级权力制定的人类法可以排除这种障碍。根据罗马法的规定,对于并不直接涉及公共利益,而只是涉及立誓约人个人利益的由誓约保证的行为,其实施的障碍应予排除。如果发生这种情况,即使没有人类法的规定,由誓约保证的行为依然是自然有效的。就像我们在其他地方讲过的那样,根据由誓约保证的行为的不同性质,它的拘束力或者只是来源于诚实信用(good faith)原则,或是因为它授予了别人一种合法的权利。②

---

① JBP, 2.13.20.1.
② JBP, 2.13.20.4.

施特劳斯：更精确地说：如果发生这种情况，由誓约保证的行为是有效的，就同那种先于人类法或者人类法之外的那种自然有效一样。这又是格劳秀斯对于"自然状态"的某种预测。誓言依据神法是有效的，格劳秀斯在第十五段的前面已经给出了理由。一个诚实的人不需要誓言也会被人信任；换句话说，在更高的（higher）层面上，誓言并没有位置。恰恰是那些有最高尚想法的人，值得信赖。这里并没有对依据神法、自然法和万民法的誓言之间作出明确区分，你必须去考虑格劳秀斯神学的整个问题来解决这个问题：格劳秀斯解释了《圣经》，那么在何种程度上，他的教义是基于《圣经》的真正教诲？在何种程度上，这可能是自然法？这是个很复杂的问题，我们暂时先不回答。

我们继续读。在第十四章中，我没有发现任何特别有趣的东西，大概除了第十四章的第六段。这一章谈论了契约（contracts）。

朗读者：

> 几乎所有法学家们都相信，国王与其臣民缔结的契约对国王的拘束力只是来源于自然法，而不是来源于国内法。
>
> 这种说法并非十分准确。法学家们有时把本质上处于荣誉感而实施的行为不恰当地认为是出于自然法上的义务，尽管它其实并非此种义务。例如，虽然《法尔希丁法》（Falcidian Law）允许遗赠财产可以部分给付，但他仍然决定全部给付；虽然由于债权人受到刑事制裁而免除了债务人偿还债务的义务，但他仍然愿意偿还；虽然对于得自他人的恩惠可以不予回报，但他还是以同样的行为作出了报答。对于这些并非法律要求的给付，不允许通过提起财产返还之诉讼要求返还。不过，有时把那些对我们真正产生拘束力的义务称为"自然法上的义务"还是比较恰当的。这些义务或者是来源于对方当事人因某种原因（比如因契约的规定）获得的权利；或者并非来源于此类权利，而是来自完全和确定的承诺。①

---

① 这一段不在原本的讲课记录稿中，因为当时正在更换磁带。JBP, 2.14.6.1.［译注］英文编者将这一段文本放在脚注中，中译直接移至正文。

[更换磁带]

施特劳斯：……这当然还是个老问题：窄狭理解的法与更宽泛、更深层、更高意义上的道德之间的区别，道德当然不是法。

朗读者：

> 犹太人迈蒙尼德（Maimonides）在《迷途指津》（*Guide of the Perplexed*）第三卷第五十四章中对刚才所述的三种并非法律要求的给付作了恰当的区分，认为它们不属于"慈善"（bounty）一类的行为；而《圣经·旧约》"箴言"的其他解释者则把这样的行为说成是"充满仁慈的行为"。在希伯来语中，按照严格的法律意义应当实施的行为被称为"依据判决的行为"；出于荣誉或者道义应当实施的行为则被称为"正义的行为"，也就是"公平的行为"。①

施特劳斯：然后，他试图在《马太福音》中找到同样的观点。这里的观点是什么？这样说并非完全错误：即存在某种窄狭理解的法与宽泛理解的法之间的区别。[听不清]我又读了一下这一段，他无疑正确地理解了这一点。这看起来与"惩罚"问题有关。惩罚同窄狭理解的法的范畴有关，这与他此处所提到的道德的观点不同。

我们来读下一段，也就是第二部分。

朗读者：

> 根据市民法，一个人被认为有义务受自己行为的拘束，这是因为这种义务不是来源于自然法，而是来源于国内法；或者既来源于自然法，也来源于国内法；或者是因为这种义务赋予他人一种在法庭提起诉讼的权利。因此，我们说，国王与其臣民缔结的契约或者对其臣民作出的承诺确实会产生一种义务，而且这种义务会赋予臣民一种权利。我们已经讲过，这就是承诺和契约的本质，它甚至在上帝与人类的关系中也应当得到遵守。②

---

① *JBP*, 2.14.6.1.
② *JBP*, 2.14.6.2.

施特劳斯：换句话说，基于神圣的承诺，人类可以向上帝提出反对。格劳秀斯相当随意地提及了这一点，它与这件事情本身的重要性不相符。

朗读者：

> 如果君主可以实施的行为同时也是任何其他人可以实施的行为，那么国内法对这种行为就有拘束力；但如果有关行为是君主以其君主身份实施的，那么国内法对它就没有拘束力。对于这样的区别，瓦斯奎兹（Vazquez）并没有给予充分的注意——

施特劳斯：格劳秀斯经常引用这位西班牙经院学者，他相比格劳秀斯更持有一种宪政观点，他对博丹有一半的兴趣。

朗读者：

> 不过，这两种行为都可能导致法律诉讼，至少债权人可以主张他的诉讼权利。然而，由于进行交易的人所具有的特殊地位，这种诉讼主张不可能产生强制力，因为臣民不能对他们臣服的人施加强制力。根据自然法，平等者之间有对对方施加强制力的权利；根据国内法，地位高的一方也有对地位低的一方施加强制力的权利。①

施特劳斯：不指控国王的罪行；这就是全部。不过，这是怎么为今天的观点做准备的呢？今天，没有人会认为，伊丽莎白女王可以随意射杀她的一个臣民。这是一个非常有趣的法学上的例子。但这一点在英国的司法实践中如何得到顾及——不指控国王的原则——我的意思是，在国王受到某种法律上的限制之后。我想，这就是私人和公共人士的区别。一定会存在对于国王私人债务的相关规定，那些债务仅仅是国王私人的债务。当你讨论这一点的时候，你会遇到巨大的困难……

---

① *JBP*, 2.14.6.2.

学生：对我来说，格劳秀斯似乎是在认为——关于这个区分，格劳秀斯几乎什么也没有定义。他认为在私人同公共人士和国王之间存在差异，但是除了以下这个结论之外，没有任何实际的结果：如果国王不正义地取走权利（rights），那么他在道德上是错误的。

施特劳斯：说得好。但是，你也承认这种区分有必要。我们来看看这种每天都会发生的事情。国王在他的城邦中，然后他说了些什么，（比如）杀了某个人。然后，这个人的一个同伴就把（国王说要杀的）这个人给杀了。（这个同伴）他能辩称自己只是遵守他的主权者的命令吗？不能。因此，某些形式是需要的，比如，国王的正式签字，或者其他的形式，以此来防止国王任何瞬时的突发奇想变成命令——哪怕是在一个绝对君主国中。

学生：[听不清]难道不是绝对不反对国王吗？

施特劳斯：即便在绝对君主国中，反对国王当然是[不]①可能的，哪怕是因为私人的罪行。

学生：[听不清]就是罪行。

施特劳斯：不，当然不是。当你面对一个僭主的时候，你唯一能做的事情就是暗杀他。无论是从市民法的角度，还是从绝对君主国的角度，这显然都是重罪。但是，从自然法的角度看，这是一个正义的行为，如果他确实是一个僭主的话。这是反对绝对君主制或任何类似事物的理由之一。很显然，一个像斯大林（Stalin）这样的人，他有很多政治罪行，也犯下了私人罪行。你们知道有一个关于希特勒杀害一个女孩的故事——这有可能只是一个谣言，但假设这是一个事实，这如何可能导向起诉？这是不可能的。如果是绝对君主国或者僭主，那么你可以作出一种区分——某种程度上说，你必须为了非常重要的目的——区分他是否很厌恶地谈到此事，还是他真的为了自己感兴趣的某个非常实际的理由而有心这么做。但是，如果他犯下的是公共的罪行，你就不能拿他怎么样。你绝对做不了什么。

学生：我之前的想法是：任何法律范围内或者范围外采取的行动

---

① ［译注］"不"字为英文编辑者所加。

都是不正义的,甚至是在你提到的暗杀例子中也是如此。

施特劳斯:但是,我对此作了一个区分:依据已经制定的法律,暗杀显然是一种罪行。只要司法是在僭主的控制之下,他们当然会判决这个可怜的家伙为死刑,但是从更深层和更宽泛的观点来看,他们也可以说这个人将他的祖国从可怕的事物中解放了出来。

学生:这是正义的?

施特劳斯:是的,这是正义的。我不作解释,只要绝对君主制被视为一种可能,一种体面的可能政制。我们知道,洛克令人瞩目地反对这一点,但是十七世纪的普通人都认为这种政制是可能的,对他们中多数人来说,问题是:他们的国家是一个绝对君主国吗?并不存在其他选择。但是,公与私的区分在财产问题上也是必要的:区分什么属于国家,什么属于王室。他女儿的嫁妆,国家应该为这个做准备吗?还是说,他应该拿自己的钱做准备?还存在很多类似的其他事情。

我只能说,我不能理解你对格劳秀斯的批评。就我的理解而言,这是没有根据的,因为没有其他可能的解决方法。如果你跟随霍布斯的脚步走那么远,那么你就会显得很荒谬,举国王的例子来说——霍布斯认为,国王不可能做出不正义的行为,因为不正义的行为是违背法律的行为,而依据定义,国王高于法律。这当然是一个非常窄狭的观点。因此,霍布斯承认,国王也可能做出不公平的行动。呃,我想说这纯然是个言辞上的问题,如果一个国王在没有任何正当理由的情况下,仅仅是因为他不喜欢某个人的胡子,就把他杀了,所有人都会认为这很可怕。如果他定下一个非常苛刻的税,或者其他类似的东西,至少这里面还存在一种可能性:这可能对社会有好处。格劳秀斯并没有走得那么远。

学生:格劳秀斯的立场确实如下:当国王可能不正义地做某些事的时候,任何人都不能要求一种正义地反对国王的权利。

施特劳斯:我们来看一看绝对君主国中的情况。如果有一个高于国王的世俗权威——也就是,教皇——那么情况就会有些区别,因为教皇或者其他法庭会把国王叫到他们面前。这就不一样了。但是,在那种情况下,你也可以说,如果存在一种精神权威,那么君主国就不可能那么绝对。我们现在称之为主权,中世纪的表述则是"未被承认为最高权威的某个人或某个社会"。但是,每一个天主教绝对君主国都承认一个最高权威,即教皇。不过,格劳秀斯当然是作为一个新教徒在写作和谈论他的国家,这不一样。存在一个新教徒绝对统治者的耀眼群体。

如果出现这样的情况,会发生什么:如果一个君主的伴侣……幸运地是,伊丽莎白女王不可能做任何不合宜的事情,所以我们不用担心这一点。但是,什么会——文本里有例子吗?

学生:我想到了退位……

施特劳斯:我想到了,但这从技术上说不是罪行。可以这么做。在没有走司法程序的前提下,英国人中很重要的一部分人认定女王的行为很不适宜。哦,上帝也不会允许,如果伊丽莎白女王突然在公众面前跳扭摆舞(the twist)……绝大部分英国民众会反对。

我们来读第十五章。请读开头部分。

朗读者:

> 乌尔比安(Ulpian)把条约分为公条约和私条约两种类型。对于公条约,他并没有像有些人设想的那样为它下一个定义,而是采取举例的方式对它进行了解释。他所举的第一个事例是"在和平时期为达成某种安排而缔结的条约";第二个事例是"在战争时期统帅军队的将领相互缔结的某些协议"。按照乌尔比安的理解,公条约只能是国家的上级或者下级权力机关签订的协议。在这一方面,它不仅有别于私人之间的契约,而且也有别于国王之间签订的有关私人事务的契约。
>
> 不过,虽然战争大多是因公共契约而起的,但私人契约也经常成为战争的理由。由于我们在前面已经对一般的契约及协议作了充分的论述,因此,现在应该对公条约这种更重要的协议的某些问题进行深入研究了。①

---

① *JBP*, 2.15.1.

施特劳斯：如果一个宗教敌人会得到援助，那么承诺还有约束力吗？

"'就像我们遭到雅典人的攻击时那样，如果那些遭到背信弃义的攻击的民族为保护自己的安全向希腊人、甚至野蛮民族寻求援助，那么他们不应当因此而受到鄙视。'没有任何权利足以证明可能直接或者间接损害基督教的行为具有正当性。作为一件最重要的事情，我们应当先求他的国和他的义。也就是说，应当传播《福音书律法》。"①

举一个格劳秀斯活着时发生的例子，但这件事是在《战争与和平法》一书出版之后才发生的。法国国王和土耳其人之间组成的联盟与此非常相关，这个联盟是为了反对奥地利和西班牙。② 你可以发现，格劳秀斯在这个问题中对于修昔底德的引用非常奇怪。他并不是一个教父（a church father）。格劳秀斯在这个段落中所暗示的是：基督徒与异教徒或无宗教信仰者之间的区别，一定程度上类似于希腊人和蛮族之间的区别，他在这种意义上引用了修昔底德；这就可以理解了。

请读第十二段的结尾部分。

朗读者：

因此，为了这种共同的事业，所有基督教徒都应该按照自己的能力贡献人力或物力。我认为他们没有理由不作出这种贡献，除非他们在面临不可避免的战争或者其他同样严重的灾难时选择躲在家中坐以待毙。③

---

① 施特劳斯正在引述格劳秀斯的文本（*JBP*, 2.15.11.2），格劳秀斯在此处文本中征引了修昔底德《伯罗奔尼撒战争志》（*History*），I.82。这段很有可能是由朗读者朗读，但在原本的课程记录稿中错误地给了施特劳斯。
② 法国与奥斯曼土耳其于1536年缔结同盟，之后又续约了无数次。
③ *JBP*, 2.15.12。

施特劳斯：所以这是反对土耳其人的。在这一章中还有一个观点，是在第十六段第三部分的结尾以及第四部分的开头处。

朗读者：

> 另外，按照当时流行的观点，甚至生命也可以被合法地用来作为履约的担保。
>
> 我对此持有一种不同的观点。我认为，对于越权缔结的协定，签署人首先应当以自己的财产承担损害赔偿责任；假如财产不足以弥补对方遭受的损失，则应当把签署人置于对方的奴役之下。①

施特劳斯：不过，这个部分没有说清楚自然法就这种担保是如何规定的。我们现在来读第十六章的一些观点——这一章的开头部分：关于承诺的解释的自然法，关于被承诺人对承诺人的强制。你能读一下吗？

朗读者：

> 如果我们只从承诺人的角度考虑，他当然有义务履行自己出于自由意志愿意承担的义务。西塞罗指出："根据诚实信用（good faith）原则，需要考虑的不是你说了什么，而是你的真实意图是什么。"不过，因为一个人内在的思想活动本身难以觉察，所以，必须证明存在某种程度的确定性，以免任何人都可以利用他们为开脱责任所找出的借口，使所有具有拘束力的义务都不会产生效力。按照自然理性本身的要求，被承诺人应当有权迫使承诺人履行根据对承诺的正确解释需要承担的义务。否则，任何承诺都不会产生应有的效果，道德上的约束也将被认为是不可能的。②

---

① *JBP*, 2.15.16.3—4.
② *JBP*, 2.16.1.1.

施特劳斯：在道德问题上，不存在开放性的提问。它不可能保持开放：必须作出决断。这种必要的可终止性（terminability）对于整个讨论而言至关重要。这并不必然意味着所获得的决断就是最明智的，但必须有一个最终的决断。[听不清]①有一个很好的形式——我记得不太准了——呃，事情没有[听不清]等待（wait）——我的意思是，如果我们关注的是理论问题，提问可以一直不停地持续，如果没有最终决断，这就意味着我们还没有达到所要求的清晰程度，我们必须使得这个问题保持开放。但是，在实际问题中，必须作决断——他怎么才把这点处理得这么好？——否则，这事就没有终点或者出口（exit），而在道德事物中，这才更为重要。必须可能作出决断。某种决断当然可能是这样的：事情是可疑的，因此我们不去做这件事，但决断仍然要作出。

理论的无限性和实践的必要有限性，这一点至关重要。出口（exitus）可能好，或者也可能坏，但是无论如何，必须要有一个结果。

关于这个问题，存在一种柏拉图式的展示，在柏拉图的对话《拉克斯》（Laches）中；某人发现了一种新的战斗方式，他来到雅典，想要售卖这种技艺。有两个专家，他们问："该不该学这门技艺呢？"专家之间达不成一致。于是，某种程度上说，这事就回到了一个并非专家的苏格拉底身上，他正好听到并看到了这个场面。但是，他不能作决断；他首先必须解决这个问题之前的某些问题。你可以认为，苏格拉底正在愚弄这些傻瓜，他使得他们同意采纳这种新的作战方式是为了让人们更加勇敢。但是，事实上需要的则是使得人们成为更好的杀人者（better killers），这与前者显然并不是一回事。你想使他们变得更加勇敢，但是，如果你不知道什么是勇敢，你怎么能使人们变得勇敢呢？因此，什么是勇敢？于是，一场讨论开始了，然后陷入了僵局，到最后，他们都回家了，而整个实际的问题被完全忘记了。如果任何人可能从中获益的话——很可能不是谈话的双方，而是某些听他们谈话的人——获益就

---

① 课程原始记录者记录的是 Work，这显然不对。很容易认为施特劳斯试图引用赫尔曼·沃克（Herman Wouk），但是我没有发现沃克的话有这层意思，也没有办法重建这里的引用。[译注]课程原始记录者记录的是 Work has a nice formulation……并不清楚是何含义。

是得到了某些关于勇敢的知识,而非关于这种新的作战方式的知识。如果你从实际的观点来看——假设这确实是对战争而言很有用的一种发明,或者很可能是很有用的一种发明——就不可能到此结束了。决断可能已经作出了,因为哪怕一个决断被推迟,在现实中,这也是一种决断,即将其搁置。在理论问题中,这并不算一种决断。我认为,这种混同——即认为理论上的无结果也是一种决断——是今天大多数讨论的基础。

如果我没搞错的话,这是柏拉图对话中唯一一个涉及到一个需要解决的实际问题的对话。这两个雅典公民是需要学习这种战斗技艺,还是不需要:这个问题并未讨论,被无限地搁置,正如罗马人说……

我们来读第十六章第十二段的开头部分。

朗读者:

> 根据上述原则,解释应当遵守以下规则:
> 对于并非令人厌恶的承诺或条约,其词语的含义应当完全按照现在(current)的用法加以解释;如果词语具有多种含义,则应当选择其最广泛的含义,就像阳性名词被用来代表各种性别那样;如果词语的表达模糊不清,也应当选择其一般的含义。因此,"他被从那里赶走了"应当是指这个人受到暴力阻挠,因而不能进入属于他的财产的房屋或其他地方;它甚至可以被解释为他的权利应当得到恢复。正如西塞罗在《为凯基纳辩护》(*For Aulus Caecina*)的演讲中正确地坚持的那样,按照广义解释,这种表达方式就具有这样的效力。
> 对于更值得推崇的承诺或条约,如果当事人了解法律或者可以听取律师的建议,对其词语宁可选择广义的含义,以便使它能够包含甚至是专业术语的意义,或者是法律赋予的意义。但是,我们不应当把有关词语解释为明显不恰当的意思,除非不这样做可能导致协议本身变得荒谬或者没有意义。另一方面,为了避免荒谬或者非正义的出现,必要时对语词的解释也可以选择比其正常含义更窄狭的意义。即便不存在这种必要性,如果进行限制性解释明显地更加

公平或者有利,那么我们就应当采取比词语的正常含义更窄狭的意义对其进行解释,除非情况表明这样做将适得其反。①

施特劳斯:请继续读。
朗读者:

对于令人厌恶的承诺或条约,有时甚至允许以比喻的方式进行解释,以便减轻承担不公正义务一方的负担。由此可见,如果某人承诺捐赠和让渡他的权利,则无论使用的词语多么具有一般性,对它们的解释通常也只能局限于与这一事项有关的所有可能性方面。在这种情况下,当事人的意志有时应当被理解为他这样做是对自己希望继续保留的财产的忍痛割爱。因此,同盟国一方承诺提供辎重部队只能被理解为是一种以请求方支付费用为条件的义务。②

施特劳斯:请继续读下一段的开头。
朗读者:

一个值得注意的问题是:"同盟"一词是仅指签订条约时的盟国,还是也包括将来的盟国。罗马人和迦太基人在西西里的战争结束后签订的条约中有这样一项规定:"双方应当各自保障对方盟国的安全。"③——

施特劳斯:现存的同盟或者他们要求的任何同盟。请读这一段的第二部分。
朗读者:

那么,难道不允许罗马人接纳萨贡托(Saguntines)作为它的盟

---

① *JBP*, 2.16.12.1—2.
② *JBP*, 2.16.12.3.
③ *JBP*, 2.16.13.1.

第 七 讲

国,或者不允许他们在接纳萨贡托作为盟国以后对它提供保护吗?回答当然是肯定的。不过,这不是由于条约的缘故,而是由于不可能因缔结条约而废除的自然法的缘故。①

施特劳斯:这里与修昔底德的例子一样,在斯巴达和雅典的战争刚刚开始的地方。科西拉是科林斯的殖民地,科西拉人来到雅典说,他们想成为雅典的盟友,以此来保护自己,反抗他们的母国。雅典人在接受新盟友这一点上当然是完全自由的。现在,这些新盟友已经实际上与科林斯爆发战争,因此这可能会将雅典卷入与科林斯的战争之中。这是此处情况的复杂之处。②

从一般的观点来看,会很有趣:会存在一些很有趣的分界线的问题,你不可能完全清晰地说明白,比如,X 或 Y 或者破坏条约的人。因此,战争中哪一方是正义的,这个问题不可能很明确地说清楚。这是一个不停复现的问题,但格劳秀斯却回避了这个问题。他拒绝这样的结论:存在一场战争,其中作战双方都是正义的。这属于晚近的解决方式,也就是现在流行的解决方式,至少在第二次世界大战之前是这样。在此基础上,现代国际法抛弃了正义战争的观念,因为实践中不可能区分正义战争和非正义战争。在二战的例子中,希特勒的精神错乱是如此荒谬,因此能够很容易地重新引入正义战争的概念,因为几乎所有有约束力的法律都被破坏了。但是,在其他情况下,下面这种观点更为盛行:战争中双方都可能是正义的。换句话说,正义战争的概念就没有任何意义。它会被实际上忽视。霍布斯认为,在自然状态中,因为不可能存在法庭,所以就不可能谈及什么正义或者不正义。法庭要么是由其他国家,要么是由其他国家的公民所组成,他们关心的是自己国家的国家利益。当你们卷入某个或大或小的罪行时,不可能有一个中立的调解者。通常情况下,陪审团和法官确实不偏不倚,因为他们并未卷入其中。但如果是战争情况,原则上说,不可能找到不偏不倚的一方。这是以比较粗略的形式展现的现代世界中反对正义战争的说法——我的意

---

① *JBP*, 2.16.13.2.
② 修昔底德对这一事件的讨论,可参见《伯罗奔尼撒战争志》,I.24—55。

思是,那样的话,正义战争就只能以非常有限的方式加以界定,比如,战争的规则,毒气的使用,杀害战俘等等,而非关于战争的起源问题。

  当然,有一个问题之后就会出现:如果一个人被选派进入军队——他如何能够成为战争正义与否的判断者?如果战争的原因复杂,他是否研究过相关文件?他可能仅仅考虑过程序性的问题,而不是实质性的内容——比如珍珠港事件:没有事先的宣战。在那个程度上,这是不正义的。但是,在我的人生经历中,最重要的原则是:尊重现状,不要走向战争的史前(pre-history)状态。也就是说,冻结某种状态,不去改变某个边界,或者任何其他的东西——不能有任何对于此类东西的暴力变动。如果现状在根本上是正义的,那么这就更好理解一些;你可以认为,任何一个发动战争的国家都是违法的。但现状也有可能是毫无希望的衰落状态。在过去几十年的历史中,最有趣的则是,国际战争还不如国内冲突多。正如你所知道的,某些好心肠的政府给某个国家内部受到压迫的公民一些武器,然后就会爆发内战。换句话说,通过简单地禁止侵略战争,已经获得了成功。这里的"侵略"指的就是发动战争。但这是否确实是绝对的成功,则确实可疑,因为还必须考虑其他形式的战争。其他形式的战争在今天变得非常重要,而现代思想传统对此并没有给予足够的关注。①

---

① 从上下文来判断,施特劳斯指的应该是冷战中的代理人战争。西方或者苏联阵营向对方势力范围中的造反者提供武器,让他们发动意识形态主导的游击战。

第 八 讲

JBP, 2.16.16—2.20.3

（1964年10月29日）

施特劳斯：你回顾了洛克的声明，他宣称自己的学说——依据洛克的学说，在自然状态中，每个人都是自然状态的执行者——是"奇怪的"（strange）。① 你认为，这种宣称需要放在格劳秀斯的视阈下加以限定。但是，洛克在提出创新这一点上极其谨慎——这一点与霍布斯很不一样——他还是一个非常节制的人，他与格劳秀斯之间难道没有区别吗？难道不是这种区别才使得洛克做了"奇怪的"这样的声明吗？

学生：首先，洛克的概念与"自然状态"联系非常紧密。

施特劳斯：这是一种说法，但这显然某种程度上令人费解，因为我们接下来必须完整地阐释清楚"自然状态"这个概念的影响。洛克认为，在自然状态中，每个人都必须是自然法的执行者，他给出的理由是什么？

学生：自我保存的权利。

施特劳斯：对的。但这是一种很复杂的演绎。一个更简单的例子……我仅仅靠记忆来谈。他给的理由是这样的：如果每个人不是自然法的执行者，那么自然法就是无效的。格劳秀斯则不会给出这样的理由。洛克的意思当然是：不存在神圣的作用。你必须通过阅读洛克的伟大作品《人类理解论》来了解他关于良心（conscience）的论述。他质疑了传统意义上的良心——虽然没有使用霍布斯那样极端的表述，

---

① 这一讲开头阅读了一位学生的论文。这个过程没有录音。洛克，《政府论》（下篇），§9。

但他表达了同样的意思。①

但是,自然法可能会无效……尽管在每个人都是自然法的执行者这一点上,格劳秀斯和洛克之间可能存在共识,但是你可以发现,格劳秀斯对此有一些限定条件。执行者必须比被执行者更好(better),至少在这个特定的方面要如此。执行者可能犯了强奸罪,但并非谋杀罪;那么,他就可以去判定一个犯了谋杀罪的人。在洛克那里当然不存在这种小的限制条件,但关键则在于这背后的逻辑:即执行者必然是一个知名的(known)和可知的(knowable)人。这就是关键。

不过,我并不是非常理解你关于格劳秀斯和霍布斯之间区别的长篇论文。你引用了《利维坦》中的一个段落,霍布斯在这个段落中谈到了原罪(sin)。我认为你把原罪同格劳秀斯所说的 peccata② 等同了。当霍布斯说起原罪时,他总是严格区分原罪和罪行(crime)。你能否再重述一遍你的观点?

学生:格劳秀斯持有的观点,需要对法律作出解释……

施特劳斯:不是的。

学生:如果他不是如此,我们可以在他和霍布斯之间作一个比较,因为霍布斯也没有持有罪行需要对法律作出解释的观点。

施特劳斯:人类的法官如何判断这一点?人类法官只能依据目击者的说法来知道这一点,目击者只能依据被告所说的内容。在这一点上,我看不到有什么不同。你有关这个主题的说法的重点是什么? 是格劳秀斯与霍布斯的区别吗?

学生:尽管他们的结论一样,但并非基于同样的根基:格劳秀斯并未拒斥传统。

施特劳斯:这个说法确实比较合理。我很高兴你思考了民事诉讼法和刑事诉讼法结合起来的原因——我认为这是两个完全不相关的主题,但格劳秀斯将两者结合了起来。我们以后会讨论这一点。

---

① 洛克,《人类理解论》(*Essay Concerning Human Understanding*),Bk. 1。洛克否认存在任何先验的观念,包括对与错的观念。
② peccatum 在拉丁语中的含义是"错误",也表示"道德错误、罪行或者原罪"。这个词在拉丁文基督教传统中作为"原罪"的同义词。

第 八 讲

最后一点……关于惩罚和刑法,格劳秀斯向亚里士多德提出异议,格劳秀斯讨论的最终结论是什么?他难道不是让任何在亚里士多德一方的人都带有含糊不清?① 我的意思是,刑法属于交换(commutative)正义。对等(expletive)正义与交换正义是一个意思。比如,在买卖中,你将货物换成了钱,那么依据亚里士多德,在惩罚的例子中,也存在一种关于"伤害"的交换;当然,在这个例子中是指刑事损害(并非民事损害)和惩罚。② 因此,可以从交换的角度来理解刑法——也就是以契约(contract)的角度。我想最终两者是差不多的,区别并不是特别大。

我们开始讨论之前,我先处理一下____③的论文,这篇论文处理的是导言(Prolegomena),也就是我们整个讨论的起点。我不可能讨论论文中所有的内容。____先生认为,既然正义(justice)主要属于万民法,那么格劳秀斯因此也就暗示了万民法优于所有的法。正义主要属于万民法,你怎么看这个说法?依据格劳秀斯,正义的核心到底是什么?是自然正义。因此,前面这种说法站不住脚。而且,在对第六部分的讨论中,____先生认为,格劳秀斯将人类独有(peculiar to man)的特征和人类特有(characteristic to man)的特征这两者之间进行了区分。我看不懂这一点。人类共有某一些特征,有一些特征是人类所特有的,也就是说,是人类所独有的。我不明白你的意思。④

[对着这篇论文的作者讲]格劳秀斯与卡涅阿德(Carneades)之间的区别是什么?这非常明显;格劳秀斯说得很明显。对于同一个问题,他们一个认为"是",一个认为"不":是否存在自然法?卡涅阿德认为"不存在";格劳秀斯认为"存在"。格劳秀斯认为,如果你采纳了卡涅阿德的观点,这会导致我们现在所谓的虚无主义(nihilsim),或者完全的道德混乱。这是个简单的问题。卡涅阿德确实否定了自然法,这是关键;

---

① 这话的要点可能是这样:"是否有人发现这种对于亚里士多德的解释是有问题的?"
② 亚里士多德,《尼各马可伦理学》,V.4。格劳秀斯引入"对等正义"(expletive justice)明确作为亚里士多德"约定正义"(contractual justice)的同义语(*JBP*, 1.1.8.1);格劳秀斯在谈论惩罚的章节中提到了这一用法(*JBP*, 2.20),而这个部分显然是这位学生论文的主题。
③ 原始记录稿中就没有包含名字。
④ 这里明显是在讨论"导言"第六段:*JBP*, Prolegomena, 6。

他是这种观点最有名的代表,西塞罗曾经引用过他的学说,奥古斯丁也这么引用过。今天是否会存在智者(sophists),西方文明[听不清]?卡涅阿德则不一样,他于柏拉图数代之后在学园(Academy)学习。①

我们上一讲还有一个"残羹剩饭"(leftover)没说——如果这么说合适的话——是在"论解释"那一章的结尾处。请读第十六段的开头。上下文则是在谈解释,解释合同、条约等等。

朗读者:

人身(personal)条约与非人身条约及其区别②

施特劳斯:personal 的意思是指与订立条约的人相关,而不涉及事物,无论这些事物的所有者是谁。

朗读者:

在对条约进行解释时,经常会涉及人身条约和非人身条约的问题。如果一项条约的确是与一个自由民族签订的,则条约中承诺的事情无疑具有非人身的性质,因为条约的主体是永久的。③

施特劳斯:换句话说,民族并非一个有朽的(mortal)个人。这是这句话的含义。

朗读者:

甚至当国家由原来的状态(the condition of the state)转变为王国以后④——

---

① 格劳秀斯讨论过卡涅阿德(*JBP*, Prolegomena, 5, 16—18)。施特劳斯在第一讲中对此有过讨论。
② *JBP*, 2.16.16.
③ *JBP*, 2.16.16.1.
④ *JBP*, 2.16.16.1.

第 八 讲

施特劳斯：condition of the state 的原文是 status civitatis，意思应该是"共和国（commonwealth）的状态"。你们当然知道"状态"（state）这个词，这个词当然会用在这些事物上——原初的用法中，你需要加一些说法——status of your body（你身体的状态）——共和国（commonwealth）的状态（status republica），republica 在希腊语中称为 politeia，即政制。我们现在来看一下 state 一词哪里发生了改变。我们不再使用这种含义——在马基雅维利的时代就已经抛弃了这样的含义——现在所剩下的 state 的含义当然完全与不同政制之间的差异无关。但是，这个说法是多久以后才被接受的呢——我在某个地方读到过，伊丽莎白一世不喜欢听到 state 一词，因为它有"共和"的含义。①

朗读者：

甚至当国家由共和的状态（the state of commonwealth）②转变为王国以后，条约依然会继续有效。其原因在于尽管国家元首发生了变更，但国家仍然是同一个实体。正如我们前面说过的那样，通过国王行使的主权仍然是作为一个整体的民族的主权。此类条约的例外是条约的缔结明显有赖于国家能够维持自由状态——

施特劳斯：这个状态特指那种 status，也就是说，"共和"——因为这是一个共和国。

朗读者：

——比如自由城邦之间签订的旨在保护其自由的条约。③

施特劳斯：如果南越（South Vietnam）居然变成了共产主义国家，那么美国与南越之间签订的条约就不再有效，这不是很棒吗？因为制

---

① ［译注］也就是说，直到伊丽莎白一世时期，state 一词仍然具有"共和"的含义。
② 朗读者接受了施特劳斯的建议，他现在用 state of the commonwealth 代替了 condition of the state。
③ *JBP*, 2.16.16.1.

定的条约是为了保护南越的自由。这一段很有趣。

可以讨论一下这种关于政制的亚里士多德式观点。身体(body)仍然不变,但只有头部变了。亚里士多德看到"只有头部变了"这种说法,他会认为,这难道不是最重要的部分吗?这是在言辞上对于格劳秀斯的根本性反对。

格劳秀斯当然会暗示,共和国的法(right)并不就比王国的法更高。[听不清]讨论这个例子,即为了君主制的利益,各种不同的君主制国家所组成的联盟——比如,神圣同盟(the Holy Alliance)[①]——假如其中一个国家(比如,俄罗斯)竟然变成了共和国——那么神圣同盟就失去了意义。但很有趣的是,格劳秀斯仅仅从这个角度来看问题,而不是从相反的角度看。这并非因为格劳秀斯偏爱君主制,而是出于这样一个事实:即一个欧洲国家变成共和国的可能性,要远远小于其变成君主制的可能性。

之后,在这一段的第四部分,他反对博丹。博丹在这里仅仅是现代绝对主义的最重要代表——我的意思是,就现代绝对主义而言,霍布斯讨论得更为整全。请开始读第四部分的第二小部分。

朗读者:

> 我们最不能接受的是博丹的观点。他指出,经宣誓保证,条约不应当由君主的继承人继承,因为誓约的效力仅限于立誓约人本人。的确,来自誓约的义务仅限于立誓约人,但承诺本身却可能约束其继承人。
>
> 另外,博丹提出的宣誓构成条约基础的看法也是没有根据的。事实上,在大多数情况下,条约中的承诺本身足以产生拘束力,因此,补充宣誓只是为了进一步强化来自宗教的禁忌。[②]

施特劳斯:顺便一提的是,这里的说法也有助于理解格劳秀斯关

[①] 神圣同盟成立于 1815 年,由俄罗斯、奥地利和普鲁士在拿破仑战争之后建立起来,这个同盟是一个反对革命的保守主义堡垒。
[②] *JBP*, 2.16.16.4—5.

于誓约的那一章。格劳秀斯承认誓约仅仅对当下的主权者有拘束力，因此在这个意义上严格针对的是人身（personal）条约，他尽一切可能希望将条约视为自然法，使得它们基于完全独立于誓约的基础上，也就是说，协约（pacts）和承诺本身就足够了。请读这一章的第十七段。

朗读者：

> 可以肯定的是，即使国王本人或者他的继承人被其臣民驱逐出自己的王国，他签订的条约依然有效。事实上，虽然国王失去了对王国的占有，但王国的权利仍然属于国王。与此相关的是卢卡（Lucan）关于罗马元老院的论述："国家机构绝不会因为所在地的改变而失去其效力。"①

施特劳斯：这样一个条约在国王失去权力之后仍然有效，这其中的实践含义是什么？比如，一个国王向 A 国允诺，如果它受到袭击，他会提供援助。呃，如果这个国王都不再是国王了，这会如何？这一点同这一段有关，我留意到他没有提到为保卫君主制而发动的袭击。可能这就是后果，我们来思考一下，如果有一个君主国的联盟，它们意在使得自己保有权力——这是有可能的，思考一下——那么其他人就有义务来恢复君主政体。重要的不是国王被推翻之后的恢复义务，而是好处（benifits）。② 这就可以理解了。

学生：这不也就被证成了？因为必须拥有领土单位或者领土的完整，你才能制定相关的法律，并且维持领土单位具有某种完整性的唯一方式就是：尽管政制变迁，但领土仍旧继续存在。

施特劳斯：我认为这不是格劳秀斯这里想要说的内容。我认为关键的观点是，国王被废后，主权权利仍然存在。换句话说，被废国王的盟友不可以说：呃，你不再是统治者。因此，与我之前所说的相反，我现在倾向于认为，格劳秀斯确实考虑了神圣同盟或者类似的东西——君

---

① *JBP*, 2.16.17.
② 施特劳斯这里的意思似乎是这样：这种同盟的协定更多是关于恢复君主制的好处，而不仅是关于国王被推翻之后该履行的义务。

主们寻求支持的一种同盟。

请读第二十六段第二部分,这里有一个小点。

朗读者:

最确定的证据是用语的书面含义涉及非法行为,也就是说,其书面含义违反自然法或者神法的规定。①

施特劳斯:我只想指出,这可能会有点用处,也就是说,格劳秀斯并没有给出一个与神法相违背的例子,而是只给出了一个与自然法相违背的例子,我们暂且不管这到底意味着什么。现在来读一下今天需要读的任务,第十七章。我们首先回忆一下整个第二卷的谋篇,暂时回去读一下第二卷第一章第二部分的内容。

朗读者:

国家发动战争的正义理由一般有三个:防卫、追偿和实施惩罚。②

施特劳斯:迄今为止,我们已经最大程度地讨论了防卫及其含义,格劳秀斯在第二十章中再次讨论了一些事情。我们来读第二十章的开头部分。

朗读者:

当我们开始讨论进行战争的理由的时候,必须把行为分成两种类型加以考虑:对第一种类型的行为可以给予损害赔偿;对第二种类型的行为应当给予惩罚。③

施特劳斯:这已经是一种细分,因为在第一部分中,他的行为并

---

① *JBP*, 2.16.26.2.
② *JBP*, 2.1.2.2.
③ *JBP*, 2.20.1.1.

第 八 讲

非是已经开始的行为,而是预见的行为。格劳秀斯在某处对此作了区分。① 我们来读第十七章的开头。

朗读者：

我们在前面讲到,人的法律请求权有三个来源:协约、非法行为和法律规定。对于协约,我们已经进行了充分的论述。现在,让我们讨论根据自然法(by the law of nature),非法行为的后果应当是什么。②

施特劳斯：准确地翻译,应该是"自然地"(naturally),即"……自然地应当是什么"。格劳秀斯并非所有时候都使用"自然法"这一表述,这一点很重要。他使用的是一个更为简单的副词。因此,新的主题是追偿(reparations)——不是,对不起,追偿是从第十一章开始:首先,第十六章讨论基于协约的追偿,第十七章讨论损害,第十八和第十九章讨论基于万民法的追偿。然后,第二十章和第二十一章讨论了惩罚。我们现在从第二段开始。

朗读者：

损害的拉丁文单词是 damnum,它可能派生于 demere 一词,意思是"剥夺"。在希腊语中,损害的意思是"减损"。它是指一个人现在拥有的少于应当属于他所有的,无论应当属于他所有的是否只是来源于自然法上的权利(from the law of nature alone)——

施特劳斯：应该翻译成"仅仅来源于自然"(from mere nature)。

朗读者：

——仅仅来源于自然,还是来源于另外因为人类活动而得到强化(or is reinforced by the addition of a human act)的权利——

---

① 格劳秀斯作出区分之处,可参见 *JBP*, 2.1.16。
② *JBP*, 2.17.1。

施特劳斯：reinforced，再加上后面的 in addition to，表示偶然或者依据惯例。我认为这里的关键点是，这并非仅仅依据自然法。

朗读者：

——还是来源于因为人类活动而得到强化的权利(or in addition a human act)，比如所有权、契约或者——

施特劳斯：因为众所周知不存在自然财产权(natural property)。财产权是通过人类行动获得的。

朗读者：

——所有权、契约或者法律。

根据自然，一个人的生命是属于自己的，他会保卫自己的生命，而不会去毁灭它。同样，一个人的身体、四肢、名声、荣誉和来源于其意志的行为也是属于他自己的。我们在本书前面的部分不但论述了一个人根据财产权和协议如何拥有财产的问题，而且还谈到了他如何支配他人行为的问题。同时，每个人也可以用类似的方式根据法律取得特定的权利。因为法律对个人的人身或财产拥有与个人相同的、甚至比个人更大的权力。根据法律，被监护人有权要求他的监护人履行一定程度的勤勉和注意义务；国家也有权要求政府官员履行这样的义务。由于法律经常明确规定或者明显暗示了这种要求，因此，国家和公民个人都有权要求政府官员履行勤勉和注意的义务。①

施特劳斯：仅仅从自然的角度来看——也就是说，没有人类行动的介入——什么事物属于人类？他在这里提到了这些事物：身体自然是不源于我们自己的行动。我们拥有身体、眼睛、耳朵等等。这是霍布斯及之后整个传统的著名基石。格劳秀斯的观点更为宽泛，名誉、声

----
① *JBP*, 2.17.2.1.

誉、荣誉以及个人自己的行动——它们都属于这类事物。在霍布斯那里,名誉和荣誉并非自然行动(an act of nature)的基础。这是一点。仅仅依据自然,财产并不属于人类。格劳秀斯也指出(霍布斯则从未这样说过),人的生命权不包括毁灭它的权利——有些人会认为,这是我自己的身体,我想怎么使用就怎么使用。在霍布斯的基础上,你可以为这种说法卫护,但格劳秀斯则不同意:你可以保护它、培育(cultivate)它——这里使用了一个圣经词汇——但你不能摧毁它。

这一点很明确。但是,依据严格理解的法,什么是属于人类的?格劳秀斯在下一部分中清楚地说明了这一点。

朗读者:

不过,真正的所有权和由此产生的恢复原状的必要性不能只是来源于应得利益,因为应得利益不能被严格地称为一种权利,而且它属于分配正义(distributive justice)的范畴。一个人不能由于只是对某物拥有道德上的请求权就能取得它的所有权。亚里士多德指出:"如果一个人由于吝啬而没有用自己的钱帮助另外一个人,他的这种行为并不构成违反严格意义上的正义(justice properly speaking)的犯罪。"西塞罗在《为普兰西乌斯辩护》(For Ganeus Plancius)中说道:"这是一个自由民族的特征……它能够以投票的方式决定它希望授予或者剥夺的每个人的一切。"接着,他又补充说,事实上,一个民族可以做它希望做的事,而不是它应该做的事。他在这里使用的"应该"(ought)一词具有更宽泛的含义。①

施特劳斯:换句话说,如果他们投票让一个并非全然适合从事捕狗工作的人担任捕狗人,这是他们的权利;他们可以这么做,但这并不是说他们应该这么做。我们现在已经明白了这其中的区别。你可以用你的财产去做你不应该做的所有事情,但这可能并非毫无关系,因为这是别人控诉和正义宣告的范围。这是决定性的。就我所知,这种区别

---

① JBP, 2.17.2.2.

的最好例证来自康德。康德关注撒谎的问题。康德是一个非常严格的道德主义者:他认为在任何情况下,撒谎都是不道德的,因此,如果一个潜在的谋杀者,一个可能的谋杀者,向你询问受害者的下落,你也不能对他撒谎。你可以拒绝回答他的问题,但你不能对他撒谎。这远远超出了基督教传统的要求,而基督教传统本来也非常严格。

另一方面,人类的权利,我所理解的人类的自然权利,包括了撒谎的权利。这并不矛盾;这实际上是同一回事。道德上说,撒谎就是坏的,但是严格的法要比道德远为宽松(laxer)。你有撒谎的自然权利;换句话说,没有人能命令你告诉他真相。这一点的政治影响当然异常巨大。如果道德是政治社会的基石,那么你必须严格审查所有的事情来防止撒谎;另一方面,如果权利成为政治社会的基石,那么你实际上拥有撒谎的完全自由——除了在交易中和在其他一些非常有限的情况下。

所以,哲人们谈论的东西其实是我们日常生活中非常熟悉的,他们只是以最为有序和清晰的形式把它们展示出来。我们这里举一个这样的例子。当然,他在这里引用了《尼各马可伦理学》第五卷中的一段话。亚里士多德自然不关心如何去区分道德和格劳秀斯意义上所谓严格理解的法。亚里士多德所在意的是去区分作为社会德性(social virtue)的正义和其他德性。他举了什么例子? 一个吝啬的人不会如此侵犯其他人的权利——我的意思是,他偶然会侵犯,但他仅仅是吝啬,仅仅是一个小气的家伙,同时,他也可能是一个始终严格履行自己义务的人。①

我重复一下之前说过的观点:对亚里士多德来说,窄狭意义上的、严格意义上的正义,包括了分配正义,但是对格劳秀斯来说,严格理解的法不包括分配正义。但这当然没有这么简单,我们也可以从下一段中看出这一点。

朗读者:

> 在这个问题上,我们必须谨慎行事,以免混淆不同种类的事

---

① 格劳秀斯在这里引用了亚里士多德,《尼各马可伦理学》,5.4;亦可参见4.1。

物。被授予任命治安官责任的人对国家负有遴选能够胜任这一职务者的义务,而且国家有特别的权利要求他这样做。因此,如果国家因为他遴选了一个无法胜任该职务的人而蒙受损失,他就负有向国家赔偿损失的义务。①

施特劳斯:这里有一个艾萨克(Isaacs)先生和克纳(Kerner)州长以及法律责任的例子。② 我不想预先判断这个例子……

朗读者:

按照同样的道理,尽管并非任何能够胜任公职的公民都必然享有担任公职的特定权利,但是,他的确拥有和其他人一起作为候选人竞选公职的权利——

施特劳斯:这里说得很清楚。换句话说,一个候选人不能因为没有被选上市政委员会委员,就起诉任何人(我也不知道是谁),但他确实有权利成为一个候选人。

朗读者:

——如果有人使用暴力或者欺诈的方法阻止他行使这种权利,他就可以主张取得经估算得出的一定价值的赔偿。当然,这不是他所追求的职位的全部价值,而是他由于不能追求这一职位而蒙受的不确定的损失。如果一个立遗嘱人由于受到暴力或者欺诈的阻挠未能将其财产遗赠给某一个人,那么这个人同样有权要求得到赔偿。因为接受遗产的资格也是一种权利,所以在立遗嘱的问题上,对立遗嘱人的自由进行干涉,构成了对可能取得遗产之人的权利的损害。③

---

① *JBP*, 2.17.3.
② 西奥多·艾萨克(Theodore Isaacs)是奥托·克纳(Otto Kerner)在1960年成功竞选伊利诺伊州州长时的竞选经理。两人随后都被起诉(并最终定罪)为贿赂、阴谋和逃税。
③ *JBP*, 2.17.3.

施特劳斯：格劳秀斯这里——至少第一部分中——想表达的意思是这样的：分配正义的某些部分，在某种程度上体现了交换正义（commutative justice）。在这个意义上，它们也属于交换正义。这里存在细微的差别，虽然并非无关紧要，但问题不大。我们来看这一章的第十九段。

学生：[听不清问题]

施特劳斯：并非如此。你可以认为交换正义在这种意义上是处于更低水平的（lower），因为它并没有处理最宏大的事物。它可能处理了无数事物，但都并非是最高（highest）层面的事物。分配正义则与此不同，尤其是分配重要职位时的分配正义。但是亚里士多德在这里并不是关注任何可能的法律机构——比如，你如何能够确保一个在赢得二战中扮演关键作用的人物（比如，丘吉尔）一定能够保有这个职位，至少保持到欧洲的问题解决之时呢？亚里士多德会认为，在这个给定的政制之下，这取决于英国选民的良好判断力。选民受到惩罚，同人民受到惩罚的方式一样：这种惩罚并不是通过法庭，而是通过我们所观察到的后续的事态演变。

这种正义有非常高的地位，不可能找到一种简单的法律表述，除非你认为只有那些拥有非凡智识和不同寻常德性的人类才必须拥有投票权或者公职。这是贵族制的理解方式，这也是理论上可以给出的最好答案。它在实践中并不如此简单，因为仅仅有德性的人类才能获得这些权利，如此一来，不那么有德性的人就会假装有德性。很难在所有场合中辨认清楚谁是真的有德性，因此人们通常使用更为粗糙的标准，他们会认为：我们能认定，谁被推定为（presumed）是有德性的。这在庸俗的意义上当然就是贵族制：来自好家庭及受过好教育的人应该获得统治权。

这种说法有点道理，但我们也知道，没办法防止出现不肖之子（black sheep）。智慧的亚里士多德认为，自然（nature）会希望好父母生出好子女，但众所周知，不可能在所有情况下都如此。在世界上最传统的家庭中，都存在不肖之子。我们每天都能看到这样的情况，对此也并不能做些什么，所以在实践中，问题是——这是我们与亚里士多德之间的差异。亚里士多德认为,哪怕这种不完美的反映或意象(image)——意象当然不是个合适的词汇,它与当今的某些术语相反,依据现在的术语,最重要的东西是意象,它当然只是指镜子中的映像。

回到刚才说的话题上来,亚里士多德与西塞罗和柏拉图一样,也认为这种真实的贵族制——我们称之为经验的贵族制(empirical aristocracy)——的意象要比其他的可选结果更好。回想一下由贵族制所犯下的那些罪行和邪恶事件,现代人则将之完全反转了过来。我们试图在民主制度中也给自然贵族制(natural aristocracy)——这是杰斐逊(Jefferson)的说法——一个立足的机会。理论上看,这种解决听起来当然像亚里士多德的解决方式一样完美。它也使得民主制中最优秀之人在宪法意义上依赖于大众,也就是说,一切都要依赖于大众的品质(quality)。如果他们变得非常堕落了,这些有德性之人的支持者就不得不承认,他们对大众没有什么影响力;但如果这是有很高品质的民众(a populace),他们不仅仅口头上说要遵循严格的道德,而且还实践这种严格的道德,那情况就不一样了。我们不可能从任何一本书中学到能够适合直接运用的解决方法:我们能从伟大作品中学到的,是对于根本问题的准确展示,从而在某种程度上,能够借此比未曾读过伟大作品时更为清晰地作出自己的决断。

学生:[听不清问题]

施特劳斯:这需要一些澄清:从他所在时代的情况来看,这在何种程度上是一种妥协?毕竟,大家都知道,他来自一个共和国。驱逐他的,可以说是保皇党。这是拿骚的莫里斯王子(Prince Maurice of Nassau)以及正统的加尔文教主义者与城市贵族之间的斗争,这些贵族当然支持共和制和"贵族制"(aristocratic)。①

学生:[听不清问题]

施特劳斯:但我认为,对于他来说,一个国家究竟是君主制,还

---

① 这里看起来是在讨论格劳秀斯当时卷入荷兰政治的问题。莫里斯王子发动政变推翻了荷兰国会(the Dutch States General)——格劳秀斯是其中一员——之后,将格劳秀斯逮捕入狱。

是共和制,这不是一个自然法的问题。他只会简单地说,哪种君主制。这一点依赖于那里的安排,而非那里人民的意志(will),因为这个政制有可能通过战争建立起来。嗯,从格劳秀斯的观点来看,在安哥拉的葡萄牙人的行为完全是正确的,不存在所谓反抗权的问题。① 他所理解的自然法并不对政制问题作决断,但是它排除了僭政。

学生:不过,那将是一种证明[听不清]。

施特劳斯:但他随后会认为,这个问题属于政治,而非法律,不属于法学。他认为,法学只能界定任何一个政制中公民享有的其他义务和权利。这仅仅属于自然法,任何其他东西当然都会预设不同政制的不同前提,法学不依赖于特殊的前提,而依赖由自然法所提供的前提。我认为,在这一点上,他与托马斯·阿奎那没有区别。阿奎那表示了一定程度对于君主制的偏爱,但他当然不认为民主制违背了自然法。在这方面,他非常中立。那些认定"只有这种或那种政制才符合自然法"的观点,都是例外。这些观点要有名得多,比如,托马斯·潘恩和类似的著名人物认为,唯一符合自然的政制是民主制,民主制最后获胜了。但是,从传统的观点来看,自然法是中立的。我们不要忘了这一点。甚至霍布斯都认为君主制是最好的,当然,这仅仅是一种可能的判断,并不确定就是严格意义上他的学说。

请读第十九段。

朗读者:

> 对于战争的外部效力,经各国同意而确立的规则是这样的:由双方的主权权力宣告和进行的战争应当被认为是合法的战争。基于这一点,对战争的恐惧是正当的,因战争而取得的一切不得要求返还。在这个意义上,我们应当接受西塞罗对公开的敌人和强盗及海盗所做的区别。他指出,根据国家之间的协议,我们和敌人都享有许多共同的权利,但强盗和海盗却不享有这些权利。如果人

---

① 葡萄牙人将安哥拉作为殖民地统治了数个世纪,但1961年安哥拉爆发了武装解放运动。

们出于恐惧被迫向强盗或者海盗交出财物,只要他们当时没有立誓将来不会要求返还,那么就可以要求返还①——

施特劳斯:甚至在这样的情况下,你也有义务把财务交给这些罪犯,但如果这仅仅是一个承诺(promise),那就不同了。

朗读者:

——但是,对公开的敌人不能提出这样的要求。

因此,波利比乌斯(Polybius)指出,在第二次布匿战争中,迦太基人有进行战争的正当理由。因为当迦太基人在国内忙于镇压雇佣军叛乱的时候,罗马人通过战争威胁强占了撒丁岛(the island of Sardinia),并强迫居民支付金钱。从表面上看,波利比乌斯的观点符合自然正义(natural justice),但是它并不符合万民法(the law of nations)。对于万民法的规定,我们将在其他地方进行解释。②

施特劳斯:这里的 law of nations 实际是 ius gentium——我们已经讨论过了这个说法的含混之处。ius gentium 并不仅仅指万民法,正如你们所知道的,它并非自然,而是源自人类同意,具有广泛的有效性,也就是说,被众多国家所接受——尽管并不必须在这些国家之间达成一致,它可以独立地从各个国家中发展出来。关键的观点在于,与自然法不同,ius gentium 将所有形式上正确的战争都视为正义战争,也就是说,如果这是一个实际上的政府,那么战争就是一种权利,战争就是正义的。非正义战争就是那些并非由实际上的政府发动的战争,比如,强盗贵族(a robber baron)或者海盗。这一点至关重要,因为这事实上意味着我们不得不将所有的战争都视为正义战争。

在某些情况下,一个不偏袒的观察者会认为,这场战争明显不是因为挑衅,而仅仅是为了某些非常无意义的鸡毛蒜皮之事,最终却带来了

---

① *JBP*, 2.17.19.
② *JBP*, 2.17.19.

这样的悲惨结局。格劳秀斯会认为,这种说法很重要——我认为也相当正确——但是他会认为,考虑到国与国之间的实际情况,我们必须忽视这一点。换句话说,举一个并非来自格劳秀斯的例子:未经宣战,就发动战争,枪杀战俘——这是禁止的。

我来谈一谈国际法后来的演进。因此,可能存在不正义的行动,但是战争的原因、战争的起源等问题,不再是一个有关对与错的问题。这个问题不再可以用司法的方式处理(justiciable)——我也不知道这个说法是否合适——不再可以用司法的方式处理的问题就不再能追问是正义,还是不正义。这当然不正确。如果某个权力大到它不可能接受任何尘世的审判,但是一个理性地观察这个权力的人可以很好地作出判定。这就是优秀的历史学家为我们所做的工作。他们在某种意义上就是审判者,唯一可能的尘世审判者。

学生:在这里,他认为任何实际上的政府都是正义的?还是说,他认为任何由实际上的政府发动的战争都是正义战争(is just)?

施特劳斯:准确地说,应该是"被视为正义战争"(is to be regarded as just)。这是一种法律拟制(fiction)。但在某种程度上,我们不得不在法律拟制的基础上进行行动和决断……

学生:假设有一场我们称之为游击战的战争,它以"将废黜的君主重新扶上王位"的名义而发动——这会是一场正义战争吗?

施特劳斯:我认为应该是的。我想格劳秀斯今天会站在我们的立场(our side)。我们也可以独立于格劳秀斯来进行讨论——应该一视同仁。①

学生:但是,不是以"将废黜的君主重新扶上王位"的名义发动的战争,并不是正义战争。你能否说一个标准的游击战。

施特劳斯:我以这样的方式来说一下。复辟一个被废黜的君主,推翻篡位者,以及此类事情,都是正确的,但是推翻一个在位的君主则

---

① 这里可能是在说:那些推翻了君主的游击队员,如果碰到了存在支持君主制的游击队运动,他们对此不应该有所抱怨。"我们的立场"(our side)可能是指我们所称的"正统主义者"(legitimists),或者在冷战的背景下,是指那些在面对共产主义起义和因为这些起义而建立起来的政府时,倾向于维持现状的人。

是错误的。你不能忘了,作出这样规定的法律的原因在于:为什么要进行这种法律拟制——在这种意义上界定的所有形式正确的战争,也就是所有由实际上的政府所发动的战争都是正义战争。为了不开启无止境的相互争吵——如果这种声明和反声明不停止的话,不会达成任何的最终解决——因此存在某种限制或者法规。换句话说,要考虑到稳定(stability)。然而,你所谈到的这些人考虑的是不稳定。总体来说,考虑稳定是第一位的,尽管可能会有很大的原因导致一个理性的人更加偏好不稳定,而不是稳定。

[更换磁带]

施特劳斯:换句话说,除非处于极端状态之下,大多数人都首先需要的是法律和秩序,我认为传统的思想家也持有这样的观点。这种观点有很深远的影响。换句话说,即便是在那种支持财产权持有的例子中,你也可以这么认为——很多人其实已经说过——即这种持有依赖于可怕的篡夺。

正如霍布斯所说,世界上没有一个政府的开端可以被证明是有道德的。征服者威廉(William the Conqueror)就真的百分百干净?其他类似的例子能百分百干净?如果考虑合法性的话,伊丽莎白就要失去王位了,因为有人发现征服者威廉的王位有问题。幸运的是,这不是一个现实的例子。

学生:[听不清问题]

施特劳斯:但这是一种革命,格劳秀斯则反对革命。这只是很小的一方面,人们反对斯图亚特(the Stuarts)还有其他的原因。如果你只看关键点,仅仅限定在导致英国内战的查理一世(Charles I)的行动——这将是一个有力得多的观点——你知道他们不信任他,他们不相信他能在传统的对英国国王主权的限制之内行动。

学生:但这里存在一个矛盾,因为格劳秀斯基于"战争并不一定非得是正义的"来否认迦太基的例子。他认为迦太基人没有开战的正义理由,因为战争无论怎样或多或少都是正义战争。①

---

① 我们现在正在讨论 JBP, 2.17.19。

施特劳斯：这不正确：他认为，他们从表面上看符合自然正义，也就是说，他并不想深入探讨这个问题，因此也没有解释为什么仅仅是"从表面上看"。他认为，这个例子看起来很好，但波利比乌斯①违背了万民法，因为万民法本身考虑的不仅仅是这个例子，而且包括了一般而言所有这类情况，因此万民法认定，如果不把实际上的政府所发动的战争都视为正义战争，那么就只会陷入无尽的困惑。

学生：不过，你只能说迦太基人没有开战的正义理由，但是如果他们不管怎样还是开战了……

施特劳斯：哦不，但那种区别还是存在的。可能这并非最好的例子，格劳秀斯是对的，即这仅仅是从表面来看符合公正，但毫无疑问，一个公正的人可以在有关战争的正义问题上得出一个最终的判断，哪怕涉及他自己的国家。据我所知，美国士兵……你能发现，有些人总是在和自己的国家找茬，很多人总是对墨西哥战争心怀各种愧疚。② 这是可能的。但问题在于，在政治层面上，这是否能够做得恰当？这是一个问题。

格劳秀斯并没有拒斥正义战争和非正义战争之间的区别，但是国际法运行的法律基础就在于，所有形式正确的战争都是正义战争。你知道我所说的形式正确的战争是什么意思：存在一个实际上的政府，有宣战……

学生：换句话说，是否是合法或正义战争，与拥有什么权利有关……

施特劳斯：这是关键，如果他们通过一场非正义战争征服了一个省，这同他们通过正义战争征服这个省，没什么两样。

学生：但是，你仍然需要讨论这场战争是否有正义或者不正义的理由——财产权……

施特劳斯：当然如此。比如，腓特烈大帝（Frederick the Great）从玛丽亚女皇（the Empress Maria）手里夺走了西里西亚（Silesia），我们可

---

① 格劳秀斯引用了波利比乌斯，他提出了迦太基人的开战正义理由。
② 很可能是指1846年的美西战争。很多美国人——尤其亨利·戴维·梭罗（Henry David Thoreau）——强烈反对这场战争。

以得出结论说,这是一场非正义战争。但这并不是说玛丽亚·特蕾西亚(Maria Theresa)就有权重新征服西里西亚。我的意思是,她可以这么做,但这场战争在司法上是中立的,就和腓特烈大帝的第一次入侵一样中立。①

学生:假设所有其他未卷入这场战争的国家都是自由国家;也就是说,统治者们可以来决定谁是对的,谁是错的。那么依据这条万民法,他们有责任加入一方……

施特劳斯:但这种责任完全不能执行,因为他们没有考虑自己的利益。奥地利保证自己的存在,这很好;普鲁士也一样——这是这些国家和王国的理由,他们不会那么担心法律问题,因为法律问题很复杂,并且他们每一方都有高薪聘请的律师,都可以起草一份非常漂亮的宣战声明。我们回到格劳秀斯这边:同后来现代国际法的发展不一样,格劳秀斯则坚持正义战争和非正义战争之间的区分。但是,正如我们从这一段中所看到的,问题在于可行性(practicality),而且这里的正义与非正义很难有效地作出裁断。

我们来读第二十段第一部分的结尾。这里的问题很类似。

朗读者:

> 我指出,我们确实无法预知这些人是否将来会成为邪恶的人(wicked men);我们也确实不能避免利用不法之徒提供服务,否则,我们就不能招募一支军队。②

施特劳斯:换句话说,这是所有这些马基雅维利式的改变和妥协的更根本原因。战争由军队发动,军队不可能完全由圣人(saints)组成。这是任何人都不能否认的客观事实,因此我们必须直面它。他使用了措辞十分强烈的表述,但我认为这是非常好的观点。它对原因进行了解释。

---

① 腓特烈大帝侵入西里西亚——西里西亚是奥地利的一部分——这次入侵发生在玛丽亚·特蕾西亚获得奥地利王位的那一年,即1740年。她试图通过武力驱逐他,但没有成功。
② JBP, 2.17.20.1.

我们来读第十八章。使节权是基于万民法，也就是说，并非基于自然法。这本身非常奇怪。依据霍布斯，和平调解者的安全——不派出调解者，怎么可能获得和平——属于自然法的范畴，因为和平是自然法的目的，因此和平的重要必要条件（也就是使节权）属于自然法。① 这非常引人注目。在这一章第六段的结尾，格劳秀斯还谈到了与此有关的一些内容。

朗读者：

即便是敌对国家之间，也应当保护使节安全，这一观点具有正当性。这不仅是因为战争中发生的许多事件只能通过使节进行处理，而且也因为国家之间几乎不可能通过除使节以外的其他方式实现和平。②

施特劳斯：这是一种赞成霍布斯的论证，认为使节权原则上属于自然法。这确实是一个问题：出于什么原因，格劳秀斯认定使节权的法不属于自然法？他之后解释到，使节权某些时候甚至在内战中也很必要。

在第三段的结尾有一个观点：支持使节权的万民法并不支持设立常设使团，而今天的国际法则通常视常设使团为一种制度性的存在。不得冒犯大使的这条法律属于万民法，不属于自然法。我们来读第四段第三部分的结尾，这里有一个对于撒卢斯特（Sallust）的引用。

朗读者：

公平和正义是纯粹的自然法，根据公平和正义原则，对任何被发现犯有罪行的人都应当予以惩处。但是，万民法使使节和像使节那样保证忠诚于国家的人成为这一项原则的例外。因此，把使

---

① 霍布斯，《利维坦》（*Leviathan*），chap. 15（参见第十五条自然法）。
② *JBP*, 2.18.6.

节带上法庭受审是违反万民法的行为。由于万民法和自然法的区别,许多自然法允许之事通常根据万民法是被禁止的。①

施特劳斯:是否可以认定,我们已经窥见到为何使节在自然法中没有明确位置的原因了?

学生:在其他情况下,使节可能非常邪恶,你完全有权掐死他。

施特劳斯:确实如此,比如间谍或其他。我们来举个明确的例子。比如,我们卷入了一场正义战争,然后大使来了。他们参与了不正义的行动。为什么大使竟然宣称应该被视为无罪?格劳秀斯这里暗示的难道不就是这一点吗?我认为我们必须考虑他是否认真看待传统的观点,是否有可能性和必要性来进行区分——呃,我们来看一个咱们都知道的例子。纳粹:这与那个例子有一定的一致性。应该允许纳粹派出大使吗?纳粹的大使难道就不能被简单地认为他也是大使吗,难道附加给纳粹的耻辱也因此附加给大使了吗?我认为,格劳秀斯在这里暗示了类似的东西,但我们还是继续往下读,请读第五段的第一部分。

朗读者:

> 我刚才讲过的关于使节人身不得侵犯的法律应当被理解为对使节的接受者有拘束力,特别是在他已经接受使节之后。因为从那个时候开始,在他们之间事实上已经达成了一项默示协议。不过,使节的接受者或者接受国在必要时可以发出警告,而且通常也的确会这样做,要求对方不要派遣使节;一旦对方派遣使节,他们将会被作为敌人对待。罗马人曾经对埃托利亚人(Aetolians)发出过这样的警告。此前,罗马人警告维爱人(Veii)的使节说,如果他们不离开那里,罗马人将会像拉尔斯·托伦尼乌斯(Lars Tolumnius)处死罗马的使节那样处死他们。另外,萨谟奈人(Samnites)曾经警告罗马人,他们不得参观任何萨谟奈人的议会场所,否则他们将不能安全地离开萨谟奈。

---

① *JBP*, 2.18.4.3.

有关使节人身不得侵犯的法律不适用于在没有得到安全保护的情况下使节从其领土上过境的第三国。如果使节的出发地国或者目的地国是过境国的敌人,或者他们计划对过境国采取任何敌对措施,他们甚至可能被处死。雅典人对来往于波斯和斯巴达之间的使节就是这样做的。伊利里亚人(Illyrians)也这样对待伊萨人(Issii)和罗马人相互派遣的使节。在更多的情况下,使节会被监禁起来。色诺芬曾经决定把某些使节投入牢房。亚历山大拘禁了底比斯(Thebes)和斯巴达派去见大流士(Darius)的使节。另外,罗马人曾经逮捕了腓力(Philip)派去见汉尼拔(Hannibal)的使节;拉丁人曾经逮捕了沃尔西人(Volsci)的使节。①

施特劳斯:这里是不是更明确一点了?显然,在他的位置上,有很多典型的优先权。你怎么知道这些大使不是来监视你的?为什么你会让这些可能会是间谍的人进入你的城邦?我想,这就是原因。这里不存在什么自然法的义务,而可能是一种便宜之计。重点在于,如果你允许他们派来大使,那么你就必须认为他们不可侵犯,当然,到底要不要接受他们,是你自己的事情。

学生:最近有一个事情,两个美国人和一个英国人,我认为是俄罗斯的大使,他们闯入……

施特劳斯:他们不是大使,但他们是属于大使馆的工作人员。好,继续说。

学生:问题是,他们是否有权利做这些事情?

施特劳斯:我们生活在我们的时代,这使得生活于其中很困难,但有趣的是,所有的传统习俗都衰败了,我们再次理解了这种自由的国际状态,没有任何阻碍。

学生:这也是今天的状态吗?

施特劳斯:我们正在接近这种状态,难道不是吗?在西方国家之间——它们同时还是盟友——毫无疑问这些传统习俗会得到尊重,但

---

① *JBP*, 2.18.5.1.

是除此以外,如果你考虑到各种"幕"(curtains),正如我们所理解的,这些将会是困难的问题,而且正如我们看到的,实际的必然性会产生影响。① 两边都有大使,但是问题仍然存在(我想这个问题已经不再现实,但不停会有人提出这个问题):美国应该向俄罗斯派出大使吗?不停会有人提出这个问题。我不认为这是个具有任何实际重要性的问题,但这个问题本身是有趣的。双方不存在对话的可能性,但是对于那些显然最低限度的东西,还是有必要对话的。

请读第十段的开头部分。

朗读者:

> 有些人担心,如果使节享有豁免强制措施的权利,那就不会有人与他签订契约了。这种担心是不必要的,因为虽然对国王不能采取强制措施,但他也并非没有债权人。大马士革的尼古拉斯(Nicholas of Damascus)告诉我们,按照有些国家的习惯,法庭不受理因为相信对方的信誉而缔结契约提起的诉讼以及针对忘恩负义之人提起的诉讼。因此,双方当事人要么同时履行他们之间的契约,要么就只能接受对方的空头承诺得不到强制执行的现实。
>
> 这正是塞涅卡所希望的事物的状态:"在这种情况下,我们就可以劝说人们只把钱借给愿意偿还的人;买方和卖方不需要通过契约相互约束;契约和协议无须以盖章的方式保证履行;契约的履行依靠的是诚实守信(good faith)和头脑中的公平意识。"②

施特劳斯:这个说法让我怀疑,这是否不是指严格理解的法,因此,严格理解的法与可被强制执行的法不是一回事。这是你的意思吗?但我认为,如果我没有理解错,那么后来康德所作出的就是这种区别。是否实际上强制执行,这并不重要,重要的则是依据自然,能

---

① 很可能是在说,西方同苏联及其卫星国之间的"铁幕"(iron curtain),以及西方同共产主义中国之间的"竹幕"(bamboo curtain)。
② *JBP*, 2.18.10.1.

否强制执行。① 这可能也是格劳秀斯想要表达的意思。

现在,我们来读第十九章。开头的部分在某种程度上清楚地表明了使节权与安葬死者的权利之间的关系。

朗读者:

> 安葬死者是一种来源于万民法的义务。由此可见,它也是一种来源于各国意志的义务。
>
> 金嘴狄翁(Dio Chrysostom)指出,在与"成文法"相对的惯例或者"习惯"中,位于尊重使节权的义务之后的是"不得禁止安葬死者"。②

施特劳斯:换句话说,他有一个权威,但这仅仅是个没得到尊重的权威。安葬权与使节权之间的关系是什么?你是否记得《安提戈涅》中的著名例子——呃,《安提戈涅》的例子不对,但其他的可以考虑,比如,欧里庇得斯(Euripides)的《腓尼基妇女》(The Phoenician Women),还有其他人的剧作,也可以在修昔底德著作的每一页读到:战争之后发生了什么?一方赢了,另一方输了。赢的一方拿下了战场。输的一方的死者都在胜利一方的手中,那么输的一方怎么来实现他们安葬死者的义务呢?

学生:他们会派使者(heralds)。

施特劳斯:应该是"使节"(legations)。所以换句话说,这两个主题之间是有可能产生联系的。这里你也可以读到,希伯来人斐洛(Philo)和约瑟夫斯(Josephus)称入土为安是自然法/权利(a right of na-

---

① 这里很可能要么是指"定言令式"(Categorical Imperative)(无论是否有人类权威强制执行,它都有拘束力),要么是指康德的"正义"(justice)定义(即一系列能够[capable]体现在法律中的道德义务)。前者可参见康德,《道德形而上学基础》(Groundwork of the Metaphysic of Morals), trans. H. J. Patton, New York: Harper & Row, 1964, pp. 68—69;后者可参见康德,《正义的形而上学要素》(The Metaphysical Elements of Justice), trans. John Ladd, New York: Bobbs-Merrill, 1965, pp. 35—39。[译注]此处注释内英文 capable 斜体格式为原文所有,中译改用楷体。

② *JBP*, 2.19.1.1.

ture),格劳秀斯还给出了其他一些例证。这种法/权利在古典文献和犹太文献中被称为最自然和最神圣的法/权利,但是事实上,依据格劳秀斯,它既非神法,也非自然法,而是万民法(ius gentium)。

在第一段中,他随后进一步明确地指出,这两种权利属于文明的国家,由它们共同享有;为了使得这些权利更加神圣,这两种权利都被归结于神(the gods)。① 请读第二段的开头部分。

朗读者:

> 无论是像埃及人那样首先对尸体进行防腐处理,还是像大多数希腊人那样进行火化,或者像现在这样直接掩埋,尽管各个民族都会安葬死者,但并非所有人对死者入土为安的习惯得以确立的原因都具有相同的看法②——

施特劳斯:这是什么? 是一种习惯(a custom)。习惯当然意味着某种与自然法不同的东西,意味着某种在根本上基于人类实践的东西。在这一段的第四部分,他提出这样的问题:这种习惯的原因是什么? 人类的价值(human worth)。这个原因并没有在格劳秀斯拒斥的原因范围内。在第四部分中,他认为安葬遗体义务的根基是什么?

朗读者:

> 关于安葬遗体原因的一种更为简单的解释是,因为人类优越于其他动物,所以如果人类的遗体任由其他动物啃食,这似乎是人类的一种耻辱。为了尽可能地避免这种情况的发生,就出现了安葬遗体的现象。昆体良(Quintilian)说到,出于物伤其类的同情心,人类希望死者的遗体免遭飞禽走兽的糟蹋。西塞罗在《论立意》(On Invention)第一卷中指出:"如果一个人在死后被野兽撕扯,他就失去了葬礼带给人类的共同尊严。"维吉尔这

---

① [译注]可参见 JBP, 2.19.1.2。
② JBP, 2.19.2.1。

样写道:

"没有慈祥的母亲让你入土为安,

也没有人把你葬入祖先的坟墓,

你只能被遗弃作为猛禽的猎物。"

根据先知的言论,上帝威胁他憎恨的国王说,他们将像驴一样被埋葬,狗将舔他们的血。对于掩埋死者,拉克坦提乌斯(Lactantius)脑海中只有这样一种想法,他认为:"如果我们的身体被遗弃并成为飞禽走兽的猎物,我们就不配拥有和上帝一样的形状和形象。"安布罗斯(Ambrose)指出:"一个人最崇高的义务就是为再也不会向你提出任何要求的人做一件好事:把与你有着同样外表和自然(nature)的人从飞禽走兽的尖牙利爪下解救出来。"①

施特劳斯:这是格劳秀斯偏爱的一个段落;你可以认为,人类的尊严(dignity)要求人类得到安葬。接下来的部分,还有更多内容。

朗读者:

即使是死去的人,也不应当遭受伤害,无论有什么正当理由,让一个人的尸体被飞禽走兽踩在蹄爪之下并撕成碎片似乎都是对人类自然(man's nature)的践踏——

施特劳斯:"自然"一词在这里出现了。

朗读者:

——与这种观点相一致,索帕特(Sopater)在《雄辩术》(Controversies)中指出:

"埋葬死者是一种高尚的行为。根据自然法本身,这种恩惠应当被给予死者,以免人们在死后因赤身裸体地腐化而蒙受耻辱。无论是神,还是具有神性的人,都应该把这种恩惠给予死者,并由活着

---

① JBP, 2.19.2.4.

的人对他们进行安葬,这样的处理方式适用于所有人类。事实上,因为在人死后把他的隐秘之处暴露在大庭广众面前是违反自然理性的,所以我们已经接受了掩埋人类遗体的古老习俗,以便使死者能够远离人们的视线,隐秘地躲在墓穴中,逐渐化为泥土。"[1]

施特劳斯:换句话说,存在某种对于体面(decency)的考虑——这也解释了为什么这是万民法,而不是自然法。这里的"体面"就是其外在的含义,即羞耻感,希腊人称之为 kalon(美好或者高贵),这些都与外在(appearance)有很大的关系,与内在的关系较少。我们的传统某种程度上掩盖了这一点,比如,kalon 在拉丁语中被译成 honestum,这词拥有严格的道德含义,而希腊文原义中并没有这层含义。换句话说,这是某种对于得体(propriety)的关注。当然,一个人的尊严显然不会因为他在荒野中腐烂而消失,这一点很明确。尸体就不再是人类,说它是人类,是一种虚构。但是,我们仍然以一种令人难以理解的方式,将对于人类的尊重拓展到了尸体上,而尸体则作为这个人类的"继续"(remains)。这里存在某种转变,这种转变并非全然理性,因此它不属于自然法,而属于万民法。

学生:我想知道你怎么看待这里所引用的亚里士多德的说法。

施特劳斯:好的。我认为,亚里士多德毕竟是体面的人,但问题仅仅在于,这种对于尸体的态度的认知状态(cognitive status)是什么?我们来看一个表述,这种表述并非来自亚里士多德,而是来自某个和他很接近的人或者他最好的朋友,也就是苏格拉底。在《斐多》(Phaedo)中,苏格拉底被问及,如何处理他的尸体。苏格拉底认为这完全和他没有关系:"因为那不再是我。"如果按照宗教传统以某种方式来决定怎么处理尸体,也就是说,反对火葬等方式,然后体面的人遵循这种做法,这就是万民法。类似地,如果这是由神法来决定的,那么这证明了它并不依据自然法。请记住这一点。人类是上帝依据自己的形象创造出来的——格劳秀斯在第四段中提到了这一点——这当然证明了安葬权属

---

[1] *IBP*, 2.19.2.5.

于神法,而非自然法。

他在第四段的第三部分中给出了一个《圣经》中的例子,即大卫(David)和哥利亚(Goliath)的例子。

朗读者:

> 虽然大卫杀死了哥利亚,并用他的头颅示众,但大卫的行为实际上针对的是一个蔑视上帝的外邦人,而他这样做的依据是限制邻国人染指只属于犹太人的权利和习俗的法律。[1]

施特劳斯:这里,他难道不是也提到了曼利乌斯(Manlius)和那个高大的高卢人的例子吗?[2] 这是李维书中的一个对比,马基雅维利[3]别有用心地对此加以使用。一个罗马人曼利乌斯杀了一个高大的高卢人,他并未对尸体施暴。哦,他取走了一条金项链……而在大卫的故事中,大卫割下了哥利亚的头颅,这似乎要远为残暴。我只是顺便提一下这一点。格劳秀斯试图展示大卫不一样的行为为何会通过虔敬(piety)而得以正当化——他承认这是一个完美的理由。在他眼中,哥利亚必然不能被安葬,因为这是对那些不把死亡视为惩罚的人的唯一惩罚。当然,这里面有些复杂,原因在于,死者是否知道他们没有被埋葬?惩罚的核心难道不是受惩罚者必须感知到惩罚吗?我们来读第五段的第四部分……

朗读者:

> 不过,有些犹太人认为,有一种情况构成反对自杀的法律的例外,那就是假如一个人继续活在世上是上帝的耻辱,他就可以选择"体面地退出"(commendable exit)。正如约瑟夫斯(Josephus)教导他的同胞们时正确地指出的那样,犹太人认为,他们的生命权不

---

[1] *JBP*, 2.19.4.3.
[2] 格劳秀斯在这一章中并未讨论这个例子。
[3] 施特劳斯,《关于马基雅维利的思考》(*Thoughts on Machiavelli*), Chicago: University of Chicago Press, 1978, pp.162—163。这个故事参见马基雅维利,《论李维》, Bk.3, chap.34。

第 八 讲

是属于自己,而是属于上帝,因此,上帝的意志本身足以证明加速死亡进程的决定的正当性。

对于这种加速死亡进程的决定的正当性,他们首先援引了参孙(Samson)的事例。参孙感到自己已经成为真正的宗教的笑柄,因而选择了自杀。其次就是扫罗(Saul)的事例,为了不使自己成为上帝和自己的敌人侮辱的对象,他伏剑而死。犹太人发现,在撒母耳(Samuel)的灵魂预告了扫罗的死亡之后,他立即幡然悔悟。但是,即使他知道如果自己进行战斗很快就会死去,也仍然没有拒绝为祖国和上帝的法律而战,因此,大卫认为他应当拥有永恒的荣誉。同时,那些礼葬了扫罗的人也因为他们所行的正义之事而得到了大卫的厚待。第三个事例是马加比(Maccabees)历史上耶路撒冷的长老拉西(Rossi)。

我们在基督教会的历史上也可以看到同样的事例。那些被施以酷刑的人为了表示他们绝不放弃信仰基督的宗教的决心而选择了自杀。另外,一些少女为了保护自己的贞操而选择投河自尽,后来,教会把她们列入了烈女名录。同时,奥古斯丁关于这些事例的看法也值得一读。①

施特劳斯:我得说,这是奥古斯丁的一个非常有力的表述,但这种力量被最小化了,因为格劳秀斯将之放到了注释中。② 我有这样一种印象,格劳秀斯对另一种观点也存有一定的同情,这种观点被一些没有奥古斯丁那样要求严格的基督徒所认可,他们认为有些时候的自杀并非是不荣誉的行为。

我们现在来阅读关于"惩罚"的非常重要的一章:第二十章。这里的情况是怎么样的?惩罚制度背后的法是什么法?为什么人类可以惩罚人类?是哪一种法给予了他这样做的权利?自然法、神法,万民法,还是其他什么法?

---

① JBP, 2.19.5.4.
② 在边注和脚注中,格劳秀斯引用了奥古斯丁,《上帝之城》(City of God), Bk.1, chap.16(另可参见 chap.17),《致杜尔西提》(To Dulcitius);《反高登提乌斯》(Against Gaudontius)。

学生：自然法。

施特劳斯：当然是自然法。他在第一段的第二部分中引用了"惩罚是一种博爱（charity）的行为"，惩罚不是一种恶意的行为。[1] 在第二段中，他提出了这个问题：惩罚是否属于分配（distributive）正义或者交换（commutative）正义？[2] 在涉及交换正义时，明显存在一定的混淆，因为有罪的人没有惩罚权。这是一个误导人的表述。就像购买者对他购买的东西拥有权利一样，有罪的人并不希望被惩罚或者得到惩罚，他只想犯罪；因此，对他来说，最不乐意的事情就是被惩罚。严格来说，他不希望被惩罚。

那么，惩罚的目的到底是什么？这是一个大问题。我想我们可以读一下第三段中关于惩罚的权利的论述。

朗读者：

> 关于惩罚的主体，即谁是被授予惩罚权的代表的问题，自然本身并没有作出明确规定。

施特劳斯：这就是区别。洛克认为自然对此作出了明确的规定。你可以看到这里是一个很明显的区别，它比我们以后看到的还要更为复杂。

朗读者：

> 虽然自然理性宣布罪犯可以被惩罚，但是，它除了非常明确指出处于上级地位者是实施惩罚的最合适的人选之外，并没有宣布具体应当由谁来实施惩罚。同时，它也没有指明必须由处于上级地位者进行惩罚，除非"上级"（superior）一词可以被理解为犯罪

---

[1] 在 JBP, 2.20.1.2 的引用中找不到"博爱"这个词，但对于这个概念还是有一些暗示的。
[2] JBP, 2.20.2. 施特劳斯在使用亚里士多德的词汇表示约定（contractual）正义或算术（arithmetic）正义（寻求平等的方式），以及基于配得（merits）或几何（geometric）比例的正义（参见亚里士多德，《尼各马可伦理学》，V.3—4）。格劳秀斯使用的表述则分别是"对等（expletive）正义"和"选择（attributive）正义"（另可参见 JBP, 1.1.8）。

人因其所犯罪行而被置于了必须服从其他人的下级地位,就像他被从人类降低到从属于人类的动物的地位那样。

这一观点得到了一些神学家的支持。①

施特劳斯:从这一点出发,格劳秀斯会继续说些什么?很抱歉,我找不到那个非常令人震惊的说法,但我会去查一下。②

下面我说一些东西,只是为下一讲的讨论做一些准备,下一讲非常有趣,将讨论惩罚的目的问题。这当然是一个极其热门的话题。格劳秀斯认为,惩罚有三个目的:矫正(betterment),现在被称为修复(rehabilitation);用来作为威慑他人的例子(examples);格劳秀斯论述的重点则是第三个,即 timoria。③ 这个词是什么意思呢?呃,如果我们解释为"复仇"(revenge),那就太重了,但这个词显然与复仇有关,关键就是这点。对于受害者或者受害者的家庭,必须要有某种补偿。他们遭受了可怕的痛苦,因此除了矫正之外,必须要实施某种惩罚,使得他们获得安慰。这最后一点在今天绝对会受到谴责。当今被认可的极限是:威慑,或者社会的保护,或者改进(improvement)。也就是说,只有修复和威慑。关键的例子自然就是死刑;原因很清楚,因为对社会来说,通过死刑,一个人并不可能再得到矫正。

现在,我给你们读一段莱布尼茨(G. W. Leibniz)的话,来自他的《神义论》(*Theodicy*)第七十三段,我们可以发现一种表述清晰的更为传统的观点。④ 莱布尼茨当然坚持惩罚与原罪、永罚之间的联系,而非仅仅坚持人类的惩罚。

他提到了霍布斯,即霍布斯与布拉姆霍尔主教(Bishop Bramhall)

---

① JBP, 2.20.3.1.
② 施特劳斯此处还在继续刚才关于洛克的讨论吗?洛克就自然状态中罪犯的兽性特质作出了一些非常令人震惊的表述。参见洛克,《政府论》(下篇),§§10,16。
③ [译注]让人恐惧和痛苦。
④ 莱布尼茨,《关于上帝的正义、人类的自由和恶的来源》(*Essays on the Justice of God and the Freedom of Man in the Origin of Evil, in Three Parts*),第一部分,第七十三段,见《神义论》(*Theodicy: Essays on the Goodness of God, the Freedom of the Mind, and the Origin of Evil*), trans. E. M. Huggard, La Salle, IL: Open Court, 1985, pp. 161—162。

的讨论,莱布尼茨阅读的是英文文本,因为很不幸地,两人的讨论文集还没有拉丁文的译文[学生大笑],这是1633年的伦敦。"这是英文文本,据我所知未被翻译,也未被收入霍布斯的拉丁文作品中。"我认为,莱布尼茨说的"未被翻译",指的是没有被翻译成德语。①

霍布斯当然因为他著名的决定论(determinism)而受到很大的打击。如果举个例子,你杀了一个人——说得更清楚一些,你因为他谋杀而杀了他,但他是无罪的,他被迫去谋杀别人。他不得不去这么做。①当今的讨论中,你也可以看到这种论证。他被迫去谋杀,因此他是无罪的。呃,霍布斯的答案很简单:我们也被迫去杀他。依据我们的思考,如果我们服从这种强制,那么其他人也会因为绞刑架的威慑而不去谋杀。莱布尼茨认为,这完全可行。你完全可以在决定论的基础上为惩罚甚至死刑作辩护。莱布尼茨继续说:

> 可是,有一种正义以及惩罚与奖励似乎不宜用于那些出于可能存在的绝对必然性而行动的人。这便是那种既不是以悔改也不是以儆戒抑或以抵偿恶为目的的正义。这种正义的基础只是适度性(covenance)[施特劳斯:是适宜(convenience),更进一步,你可以说是相关性(correspondence)],这种适度性要求在某种程度上使恶行得到抵偿。苏西尼派(Thucynians)、霍布斯和其他一些人不承认这种惩罚性的正义,它原本是为报复性的正义,在许多情况下为上帝自己所专用;但上帝有时也将它赋予那些有权统治他人的人,并借助他们实行这种正义,前提是他们以理性行动,而不可感情用事。苏西尼派[施特劳斯:现在也称为"神体一位派信徒"(Unitarians)]认为这种正义是没有根据的;可是,它始终[施特劳斯:这里是一个如此漂亮的表述,在某种程度上,今天大多数人并

---

① 施特劳斯在这里可能正在以第一人称阐释莱布尼茨的一个附录:莱布尼茨,《对于霍布斯先生以英文出版的"自由、必需和机遇"一文的反思》(Reflexions on the work that Mr. Hobbes Published in English on "Freedom, Necessity and Chance"),见《神义论》,pp. 393—404。

① 即依据霍布斯的决定论。

不能理解这种说法]立足于一种适度性的关系之上,这种关系不仅使受辱者而且也使认识这种适度性的有知之士感到满意,犹如一个悦耳的曲调或者美丽的建筑使艺术爱好者赏心悦目那样。①

你必须知道,从现代英国史来看,像这样杰出的人[听不清]其他人讨论公开处决,我想我们都会晕过去,但他们看起来很淡定:他慌了吗?他的演讲可以吗?我们当然没有这个胆子,但他们坚持这种立场。他谋杀了人,或者他犯了叛国罪。在某种程度上,被扰乱的秩序被重建为美丽的景象,比建筑或者音乐更美丽。不过,毫无疑问,这个说法意味着你仅仅因为景象的绝对美丽而彻底忘记了惩罚的可怕。

学生:在我们的说法里,对此有一个短语,来显示它比建筑有更高的尊严,因为我们称之为"恶有恶报"(poetic justice)。

施特劳斯:但是,恶有恶报并非这方面的情况。这两个被指为谋杀犯的人叫什么名字?他们五年后可能会出狱,假设他们肯定上诉,而最高法院可能会与芝加哥的法官观点不同,那他们可能无法那么快出来。如果他们真的被送上电椅处决,我不认为这还能称之为恶有恶报。我的意思是,不管恶有恶报到底是指什么,这肯定不是。想象一个戏剧,在其中,两个地位很低的毒贩犯了谋杀罪,然后被判处死刑——这才是恶有恶报。

---

① 这一段似乎是施特劳斯自己的翻译(和插话解释)。[译注]中译采用[德]戈特弗里德·莱布尼茨,《神义论》,朱雁冰译,北京:生活·读书·新知三联书店,2007,页152。

第 九 讲
JBP, 2.20.4—2.20.47
（1964 年 11 月 3 日）

施特劳斯：①我们上一讲开始研究第二十章，我记得我们着重讨论了第三段中的那个段落，与洛克在其《政府论》中的那些著名论述一样②，格劳秀斯将惩罚者和被惩罚者的关系，比作人类与野蛮人的关系。

现在，他开始讨论惩罚的目的问题，也就是，为什么惩罚既是可允许的，也可能是一种义务？然后，他给出了对这一事实的讨论：人类有时候会因为不惩罚而受到赞美（在第四段中）。毫无疑问，依据柏拉图在《高尔吉亚》(*Gorgias*) 中的说法，惩罚应当面向未来，而不是关注过去。③

那么，《新约》中的整个问题就出来了，还有对于上帝而言例外的情况。上帝可以在进行惩罚时不考虑任何公共的未来的好处，因为他是主(Lord)。④ 他可以做他想做的任何事情。这是一个通常的神学观点。

在第五段中，格劳秀斯提到了纯粹和简单的复仇欲望，并且承认这是自然的，但它属于我们作为一般的动物的自然(nature)，而不是作为

---

① 讲课稿的原始记录者标注：这一讲开头阅读了一位学生的论文。这个过程没有录音，施特劳斯对该论文的回应显然也没有被录下来。
② 洛克，《政府论》（下篇），§§ 10, 16。
③ 柏拉图，《高尔吉亚》(*Gorgias*), 472e—481b。这里隐含的观点是：惩罚是为了使得被惩罚者纠正错误或者变得更好。
④ *JBP*, 2.20.4.2。

理性和社会动物(rational and social animals)的自然。看一条狗或者类似的生物,看一个人类,他们之间存在一定的相似性。如果你踩着了一条狗的腿,或是一个人的腿,那么其二者的反应在某种程度上是一样的。这完全是自然的(natural),但事实上又并不自然,因为人类有更高的(higher)要求,也就是说,狗并没有理性(reason)。这里就出现了一个困难。那么,依据自然法,复仇并不是合法的。不过,这里也存在一些复杂性,我们马上就能读到。请读第二十章第五段的第一部分。

朗读者:

> 作为一种戏剧性的说法:"敌人的痛苦平复了受害人的悲伤。"西塞罗认为,惩罚凶手可以减轻受害一方的痛苦。普鲁塔克引用西蒙尼德(Simonides)的话说道:"令人愉快而远非悲哀的事情就是通过得到满足的方式使被痛苦和忧伤折磨的心灵获得安慰。"——这种情形与人类和其他动物的自然本能是一致的。愤怒"来自渴望对遭受的痛苦进行复仇的心中热血的涌动"。但是,这种纯粹的欲望是如此的缺乏理性,以至于复仇行为的对象可能并没有伤害过自己,比如危险野兽的幼崽或者无生命的物体,就像狗对着石头狂吠那样。①

施特劳斯:一个人也有可能因为伤到了腿而对着桌子发火;所以情况是一样的。

朗读者:

> 这一类欲望本身与理性的本质是不一致的,因为理性的作用就是控制欲望。另外,这种欲望也不符合自然法,因为自然法的命令要求人们的行为受理性控制并考虑社会利益——

施特劳斯:因为自然法是理性和社会自然所决定的。

---

① *JBP*, 2.20.5.1.

朗读者：

理性禁止一个人实施可能伤害他人的行为，除非这样做是为了实现某种好。欣赏敌人遭受痛苦的场景只是一种虚幻，而并非现实的好，就像多余的财富和许多其他这种类型的东西一样。①

施特劳斯：请读第三部分的第一句。

朗读者：

因此，如果一个人对另一个人实施某种行为只是为了从对方遭受的痛苦中获得满足，他的行为就是违反自然法的。②

施特劳斯：这是关键的观点。依据自然，人类有这种欲望，即他自己所遭受的痛苦应该也返还给那个令他痛苦的人，这样他就能获得慰藉，痛苦也就得到了安抚——这是一个经验事实——这是巨大的困难。格劳秀斯在这里只是简单地说这是不行的，因为它与人类的理性及社会自然相冲突。

正如他接下来所解释的，惩罚的真实目的是矫正、威慑和 timoria。③ 我们也可以用 revenge 这个词，但要明确这里 revenge 的精确含义。你使用的拉丁词汇是什么？

学生：vindicatio（索回正义）。

施特劳斯：好的，但 vindicatio 是一般意义上的，它在所有的情况下都适用。④ 好，为了避免搞混淆，我们说［听不清］惩罚的理性又可行的依据。我们来读第六段。柏拉图提出了两个目的——矫正和威慑——托罗斯（Tuarus）加了第三个，即 timoria。英译者把这个词翻译

---

① *JBP*, 2.20.5.1.
② *JBP*, 2.20.5.3.
③ ［译注］施特劳斯在上一讲中谈论过这个词。
④ 它可以指任何法律宣告，不仅仅指惩罚或者复仇（vengeance）。

成了什么?

朗读者:"复仇"(vengeance)。

施特劳斯: 继续读吧……

朗读者:

> 亚历山大的克雷芒(Clement of Alexandria)指出,"复仇"是指"符合惩罚者利益的,犯罪行为应得的回报"。亚里士多德忽略了惩罚所具有的威慑目的,只对它的第三个目的和矫正作了论述。他认为,犯罪的报应是为了"使惩罚者得到满足"。①

施特劳斯: 这里有一个对普鲁塔克的引用。

朗读者:

> 与犯罪接踵而至的惩罚不仅会遏制胆大妄为的罪犯再次实施犯罪行为,也会给受到犯罪影响的人带来最大的安慰。②

施特劳斯: 这些惩罚抚慰和安慰了那个受到伤害的人。因此,还存在三个理由:矫正罪犯;保护社会;受害者的痛苦必须得到抚慰,必须用犯罪者受到的痛苦来加以平息。在实践中,这第三点会与前两点结合在一起。他有罪,为了保护社会,他将被杀;这样做有双重效果,即这也会平息被此人所杀害者的儿子的愤怒和痛苦。换句话说,在给定的情况下,并不一定必须基于复仇的动机来实施惩罚,但复仇的动机也是其中的原因之一。

学生: 我认为格劳秀斯并不会允许。

施特劳斯: 那我们就来看看。他在这里提及这一点的时候,并未加以批判。首要的是要抚慰受伤者,这一点与保护社会没有关系。不管什么时候讨论这些例子——你知道,在统治者或法官面前,每天都有

---

① *JBP*, 2.20.6.1.
② *JBP*, 2.20.6.1. [译注]这是格劳秀斯所引用的普鲁塔克的一段话。普鲁塔克,《论神迟来的报复》(*On the Delayed Vengeance of the Deity*), ii=548E。

这样一个例子出现，他们会考虑社会的保护或者考虑矫正（现在称之为"修复"），但是人们仍然有这种感觉：他们有期待其他东西的权利。在当今的思想中，复仇完全不行，并失去了地位，这当然与过去数个世纪的哲学传统有关，尽管它花费了相当长的时间才变得与当今的社会和司法实践直接相关。

第一点很明确。为了作恶者的效用——没有人会认为以下的做法是不公平或不合理的：一个人伤害了别人，甚至事实上伤害了他自己，那么应该通过某种有效的强制来禁止他这么做，他应该学会理性。这种强制并不非得是打屁股（spanking）——这种方式之前被认为是使一个人类重新获得理智的最简便的方法——可以是去掉各种便利设施，比如，当他想去酒吧时，使得他不能去，并且只能待在一个很无聊的地方，没有调酒师，没有任何这类便利。这就是剥夺便利设施。很好。这种惩罚由语言组成，包括了喊他的名字，但不允许他回答——这种惩罚自然是由一个没有犯同样罪行的人来实施的。如果他犯了同样的罪行，那么他就没有权利来实施这种惩罚。如果他本人即使喝醉了，也还在说"你个醉鬼！"，那就会有些荒谬。就自然（nature）包含了强制而言，它并不决定谁能或者谁不能实施这种惩罚。请读第七段第一部分。

朗读者：

> 自然法允许每一个具有健全判断能力的人为这个目的（this end）对犯罪行为人进行惩罚——

施特劳斯：是"修复"（rehabilitation）的目的。

朗读者：

> ——只要他自己并未犯有相同类型或者同样严重的罪行。这一点在通过语言文字对犯罪人进行谴责的方面表现得非常明显。
>
> "指责一个犯罪的朋友是一件吃力不讨好的事情，但有时会产生作用。"
>
> 但是，对于肉刑和其他包含某种强制因素的惩罚而言，自然法

并没有对哪些人可以这样进行区分。(因为除了自然理性在特殊意义上授权父母基于家庭关系可以对子女进行这类惩罚以外,谁有权实施这类惩罚不可能由自然法加以规定。)这个问题是由其他法律规定的。为了避免和消除争议,这些法律把对罪犯进行矫正的主体从人类的普遍联系限制在具有最密切关系的人的范围内。我们可以从《查士丁尼法典》(Justinian's Code)"关于授予亲属改造罪犯的权利"一节和其他地方看到这一点。①

施特劳斯:这种惩罚可以包括死刑。如果这个人如此不可救药,你可以肯定他必然还会这样继续下去,那么你杀了他,可以说就是帮了他忙,因为他不会再过这种令人厌恶的生活了。他的这种生活,如果从他的青春期开始算起——假设他现在是四十岁——就没有什么体面之处,从未意识到别人的权利、重大的权利,不仅仅是犯下小偷小摸的罪行,而且还是犯下了谋杀大罪。

我们现在来看下一个问题,即复仇,现在它被置于中心位置。如果你想要复杂一些,就得留意次序的变化。在第六段的第一部分,我们发现次序是修复、威慑、复仇;而现在的次序是修复、复仇、威慑。我不知道格劳秀斯是否是有意为之。我不知道。

学生:你[听不清]第一部分接近洛克的学说,因为任何人②……

施特劳斯:我们会讨论这一点,我们很快就会读到一个非常明确的段落。现在请读第八段的第一部分。

朗读者:

> 对罪犯进行惩罚给受害人带来的利益在于未来他可能不会再受到来自这个人或者其他人同样的伤害。格里乌斯(Gellius)引用了托罗斯(Taurus)关于这种利益的论述:"受害人受损的尊严和权

---

① JBP, 2.20.7.1.
② 洛克的自然法学说给予每个人惩罚违背自然法行为的权利,但是格劳秀斯认为,自然没有决定谁有权威来实施惩罚。施特劳斯在第八讲中提到了这一点,在本讲的开头又提到了这一点。JBP, 2.20.3.1.

利必须通过对罪犯的惩罚得到保护和恢复,除非不实施这种惩罚不会使受害人感到屈辱和受人鄙视。"这里所谓的受损的权利必须被理解为是指个人的自由或者任何其他遭到侵犯的权利。①

施特劳斯:换句话说,这就不是什么严格意义上的复仇,只是对于社会的保护。请继续读。

朗读者:

塔西陀说:"让他为了自己的安全接受这种进行正义的复仇的建议吧。"

保护受害人免受同一个罪犯的伤害可能有三种方法:第一,消灭该罪犯——

施特劳斯:这当然可以包括死刑,即便并非仅仅包括死刑。

朗读者:

——第二,剥夺其犯罪能力;第三,通过教育使其结束邪恶的生活方式。最后一种方法和我们已经讨论过的矫正有着非常密切的联系。受害人也可以通过一种具有示范性质的公开和引人关注的惩罚所产生的威慑作用,而不是通过一般的惩罚,使自己获得免受其他人伤害的保护。②

施特劳斯:前面的这些说法很黑暗(dark),不是吗?接受这种对于受害人荣誉和尊严的强调。他被视为一个你可以对其做任何事情的人。因为成为一项罪行的受害者,他在共同体中的地位受到不利影响,因此必须加以矫正。这难道不是格劳秀斯的意思吗?

第八段的结尾部分有一个对于柏拉图的引用。

---

① *JBP*, 2.20.8.1.
② *JBP*, 2.20.8.1.

第 九 讲

朗读者：

> 柏拉图赞成进行战争，"直到遭受伤害的无辜者使罪犯受到应有的惩罚为止。"①

施特劳斯： 我认为这里指的是，罪犯必须接受遭受他们伤害的无辜者的惩罚。我认为这是复仇的关键。这是以痛苦换痛苦的补偿，这和另外两种惩罚目的不一样。我承认这一点，但这一点不是非常明确。接下来要谈的则是惩罚作为威慑例子的目的。他并没有得到补偿，但是惩罚威慑了其他人。

学生： 为什么你要强调痛苦（pain）？

施特劳斯： 因为我试图理解第三个目的的准确含义，对于我们来说，很难理解其准确含义。我找到了这样一些明确的指向：受害者的痛苦、罪犯的痛苦——当人们说"复仇是甜的"时，痛苦正是复仇中涉及到的东西。他们等了很多很多年——尤其是那些地中海地区的血腥征战，在那里，痛苦非常强烈。复仇的甜蜜——荷马也如此提及过——是如下的东西：我因为失去了父亲或者兄弟或者任何其他人而痛苦万分，现在我要以牙还牙，你的痛苦将是我绝对的快乐。

学生： 格劳秀斯是如此明确表达的吗？他真的说，你会从惩罚中感到舒适？

施特劳斯： 我们至少可以这么说——他不会赞成那些不符合这两种理性要求之一的惩罚：罪犯的矫正，或者威慑。他并不是简单地谴责第三种要求仅仅是一种前两种理性要求的附属品——换句话说，一个公正的法官可以理解受伤害者的心情。但是，以最高的（highest）的观点来看，这样做是否合理，则是另一回事。但我们知道，法官不可能一直以最高的观点来看待问题。

学生： 是否能够很方便地回想起格劳秀斯到底是在哪一段谈到了痛苦本身，而非——

---

① *JBP*, 2. 20. 8. 6.

施特劳斯：在第八段的结尾处就谈到过痛苦。在英译中,"痛苦"一词出现了吗?

学生：没有出现。

施特劳斯：但这里有。你可以查看他提到的柏拉图的段落。

另外一点则是我们之前读过的：安慰(consolation)——那是在第六段的第一部分。现在来看威慑的目的。我认为这不需要特殊的讨论,但在第二段的开头有一个相关的讨论。不对,是在第二部分的开头,对不起。

朗读者：

> 依据自然,为了维护社会的整体利益,每个人都可以行使惩罚犯罪的权利。①

施特劳斯：在这一点上,任何人依据自然都是合法的惩罚者。

朗读者：

> 普鲁塔克写到,自然赋予正义的人一种治安官的责任,而且这种责任是永久性的,因为正是按照自然法,正义的人应当发挥引领作用。西塞罗通过纳斯卡(Nasica)的事例证明,一位有识之士不能满足于只是一介公民。②

施特劳斯：这就是我们所需要的。你们看出什么了吗？这是非常具有格劳秀斯特点的段落。每个人都是法官；好人(good man)和智慧者(wise man)是法官,就仿佛他们是一样的人。现在来看,每个人都会认可这种窄狭的含义:惩罚者被认为不犯有同样的罪行。这并不能使他成为一个好人。他可能没有犯过通奸罪,但是他可能犯了谋杀罪。这很容易理解。

---

① *JBP*, 2.20.9.2.
② *JBP*, 2.20.9.2.

第二点则是一个古典的问题。古典人考察"如果没有公民社会（civil society），会发生什么"这样的问题，他们会认为：呃，依据自然，好人和智慧之人是坏人和不智慧之人的统治者（ruler）。但是，涉及到"每个人"（everybody），则是一个完全不同的问题。在这一点上，洛克的观点内在融贯，格劳秀斯的观点则内在不融贯。洛克确实谈了"每个人"，但他没有用好或者智慧来对每个人进行限定。我们在这里碰到了一个分水岭。我们可以称之为分水岭：往回走，就到了柏拉图和亚里士多德那里，而往另一个方向走，则会到洛克等人那里。

学生：当格劳秀斯以他自己的名义谈论一些内容时，就会更接近洛克。

施特劳斯：当然是的，但还是有区别。法学家必须在他们行动的限制范围内考虑所有的复杂情况。事实上，并非所有法官都有第一等的智慧和最好的洞察力，因此有某种很粗糙的对于智慧和判断的接近，就很可以了。不过，格劳秀斯谈的则是更高层面的东西。他并非是罗马法或者荷兰法的评论者或阐释者。这本著作主要在谈自然法，这些是自然法命题。也就是说，如果使用通常的学科分类看，这本书是哲学学说，而非法学学说。这就很重要。

我认为这确证了我们上次所观察到的事实，即格劳秀斯学说的原则缺乏某种清晰。我想我们马上（但不是今天）就会读到一个远为清晰的观点。

我一向认为，这个段落同洛克形成鲜明的对比，即从"每个人"到"每个好人"的转变。当然，你可以不那么严谨地认为，依据法律，每个没有被证明有罪的人都是无辜和好的，尽管这对于很多实际目的而言没问题，但它显然是一个荒谬的观点。我的意思是，如果有一些非常优秀的律师，那么很多人就不会被证明有罪，也不可能被证明有罪，但那些知道他们底细的人都不会从他们那里买二手车。

接下来，格劳秀斯在这段中提到了惩罚的一个特殊案例，即来自激情（zeal）的判断，这尤其来自《旧约》。也就是说，这些判断并非明确为了个人或者社会的未来的好处。在第十一段中可以很明确地看到，《新约》显然并不完全认可这种观点。

学生：我有一个关于第九段的问题，这里对于塞涅卡的引用让我想起了洛克的观点。我一直认为那是洛克的观点：洛克谈到了违背自然法的人类会被当作某种程度或纯然的非人类，我认为这可能对于古典人来说并非如此。

施特劳斯：很难这么说。如果你考察亚里士多德关于奴隶的说法，这是在《政治学》的第一卷：什么是奴隶？奴隶也是动物。

学生：但并非是令人厌恶的动物。

施特劳斯：当然，并非是这样的动物。但是，如果他行为不当，如果他对主人的儿子或者女儿做出不体面的姿势，他就会被当作——主人就会像对待一匹马或者一条狗一样来对待他。

学生：像一个奴隶一样被处死。

施特劳斯：让我这么来表述。弗朗西斯·培根在《学术的进展》中某处说得非常清楚。依据《圣经》，人类是根据上帝的形象而造出来的。如果我们把这种《圣经》中的话语应用到柏拉图和亚里士多德上，那么，上帝的形象是什么呢？是"世界"（world），世界经常表现出规律性。① 我现在已经忘了培根关于这个说法的确切用词，但是洛克的说法却非常令人印象深刻，因为他将自己的观点奠基于《圣经》。"谁使人流血的，人亦必使他流血"，因为他是依据上帝的形象造出来的。在谈到将他们视为有害的动物之类的惩罚时，洛克对于上帝的形象则完全沉默。② 洛克的说法并非必然与古典传统截然对立：另外，塞涅卡是这一传统的代表，这就没有问题。

在第十二段中，为何基督教无疑会允许死刑？基督教的统治者们应该模仿一位埃及的统治者，他没有实施死刑。③ 所以，换句话说，异教徒也会展示仁慈（mercy）。而基督徒们则要服从更为严格的（stricter）要求。但这当然并不意味着死刑不能存在。格劳秀斯没有走得那么远。你不能忘掉这种情况：我们这个时代苦于"温和"（mildness）这种极端（这能不能称为极端，是另一个问题），过去则总体上苦于"严

---

① 培根，《学术的进展》，Bk. 2, chap. 6, para. 1。
② 洛克，《政府论》（下篇），§11。
③ JBP, 2.20.12.2—3.

酷"(harshness)这种极端。情况已经有了根本性的变化。

伯克(Burke)对此有明确的表述,伯克认为这种巨大的变革发生于十八世纪,这种温和的德性被那时的法国哲人称为"人道"(humanité),也就是 humanity,它们得到了推崇。但是,更为严酷的德性则被忽略了,而它们理应在整体的德性中,如同温和的德性一样,占有一席之地。① 我们今天所说的最大限度的纵容和宽容,被认为是人道的必然后果。这就是问题,到底这是否是人道的真实含义。换句话说,一般意义上的人类德性并不那么多地要求我们或者其他人树立自己的权威和要求不放纵。这在今天某种意义上是明显的道德问题,因为十八世纪以后,事情开始变得越来越极端。

学生:你知道那时死刑在欧洲大陆有多么普遍吗? 那时的英国法律制定死刑,是为了防止各种罪行——荷兰也是如此吗?

施特劳斯:当然。中世纪和现代早期的欧洲生活的缺点自然就是过于苛刻(尤其对于更下层的民众来说)。如果某个人是贵族,那么他就会得到更好的待遇。你不能忘记,霍布斯的整个法哲学的主旨,那就是人道(humanity)。后来,监狱改革者、自由主义者等等类似的东西出现了,他们都是霍布斯的学生。霍布斯全集的第一位编辑者是威廉·莫尔斯沃思爵士(Sir William Molesworth),他属于边沁(Bentham)的圈子。他们十分关注霍布斯的这本著作,即《一位哲人与英格兰普通法学者的对话》一书。②

这是一本非常有趣的作品。很遗憾这本书未出平装本。其实应该出平装本,每个法律学者确实都应该读一读这本书。这本书论证出色,它从法学的角度阐释了霍布斯的哲学。有这么一个简单的观点——虽然有点模糊,但仍然有启发性——霍布斯认为,法官正式宣布惩罚时,必须说清楚所询问的结果和判决,也就是说,究竟具体犯了哪种罪,具体应该判处什么惩罚。他没有权利刺激被告。我确信,肯定有一些可

---

① 施特劳斯也许想起了他曾经就伯克关于"人道"(humanity)的论述所撰写的一些段落:施特劳斯,《自然权利与历史》(Natural Right and History), Chicago: University of Chicago Press, 1965, pp. 300—301。
② 霍布斯,《一位哲人与英格兰普通法学者的对话》(A Dialogue Between a Philosopher & a Student of the Common Laws of England),见《托马斯·霍布斯英文著作集》(The English Works of Thomas Hobbes), ed. Sir William Molesworth, London: J. Bohn, 1840, 6:1—160。

怕的法官会滥用自己的权威;在最好的情况下,法官们会向被告进行某种道德劝诫,某种道德训斥。

不过,从人类自然来看,你可以认为霍布斯是对的:不要进行道德劝诫,要把人类当人类看待。作为一个法官,你只是去做和去说一些你该做和说的事情。这对于那个可怜的家伙已经足够了,不要在伤害之上再增加侮辱。但是,很惊人地,这种想法会碰到霍布斯这样一个比其他任何人都更反叛、更革命的家伙,其他人有着更为宽泛的道德视阈,不怎么关注这种所谓人道。你看到这一点了吗?

毫无疑问,十七世纪和十八世纪的这种思想发展开始了——如果我们使用这种宽泛且肤浅的历史词汇的话——同时伴随着席卷整个欧洲的宗教迫害的恐怖,某些人会认为:让我们尽可能去除人类生活的残酷吧。他们认为自己从罗马法那里获得了某些助益(我的意思是后帝国时期的罗马法),在某种程度上说,他们确实如此,但不仅限于此。某些我们今天视为平常的东西,事实上由他们确立。而且这些东西已经变成了公共舆论,在某种程度上变成了法律的一部分。但是,如果我们仅仅看这些东西的内在原则,那就是:宽容和仁慈的德性得到倡导,更为残酷的德性则某种程度消失。另外,这种对于仁慈的倡导是基于本质上窄狭和错误的根基——也就是我们之前谈论过的自我保存。

这些人的观点也可以阐述如下:不管是哲人,还是神学家,人类迄今为止的目标定得很高尚,从这一目标来看待人与人之间的不人道(inhumanity),这种不人道要么是必然的,要么就有实际上不可避免的心理原因。我们不要再把目标定得很高尚,而是只瞄准最低限度,就能去掉人与人之间没有必要的残酷性。宗教宽容当然是最明显的例子,但绝不仅仅局限于宗教宽容。它涉及到了刑法的整体,当今所谓的自由主义则是这一运动迄今为止最为晚近的发展。我认为在这场运动中,有一点很明显,即保守主义传统不得不认为:呃,保守主义者从自由主义者那里获得了多少东西?简单地说,戈德华特(Goldwater)①敢反

---

① [译注]巴里·莫里斯·戈德华特(Barry Morris Goldwater,1909—1998),美国保守主义运动复兴的主要精神领袖。

对社会保障吗？这已经成为现代生活的一部分；社会底层（underdog）、人道（humanité），还混杂着其他一些东西，但主要则是对于社会底层的同情。

当然，这需要付出代价，但我们的自由主义朋友们对此并没有足够的意识：他们不知道自己必须付出代价。问题就是：难道不能同时拥有传统的高贵和高尚的目标，以及比通常传统更为温和及温柔的目标吗？这种目标并非是传统中最高的代表，而是这种传统也不会反对的实践（practice）。我的意思是，亚里士多德当然得体地对待他自己的奴隶，他不会同一个野蛮人做交易，这一点是不言而喻的。但是，他根本不会想着要发动一场运动来消灭奴隶制，他甚至不会暗示这种运动是可能发生的。人们对于柏拉图、亚里士多德还有西塞罗的反对几乎远近闻名，大家都知道。

我想，这么做不会对我们有什么害处：即我们回忆一下宽泛的背景，在这种背景中，甚至格劳秀斯的老掉牙的说法也会呈现新意。

我们来读第十七段的第二部分。"但是，如果法律——"

朗读者：

但是，如果法律认为个人实施惩罚有使自己遭受伤害的危险，法律就必须授予他相关的权利和公共权力，以便他不再只是以私人身份行事。

在查士丁尼的法典中，"任何时候任何人都可以在不诉诸法官的情况下合法地为本人或政府执行判决"的标题下有这样一条规定：任何人都被允许通过惩罚以制止进行抢劫的士兵。其原因在于："及时制止强于在造成损害之后寻求正义（seek justice）。"①

施特劳斯："寻求正义"——拉丁文原文是 vindicare，我认为"寻求正义"是一个比"复仇"（revenge）更好的翻译。

---

① JBP, 2.20.17.2.

朗读者：

因此，我们允许你们自己进行复仇（vengeance）——

施特劳斯：这里的拉丁文是 ulcio，这就是复仇。

朗读者：

因为即使是通过司法判决对这种行为进行惩罚也是一个严重的问题，所以我们在敕令中增加这样一项规定："任何人都不应当饶恕像强盗一样拿着武器进行抢劫的士兵。"

在上一条法律规定之后是另一条类似的惩罚逃兵的规定："应当让所有人知道，为了共同的和平，他们被授予对在光天化日之下实施抢劫的强盗和军队中的逃兵进行公开惩罚（ulcio）的权利。"关于这个问题，德尔图良（Tertullian）的说法很重要："在与卖国贼和公敌进行的战斗中，每个人都应当是战士。"①

施特劳斯：这听起来像洛克，但有一定的限定条件。每个人都是法官，但并非在所有情况中都如此。格劳秀斯在这里使用了 ulcio 一词，表明存在一定程度的复仇。

在第十八段中，他转向了一个关键观点。哪些行为不受人类法的惩罚？答案是：仅仅在内心的行动，仅仅是谋划。某个人——举个来自电影中的非常受欢迎的例子，如果某个人仅仅是想（think）"我要杀了你"，他当然不需要受到惩罚。如果他说出（say）"我要杀了你"，这当然可以在他下一次不那么小心时用于证明他杀人了。因此，仅仅是这样的谋划，不受人类法的惩罚。

在第十九段中，由于人类自然的原因而不可避免的那些行为，也不受人类法的惩罚。换句话说，这些行为是禁止的，但又不能期待一个普通人能够避免犯这种错误。我来举个这样的例子：假设有一个卖弄风情

---

① *JBP*, 2.20.17.2.

的女子激起了一个男子的欲望,在某些情况下(比如,他们喝醉了),你就可以认为:你能发誓说自己一定能抵御这种诱惑吗?格劳秀斯的意思就是这类事情。我认为,谋杀不可能属于这类行为。任何不考虑人类社会或者其他人类的行为,也不属于这类行为。请读第二十段的第一部分。

[更换磁带]
朗读者:

最后,我们不能对并未直接或间接对人类社会或者其他人造成损害的罪犯进行惩罚。其原因在于我们没有理由不把这种罪行留给上帝惩处,因为上帝有最高的明察秋毫的智慧,有能力对他们作出最公正的判决,并且最有能力为嫌疑人脱罪。由人类建立的法庭对这种罪行实施惩罚显然缺乏效力,因而难以达到满意的效果。

不过,从上述罪行不受人类法惩罚的概括性结论中,我们必须排除以改造罪犯为目的的矫正性惩罚,尽管他们的犯罪可能也没有对其他人造成伤害。另外,我们不能惩罚有违同情、乐善好施和感恩等德性的行为,因为自然法排除了通过任何强制方法践行这些德性的可能性。①

施特劳斯:强制的感恩就不再是感恩。如果你对你的恩人有法定的义务,而他可以强制执行,那么当然你就不可能是真的感恩。你只是偿还了债务。这很明确。

请读第二十一段结尾的最后一句话。
朗读者:

无论是在刑法制定之前,还是制定之后,实际情况都是如此。②

施特劳斯:格劳秀斯并没有使用"自然状态"这个说法,后来的思

---

① 这一部分不在原始记录稿中。*JBP*, 2.20.20.1.
② *JBP*, 2.20.21.

想家会自然地使用这个说法。请读第二十九段第二部分注释中一处对菲洛(Philo)的引用。

朗读者:

所有情感都会对人产生严重的影响。它们会以一种非自然的方式影响和干扰人的大脑①——

施特劳斯:它们使得大脑不再处于自然状态。② 我提及这一点,仅仅是作为格劳秀斯话语中"自然状态"的例证:自然状态是一种正常的、健康的状态。这同霍布斯的"自然状态"定义没有任何关系。我想现在已经很清楚了,自然状态在格劳秀斯那里没有任何重要性。

学生:你刚提到,格劳秀斯在第二十一段结尾处并没有使用"自然状态"这个表述,但是英译者在第二十二段开头处使用了一个表述,这个表述听起来就像是"自然状态"。第一句话——

因为罪犯自然地处在(naturally in the state)允许对他实施惩罚的状态之中……③

施特劳斯:status 这个词的存在,使得它完全没必要——他怎么说的?④

---

① 施特劳斯提到的这个注释中的引用全文如下:"菲洛在《论十诫》(On the Ten Commandments)[xxviii]中指出:'所有情感都会对人产生严重的影响。它们会以一种非自然(unnatural)的方式影响和干扰人的大脑,使人不能正常进行思考。不过,产生最严重影响的情感是欲望。因为任何其他情感对大脑的作用都是外部的,而且似乎是被动的;只有欲望是起源于我们自己,因此它是主动的。'"[译注]JBP, 2.20.29.2(n.2).
② [译注]请参看上一条注释中的全文。
③ [译注]JBP, 2.20.22.1.
④ 即使是在刑法制定之前,犯罪无疑也可能会受到惩罚,因为罪犯依据自然处在(by nature…in the status)允许对他正义地实施惩罚的状态之中。[译注]此处为JBP,2.20.22.1中的原文,施特劳斯似乎正在重新翻译这一部分,英文编者以为是施特劳斯的话,并且把意思弄反了(标注成 there could be[no]place for punishment),中译据原文做了更改。

第 九 讲　　　　　　　　　　　271

即使是在刑法制定之前,犯罪无疑也可能会受到惩罚,因为罪犯依据自然处在(by nature…in the status)允许对他正义地实施惩罚的状态之中。①

本来可以更简单地说,就是"处于自然状态之中",但事实上,格劳秀斯没有使用这个说法,这本身就很有特点。这看起来似乎仅仅是一种说法上或者术语上的东西,但是它反映了内容上的重大变化。这个说法开始被使用,是因为绝对有必要这么做。你可以在不提及"自然状态"这一说法的前提下,来对这种新思想作出更为合理的论证。

这个说法或者类似的思想在之前就已经出现了,只不过以前比较边缘。从之前的边缘走到中心位置,这不单单是一种量变,而是一种质变。我说清楚了吗?我们来画这样一个图。[施特劳斯往黑板上写字]:这里有一个圈圈,这是中心,这是处于边缘的某事物。它以某种有限的方式出现,对于某些特定的目的来说有用处。然后,它到了这儿,某种程度上能起更大的作用。这是一种量变。但是,接着,它又到了这儿,那么整个事情就变了。质变不能简单地还原为量变。你不能说一个人死了一点(a little bit dead)。你不能说一个女孩儿有点儿怀孕(a little bit pregnant)。这里它们是质上的区别。到了决定性的时间点上,新的事物就产生了:这在某种程度上是柏拉图和亚里士多德也赞成的简单观点。黑格尔以我现在阐释的方式恢复了这种观点。经过一段时间,量变会转变成质变。马克思(Marx)再次重申了这个观点。

在第三十段中,格劳秀斯谈到了如何处理各种不同的惩罚的原则、罪行的严重程度以及什么构成了罪行的严重程度。在第三部分,格劳秀斯谈到了一个观点——我们需要对此好好进行判断——也就是说,不仅仅是行为本身,惩罚还需要考虑行为的影响。请你读一下第三十段的第三部分。

---

① [译注]此处为 JBP,2.20.22.1 中的原文,施特劳斯似乎正在重新翻译这一部分,英文编者以为是施特劳斯的话,并且把意思弄反了(标注成 there could be [no] place for punishment),中译据原文做了更改。

朗读者：

除了刚才讲过的作为应当遏制犯罪的基本原因的恶性以外，有时，另外一种恶劣行为也会增加犯罪的恶性，比如忤逆父母、苛待邻居和忘恩负义。如果一个人经常犯罪，他犯罪的恶性就会因为他的堕落而变得更大，因为犯罪习惯比犯罪行为更加可怕。

在这个问题上，我们可以看到波斯人有一种本质上非常正确的习惯：他们在考察一个人的犯罪的时候，要对他之前生活中的所作所为一并加以考虑。的确，如果一个人没有犯罪习惯，只是由于一时鬼迷心窍而误入歧途，就应该对他酌情从宽处理。但是，这不适用于那些其生活性质已经完全发生变化的人。对于这些人，上帝通过先知以西结（Ezekiel）指出："义人若转离义行而作罪孽……他所行的一切义，都不被记念，他必因所犯的罪所行的恶死亡。"另外，修昔底德所讲的话也应当适用于这种人："因为他们从义人变成了恶人，所以，他们应当受双倍的惩罚。"在该书其他地方，修昔底德又说道："因为他们完全变成了罪人。"①

施特劳斯： 你可以看到，这并非仅仅是像现代理解的那样以缓和的方式进行处理。如果你犯下罪行，每一个公正的法官都会说，不能仅仅看罪行本身：我们也要看当时的情况。贫民窟、无家可归——你知道这会列出一个很长的单子。这是一种更宽泛的考虑，我们现在比较熟悉。格劳秀斯那里则更加开放。另外也存在其他的考虑：比如，如果一个人来自非常好的家庭，受过非常好的教育，但他犯下了极其可耻的罪行，这就是一种加重罪行的情况。这是一个例子。另外一个例子：有一个人一辈子都非常正直，他被一个可怕的女子诱惑了，那么他一生的自然（nature）就减轻（即便不是完全抵消）了他的罪行和他应受的惩罚。

---

① *JBP*, 2.20.30.3.

第 九 讲　　　　　　　　　　　　　273

学生：可能这种区分体现了怜悯(mercy)：基于那个人的特质来决定是否适用惩罚。

施特劳斯：不，我认为是惩罚的程度。格劳秀斯并没有暗示说，不应该存在惩罚。但这是一种惩罚的减轻，或者在另外的例子中，这是一种加重。我不觉得格劳秀斯认为不要惩罚。他在这里不是特地来谈死刑(capital punishment)，而是要谈普遍意义上的惩罚。我想，这与你的解释不一样。

第三十二段谈论的是：惩罚可以重于犯罪所造成的伤害。我们来读第三十二段第一部分的结尾部分。

朗读者：

> 塞涅卡谈到身后的判决时指出："我们的[你们的]①罪孽本来应当被给予更严厉的惩罚。"②

施特劳斯：前后文是什么？要不我们来读一下这个部分的第二部分吧，我们了解一下前后文。

朗读者：

> 安布罗斯(Ambrose)说："按照法律的命令，以伤害他人的方式抢劫或者损坏的财产必须归还，并且必须赔偿受害人利益的损失。法律希望通过惩罚震慑强盗，或者通过罚金弥补受害人的损失。"按照阿里斯提得斯(Aristides)在《论留克特拉之战》(*On Leuctra*)的第二篇演讲中的说法，"法律允许犯罪行为的受害人在法庭上以惩罚的方式对伤害过他们的罪犯施加比他们遭受的痛苦更大的痛苦"。③

施特劳斯：我认为，第三十四段也与这个问题非常相关。

---

① [译注]《战争与和平法》的英译原文即如此。
② *JBP*, 2.20.32.1.
③ *JBP*, 2.20.32.1.

朗读者：

> 不过,在适当范围内可以考虑对罪犯予以最低限度的惩罚,除非因为犯罪事实以外的原因和出于对更多人利益的更正当的考虑应当作出相反的决定。犯罪事实以外的原因有时是因为对罪犯的宽大可能会给受害人带来极大的危险,但更常见的原因是需要通过对罪犯的严惩为其他人树立一个样板。这样严惩罪犯的需要来源于具有普遍性的犯罪诱因,而这些诱因只有通过迅速和严厉的惩罚才能得到遏制。在犯罪的诱因中,最具有吸引力的是习惯性行为和机会。①

施特劳斯： 每个人都该学一下这点,不管你有多么热爱残酷和严格的惩罚。换句话说,出于博爱(caritas),导致习惯性犯罪和犯罪的欲望让罪行不断增加——我的意思是出于博爱的惩罚不断增加。这难道不是格劳秀斯的意思吗？对于其他人类的更多正义的关注(iustior caritas)可能会使得我们去……

学生： [听不清]

施特劳斯： 难道不是这样吗？如果一个人没有很好的理由,就对另一个人实施惩罚,那么这个人显然令人厌恶。但是,如果有很好的理由,那就没什么令人讨厌的了。

学生： 在第三十二段的结尾处,格劳秀斯也指出,尽管死刑是最终的惩罚,但如果死刑犯的确罪大恶极,你总是可以用酷刑折磨他。

施特劳斯： 确实如此。这也是为什么在之前的时代中,也就是在十九世纪早期的欧洲,弑父者会被加以酷刑折磨。这种区别如今已经全部消失了,仅剩的区别存在于：谋杀警察,会被视为比谋杀一个普通人更为严重。我认为,这种从弑父者到杀警察者严重程度的转变本身就说明了问题。这是从一种复仇的道德转向了一种权宜的道德,因为整体安全依赖于警察拥有合理的安全这样一个事实。相比于杀一个普

---

① *JBP*, 2.20.34.

通人,罪犯更害怕杀死警察,警察才拥有安全。

第三十五段也非常有趣。

朗读者:

由于场合不同造成的容易得手的机会可能诱导犯罪,因此,晓谕犹太人的神法命令给予在野外盗窃的窃贼比入室盗窃的窃贼更严厉的惩罚(《圣经·出埃及记》22:1,9)。查士丁(Justin)在谈到西徐亚人(Scythians)时指出:"在他们中间,盗窃被认为是最严重的罪行。因为假如不严厉惩罚盗窃行为,他们怎么能安全地拥有财产呢?人们总不能把牛群、羊群和家畜一直养在有围墙和房顶保护的地方吧?"①

施特劳斯:这一点可以用来理解西部电影中关于盗马的情节。在某种情况下,盗马可以被判死刑。

在第三十八段中,格劳秀斯转向了惩罚性战争(punitive wars)的问题。最重要段落是第四十段,格劳秀斯在这一段讨论了如今被称为文明战争的问题,文明战争就是一个文明的国家征服一个蛮族的战争,目的是使得它变得文明。但在这里是用不同的术语来进行理解。一个犯下恶行的民族,比如说,同类相食的恶行——一个文明的国家难道没有权利去接管并且让他们不再同类相食吗?这是个非常复杂的问题,我们再一次到了分水岭。现代国际法对此是什么观点?

学生:不,不存在这种他人介入来进行改革的权利。

施特劳斯:如果他们烧死寡妇,这是他们自己的事情。这就被称为不干涉。干涉被严格禁止了。格劳秀斯很显然地证明自己在这一点上与古典人保持一致。古典人认为文明战争完全合理。我的意思是,他们可能并不把文明战争的目的视作为了某种权宜,但毫无疑问,为了防止某种恶行,可以发动战争。

然后,这里就有了一个巨大的变化,跟霍布斯及其前人很不一

---

① JBP, 2.20.35.

样,这些前人都是非常体面的西班牙神父、神学家,考虑到了南美、墨西哥发生的事情。西班牙人犯下了滔天罪行,他们声称对这些可怜人这么做是为了基督教;在墨西哥的情况有所不同,因为他们用人类做祭品。但是,在普遍的观点中,这些人如今被认为是国际法的奠基人,他们的作品也在"这个卡内基系列"中重印。① 面对这样一种可耻的情况,他们只是说:不,不存在干涉的权利。在攻击(attack)的例子中,自然地,但并没有这种理由。如果墨西哥人攻入西班牙,西班牙人有权反抗。现在这有某种非常合宜的理由,来防止这种虚伪的对社会的滥用。这之后,基于霍布斯奠定的全新基础,这一点变成了国际法的原则:霍布斯认为,每一个国家与其他国家都处于自然状态之中,也就是说,对于霍布斯而言,一个国家当然可以攻击另一个国家,征服另一个国家,或者做任何其他事情,这个国家可以这么做仅仅是基于完全的敌意。② 霍布斯自然有一些极端;更为通常的观点则是:对于他国国内事务,不存在干涉的权利。如果有一个可恶的僭主统治着 A 国,那么,B 国是否可以不同情 A 国受压迫的民众,是否可以不采取行动? 依据经典的国际法(classic international law),他可以不采取行动。③

《鲁滨逊漂流记》对于这个问题有着非常有趣和精彩的讨论,即关于鲁滨逊·克鲁索(Robinson Crusoe)与这些食人族之间的关系。你能再复述一遍你的问题吗?

学生:他首先对基督徒们为了灵魂的好而攻击他们的方式感到毛骨悚然……

---

① 毫无疑问,施特劳斯主要是在说维多利亚(Francisco de Vitoria,或者写为 Franciscus de Victoria, c. 1486—1546)。"这个卡内基系列"就是本课程所使用的格劳秀斯文本所在的系列,这一系列中也包括了维多利亚作品的选集:James Brown Scott,《国际法的西班牙起源:维多利亚和他的万民法》(*The Spanish Origin of International Law*: *Francisco de Vitoria and His Law of Nations*), Publications of the Carnegie Endowment for International Peace, Division of International Law, Oxford: Clarendon Press, 1934。
② 霍布斯,《利维坦》(*Leviathan*), chaps. 13, 17。
③ 这里的"经典的国际法"指的是由霍布斯奠定的实证法传统,十九世纪以后开始居于统治地位。

施特劳斯：蛊惑民心的煽动家（Demagogues）。

学生：差不多引用［听不清］，他认为，除非我受到攻击，否则我就没有权利。唯一的权利来自他的自我防卫，但是他将自我防卫扩展到了某种形式的预感（anticipation），他最终基于霍布斯的根基而攻击了他们，因为他要促进自己的生存。

施特劳斯：但首要的决断则是不干涉。他们可以随意地屠杀或者吃掉战俘。这与他无关。当他们攻击他时……这是现代的观点。传统的观点则很容易被滥用，它允许发动文明战争。你可以认为这有助于提升人道，但显然地，在大多数情况下，征服者很少去关心被征服者的道德提升问题，只会剥削他们。

学生：真正的宗教不能被当作某种理由……

施特劳斯：这一点他说得很明确。主要的观点是明确的。文明战争不是这类交换战争（commutative wars），是不被允许的。

学生：你的结论是：依据自然法，一个国家可以任由另一个国家受到僭主的压迫？

施特劳斯：僭主是一个特例。我们已经看到了这一点。他的主要恐惧是不稳定（instability），但我想说，在统治者极端残暴的情况下，考虑到民众的整体感受，从军事角度看，他们不可能反叛。我认为他会承认这一点。

学生：［听不清］

施特劳斯：当然，僭主的问题和与野蛮民族发生战争的问题不是一回事。你表达了一个非常聪明的观点：对于格劳秀斯而言，很容易这么认为，因为这不是欧洲，那里离家很远。欧洲内部战争的原因则很不一样。他承认这些战争是因为宗教原因。

在第四十段前三个部分中，格劳秀斯提到了这种观点，他引用的几乎所有权威都是异教徒，只有一个人是基督徒。我们来读第四十段的第四部分。

朗读者：

到目前为止，我们一直坚持英诺森（Innocent）及其他人的观点，他们认为，可以对那些犯有违反自然罪行的人发动战争。①

施特劳斯：也就是说，违背自然，违反了自然法。考虑到那些违反了神法的人——这个问题说来话长。这是更传统的观点。

朗读者：

但是，维多利亚（Victoria）、瓦斯奎兹（Vazquez）、亚速尔（Azor）、莫利纳（Molina）和其他一些人则坚持相反的观点。根据他们的主张，战争的正当性要求从事战争的人自己或者他的国家受到了伤害，或者处于他管辖权之下的人受到了攻击。他们认为，实施惩罚的权力是国家行使管辖权的正常结果；但按照我们的看法，这种权力也来源于自然法。关于这一点，我们在本书第一卷开头部分已经进行了讨论。的确，如果我们接受那些与我们意见分歧的人们的观点，则任何人都没有权利惩罚一个敌人，甚至在并非为了实施惩罚而是由于其他原因进行的战争结束以后，也同样如此。②

施特劳斯：霍布斯当然承认，敌人没有惩罚的权利。他有权做任何他认为合适的事情，但他不能称之为惩罚。这是不可能的。这一点很明确。然而，在格劳秀斯的时代以及之前的时代中，很少有人或者根本没有人会这么认为。

朗读者：

不过，无论是在战争结束之后，还是在战争进行期间，许多人都承认这种惩罚权，而且它也得到了各国实践的确认。实施惩罚的权利的根据不是任何国家的管辖权，而是在国家成立之前即已存在的自然法。甚至直到今天，那些并非生活在任何国家，而是生活在由家庭组成的部落中的人们仍然根据自然法行使着这种权利。③

---

① *JBP*, 2.20.40.4.
② *JBP*, 2.20.40.4.
③ *JBP*, 2.20.40.4.

施特劳斯：我认为格劳秀斯将这个问题说得很明白了。惩罚的权利并非国家行使管辖权的正常结果，而是直接来自于自然法，而它先于公民社会而存在。

在他关于海洋自由的作品中，在该书第二章的结尾有一个观点。① 还有什么地方？在第四十三段中，我们将讨论一个关键点，即宗教战争。

朗读者：

> 基于上述原因，亚里士多德对因为在法律知识方面缺乏必要训练而犯罪的野蛮人和因为各方面的疾病致使产生犯罪欲望的人作了比较。普鲁塔克指出："疾病和头脑遭受的伤害会使一个人失去其自然本性（natural character）。"②

施特劳斯：这里的"自然本性"原文是"自然状态"（status naturalis）。第四十四段很关键，谈到了宗教。不能基于宗教原因发动惩罚性战争。他首先对这一主题中他认为不够充分的战争原因进行了讨论。我们来读这一段的开头部分。

朗读者：

> 按照论述的顺序，我们现在应当探讨反对上帝的罪行的问题，因为对于是否可以为惩罚这种罪行而进行战争存在不同的观点。科瓦鲁维亚斯（Covarruvias）对这个问题作了充分的阐述，但他采纳了其他人的观点，认为除非具有可以被严格地称为管辖权的权利，否则，无权对此类犯罪进行惩罚。不过，我们已经反驳了这种观点。③

---

① 在《论海洋自由》第二章的结尾处，格劳秀斯认为，宗教或者所谓的野蛮状态都不能作为战争的正义理由。格劳秀斯，《论海洋自由》（*The Freedom of the Seas*），Carnegie Endowment for International Peace, Division of International Law, New York: Oxford University Press, 1916, pp. 13—14。[译注]参见[荷]格劳秀斯，《论海洋自由——或荷兰参与东印度贸易的权利》，马忠法译、张乃根校，上海：上海人民出版社，2005，页 16—17。
② *JBP*, 2.20.43.2.
③ *JBP*, 2.20.44.1.

施特劳斯：在实践中，这当然意味着需要某种类似教皇的决定一样的东西，因为世俗政府不能对此做决定。但格劳秀斯认为存在一种自然的(natural)惩罚权，它并非来自任何管辖权，因此他不得不面对这个问题。

朗读者：

> 就像在教会的事务方面主教被以某种方式"授予了维护教会整体利益的责任"一样，各国的国王除了在维护本国利益方面负有特殊责任以外，也对维护人类社会的利益负有一般的责任。①

施特劳斯：格劳秀斯是一个新教徒(Protestant)。这是这种变化的一种简单的解释。

朗读者：

> 有一种否认可以为惩罚反对上帝的犯罪进行战争的更强有力的论点认为，上帝(God)有能力惩罚针对他自己(Himself)实施的犯罪，比如"对神(the gods)的伤害应该是神(the gods)应当关心的事情"和"上帝(God)足以对以他的名义作伪证之人给予严厉的惩罚"。②

施特劳斯：很明显地，这里可以看到对于"神"的表述有单数和复数的差别，这很容易解释——因为这是一位基督徒引用了异教徒的作品③——但是这当然也有重大的后果。这些异教徒作家是自然法的权威，涉及宗教的自然法非常关注一神论是否是一种理性的观点。问题是：对于一个仅仅基于政治或者偶像崇拜的国家发动战争，是否是正义战争？难道这不就完全是其实践含义吗？

---

① *JBP*, 2.20.44.1.
② *JBP*, 2.20.44.1.
③ [译注]格劳秀斯在这里引用了塔西陀的《编年史》1.83 以及《查士丁尼法典》4.1.2。

第 九 讲

朗读者：

不过,我们必须承认这样的事实,即我们对其他犯罪也可以讲同样的话,因为上帝毫无疑问有能力惩罚这些犯罪,但没有人否认它们也可以由人类正当地实施惩罚。①

施特劳斯： 因此,下面这一点是没有理由的:即人类没有自然权利去惩罚反对上帝的罪行。就是这样。那真正的理由是什么呢？所以换句话说,他在这里所讨论的理由不够好。

接下来,格劳秀斯在第二和第三部分认为,宗教是社会的关键,或者我们可以说,是文明的关键,因此,一个不信仰宗教的国家对文明有威胁——这不是一个发动战争和惩罚性战争的好理由。这里有一个对于约瑟夫斯(Josephus)的引用。

朗读者：

约瑟夫斯在《驳阿皮昂》(*Against Apion*)第二卷(2.35)中说明了为什么许多国家的管理非常混乱的原因:"这些国家的立法者至始就没有了解上帝真正的自然(nature),而且因为他们对于能够从上帝那里学到什么并没有明确的认识,所以他们无法形成另外一种形式的法律制度。"②

施特劳斯： 请读第四部分的开头。

朗读者：

根据色诺芬记载,居鲁士曾经指出,他的臣民越是敬畏神(the gods),就越忠诚于他。不过,所有这些问题不能只在一个国家的范围内,而要在人类社会的整体范围内加以考虑。③

---

① *JBP*, 2.20.44.2.
② *JBP*, 2.20.44.3(n.2).
③ *JBP*, 2.20.44.4.

施特劳斯：这里非常有趣。格劳秀斯的拉丁文含义是："他们越是敬畏上帝（God）"。这里用的是单数，但在这个英译本里则是复数——可能还有别的英译本不这样。我在这里只是有点小好奇而已。

这里论证的关键论点略有些复杂：自然法不关注宗教，因为宗教是社会的关键。正义是以虔敬尤其对上帝的信仰、神的回馈和惩罚为前提。当然，这对于国际正义而言尤其重要。想一想誓言的神圣性。因此，存在支持宗教战争的一方，那么反对宗教战争的一方呢？

这个困难在第四十四段中有所体现：格劳秀斯在其前提中使用了单数和复数的神，至少表明了罗马和希腊的大问题——他们是野蛮人。这一点很复杂。我们来看看答案到底是啥。请读第四十五段第一部分。

朗读者：

为了对整个问题进行更深入的研究，我们必须明确的是，真正的宗教——它在所有时代都始终如一——主要建立在四项原则的基础之上：第一，上帝是存在的，而且是唯一的；第二，上帝是不可见的，但它比任何可见的事物更加崇高；第三，上帝关心人类事务，并通过最公正的判决对人类事务作出裁判；第四，上帝是除自身之外的万物的缔造者。这四项命令同样规定在十诫的命令之中。①

施特劳斯：这是所有时代都普遍适用的真正的宗教。那么，格劳秀斯的意思是什么？他比这里任何人都更清楚地知道：在希腊人和罗马人那里，相信上帝的统一性和相信上帝创造了宇宙，这种信仰是多么不普遍（uncommon）。在何种意义上，这能是普遍的？是否有某些人（比如柏拉图和亚里士多德）会同意这种观点——但这当然很复杂。因为——为什么格劳秀斯坚持认为这是对所有时代都普遍适用的真正的宗教呢？他说这些并非没有目的。呃，如果对自己的错误一无所知，那么他们拒绝真正的宗教当然是无罪的，因此也不能被惩罚。他们只

---

① *JBP*, 2.20.45.1.

能被教育，而不是更严重的惩罚。

学生：这是否均适用于基督教、伊斯兰教和犹太教？

施特劳斯：是的，当然如此。我认为，每一个犹太人和穆斯林当然都会同意这一点。我没读过格劳秀斯的神学作品，但他很可能会在他的某些作品中将其展示为一种自然的、理性的宗教。当然，我不知道。

在第三至第四部分，格劳秀斯似乎是在暗示：虔敬——无论是其思考的形态，还是实践的形态——属于万民法（ius gentium）。在第四十六段的第三部分，格劳秀斯引用了罗马法学家彭波尼乌斯（Pomponius）的观点，他显然将宗教视为属于万民法，这意味着，它严格来说就不属于自然法（ius naturale）。

第四十六段的标题是什么？

学生：我发现这里有个问题，因为我看到格劳秀斯在注释中提到了尤利安（Julian）——

施特劳斯：格劳秀斯经常提到他。

学生：那么，格劳秀斯怎么来区分，也就是说，他是怎么进行判断的，基于这种对上帝的定义的真正的宗教，还是基于［听不清］？[1]

施特劳斯：但是，真正的宗教也完全对尤利安开放。对所有的时代来说都是可知的真正的宗教，这与简单的真正的宗教不一样。这个足够明确吗？我认为，这里没有什么区别。

第四十六段的标题是什么？

朗读者：

首先背弃这些共同信念的人应当受到惩罚[2]

施特劳斯：因此，正如在第四十六段中所解释的，无神论的始作俑者应该被惩罚，因为他们知道得更多，但他们的后代则并非如此，因为

---

[1] 从上下文来看，这里似乎应该是"尤利安的定义"。"叛教者"尤利安（331—363）在君士坦丁大帝死后不久成为罗马的皇帝，他拒绝接受基督教并且在短期内重建了异教。他写了反对基督教的论辩文章。

[2] *JBP*, 2.20.46.

他们是在无神论的环境下长大的。

第四十七段第一部分的例子则稍微有些不一样。

朗读者：

其他一些信念则不像以上信念那样清晰和明确,比如,可能没有一个以上的神;我们所看到的事物,包括大地、天空、太阳、空气等并非上帝;虽然地球是上帝创造的,但地球,甚至组成地球的物质并不是永恒存在的。我们看到,随着时间的推移,有关这些事物的认识在许多民族中消失了,就像从来没有存在过一样。实际上,法律给予这些信念的关注越少,它们消失的速度就越快,因为即使没有这些信念,一些宗教依然可以存在下去。①

施特劳斯： 换句话说,并不存在去惩罚那些不相信创世及其他东西的国家的权利。这个关键的观点是在考虑十七世纪欧洲当时的情形,即基督教国家之间的战争。请读第四十八段的第一部分。

朗读者：

有时,针对一些民族进行战争的原因是他们拒绝接受要求他们接受的基督教。对于这种战争,我们应该说什么呢?我不准备在这里讨论希望他们接受的宗教是否是他们应该接受的,或者向他们提出要求的方式是否合适。即使对上述问题的答案是肯定的,我们仍然必须考虑以下两点。

第一,基督教教义在自然和原始宗教的基础上补充了相当多的内容,它建立在基督的复活和基督及其门徒创造的神迹的历史基础之上,所以不可能通过纯粹的自然原理加以证明。基督教是一个由很久以来无可置疑的证据和非常古老的事实证明的客观存在。不过,如果没有上帝的暗中帮助,那些第一次听到这种教义的人不可能从心里完全接受它。但是,上帝给予任何人的这种帮助

---

① *JBP*, 2.20.47.1.

不可能像对工作的奖赏一样,如果说他拒绝给予任何人帮助或者给予的帮助不像预期的那么慷慨,他一定有其正当的理由,只是我们经常不了解而已。因此,对于不接受基督教教义的人,不能根据人类的判决进行惩罚。①

施特劳斯:基督教在一定程度上是超越理性的,因此它不可能有自然宗教所拥有的证据,因此也就不存在基于这个原因而进行迫害的基础。我们最后读一下第四十九段的标题作为结束。

朗读者:

针对只是因为基督教徒的信仰而残酷对待他们的人进行战争是正义的②

施特劳斯:如果说中国或者日本的皇帝不允许基督教传教士进入,那么这是发动战争的正义理由,但并非是基于他拒绝允许这样的一个基督徒的事实。除了这一点之外,格劳秀斯没有多说。

学生:我认为,他关于上帝的教诲,上帝的理念,他开始说上帝是一体和全知全能的,这些是要求,但现在他放弃了——

施特劳斯:并不全是如此。问题在于:在十七世纪,能否期待印度南部的一个人能理解这种真理?那些亵渎了真理的人们,那些引入这些可怕的印度教神话的人,他们是有罪的。但他们已经去世了。那些人只是他们的继承人和后代,他们不应该被惩罚。

学生:但信仰上帝或者某个神,迄今仍然存在。即便现在,人也不可能是一个无神论者。

施特劳斯:是的。至少我没有在格劳秀斯这里找到证据。他说过,哪怕一个无神论国家也不能被迫接受某种宗教吗?关键的点在于:那么,香料群岛(the Spice Islands)③的情况呢?其他过去发生过某种变

---

① *JBP*, 2.20.48.1.
② *JBP*, 2.20.49.
③ [译注]也就是东印度群岛。

革的其他地方呢？印度呢？南美呢？等等……这些都是问题,格劳秀斯试图取消基于宗教或者伪宗教的一切战争理由。格劳秀斯接受了当时欧洲的这种情况。

第 十 讲
JBP, 2.21.1—2.26.4
(1964年11月4日)

施特劳斯：我们还没讨论第二十一章，这一章讨论的是惩罚的分担。换句话说，并未直接犯罪的人该负多少责任，比如，希特勒或者希特勒的朋友，或者德国人民该负多少责任？让我们来读第一段的第二部分。这些要负责任的人是谁？

朗读者：

因此，按照以上论述，如果下列人员存在足以应受惩罚的主观恶意，就应该对他们进行惩罚，这些人员包括：命令实施犯罪行为的人，对犯罪行为表示必要的同意的人，对犯罪人提供协助或者庇护的人，以任何其他方式参与犯罪的人，对犯罪行为提供建议、表示赞赏或赞同的人，依法有义务制止犯罪而未予制止的人，依法有义务对受害人提供援助而未予提供的人，应当劝阻犯罪而未予劝阻的人，以及依法有告知义务而隐瞒有关事实的人。①

施特劳斯：这说清楚了吗？我认为这是一种合理的观点。当然，在实践中如何解决，则是另一回事。我们一定要继续读下一段。

---

① *JBP*, 2.21.1.2.

朗读者：

　　这个问题通过类比的方式加以说明会变得更加清楚,就像任何其他共同体一样,一个市民共同体(a civil community)除了对自身的某些作为或者不作为负责以外,它不对个人的行为承担责任。奥古斯丁指出:"由一个国家内部的个人实施的特定犯罪有别于民众为特定目的联合组成的国家按照统一的思想或者意志实施的共同犯罪。"因此,我们在条约中经常看到这样的习惯用语:"如果他们违反条约的行为是根据公众意志实施的。"①

施特劳斯：换句话说,如果人民已经做出了决定,那么他们无疑就有了责任。

朗读者：

　　按照李维的说法,洛克里人(Locrians)向罗马元老院指出,对他们背信弃义的行为进行的谴责并不是基于公众意志作出的。李维还说到,为马格内西亚人(Magnesians)含泪求情的芝诺(Zeno)恳请提图斯·昆提乌斯(Titus Quintius)和陪同他的代表团成员"不要因为一个人疯狂的行为而惩罚整个国家,每个人所做的蠢事应该由他自己承担责任"。罗德岛人(Rhodians)在元老院的发言中要求把公共原因和个人原因加以区别。他们指出:"任何国家都时不时会出现邪恶的市民,但无知(ignorant)的市民是永远存在的。"②

施特劳斯：无知是一种理由。

朗读者：

　　由此看来,除非他们自己实施了某种明显地应受惩罚的行为,

---

① *JBP*, 2.21.2.1.
② *JBP*, 2.21.2.1.

否则,父亲、主人或者上级不应当为子女、奴隶或者下级的犯罪行为承担责任。①

施特劳斯: 这一决定基于哪个简单的原则?不可能存在严格意义上的集体犯罪。在一个给定社会中的所有个人都可能有罪。这是我们都知道的正义原则。如果有人对此不满——在我们的时代中,德国的例子是最著名的;在这种程度上确实存在德国人的集体犯罪,德国人就被集体惩罚了。德国不再是第一等的大国。如果德国人没有追随希特勒,并且能够更耐心一点,那么德国就有可能成为欧洲的主导国家,这本来是一个巨大的回报。对他们的惩罚在于,他们将被判最多是二流大国。这些并非司法决定。请继续读这一段的第四部分。

朗读者:

> 不过,正如我们讲过的那样,构成参与犯罪的行为不但要求一个人知晓某一犯罪,而且要求他必须有机会制止它。这是有关法律规定的本意。当法律命令惩罚知情行为的时候,它的意思是知情者放纵了犯罪。因此,如果一个人能够阻止犯罪的发生而没有这样做,他就可能被判对犯罪承担责任。在这里,"知情"被认为和行为人的意志有关,也就是说,知情和故意被联系了起来。
>
> 如果一个奴隶已经正式宣布获得自由或者他一贯藐视主人的权威,主人就不应该被判对该奴隶的行为承担责任。因为虽然一个人知晓有人准备实施一项犯罪,但他并没有制止犯罪的能力,他就不应当为此受到任何指责。由此可见,当子女依然处在父母监护权下的时候,父母就要对他们的犯罪行为承担责任。但另一方面,即使子女依然处于父母的监护权之下,而且父母可以采取其他方式约束他们的行为,但如果父母对子女的行为并不知情,他们也

---

① JBP, 2.21.2.1.

不应当被判为此承担责任。因为判决一个人为另一个人的行为承担责任必须同时满足两个条件：知情和未加制止。①

施特劳斯：这些来自自然的衡平（natural equity）。②
朗读者：

上述所有关于拥有权力之人的论述应当公正地适用于那些处于这种权力支配之下的人，他们的服从义务来源于自然法中的衡平原则。③

施特劳斯：这是格劳秀斯所说的"自然衡平"（即自然正义）的很明确的例子。这些东西不是任意想象出来的。比方说，不可能存在集体的罪责。你必须知道这一点，并且能加以避免。这些并非武断的决定，而是来自自然衡平。他们是依据自然（according to nature）而有的权利（rights）。我不认为一个人可以在不求诸自然正义（right）的情况下而起码理解刑法的原则。

在第五段接近开头的部分，有一个对于斯巴达人吉利普斯（Gylippus）的征引，请读第二段引用。
朗读者：

如果他们是因为邪恶的目的或者因为觊觎他人财产的贪婪欲望而陷入困境，那么就不能抱怨运气不佳或者自称为避难者。避难者的名称只能属于内心纯洁但命运多舛的人（for the name of suppliant is rightly due to…），那些生命中充满邪恶的人不能得到同情或者庇护。④

---

① *JBP*, 2.21.2.4.
② ［译注］或译"自然正义"。中国政法大学版中译本《战争与和平法》有时译为"自然衡平"。
③ *JBP*, 2.21.2.4.
④ *JBP*, 2.21.5.1.

第 十 讲

施特劳斯：这里的翻译应该是这样："依据人的正义/法（iura hominum），这个名字只属于那些……"，iura hominum 的英文应该是 according to the right of man。我认为这里"人的正义"的含义不是指一个人的权利，这里是指人类之为人类而有效的权利/法律。"人的正义"这个说法，在根本上与自然正义（natural right）一样。请读第八段。

朗读者：

这里有一个重要的问题，那就是因为一个国家犯罪而对其实实施惩罚的权利是否可以一直持续下去。看起来只要国家（community）存在，这种惩罚的权利就应该继续有效①——

施特劳斯："只要国家（community）存在"应该翻译成"只要国家（body）存在——"。②

朗读者：

看起来，只要国家存在，这种惩罚的权利就应该继续有效，因为就像我们前面讲过的那样，尽管组成国家的各个部分会逐渐发生变化，但国家作为一个实体（body）并没有发生改变。不过，我们必须记住，国家有一些属于它自己的基本的和必要的特征，比如公共财产、法律及其他类似的制度；但另外一些特征只有通过其各个成员才能属于国家。因此，当我们说一个国家聪明和勇敢的时候，我们实际上是说这个国家有许多聪明和勇敢的成员。③

施特劳斯：也就是说，这样的国家，严格意义上说，并不是勇敢。

---

① JBP, 2.21.8.1.
② 凯尔西将短语 quia idem corpus manet 翻译为"因为国家一直存在"（because the same body remains），这一翻译出现于朗读者所读的这两段中间。[译注]朗读者其实读漏了这一句，施特劳斯因此错指了 body 一词的位置。在这里，中译都补全了。
③ JBP, 2.21.8.1.

朗读者：

　　一个国家客观的形象和地位来源于其第二方面的特征，它主要是由组成国家的个人决定的，其原因在于个人有着国家本身不具备的智慧或者意识。因此，当那些因其行为给国家带来罪责的人死去以后，国家的罪责就消除了；同样，对这种罪责的惩罚也就不存在了。因此，我们在前面讲过的死刑的惩罚，因为没有犯罪（desert）①就不存在了。②

施特劳斯：我想这里非常清楚；而且确证了我们之前所说的东西。犯罪——无论是好是坏——只属于个人，但显然存在中间的例子，比如由国家所造成的伤害，则下一代也需要负责。格劳秀斯进一步阐释了这其中的复杂性。但我们就不更深入探讨了。

请读第九段和第十二段——或许你可以只读一下标题。

朗读者：

　　没有参与犯罪的人是否要分担惩罚
　　严格来说，为什么因为一个人的罪行而惩罚另一个人缺乏正当性③

施特劳斯：是的。在第十四段中出现了一个困难。总的来说，迄今为止唯一正确的原则不可能是集体罪责。既然有个人的罪责，那么也可以存在多个人的罪责——比如一群强盗——但是，不可能有严格意义上的集体罪责。第十四段讨论了这个困难。

朗读者：

　　的确，在上帝赐予犹太人的法律中，他威胁要在子女身上报复

---

① ［译注］desert 指应得赏罚的行为。这里直接翻译成"犯罪"。
② *JBP*, 2.21.8.1.
③ *JBP*, 2.21.9, 2.21.12.

父母不虔诚信神的行为。但是,因为上帝对我们的生命和财产拥有最充分的所有权,我们的生命和财产都是属于上帝的馈赠,所以,只要他愿意,他随时都可以将其从任何人那里收回,而且不需要任何理由。由此可见,如果说他通过暴力或者使其早夭的方式夺去了亚干(Achan)、扫罗(Saul)、耶罗波安(Jereboam)和亚哈(Ahab)的子女的生命,那他实际上是在行使自己对这些子女的所有权,而不是对他们进行惩罚。与此同时,他给予他们的父母非常严厉的惩罚。

神法最主要考虑的是,假如父母依然在世并目睹自己的后代遭到飞来横祸(正是考虑到这一点,神法没有把对后代进行惩罚的威胁扩大到三、四代以后,因为一个人的生命不可能延续到他看不见的更远的后代)。根据《圣经·旧约》"出埃及记"中的记载,耶和华说:"恨我的,我必追讨他的罪,自父及子,直到三、四代。"这是比对他们进行惩罚还要难以承受的痛苦①——

施特劳斯:这里的区别是基于神学根基,这与霍布斯在其论惩罚的章节中的说法不一样。伤害敌人并不用以惩罚的名义,因为敌人不受法律约束,因此也不可能违反法律,或许他们曾经受法律约束,但已经不再如此了。也就是说,处于违反的状态中,我们否认敌人可以违反法律,敌人不承认法律。所有对敌人的伤害,都可以被视为一种敌对行为,只要是公开宣称的敌意,任何邪恶的行为都是合法的(lawful)。所以,换句话说,霍布斯将《旧约》中的段落解释为敌对的行动,这种敌对行动无需追责。我记得他在"论自然的上帝国"一章中讨论了这个问题。② 看起来,《旧约》承认了集体罪责的原则;因此,这一原则是违背自然法的。

现在,我们来看今天的任务,第二十二章。请读第一部分的开头。

朗读者:

当我们在前面讨论战争理由的时候,说有些战争的理由是正

---

① *JBP*, 2.21.14.1.
② 霍布斯,《利维坦》(*Leviathan*), chap. 31。

当的,有些则是为了实际需要,波利比乌斯最早注意到了这种区别,他把前者称为"托辞或借口",因为人们通常为这样讲(李维有时使用"主张"一词)①——

施特劳斯:格劳秀斯将自己的论述仅限于正义理由,他有完美的理由这样做,因为他正在教授法律而非政治。他只会说,政治家如果要受到受尊敬的人的尊重,他们必须将自己限定在法律的限度之内,但在法律范围之内,仍然有运用与不运用两种可能性和必然性。例如,让我们这么说,依据自然法,你可以发动对敌人的战争。但问题是:这样做是否智慧? 或者,我们看一下修昔底德那里的一个著名案例:确实,密提勒涅(Mytilene)岛上的居民破坏了条约。但是,雅典人来惩罚民众是否智慧,这仍然是个问题。② 这种区分是必要的。但格劳秀斯的意思是,压倒性的和首要的考虑仍然是正义。第二位的才是权宜之计。

在第二段后面的讲述中,格劳秀斯明确表示:正义的考虑和权宜之计的考虑都是理性的。这里也存在非理性:换句话说,人们可能攻击另一个民族,既不是因为正义/法,也不是因为利益,仅仅因为他们喜欢杀人。他们从中获得了快感。这些人当然是野蛮人。我们来读第八段。

朗读者:

> 出于改变家园的愿望,离开沼泽密布和荒凉贫瘠的地方,为取得物产更为丰富的土地而进行战争不是一种正义的理由。塔西陀说这是古代日耳曼人进行战争的原因之一。③

施特劳斯:这种战争理由在民族大迁徙的时代(Migration Period)扮演了重要角色。北欧民族征服了罗马帝国。这不是战争的正义理由,不能仅仅因为高卢或者意大利是比波兰更宜人的国家。为了后面

---

① *JBP*, 2.22.1.1.
② 可见于修昔底德,《伯罗奔尼撒战争志》,Book III,这一事件的高潮是克勒翁(Cleon)与狄俄多托斯(Diodotus)之间的著名辩论(3.37—49)。
③ *JBP*, 2.22.8.

方便讨论,请大家记住一点。

第十段:依据自然更优越的人,并没有正义/权利去征服依据自然更为低劣的人。统治的正义——这并不意味着好或者智慧——依赖于同意(consent)。我们来读第十一段,转向一个更为实际的层面。

朗读者:

> 无论是对国家,还是对个人来说,自由实际上是一种"自主权"(autonomy)。——

施特劳斯:准确地说,依据自己的法律生活的权利/正义。
朗读者:

> 但自主权不可能赋予人们一种进行战争的权利,尽管从本质上来看,似乎任何人在任何时候都可以自由地这样做。当自由被说成是所有人类和民族的本质特征的时候,自由必须被理解为是一种先于人类活动而存在的自然法;同时,它必须被理解为是一种免于被奴役的权利,而不是进行对抗的权利。也就是说,没有人命中注定是奴隶,但也没有人有权永远不被置于奴役或者统治之下。从这个意义上来看,没有人是完全自由的。
> 阿尔布提乌斯(Albutius)说道:"没有人生而自由,也没有人生而为奴。自由人和奴隶的区别是在人出生以后命运加诸于他们的。"①

施特劳斯:解放战争是不正义的战争,因为那些被合法地变成奴隶的人,他们自然是合法的奴隶。但是,这里就会产生更进一步的问题,但这些问题在这里并没有得到讨论。假如只有个人的罪责(不存在集体罪责),那么,合法的奴隶身份可以延续到后代么?我想,格劳秀斯从来没有全面讨论过这一点。

---

① *JBP*, 2.22.11.

学生：在父母这一边，存在一个问题，因为奴隶父母无力抚养孩子，那么是否必然要使得孩子也成为奴隶……

施特劳斯：哦，是的。我现在想起了这一点的解释。奴隶的主人将这些孩子养大，为他们提供食物。他可以给这些第二代自由身份，但这并不是义务。另外，如果出于必需，他还可以将他自己的孩子也卖为奴隶。① 你要知道，格劳秀斯并不是革命者。

在这一段的第二句话中，格劳秀斯说，人类依据自然是自由的，应该被理解为：自然的正义/法先于每个人的行动。② 以后，这将被称为"自然状态"。我们再一次看到，格劳秀斯避免使用这个说法。甚至这位两代之后的评论者也没有用这个词，虽然当时这个词已经被更多地使用。

第十二段很明确：你不能以"他们依据自然是奴隶"为借口来征服人们。让我们来读第十三段。

朗读者：

有人认为罗马皇帝有权建立世界帝国，似乎他甚至拥有统治最遥远的和人所不知的民族的权利。如果不是长期以来被认为是第一流法学家的巴尔托鲁(Bartolus)竟然声称否认罗马皇帝拥有这种权利的人是异端，我几乎懒得驳斥这种荒诞不经的说法。巴尔托鲁解释了他这样说的原因：罗马皇帝的确有时自称为"世界之王"；在宗教作品中，被后来的作者们称为罗马尼亚的帝国的范围被确定为包括"人类居住的所有地区"。还有同样性质的表述："现在，整个世界都掌握在战无不胜的罗马人手中。"在这个问题上，还有许多广义、夸张和过度溢美的说法。③

施特劳斯：换句话说，这种观念起了很大的作用，并不是直接在当时的思想中，而是在当时的历史思想中起了非常大的作用，这

---

① 格劳秀斯在第二卷第五章中讨论了这些问题。
② 拉丁文是：jure naturae praecedente factum omne humanum。
③ *JBP*, 2.22.13.1.

种历史思想是关于罗马帝国或者其他类似的帝国,认为这是个严格意义上普世的帝国,或者自认为是普世的帝国,这种观点完全没有意义。我们甚至并不非得需要格劳秀斯这么说。一个最明确的证据可见于著名的罗马人西塞罗《论共和国》的最后一卷。这部分称为"西庇阿之梦"(Dream of Scipio)。① 西庇阿,伟大的西庇阿,罗马帝国向他呈现:罗马帝国仅仅是地球上一块极小的部分,更不用谈整个宇宙了。人们总是在口头上、比喻性地、诗意地谈及罗马帝国的普世性或者罗马帝国的永恒。那又是另一回事了。请读第十六段。

朗读者:

> 我们也必须承认这样一项原则:如果一个人承担的债务不是来源于严格的法律义务,而是来源于其他某种德性,如慷慨、感恩、怜悯或者博爱等,那么,对这种债务既不能通过使用武力,也不能通过法庭诉讼的方式求得赔偿,因为对于来自道德方面的原因应当得到满足的主张,无论是战争,还是法律诉讼,都不是可以诉诸的适当程序。我们需要有另外的权利来主张履行这种义务。
>
> 不过,即使是对来源于其他德性的义务,神法和人类法有时也会授予人们某种权利。在这种情况下,就会产生一种新的与法律有关的债务。②

施特劳斯: 这里很清晰。因此,这也可以运用于战争。一种道德德性(而非严格理解的正义)并没有给予发动战争的权利,只有严格理解的正义能给予这种权利。呃,一个母国对一个殖民地,他们不会感激——那是发动战争的不正义的理由。但是存在一些困难,你可以在第十七段中看到。

---

① [译注]可参见[古罗马]西塞罗,《国家篇/法律篇》,沈叔平、苏力译,北京:商务印书馆,1999,页126—137。
② *JBP*, 2.22.16.1.

朗读者：

你完全可以把上述言论与奥古斯丁的话联系起来："实施伤害的强烈欲望，残酷的报复，难以平静或不能理性思考的头脑，造成破坏的叛乱和对统治权的渴望以及其他诸如此类的情形，它们都属于应该受到谴责的非正义现象。"

但严格地讲，如果战争的理由是正当的，即使确实发生了可以归咎于发动战争一方的非法行为，也不会使他的战争行动本身成为非法；作为战争的结果，他也不需要因此而负赔偿责任。①

施特劳斯： 你可以再次看到，在格劳秀斯那里，严格理解的正义与我们称之为国际法的其他德性之间的差异有多么重要。

学生： 他所说的负赔偿责任是什么意思？在一场非正义战争中，应当负赔偿责任，但是格劳秀斯已经说了，非正义战争的法律效果就是赔偿责任不……

施特劳斯： 我们来看这个例子。因为对方的道德堕落而发动的战争是一场不正义战争，因此它不能有任何合法的结果。你可以强迫他们赔偿损失，但你没有权利要求他们。

学生： 是不是所有合宜发动的公战都有这样的效果？

施特劳斯： 这是万民法的问题。万民法与自然法相对，它将所有形式上正确的战争——由一个被承认的政府公开宣战——都视为正义战争，但这只是万民法的说法，自然法并非也这么认定。我们现在来看第二十三章中对于有疑问的战争理由的讨论。

朗读者：

亚里士多德非常正确地指出，在道德问题上，我们无法达到像数学那样准确的程度。这是因为在数学中形式和实质是完全分离的，而且就形式本身而言，在两种形式之间不存在中间形式，就像

---

① *JBP*, 2.22.17.2—3.

在直线和曲线之间不存在中间形式一样。相反,在道德问题上,即使是微小的细节也可能带来实质的改变,而且作为研究对象的形式通常会有某种中间值的存在,它有时更倾向于这一极,有时更倾向于那一极。

由此可见,在正确行为和错误行为之间允许有一个中间值,它有时更接近于前者,有时更接近于后者。①

施特劳斯:以及诸如此类(and so on)。我认为这里已经足够清楚了。因此,存在某种含糊,存在某种可变性。在这些情况下,某些行为是合理的,但在稍微不同的情况下,就会变成不合理的。

我认为这一点异常重要。正如我们在前面的导言(Prolegomena)中所知道的,格劳秀斯的全部工作的价值都基于这样一个前提——他的所有工作都是为了将自然法(right)和其他各种法作一个严格的区分,以及将自然法(整个自然法)减缩为一种技艺(an art)。他给出的原因则是自然法的不可变更性。依据格劳秀斯的观点,人类的正义、人类的法,不能被减缩为一种技艺,因为人类法总是在不停地变化。这就像要求有一门"集邮的科学"一样不可能。你可以集邮,但从老派的观点来看,严格说来,"集邮的科学"是不可能的,因为这事是完全任意的行为。从我们的观点来看,当然可以毫无困难地找到一门集邮的科学,但这从老派的观点来看就很荒谬。出于同样的原因,严格地讲,不可能存在一门人类法律的科学。这一点也可以适用于神法,但是理由则有些不同——因为原因和理由均不可获得。

我们现在回到主要的论点上来:格劳秀斯要做这个全新的事情,他要将自然法减缩为一种技艺,他能如此做的原因则是自然法不可变更。自然法不可变更的观点当然是一种传统观点,但这里有一些格劳秀斯没有说明的限定。为了方便起见,我带来了托马斯的《神学大全》的英译本,其中第二部分中的第一部分第九十四问第五条是关于"自然法是否可以被变更"。你能读一下这两段吗?

---

① *JBP*, 2.23.1.

朗读者：

> 我的解答如下：自然法能有两种改变的方式。一种是由于有所增加。自然法能有这种改变，因为在自然法之外，神法和人类法增加了许多对人类生活有益处的东西。
>
> 第二点，自然法能够改变的另一种方式，是因为有所减少。即以前合于自然法的，后来不再合于自然法。在这种方式中，自然法在其首要原则上是完全不可变更的，但是在第二位的原则上，我们之前已经说过，某些从首要原则中得出的详细的接近首要原则的结论，自然法不会改变到使自然法原来所有的在大多数情况下都不再正确。但是，在某些特殊的极少数情况中，自然法是可以改变的，正如我们在前面说过的，由于存在阻碍遵守这些指令的特别原因。①

施特劳斯： 简单地说，依据托马斯·阿奎那，自然法的最高原则是不可变更。我们越是进入具体的情景，那么自然法就越是可以变更。因此这就是为啥一个体系、一种技艺是不可能的，因为你不可能知道可能出现的所有具体情况。

我认为，这是为何这些自然法的法典都只是从十七世纪以后才制定，因为那时所理解的不可变性与托马斯·阿奎那所说的就已经不一样了。阿奎那关于自然法(right)的不可变更性的观点与亚里士多德的观点是否一致，这一点很重要。这里有一个正确的对于亚里士多德的引用，从亚里士多德的观点看，不可能存在不可变更的自然正义(right)。② 他之后会再谈到这一点，我们会读到更明确的段落。

现在，请读这一章中的第六段。

---

① ［译注］译文大体使用了［意］阿奎那，《神学大全》(共十七册)，周克勤等译，第六册，页47。
② 亚里士多德的经典论述"火在这边燃烧和在波斯燃烧是一样的，但是正义则会因之而变化"，参见《尼各马可伦理学》，V.7。

第 十 讲

朗读者：

战争是无比重大的问题，因为作为战争的结果，它通常会给甚至是无辜的普通民众带来许多痛苦，因此，在各种不同的意见中，我们应当倾向于和平的主张。西利乌斯·伊塔利库斯（Silius Italicus）表达了对费边（Fabius）的敬意，因为——

他用谨慎的头脑思考未来，
不愿意因为轻微或者值得怀疑的
理由而煽动战争。①

施特劳斯：所以这就是原则。在有一些例子中，你不能说发动战争到底是对还是错。但在这个例子中，因为导致了可怕的痛苦，不应该有战争。这能否在具体情况的实践中实现，则是另一个问题。我们来读第十段。

朗读者：

另外，决斗（single combat）是一种近似于拈阄的方法。——

施特劳斯：拈阄是一种你可以规避战争的方式；如果两国之间存在某种争议，但这种争议不能搁置且必须马上解决，一种处理方式就是投掷硬币——这总比战争更好。

朗读者：

另外，决斗是一种近似于拈阄的方法。如果两个人愿意通过决斗来解决足以给各自民族带来巨大灾难的争端，那么我们似乎没有必要对这种方法持完全否定的立场。古代有许多通过决斗解决争端的事例，如许罗斯（Hyllus）和厄刻摩斯（Echemus）为伯罗奔尼撒（Peloponnesus）的归属进行的决斗；希普罗库斯（Hyperochus）

---

① *JBP*, 2.23.6.

和斐弥俄斯(Phemius)为邻近伊那科斯(Inachus)的土地进行的决斗;埃托利亚人皮罗西马(Pyraechma an Aetollian)和埃皮安人狄格米努斯(Degmenus the Epean)为伊利斯(Elis)进行的决斗,以及科尔比斯(Corbis)和奥尔苏亚(Orsua)为伊巴(Iba)进行的决斗。事实上,如果决斗者原来的行为失当,那么他们的国家明显愿意接受这种危害性更小的决定。①

施特劳斯: 所以,这种单独的决斗是否本身即是一种非正义的行动,这是个问题,但是,毋庸置疑,相比于在战争中上千甚至更多人被杀,只有一个人被杀仍然是更小的罪恶(a lesser evil)。因此,你会发现,格劳秀斯[对于正义的坚持]也会存在一些合理的限度。请读第十三段。

朗读者:

按照战争的特定意义并结合战争本身来考查,交战双方的战争理由不可能都是正义的,这就像在法律诉讼中双方的主张不可能都具有正当性一样。其原因在于,从本质上看,道德上的正当性不可能既给予实施某一行为的一方,同时又给予克制自己不实施这一行为的另一方。②

施特劳斯: 这里很清楚。如果我拿回这个东西是正义的,那么任何人阻止我采取这个步骤就因此都是不正义的。否则,矛盾律(principle of contradiction)就被破坏了。因此,格劳秀斯坚持认为,不可能存在两方都正义的战争。

朗读者:

不过,的确可能发生交战双方都没有以不正当的方式进行战

---

① *JBP*,2.23.10.1。[译注]朗读者朗读时有所遗漏,现将英文编者注释中的全文直接置于正文中。
② *JBP*,2.23.13.2。

争的情形。另外,如果一个人不知道自己所做的事情不具有正当性,他就不会认为自己的行为是不正当的,而且确实有许多人的行为是出于无知。在这种情况下,双方都会真诚地(in good faith)为自己行为的正当性进行辩护。因为无论在法律上,还是在事实上,人们往往会忽视许多权利赖以产生的事物。①

施特劳斯:这是关键段落之一。这里是什么意思?一场战争中不可能双方都是正义的,但是一个人可能无法知道哪一方是正义的。我们举一个非常残酷的例子:袭击并仅仅为了摧毁对方的领土。我们会认为,这是不正义的,尤其当对方以前并没有这样对你的时候。这很简单,但是通常来说,情况会更复杂,所以即使让一个公正且无偏颇的人来决断,也不可能决断出谁是错的一方。因此,这条原则即便还存在,但也变得不可运用。

学生:这是否就是[格劳秀斯用"合法战争"(legal war)代替"正义战争"(just war)]的原因之一?

施特劳斯:这当然是十分常识性的原因,但这还不够。我认为最清楚的理论阐释应当这样:国家与国家之间处于自然状态之中,没有最高的裁判,没有合格的裁判。因此,反对使用正义战争概念的实际理由非常充足,在我们的时代,我们已经看到存在很多这样的非常明确的例子。我的意思是并非百分百明确——比如,德国有某些非常合理的不满:想一下战争罪责,尤其是在凡尔赛会议上加诸德国的一切都是基于战争罪责,因此,这当然令人反感。

我们再说一点,这一点甚至并未得到国际法的承认,但它至少有一点正义的显露,他们称之为"生存空间"(Lebensraum)。我们必须输出一些我们的人口,不然我们就得灭亡。我们假设,由于其他国家的保护性政策的存在,你不能输出人口,这样你的人民就会饿死。怎么来看这种情况?假设这些保护性的法律并不意在伤害那个人口过多的国家,它们只是为了自己人民的自我利益。这是我想引入的一个点。

---

① JBP, 2. 23. 13. 2.

我认为格劳秀斯在这里并没有考虑这个关键的例子。这是他与其他人的区别。我们来看一个最明确的例子,即来自佛罗伦萨的可怕的家伙——马基雅维利。我请你们读一下马基雅维利《论李维》的第二卷第八章。他谈及了两种战争:为了荣誉(glory)而发动的战争,这是不正义的战争理由;为了必需(necessity)而发动的战争,否则就要饿死。这当然是他对于两种选择的描述,这里存在一个悖论的事实:为了荣誉而发动的不正义战争要比正义战争人道得多。这当然是一个很重要的问题,这自然是"生存空间"问题的核心。如果出于某种原因,一个国家处于快饿死的状态,而其他国家自然不愿意帮忙(你不能想当然地认定,当时的情况是有些国家可能有大量的剩余,那么它们可以给这个国家以援助)。在这种情况下,怎么办?

这与国际法所涉及的关于遇难后在同一个木筏上的两个人的情况类似。你不能说,其中一个人将另一个人推入大海,他就是犯了谋杀罪。霍布斯要比某些人所认为的更加支持正义(justice),他就此进行了一项温和的讨论。这项讨论可见于《利维坦》第三十章中题为"预防懒惰"(Prevention of Idleness)的段落中,换句话说,公共的博爱,但要预防懒惰。

> 至于身强力壮的人,情形就不同了(otherwise)[施特劳斯:也就是"换句话说"(in other words)]。必须强迫他们工作,为了防止他们拿找不到职业作为借口起见,就应当制定鼓励诸如航海、农业、渔业等技术以及各种需要劳动力的制造业的法律。人数日益增加的强壮贫民群众可以让他们移居到居民不足的地方去[施特劳斯:在霍布斯的时代,当然就是移居到国王的北美种植园去];然而,到那里之后,他们不应消灭所见到的当地人[施特劳斯:马基雅维利认为,这并不重要],而只能让他们聚居在一起,不让他们占据宽敞的地方和见到什么就拿走什么,而要通过技艺与劳动栽种每一小块土地,依时按节地得到自己的生活资料。①

---

① 施特劳斯现在读了一段《利维坦》第三十章中的段落,括号内的评论是施特劳斯的。

第 十 讲　　　　　　　　　　　　　　　305

这个国家的部分是空的——为何不移民进入大约五千万印第安人中去呢？我认为，人口过度一定会到来，但暂时人口还没有达到过度的状态。在任何意义上，

> 当全世界都人口过剩时，最后的办法就是战争。战争的结果，不是胜利，便是死亡，可以对每个人作出安排。①

所以，在最后这一点上，马基雅维利式的观点出现了。我认为霍布斯在很多情况下都有重要的限定，哪怕是在黑暗的时代，日耳曼部落降临时——

[更换磁带]

施特劳斯：请读（第二十四章）第四段的开头部分。

朗读者：

> 的确，我们经常发现为了我们自己和依靠我们的人，我们负有避免诉诸战争的义务。普鲁塔克在他的《努马传》（*Life of Numa*）中指出：在缔约神官已经宣布可以正当地开战以后，元老院仍然对发动战争是否对国家有利的问题进行了辩论。——

施特劳斯：这里很清楚。

朗读者：

> 一个与基督有关的故事中讲到，如果一个国王要去和另一个国王打仗，他应该像那些习惯于认真听取别人建议的人那样，首先坐下来思考是否能用自己的一万兵力抵挡那个率领两万兵力来攻打他的国王。如果发现自己不能抵抗敌人的进攻，他就应当在敌人进入本国领土之前派遣使者和对方作出实现和平的安排。②

---

① ［译注］中译采用［英］霍布斯，《利维坦》，黎思复、黎廷弼译，北京：商务印书馆，2016，页270。
② *JBP*, 2.24.4.1. 这个寓言来自《路加福音》（*Luke*），14：31。

施特劳斯：如何来看待这样一种例子：不仅仅是允许发动战争的问题，而是说这是一种道德义务(duty)？或者，不可能存在这样一种例子？这难道不是格劳秀斯有关国际法的教导的一种后果吗，即不可能存在发动战争的义务？之所以不可能存在这样的义务，是因为有联盟、有条约。

学生：在与人类的类比中，他依据自然也被要求保存自我。

施特劳斯：但这里有个区别，即自然身体与人造身体之间的区别。不存在简单的类比。

学生：但他难道不是说，在一场正义战争中，盟友并不一定会来帮助另一个盟友，如果开战原因是糟糕的话。

施特劳斯：我认为，是的，但这当然也产生了另一个困难。如何看待条约的神圣性？你回到了这个被国际法的支持者们认定为最邪恶的原则，即所有的条约都是有效的，只要事情一直保持现在的状态(rebus sic stantibus)。所以，当条约义务出现时，你仍然可以作裁断。你知道1915年时意大利的做法——它与德国结盟，这是相当清楚的，意大利说我们将重新审查形势。一个政府总是可能找到好律师发现条约的漏洞。

学生：但他不是说，这仅仅是何时失去发动战争理由的时间的问题。所以至少存在一个中间的原因，在这个层面上，你必须帮助你的朋友。

施特劳斯：这是另一个问题。适用于选举的说法，也适用于战争。你永远无法提前决定结果是什么：它很大程度上取决于投票方的努力，俾斯麦(Bismarck)时不时提及这一点。他对此有丰富的经验。每一个条约，无论如何明确，都不可能确保你的盟友会不会充满激情地发动战争。你知道，他们可能会发动战争，会采取一系列行动，会调遣一些兵力，他们也可能在这一过程中都很冷静。呃，他们[尊重]条约，你怎么办。

我们来读第六段。

朗读者：

> 让我们引用塔西陀说过的一个事例来说明这个问题。按照塔西陀的记录，高卢的各个城邦曾经对"到底是要自由，还是要和

平"的问题进行过激烈的争论。

自由应当被理解为一种公民自由(civil liberty),它是一种自己管理国家的权利。①

施特劳斯:也就是说,公民自由与个人自由相对(个人自由的意思是,你不是一个奴隶)。公民自由意味着拥有自己的政府、参与政府;个人自由则意味着你不是一个奴隶。你可以拥有财产等等。

朗读者:

这种权利在民主制国家中,尤其是在所有公民都有权参与社会管理工作的国家中,能够得到充分的体现。但在贵族制国家中,自由会受到限制。

和平应当被理解为一种避免被战争毁灭的状态。西塞罗在某处从希腊人的立场解释这个问题的时候指出:"城邦国家是否可以为了战争的原因而使所有人的生命都处于危险之中呢?"②特别是当对形势发展的正确预测显示,除了整个民族的毁灭以外,进行战争不可能出现其他结果的时候,是否还要奋力一搏呢?当年耶路撒冷人民被提图斯(Titus)围困时的情形就是如此。当然,每个人都知道宁死也不愿意服从一个独裁者统治的加图(Cato)在这种情况下的言论。还有这样的说法:"依靠自己的双手摆脱被奴役的命运是非常有德性的事情。"此外,还有其他许多这样的事例。③

施特劳斯:换句话说,不自由,毋宁死(rather dead than red)。好,下面是反对的观点。

朗读者:

不过,正确的理性教导我们不应该选择孤注一掷的做法。确定

---

① *JBP*, 2.24.6.1.
② 西塞罗,《致阿提库斯书》(*Letters to Atticus*),9.4。
③ *JBP*, 2.24.6.1.

地讲,生命是所有世俗与恒久幸福的基础,其价值要比自由高得多。无论是对个人,还是对民族,这一点都是毋庸置疑的。因此,上帝宁可使耶路撒冷人沦为示撒(Shishak)的仆人,也不愿意灭绝他们,他认为这是对他们的恩惠。另外,上帝通过先知之口建议犹太人做巴比伦人(Babylonians)的奴隶,这样他们就不会因为饥荒和瘟疫而死亡。① 由此看来,尽管古代人对布匿战争期间被围困的萨贡托人民(Saguntum)身处绝境但宁死不屈的精神表示赞扬,但是,那种招致灾难性后果的做法既不值得称道,也不应当效仿。②

施特劳斯：这里,你看到,这些对于公民自由而言都是正确的,而非对于个人自由。这个"严格意义上的奴役"的例子中,意味着与家人和孩子的分离,格劳秀斯会说同样的话吗？因为,巴比伦奴役当然并不意味着个人的奴役。这是个问题。和平比政治自由更值得追求,但并不比个人自由更值得追求。我们继续读这一段,因为它非常重要。

朗读者：

奥古斯丁指出,在战争中对一个民族的屠杀应当被视为最严重的罪行。西塞罗在《论立意》(On Invention)中讲述了一个在必要情况下保全生命的事例。他认为,卡西利努姆(Casilinum)人民有必要向汉尼拔(Hannibal)投降,除非他们宁愿全部被饿死。③

施特劳斯：请读这一段的最后一部分。
朗读者：

我希望以上关于自由的论述也能适用于人们希望追求的其他目标。在任何情况下,如果预计造成的损害肯定会大于获得的利

---

① 《耶利米书》(Jeremiah),27:13。
② JBP, 2.24.6.2.
③ JBP, 2.24.6.3.

第 十 讲

益,甚至得失相当,我们就应该考虑放弃。正如阿里斯提得斯(Aristides)指出的那样,当船只在海上遇险时,作为一种习惯,应当把货物而不是把乘客扔出船外来拯救船只。①

施特劳斯:好。——＿＿＿先生②,你对格劳秀斯的批评是什么?
学生:第五段中,将生命和自我保存视为必要条件(necessary conditions)。
施特劳斯:必要条件(necessary condition)。
学生:不停地用可以完成的目标来代替必要条件。
施特劳斯:我知道你的意思了。但我们先来读第八段。
朗读者:

因此,只有存在不能也不应当(ought)忽视的理由,才可以构成不得发动战争的例外。就像弗洛鲁斯(Flora)所说的那样,当放弃权利比进行战争还要残酷时,战争就是完全必要的。塞涅卡指出:"当我们保持沉默却依然要担惊受怕时,勇敢地面对危险就是正确的选择。"阿里斯提得斯也表达了同样的观点:"如果人们选择了和平的道路却发现处境明显变得更糟了,那么,即使前途未卜,他们也不得不铤而走险。"

塔西陀写道:"与其屈辱地维持和平,不如勇敢地进行战斗。"他又指出:"勇敢地进行战斗的人们可能获得自由;即使战败,也不过是再过从前那样的日子。"根据李维的说法:"和平对于被奴役之人比战争对于自由民更加难以忍受。"不过,如果出现了西塞罗所说的下面这种结果,李维的观点就不能成立:如果你战败,你将被剥夺所有权利;如果你战胜,你将依然是奴隶。③

---

① *JBP*, 2.24.6.5.
② 这可能是指本讲开始时宣读自己论文的一位学生,但这个过程并没有录音。
③ *JBP*, 2.24.8.

施特劳斯：所以，这里存在某种限定条件，不是吗？某种限定……

学生：如何看待那个"应当"（ought），在那个是否存在某种类型的例外的问题中……

施特劳斯：我认为最明确的例子是宣战的条约。① 第七段中谈论惩罚性战争的地方，存在一个困难。

朗读者：

> 另外，在进行惩罚的时候必须特别遵守这样的规则：作为一项前提条件，如果自己和对方实力相当，就不能向对方发动战争。这和国内的情况是一样的：如果你希望使用武力对犯罪的一方实施报复，就必须具备比对方强得多的实力。②

施特劳斯：这里显示了正义与权宜之计之间的联系。这里也显然存在马基雅维利式的观点。如果你想要正义，就必须首先使自己足够强大，以能够裁决和实施裁决。这一点先于正义的行动。很自然地，反过来说，你如何首先变得强大？我用一个图来展示这一点。[施特劳斯往黑板上写字]：这是德性（virtue）——哦不，对不起，这是幸福（happiness）。这是德性，再加上工具（equipment），在亚里士多德的观点中是这样。人类以此为起点。他既没有德性，也没有工具。他会怎么做？他是不是该对自己说：我先得到工具，然后再要德性吧？还是说，反过来？这样的观点当然很容易得出，尤其是在政治家那里，这当然是马基雅维利的观点。你在拥有正义之前，必须拥有权力，拥有安全。你必须让正义得到确保和安全，这点当然不会有任何人禁止。之后，一旦你已经强大了，你就有义务变得正义。这在某种程度上也可以说是霍布斯的教义。

学生：在行使惩罚权的背景下，我想知道是否你不能说——因为要与亚里士多德保持审慎一致——除非你足够强大，否则你不能行使

---

① 显然是指使一国参战的条约。
② *JBP*, 2.24.7.

惩罚。但这并不意味着你是不正义的。

施特劳斯：很好。格劳秀斯接下来就会导向这个问题：是否存在发动战争的义务？明确的例子是关于条约。这会很好地导向惩罚性战争，因为你的盟友可能完全不正义。这可能是简单的联系。

当然，格劳秀斯是一个很人道的人，如果真像他所说的，就没有战争了。这导向一个更宏大的问题，这个问题后来才显现，但是在开头就已经有暗示。也就是说，如何看待战争完全消失的状态？康德称之为"永久和平"（perpetual peace）。威廉·詹姆斯（William James）写了一篇关于用道德代替战争的论文，因为他认为战争有它的某些好处，很显然格劳秀斯反对这一点。① 所以这个问题必须要提出。当然，你可以认为，格劳秀斯这本书的前提就是战争与人类同时存在。

我们来读第二十五章的开头部分。

朗读者：

我们在前面对哪些人可以合法地进行战争的问题进行论述时曾经明确地指出并证明，根据自然法，每个人不但可以为申张自己的权利而进行战争，而且可以为帮助他人伸张权利而进行战争。——

施特劳斯：你们还记得那个困难，以及从"每个人"到"每个好人"的转换。

朗读者：

因此，那些因为自己的利益受到损害，从而使战争具有正当性

---

① 康德，《永久和平论：一部哲学的规划》(To Perpetual Peace: A Philosophical Sketch)，见《永久和平论及其他论文》(*Perpetual Peace and Other Essays*)，trans. Ted Humphrey, Indianapolis: Hackett, 1983, pp. 107—144；威廉·詹姆斯，《战争的道德对等物》(The Moral Equivalent of War)，见《作品集(1902—1910)》(*Writings* 1902—1910)，New York: Library of America, 1987, pp. 1281—1293。

的理由,同样可以成为帮助其利益受到损害的其他人进行战争的正当理由。①

施特劳斯:但这里当然仅仅是一个"可以"(may)。任何人可以执行另一种权利;但这里并没有义务这么做。

在第三段中存在各种各样有趣的问题。一个国家可否合法地将一位无辜的公民交给敌国,如果敌国要求这种引渡的话?西班牙的作家瓦斯奎斯和索托认为不能,但是索托认为,公民有义务将自己置于敌国之手,以解决他的国家所面临的困境。② 换句话说,这是一个博爱(charity)的问题,而非正义(right)的问题。格劳秀斯否认这里存在严格意义上的义务。这是他讨论的其中一个点。我们现在来读第三段的第四部分。

朗读者:

不过,假设被敌人要求交出来的人应当自愿地把自己交给敌人,那么是否可以强迫他做在道德上他有义务去做的事情呢?对于这个问题,索托表示了否定的态度。他以举例的方式说明,虽然根据慈善(mercy)的美德,富人有义务救济需要帮助的穷人,但别人不能强迫他这么做。然而,我们必须指出,在一个国家内部,作为其组成部分的个人之间的关系是一回事;而上级和从属于他们的个人之间的关系是另一回事。虽然除了行使所谓法律赋予的权利以外,平等者之间相互不能强迫对方,但是,上级却可以强迫下级实施某些符合德性要求的行为,因为它属于上级正当权利的一部分。在发生饥荒的时候,国家可以强迫公民交出各自的粮食作为公共储备。

通过以上对这个问题的讨论,似乎结论更应当是这样的:可以强迫公民为了其他人的利益实施某种行为。③

---

① *JBP*, 2.25.1.1.
② Gabriel Vasquez (c. 1550—1604); Domingo de Soto (1494—1560).
③ *JBP*, 2.25.3.4.

施特劳斯：我们认为这里应该翻译成"博爱"（charity）。这里再次碰到了可以被强迫的义务和不能被强迫的义务之间的区别问题。这个区别并不能简单地等同于后来所理解的道德与法律之间的区别。这可以由下面这点得到证明：政府、主权可以从其他德性中得到义务，而这些德性区别于严格理解的正义。有人会认为，格劳秀斯在这里处于亚里士多德和洛克中间的某个位置。

对亚里士多德来说，以下这点没有问题：城邦使得公民变好，这是城邦的义务，更不要说让公民恪守契约了。因为城邦的目的是德性。另一极则是洛克：城邦仅仅是为了更舒服的自我保存的保护，城邦不考虑其他任何目的。格劳秀斯认为，统治者可以比窄狭理解或者严格理解的正义向臣民要求得更多。格劳秀斯采取这种立场，有另外一个理由，即"如何才能使某些基督教的道德要求也变成合法的要求"。这里只考虑一下一夫一妻制的例子，对格劳秀斯来说，这不是自然法的要求，但他理所当然地认为可以合法地建立一夫一妻制。

这当然导向了如今与此直接相关的各种其他问题。我们来谈一个经常被讨论的问题：禁止情色。严格地说，它本身与你我并没有关系，但是它关系到公民的德性，尤其是年轻一代公民的德性。因此，那些从根本上追随洛克的人会提出反驳：舒适的自我保存，不要涉及德性。这难道不就是当今亚里士多德式观点与洛克式观点之间的清晰分界线吗？

或者举同性恋的例子。在洛克的立场上看，不存在任何可以禁止同性恋的权利，而从亚里士多德的视角来看，则显然完全可以禁止同性恋。我认为，持中立态度的那些人会说：呃，我们不那么关心严格意义上的德性问题，但是关心那些普遍接受的行为规则。我认为，即便是ADA[①]也不能反对警察制止裸体主义者四处裸体游行。我认为存在一些在共同体中流行的行为规则的观念，它们受到法律的保护。但是如果三十年后民情（mores）发生变化，那就会完全不一样了。它没有内在

[①] 这里的 ADA 很可能是指"美国民主行动"（Americans for Democratic Action），一个创建于 1947 年的政治自由主义组织。

的根基,只是目前美国人民的偏见。

学生:如果来看涉及情色与犯罪的公共安全的观点?

施特劳斯:犯罪是另外一个问题。这要视情况而定。如果你异常迷恋于对宪法第一修正案的严格解释或者极端解释,就会认为任何对于言论的干涉(无论是口头的,还是书面的),都属非法。但是,如果你采取了更古老和更简单的观点,即政府首要的任务在于保护每一个个体的生命、自由和财产,那就是全部。那么,这一点可以与如下禁止教义相契合——禁止盗窃、伪造支票,以及其他事项。这一点当然没有人会反对,但是会有人反对禁止一夫多妻制、同性恋和情色,因为这些事情并不属于严格理解的舒适的自我保存这个范围。我认为,今天的自由主义立场很复杂。它并非简单地源自洛克,而是大概源自卢梭和康德——个人的最终自由,而非仅仅关注自我保存。

在第四段中,他谈到了帮助盟友的义务会扩展到什么地步,当然这只是在盟友卷入一场正义战争的时候,只是在最终结果可能会是好的时候,这某种程度上说很明确。我们来读第八段。

朗读者:

> 不过,有时候,国家残酷虐待其人民的现象十分明显。例如,像布西里斯(Busiris)、法拉里斯(Phalaris)或者色雷斯的狄俄摩德斯(Thracian Diomede)那样残暴对待人民的做法,没有人能够保证自己可以幸免。在这种情况下,不能排除行使自然法赋予人类社会的保护他国人民免受其统治者犯罪行为残害的权利(the exercise of the right vested in human society is not precluded)。①

施特劳斯:我们翻译成"人类社会的权利/正义"(the right of human society)。② 我认为他的意思是,正义/权利来自这样的事实,即所有的人类之间有一种自然的亲缘。所以换句话说,一个人可以拿起武

---

① JBP, 2.25.8.2.
② 拉丁文是 ius humanae societatis。

第 十 讲

器支持另一个政府的臣民。

朗读者：

正是基于这一项原则，君士坦丁（Constantine）发动了对马克森提（Maxentius）和李锡尼（Licinius）的战争；其他罗马皇帝也曾经拿起武器对波斯人进行战争，或者威胁对他们进行战争，除非他们能够停止由于宗教原因对基督教徒进行的迫害。

另外，假设即使在极其必要的情况下，人民拿起武器反抗其统治者的行为也不具有正当性（关于这一点，我们前面的论证中可以看到，那些旨在维护王权的人的观点是否应当被接受是存在疑义的），但这并不意味着其他人不能为了这些国家人民的利益而对他们的统治者进行战争。①

施特劳斯：第二十六章中有一些段落挺有趣，我们先来读第二十六章的开头部分。

朗读者：

我们已经讨论过那些独立于任何其他人控制的人。除了这些人以外，还有一些人处于服从他人管理或者统治的地位，比如家庭中的儿子、奴隶以及与国家这种政治实体相联系的臣民和公民个人。②

如果被统治者被允许参加讨论或者给予他们进行战争或是维持和平的选择自由，那么，适用于那些对是否应当为自己或他人利益而战的问题拥有自由裁量权的人的规则同样适用于他们。③

如果被统治者被命令拿起武器走上战场（就像经常发生的那样），但在他们看来，战争的理由明显不具有正当性，他们就应当

---

① *JBP*, 2.25.8.2—3.
② *JBP*, 2.26.1.
③ *JBP*, 2.26.2.

拒绝这样做。①

施特劳斯：换句话说，责任存在于每个个人。在第四段中，他从另一个稍微不同的角度说了同样的意思。

朗读者：

如果被统治者对被命令所行之事是否应该去做存在疑问，那么他是应该服从命令，还是按兵不动呢？

对于这个问题，许多人认为被统治者应该服从命令，而且在这种情况下，他不应当受"可疑之事不可行"这句著名格言的约束。因为虽然一个人可以对有关问题作出怀疑的反应，但他不能质疑要求采取行动的决定。他应当相信，当存在疑问时，必须服从上级的决定。

我们不能否认，在许多案件中，确实使用了当出现不同判断时应当服从上级命令的规则。罗马和其他国家的国内法不但承认服从命令之人享有豁免权，而且拒绝接受对他们提出民事诉讼的主张。②

施特劳斯：这里的情况略有变化。总的原则是，去判断一场战争的正义或者非正义，你必须知道仅仅是臣民所不可能知道的很多东西。

请读这一章结尾处的三段。对我们来说，读一下标题就够了。

朗读者：

如果被命令参战的被统治者对战争理由存在疑问，他们应该怎么办？

对战争正当性存在疑义的臣民可以被免除参战义务，但也可以对他们征收额外的捐税。③

---

① *JBP*, 2.26.3.1.
② *JBP*, 2.26.4.1.
③ *JBP*, 2.26.4, 2.26.5.

施特劳斯：这里很清楚，因为对敌人已经做了很多事情，这是一种集体的责任，但当然没有集体罪责。

朗读者：

在非正义战争中，臣民何时可以正义地进行战斗？①

施特劳斯：如果他们确实不能判断或者没有选择的话，那么这是一个根本的原则。格劳秀斯这里又一次有效地强调了不可能存在一场双方都是正义的战争，严格来说，只存在无知。对于正义的无知，则又是另一回事。或许我们可以读一下第四段的第四部分。

朗读者：

不过，这种观点也有其内在缺陷。来自阿尔卑斯山以北的最后一位教皇、我们的荷兰老乡（our countryman）阿德里安（Adrian）就支持相反的观点。不过，确切地讲，这种相反观点的成立并非基于阿德里安六世列举的原因，而是基于另外一种更具说服力的理由，那就是：如果一个人在决定是否采取行动时犹豫不决，他就应该选择一种更安全的做法，而这种更安全的做法就是克制自己不要卷入战争。人们称赞艾塞尼派（Essenes）的原因之一是他们发誓"不伤害任何人，即使当命令他们这样做的时候也不例外"。杨布利科斯（Iamblichus）指出，毕达哥拉斯主义者（Pythagoreans）同样如此，他们克制自己不参与战争，因为"战争是有组织的、遵照命令进行的屠杀"。②

施特劳斯：现在，我们回到最终的大问题：战争是否可能是正义的？我们看到，格劳秀斯给出的是肯定的答案。但这会导致我们超过在这门课上有效讨论的范围。我想我们应该回到所涉及的原则以及简

---

① *JBP*, 2.26.6.
② *JBP*, 2.26.4.4.

单的区分,这点与马基雅维利相关:难道不存在这种情况,我们不能够说清楚哪一边是正义的吗？难道不存在这种情况,两边客观上都是正义的吗？这不会消除正义战争和非正义战争之间的区别,但这预示着一种严格的限定,这比格劳秀斯所强调的那个事实所引起的限定在理论上要更为严格,这个事实就是:存在相当多的例子,这些例子中,(尤其是臣民)不可能知道哪一个作战方是正义的一方。

但我们也不能忘记——我认为这是我们需要记住的另一点——格劳秀斯所理解的自然法的整个问题以及自然法与其他各种法的关系的问题。这将是第三卷的核心内容,第三卷一开头,格劳秀斯就谈了依据万民法如何发动战争,以及万民法之极端自由(liberal):你可以毫无障碍地杀人、放火、强奸,或者任何其他事情。当然,这明显违背自然法。

那么,问题来了:万民法(即根基于人类的法)与自然法之间的关系是什么？自然法由人类法作补充,这点没有问题。换句话说,人类法会禁止一些自然法所允许的事情。自然法允许一夫多妻制,但人类法不允许:它要求一夫一妻制。这样没问题,但如果反过来也是对的,如果人类法允许自然法所禁止的东西,这就会显出自然法的极端弱势。如果自然法禁止杀害已知是无辜的人民,但万民法说:不,你这样做的话,并没有犯下应该受惩罚的罪行;在洗劫一座城镇时,你可以为所欲为。这是个很大的问题,我们必须加以讨论。至少在第三卷中会有一些段落明确讨论这个问题。

为了理解这里的根本性问题,对我来说,最直接最有帮助的文献是《王制》第五卷中关于发动战争的部分,就在关于"哲人是王"和"王是哲人"相关段落之前的那部分,大约是往前五到六页——柏拉图讨论了如何发动战争。我想,如果下一讲前你们能读一下这五到六页,会更好。[1]

---

[1] 柏拉图,《王制》,466d—471b。

第 十 一 讲
JBP, 3.1—3.5.2
(1964 年 11 月 10 日)

施特劳斯：我们现在来读第三卷，或许我们可以看一下导言(Prolegomena)第三十三段和其他一些部分，其中格劳秀斯谈及了第二卷和第三卷的内容。①

朗读者：

本书第二卷在说明可能导致战争发生的所有原因之后，充分阐述了这样一些问题：什么财产可以为公共所有？什么财产可以由个人所有？人们对他人有什么权利？所有权会产生什么义务？规范王位继承的规则是什么？通过承诺或者契约可以产生什么权利？同盟条约的效力是什么？什么是公的或私的誓约，以及为什么有必要对它们进行解释？什么是适当的损害赔偿？使节的不可侵犯权包括什么内容？规范死者丧葬的法律是什么？惩罚的本质是什么？

本书第三卷首先说明了它的主题，即什么是战争中允许的行为？接着，在对可以免受惩罚的行为或者甚至在其他民族中被认为合法的行为与的确完全无可指摘的行为进行区别之后，论述了不同类型的和平以及与战争有关的各种协定。②

---

① 课程的原始记录者注明，本讲开始的时候，阅读了一位学生论文。阅读的过程以及后面的讨论过程，显然并没有被记录下来。
② *JBP*, Prolegomena, 34—35.

施特劳斯：我认为，很明显，从这样的区分中，我们会看到存在很多重叠。只需想一下使节和丧葬的问题以及其他可能或者不可能与战争有关的事情。呃，格劳秀斯不得不某种意义上划分一下讨论的主题，但他是否成功做到了，则又是另一回事。为了获得更为宽泛的理解，我们只需看一下前人是如何说的，也就是说，我们读一下柏拉图《王制》第五卷中的一些段落。①

朗读者：

苏格拉底：因此，他们会把希腊人的分歧看作是内部争端，因为都是自己人，而不会把这称作战争？

格劳孔：不会。

苏格拉底：他们将会争吵，但还时刻指望有朝一日言归于好吗？

格劳孔：完全是这样。

苏格拉底：他们会友好地开导对方，而不是用奴役或毁灭的方法惩罚对方，他们是训导者，不是敌人。

格劳孔：是这样。

苏格拉底：因此，他们不会蹂躏希腊的土地，因为他们都是希腊人，不会烧毁住宅，也不会一致认为，不管在哪一个城邦，其中的全部邦民都是敌人，包括男人、妇女和儿童，而是会一致认为，敌人总是少数，存在的分歧应归罪于这些人。以这一切为理由，他们就不会希望去蹂躏对方的土地，因为对方中绝大多数人是他们的朋友，他们也不会去捣毁对方的房屋，而只是把争端持续到这么一个限度，当那些制造分歧的人在无辜受难的人们的逼迫下不得不接受惩罚。

格劳孔：我同意，我们的公民应该如此对待和他们对立的希腊人；对待野蛮人，倒应该如同当今的希腊人对待自己人一样。②

---

① 在上一讲结束的时候，施特劳斯建议学生阅读一下《王制》中的这一段落及前后文。
② 柏拉图，《王制》，470e—471b，见《柏拉图对话选》(*The Collected Dialogues of Plato*), ed. Edith Hamilton and Huntington Cairns, Princeton: Princeton University Press, 1961, pp. 573—844. 这个版本中的《王制》英译者是肖里(Paul Shorey)。[译注]这里的译文(转下页注)

第十一讲

施特劳斯：换句话说，不禁止针对野蛮人的战争，但是根据格劳秀斯的观点，在希腊人之间的战争中，总体来说存在非常严格的限制。这完全正确。为了理解这一点，我们必须理解为什么苏格拉底要引入令人厌恶的这样一种希腊人与野蛮人之间的差别。

为了这个直接目的，我们再来读两个段落。

朗读者：

> 难道你不认为剥夺死者身上的东西是一种鄙俗、贪婪的行为，这难道不是妇人和小人之见，仍把死者的躯体看作是敌人，尽管他们的仇敌已经飞走，留下的只是他曾凭此作战的工具？①

施特劳斯：这里很明显，一个希腊人的尸体和一个野蛮人的尸体之间不存在区别。因此，从苏格拉底的观点来看，希腊人和野蛮人之间在这些方面的区别当然是个大问题。你可以留意到，他在这里还说到了妇人之见。女士们请别让我为柏拉图可能拥有的那些肮脏的想法负责。这一点尤其奇怪，这里的这场讨论的前后文是什么？两性的平等。因此，他引证的这个两性的区别，将是一个困难。

我们必须特别留意这里的上下文，否则我们就会完全搞不清楚。这一点在《王制》466 中已经讲清楚了。我想我可以读一下。我读一下英译：

> 苏格拉底：接着该讨论的难道不是那个问题，即这样的合作，就像在其他动物中那样，是否同样能在人们中实现，又如何能实现？
>
> 格劳孔：你问得可巧，我也正想提出这一问题。②

（接上页注）参考了王扬的译本，考虑到施特劳斯课堂上阅读的是英文，因此对照英文做了一些小的改动。[古希腊]柏拉图，《理想国》，王扬译注，北京：华夏出版社，2012，页198。

① 柏拉图，《王制》，469d.[译注]王扬译本，页196。
② 柏拉图，《王制》，466d.[译注]王扬译本，页192。

换句话说,他同意,绝对的共产主义高度可欲,但这一点如何实现呢?所以我们很渴望知道。因为如果这不可行,那么我们只能抛弃它,但它看起来非常有吸引力。那这个究竟如何进行呢?

苏格拉底:就论这些人来到战场时,他们会以什么方式作战,我想,这很清楚。①

不过,这一点对于格劳孔来说完全不是"很清楚",因此接下来有一个很长的关于战争的讨论。而关于共产主义可能性的问题被遗忘了,这个问题再也没有得到回答。整个关于共产主义以及两性平等的问题一直到最后也没有得到答案,但柏拉图有很好的理由来作出这些显然的省略。在此处的上下文中,你会得到关于"为什么两性平等和关于妇女与儿童的共产主义是不可能的"的答案:战争现象本身(the phenomenon of war itself)。苏格拉底认为,男人和女人仅仅在力量强弱上有差异。男人通常来讲比女人更强壮。② 两性之间的差异在战争中凸显了出来,甚至不仅仅包括力量强弱的差异。如果你的军队中有更多的女人或者有更多的男人,那么你的军队就是两种不同类型的军队。除了这点,还存在更多显然的差异,而这些差异无论是多么支持男女完全平等的女性也无法否认的。

柏拉图接着很快就讨论了这个问题:儿童呢?儿童必须是战争的观战者。③ 战争需要被解释给他们听,但要非常小心地进行这种观战,这样的话,在一场溃败中,他们也不会受到伤害。但是,关于下一代的问题:存活下来的男人和女人对于下一代的人口数字意味着什么?我们是从很低下和很实际的观点出发……

学生:如果百分之九十的男人死了,那么可能需要三十年的时间重新恢复人口。

施特劳斯:有可能超过百分之九十。

---

① 柏拉图,《王制》,466e.[译注]王扬译本,页192。
② 柏拉图,《王制》,456a.[译注]王扬译本,页177。
③ 柏拉图,《王制》,467c.[译注]王扬译本,页193。

学生：但如果百分之九十的女人死了，问题就非常严重了。

施特劳斯：一个男人可以同许多女人生孩子，但反过来显然不行。因此，如果考虑到这个事实，我们就会看到男女之间的一个关键差异以及为什么女人不应该被送到战场上去。回到更为宽泛的观点上来，我们这里有一个论点，很接近格劳秀斯关于战争的限制的说法，在这里显然提到的仅仅是希腊人之间的战争。战争中行动具有高标准，但这是在战争中。战争中的行动就一定比在和平中的行动更低下吗？

我给你们读一段色诺芬的文本，弥尔顿认为色诺芬与柏拉图具有同等的地位。① 这一段在《居鲁士的教育》（*Education of Cyrus*）第一卷第六章第二十七段及之后。居鲁士刚刚获得了将军一职，与他的父亲——波斯国王——有一番对话，他父亲之前也是一位将军。

> ……如果你的统帅想要取得胜利，他就必须证明自己是一个合格的谋略家，一个出神入化的王者，心里充满了战略和战术，他必须是一个骗子，一个盗贼，一个巧取豪夺者，可以随时随地使他的敌人上当受骗。

他没有说必须是一个杀人的人（killer），但我想，很明显，这自然也应该是一个杀人的人。居鲁士大笑：

"难道您想要您的儿子成为这样的人吗?!"

"就是这种样子，我的孩子，这的确是我想要的"，父亲说，"但我要你同时也是这个世界上最为正直、最守礼制的人"。

"可是，这又是怎么回事呢"，居鲁士说到，"您从小到大教育我们的，和您刚才说的完全不一样啊!"

"啊"，做父亲的说，"那些都是说给朋友和伙伴听的，因为那是为了他们好；而对于你的敌人，难道你不记得了，你曾经接受的教育就是要使你的敌人受到伤害吗？"

---

① 弥尔顿作出这个比较，是在他的《为英国人民声辩》（*Apology for Smectymnus*）中。

"不,父亲",他回答说,"我确实忘了"。

"那么,你学习射箭是为什么?或者,学习投枪是为什么?或者,学习给荒郊野外的野兽设置陷阱是为什么?再或者,学习用绳套和铁蒺藜捕捉牧鹿呢?……"

……①

"但是,父亲",居鲁士回答说,"假如对人有好处与对人造成伤害都是我们应该学会的东西,那么,这些东西难道不是都应当从人身上去学到的吗?"[施特劳斯:不应该仅仅向野兽学习。]

这时,做父亲的说道:"我的孩子,我们曾经听人说过,在我们祖先的那个时代,有过这样一位师傅。此人确实就像你说的那样,交给他的孩子们的正当做法是,既要他们学会说谎,又要他们不得说谎,既要他们欺骗别人,又要他们不得骗人,既要他们四处诽谤,又要他们不得诽谤,既要他们不去搜刮,又要他们抢夺别人。他区分了对朋友的责任和对敌人的责任。而且,他甚至还进一步教给人们为了自己的利益,即便欺骗朋友或者偷窃朋友的财产也是公正的。[施特劳斯:为了他自己的利益。]因此,他一定采用了一种特殊的方式来教授他的学生,这就好像希腊人一样,听说,希腊人让孩子们在角斗学校学习击剑,学习声东击西,让孩子们相互这样训练。"②

这当然会导向可怕的混乱,因此波斯人制定了这样的法律:只要他们还是孩子,教给他们的东西就只是美好的东西;但当他们到了可以决断的年龄,他们就要学习这些微妙的区别。对你的同胞公民要好,但要讨厌你的敌人。就是这样。

这是在他们的简单的古典形式中两种非常引人注目的观点。我现

---

① 色诺芬在这中间还有几段话,但原始的课程记录稿中没有。
② 色诺芬,《居鲁士的教育》(*Cyropaedia*: *The Education of Cyrus*),trans. Henry Graham Dakyns(可见于 http://www.gutenberg.org/files/2085/2085—h/2085—h.htm#2H_4_0004)。[译注]中译使用了沈默的译文,参见[古希腊]色诺芬,《居鲁士的教育》,沈默译,北京:华夏出版社,2007,页66—68。

第十一讲

在用某种意义上不太一样的语言再叙述一遍。你可以看到格劳秀斯努力要解决的问题是什么。有一个东西我们称之为德性，对此最完整的表述以及目前仍然最美的表述是在亚里士多德的《尼各马可伦理学》中：勇气、节制、温和、正义，以及其他德性。尽管对于格劳秀斯而言，他对亚里士多德有某些不太相关的批评，这一点很明确。但是，德性这个东西不仅给予亚里士多德，同时也给予格劳秀斯最高标准（highest standard）。但是，在任何时候都依据德性生活，这可行吗？因为最明显的例子当然就是战争：我们必须正义地行动，绝不能伤害无辜的人，但战争就意味着必然伤害无辜的人。如果一个城邦被洗劫，即便你是最仁慈和最正义的人，要去搞清楚到底谁是否是无辜的，这也是不可能的——还有其他事情也是如此，甚至还有更可怕的事情。

这些困难导致某些被称为怀疑论者的人认定，在战争中去期待这些事情是没有意义的，在战争中没有任何事情是被禁止的。这当然对于城邦以及城邦的公民社会有关键的后果。可以说，如果你总是被围困，处于被围困的状态，这自然会影响到生命。存在一个后果，即军队中士兵遵守的规则与平民所遵守的规则不一样。你必须训练人们去探查敌人的领土，去用一切手段发现敌方政府的意图是什么，所以不可能在实践中作出明确的界分。是否应该雇佣和使用邪恶的人，这是一个困难的道德问题。格劳秀斯说过，如果你不想和不正义的人或者坏人打交道，你永远不可能有一支军队。① 但是，你必须有一支军队。所以，另一种观点认为：呃，最根本的现实是城邦已经暴露给了其他城邦，那就是战争，战争甚至影响到了城邦本身的和平生活。

因此，这里，我们有两种明确的立场，也就是说，柏拉图-亚里士多德式的观点，以及马基雅维利式的观点。从以下的说法开始，没有什么问题：格劳秀斯试图在严格的道德和纯粹的马基雅维利主义之间找到一条中间道路。另外这一点也是明确的：这样一条道路实际上找到了，并且一直运用于法律中。一场交易是否在法律上有效，与买卖双方的道德品质无关，我们看到，格劳秀斯不止一次举这个交易的例子。这是

---

① 格劳秀斯在 *JBP*, 2.17.20.1 中谈了这个观点，施特劳斯在第八讲讨论过这一段。

一个非常无害的例子——我的意思是,不够令人震惊。一个挥霍者——浪费当然是一种恶——毫无节制地四处给人一百美元的钞票。收到钞票的人(不考虑他本人是富还是穷)——是否能正义地、合法地拥有这钞票?他当然能合法拥有这钞票。如果有人发现到处如此,如果有人认定在每种情况下,都要坚持最高的道德标准,也就是任何人都不能接受来自一个挥霍者的赠送——哪怕接收者可能正在挨饿——这行不通。

所以,法律就是法律,它就是比道德的要求更松。这样的方式很好且很容易理解,但问题在于:在何种程度上可以找到一种理论式的表述?在何种程度上,传统上可以试图表明法律不能越界?让我说得更明确一些。[施特劳斯往黑板上写字]:如果这是马基雅维利,这是柏拉图和亚里士多德,法律肯定是在这附近,在某些情况下,它更高,在某些情况下,它更低。但原则是什么?这只能被理解为:你不可能要求强制执行所有东西。存在某些东西,它们依据自然居于强制执行之前。最简单的例子是感谢(gratitude)。如果感谢变成强制性的,它就不再是感谢。另外的例子是:关于赌博,可以强制到什么程度。关于卖淫,可以强制到什么程度。关于言论自由,可以强制到什么程度。

总体来说,现代的理论家试图原则上找到一个根基,来作出这种区别:有些事情,强制是不可能的,或者不合适的。当然,这一点很重要,那就是德性。一般而言,真正的德性总是被认为是自愿的,不可能强制要求任何人有德性地行动。这一点在现代得到了证明——法律,这样的公民社会,与德性完全没有关系。但这些并不是那么简单,因为如果人没有达到成熟(有些人则永远达不到),那么要想有德性地行动,就得以某种方式强制其去这么做,或者强制其不邪恶地行动。因此,一个城邦能做什么或者不能做什么,并不能非常明确地划界。在我们的时代,有一个很大的变化:对于财产权利(property rights)的强调如今转向了对于人类权利(human rights)的强调,这是一种非常不同的划界方式。依据传统观点,人类权利是社会不该去关注的东西。根据后来的观点,你可以认为:不,财产权利是公民社会的事务(the affair of civil so-

第十一讲

ciety）。①

所以，格劳秀斯已经属于那些试图找到区分原则的先行者，试图去找……②同时，格劳秀斯以这样的方式区分得更为细致：他对窄狭理解的正义（justice narrowly understood）和其他德性进行了区分。窄狭理解的正义当然是用自然法来定义的，因此他关注于在自然法的范围内去区别严格理解的正义（justice strictly understood）和宽泛意义的正义（justice in the broad sense）。这本身当然就会导向强调个人权利、自我保存以及与自我保存相关的事物。然后，你可以认为，问题就是格劳秀斯是否成功地将这种自然法（严格意义上的自然法）作为他有关国际法的整体教导（his whole teaching regarding international law）的基石。

我们先来读第三卷第一章的第二段。

朗读者：

> 第一，正如我们在前面多处谈到过的那样，作为一个道德问题，为达到某种目的而实施的行为可以从该目的本身获得其内在价值，因此，我们为保障某种权利（right）而实施必要行为是可以理解的。不过，这种行为的必要性应当从道德意义上，而不是从行为的外在形式与目的严格对应的角度来理解。至于我在这里所讲的权利（right），它仅指严格意义上在社会中实施行为的能力。③

施特劳斯：所以，换句话说，目的的权利/正义（right）给了你手段的权利/正义，但这并不意味着任何手段都可以，这种手段必须与权利/正义相符合。你有权为你的生命维持而寻找金钱，但这种寻找只能被理解为通过可允许的手段，自然地——不是通过持械抢劫等等。这些手段当然也是获得金钱的方式，但它们与作为正确的生活所理解的目

---

① 最后这两句话的内在思想有可能是：今天所理解的"人类权利"包含了诸如雇佣、尊严等东西，而这些东西之前并非政府的权限。"财产权利"今天可能被认为是"公民社会的事务"，是因为对财产的侵入限制和规制今天被认为是理所当然的事。这两句话也可能包含了马克思主义式对于"人类权利"和"财产权利"作区分的思想。
② ［译注］原文此处便是省略号。
③ *JBP*, 3.1.2.1.

的,完全不相容。所以,在这里,严格理解的正义(right)包含对社会的考虑。这是关键。人类是一种社会动物,这是自然法(right)的基石。对格劳秀斯来说,这一点是不变的;在霍布斯之前,这一点也没有被改变过。

格劳秀斯接着谈到了这样一个问题,这个问题占据了相当大的篇幅:诈术、欺骗、撒谎等的问题。在第六段中,他举了有关诈术的一个例子。更严格的看法则来自西塞罗,格劳秀斯在第七段对此加以征引。

朗读者:

> 必须指出的是,有一种诈术出现在被动行动中,另一种诈术出现在主动行动中。按照拉贝奥(Labeo)的权威观点,我把"诈术"一词扩大适用于那些甚至是在被动行动中所找的借口。拉贝奥认为,虽然一个人"为了保护自己或者他人财产所找的借口"也是一种诈术,但它不属于有害的诈术。西塞罗曾经指出:"必须把借口和谎言从生活的各个方面清除出去。"但是,他的这句话无疑太绝对了。①

施特劳斯:换句话说,这是一种极端的表述。西塞罗正在对他的儿子言说。呃,你在对孩子,尤其是对自己的孩子进行教育的时候,不能太过严厉。那些沉重的教益的学习需要加上限定条件,这样学习起来非常容易。

学生:在商业交易的背景下,他并没有说得很直接。

施特劳斯:这肯定不是西塞罗最后的观点。他是一个政治经验很丰富的人。说得更明确一些,这是一个极端——一个没有任何漏洞的极端表述,但这种说法甚至在论证的开始处就不加以考虑。很明显,行动中的诈术与演说或者遮蔽有区别,诈术完全允许存在。这在第八段中谈到了,我们待会儿读到那里,你们就能看到了。撒谎当然是一个关键问题,这会在第九段中探讨。我们来读第一部分。

---

① *JBP*, 3.1.7.

第十一讲

朗读者：

我可以这样说，更困难的问题是研究那些从事商业活动的人普遍使用的诈术，其中，你可以发现什么是真正意义上的谎言。

施特劳斯：商业当然不仅仅意味着贸易，也意味着人类之间的交流，但也可以表示在更为狭隘意义上的商业。商业在《圣经》中被严格禁止，格劳秀斯在这里引用了《箴言》《诗篇》《歌罗西书》。① 之后，格劳秀斯在下一个部分引用了奥古斯丁。我们来读这一段的第二部分。

朗读者：

不过，在一些权威作者的作品中也不乏对相反观点的支持。首先，《圣经》中就有撒谎之人未受谴责的事例。其次，正如奥古斯丁承认的那样，早期基督教徒的作品，包括奥利金（Origen）、克雷芒（Clement）、德尔图良（Tertullian）、拉克坦提乌斯（Lactantius）、克里索斯托（Chrysostom）、哲罗姆（Jerome）和卡西安（Cassian）等人的著作几乎都支持这种观点。尽管奥古斯丁不同意他们的看法，但他不得不承认："这是一个很严重的问题""这是一种看不到方向的讨论""也是一种在学者之间存在很大分歧的争论"。②

施特劳斯：我印象里记得，这并非真正的奥古斯丁的表述。③ 这是通行的文本印刷出来以后经常有的问题之一。你们记得吗？但这不重要，因为格劳秀斯显然将这个文本视为真实文本，格劳秀斯将奥古斯丁视为捍卫这种最严格的观点决不妥协的人。这具有某种意义上的重

---

① JBP, 3.1.9.1. 格劳秀斯在此处的具体引用如下：Proverbs, 13:5, Psalms, 5:6, Colossians, 3:9。
② JBP, 3.1.9.2.
③ 奥古斯丁《论谎言》(On Lying) 的文本可以参看 http://www.newadvent.org/fathers/1312.htm，尤其可参见第三十八段。"再降临"(New Advent) 这个网站推出了奥古斯丁及其他基督教文本，它并未对《论谎言》的真实性提出质疑。

要性。因此,在之后,格劳秀斯被迫与奥古斯丁公开争论,或者至少要反对奥古斯丁的观点中极端的那一方面。

使用模糊的语言,当然也是一种基于聪明才智的诈术——这很显然。撒谎只有在类似买卖双方的关系中才会被禁止,这时另一方有权知道真相。买者有权知道卖者的商品是否损坏。当然,有些时候完全可接受对小孩及大人撒谎。如果你对孩子说,小孩都是鹳叼来的,这种说谎并不是一种道德败坏和邪恶的行为。我也可能对一个已经知道这是谎话的人说谎。我是可以开玩笑的。即便这时候有其他人在场,我也并不意在对他言说,但他可能会把我的话当真。那么,这个问题就提出来了:我这是否算故意要欺骗他? 第十四段阐述了这个原则。

朗读者:

> 正如普洛克罗斯(Proclus)在评价柏拉图时所说的那样,允许撒谎的原因在于"好(good)要重于真相"。①

施特劳斯:是的,好要重于真相。顺带在这里,你可以看到,在"好"的理念这个非常模糊的柏拉图式表述的影响下,好要更高于真相,这个说法中有着非常深刻的形而上学意义。但它同时又有其实践意义,即好优越于真相。比如,一位将军或医生可以分别欺骗士兵和病人。政府可以欺骗臣民。这一点不能适用于上帝以及他的国。禁止说谎原则的例外,格劳秀斯在第十七段中进行了讨论。

朗读者:

> 有些学者确定了这样一项一般性原则,即对敌人说谎应当被允许。这一项原则超出了我们刚才讨论的范围。作为禁止说谎的原则的例外,允许对敌人说谎是柏拉图和色诺芬后来提出的,另外,还有犹太人中的菲洛(Philo)和基督教徒中的克里索斯托(Chrysostom)。对于这种允许对敌人说谎的例外,你可以参考《圣经》中记载

---

① *JBP*, 3.1.14.2.

的在遭到攻击时雅比人(Jabesh)的谎言和先知以利沙(Elijah)类似的诈术。除此之外,还有普布利乌斯·瓦莱里乌斯·拉艾维努斯(Valerius Laevinus)吹嘘他杀死了皮洛士(Pyrrhus)的故事。①

施特劳斯:所以,一般观点是你可以对敌人撒谎,尤其是在战争中。在这个上下文中,他不得不处理这一段第三部分中的奥古斯丁的问题。

朗读者:

然而,以上的说法并没有得到近代学院派学者们的赞同,因为在几乎所有问题上,他们只选择遵循古代的导师之一奥古斯丁的观点。不过,这些学者承认,可以对一个人没有明确讲出来的话加以解释。然而,从各个方面来看,对没有明确讲出来的话进行解释是一件非常令人厌恶的事情。人们甚至可能会质疑,是否在我们所说的上述情况下,或者在上述某些情况下(因为我假设这个问题在这里还没有得到解决),允许一个人说谎比对他没有明确讲出来的话进行解释更为可取。如果可以对一个人并未明确讲出来的话进行推断,当他说"我不知道"的时候,它可以被理解为"我知道,但不能告诉你";当他说"我没有"的时候,它可以被理解为"我有,但不能给你"。此外,还有其他诸如此类不符合人类常识的表达形式——

施特劳斯:保守心灵(mental reservations)。②

朗读者:

——如果允许进行这样的解释,我们完全可以说,对于任何人

---

① JBP, 3.1.17.1.
② 格劳秀斯正在描述在道德诡辩中所谓的"保守心灵",可参见天主教在线百科中关于"保守心灵"的文章:http://www.newadvent.org/cathen/10195b.htm。[译注]"保守心灵"的说法,可参见《雅各书》4:1—2;《马太福音》7:18—20;《雅各书》3:11,12;《路加福音》6:45;《使徒行传》5:3—4;《箴言》4:23。

所讲的肯定的话,你都可以从否定的方面来理解;对于任何人所讲的否定的话,你也都可以从肯定的方面来理解。①

施特劳斯:换句话说,严格的规定只会导向逃避,导向诡辩,而诡辩很难与不诚实(dishonesty)区分开。至于奥古斯丁,格劳秀斯在第十六段的注释三中提到"甚至奥古斯丁"——换句话说,奥古斯丁是那种极端观点的代表(incarnation),这种观点试图无条件地禁止任何形式的撒谎。请读第二十段的开头部分。

朗读者:

我们知道,有些民族和个人拒绝使用自然法允许的某些诈术。这不是因为他们认为这些诈术是非正义的,而是因为他们明显地具有更崇高的精神境界;在某些情况下,是因为他们对自己的实力(strength)充满信心。②

施特劳斯:所以换句话说,他们总是可以承担说实话的后果。在这里,你又一次看到,在严格理解的正义与普遍意义上的德性之间存在差异。所以,从最宽泛意义上的德性的角度来说,所有的谎言都是邪恶的,但是严格理解的正义/法则不可能证实这一点。

在第二十一段和第二十二段中,我不是很明白,格劳秀斯是否认为,引诱敌国的一个臣民变成敌国的叛徒并不正义。对当时的解释来说,我认为这相当严格。我想美国中央情报局(CIA)不会认为这一点可操作。③ 这里显示了划界的巨大困难。

下一章第一段的主题是什么?④ 依据自然,根据自然法,没有人能够被其他人的行动而束缚,除非他是继承人。这一点来自"自然的衡

---

① *JBP*, 3.1.17.3.
② *JBP*, 3.1.20.1.
③ 施特劳斯在这里想说什么,不是很清楚。实际上,在冷战期间(当然也包括其他时间),通过哄骗、威胁或其他手段来引诱特工背叛他们的国家,并不罕见。
④ *JBP*, 3.2.1.1.

平"(natural equity)①,这一表述出现在第一段的第一部分,即自然正义/法(right of nature)。② 我们来读第二段的开头部分。

朗读者:

尽管以上论述无疑非常正确,但是,根据来源于国家意志的万民法,可能并且似乎已经形成了这样一项原则,即任何市民社会或其统治者都应该偿还其本身所负的债务或者因其他人没有履行法律义务而间接承担的债务;同时,从属于该市民社会或其统治者的臣民被认为有义务以自己的全部有形或无形财产来承担责任。

这一项原则的形成具有一定的必需(necessity),因为如果不这样做,必然会为国家统治者的侵权行为大开方便之门,毕竟在许多情况下,获得统治者的财产不像获得人数众多的个人的财产那么容易。因此,正如查士丁尼指出的那样③,为了人类社会的利益和满足实际需要,文明的各国将其规定为一项与其他权利并列的权利。④

施特劳斯:这里是自然法与万民法不相同的另一个例证。变化的做出是出于某种必需(necessity),必需意味着如果不做改变,就会与自然法不可能相容,这种不可能只能使事情变得更糟,比不接受这种妥协所产生的恶果更糟。我们在之后讨论这个主题时,一定要牢记这一点。

我们现在来读第三章。在第三章的第二段中,格劳秀斯谈到了一群强盗和一个国家之间的区别,这略有点复杂。

朗读者:

西塞罗在《论共和国》第三卷中指出,如果一个国家的国王是

---

① [译注]或译"自然正义"。中国政法大学版中译本《战争与和平法》中有时将其译为"自然衡平"。
② 拉丁文表述是 aequitati naturali。
③ 查士丁尼,《国法大全》,1.2.2。
④ JBP, 3.2.2.1.

邪恶的,或者其贵族或人民是邪恶的,它根本就不算是一个国家,而不是说它是一个邪恶的国家。西塞罗的观点无疑有过分绝对之嫌。为了纠正这种看法,奥古斯丁指出:"不过,即使这样,我也不能确定地说这个国家就不存在,或者说它的组织机构就不是一个国家的组织机构。只要它是由具有理性的人们为了某些正当目的以共同加入的方式形成的联合体,它就是国家。"尽管身体有病,但它依然不失为身体;尽管国家存在严重问题,但它依然不失为国家,只要其法庭和其他机构依然存在,从而能使外国人像本国人那样可以在他们的相互关系中取得应有的权利。狄翁(Dio Chrysostom)提供了一种更为正确的判断标准。他指出,法律(特别是那些将形成万民法的法律)之于国家,如同大脑之于身体;如果失去法律,国家将不复存在。①

施特劳斯：这里又是一个刻意更为低下(lower)的观点。另一种观点在理论上更完美,但在实践中则是更大的毁灭。请读第六段。

朗读者：

为了理解前面的段落以及其他关于宣战的说法,我们必须认真区别宣战中什么因素是自然法的要求,什么因素本质上不属于自然法而是荣誉的要求,以及什么因素是为了实现万民法的特定效果而属于万民法的要求。另外,我们还需要明确什么是来自某些民族的特殊制度。

无论是为了抵抗敌人的进攻,还是为了迫使对方惩罚罪犯而进行战争,自然法并不要求应当首先宣战。正如修昔底德书中监察官斯特尼来达斯(Sthenelaidas)所说的那样②——

施特劳斯：我们不需要读后面的例子。我们转到第三部分。

---

① *JBP*, 3.3.2.2.
② *JBP*, 3.3.6.1. 修昔底德的部分,参见《伯罗奔尼撒战争志》,I.86。

朗读者：

　　即使自然法没有要求应该在开战之前提出解决争端的要求，但这样做依然是高尚和值得称赞的。例如，采取前面讲过的尽力避免战争的方法，我们可能因此而不需要发动进攻，或者我们遭受的损失可能会由于对方的悔悟和赔偿而得到弥补。这里可以适用这句话："没有人会一开始就采取极端的做法。"

　　在这里，我们也可以适用上帝给犹太人的命令："你临近一座城要攻打的时候，先要对城里的居民宣告和睦的话。"这项命令是在特定场合向犹太人发布的，但有人认为它属于万民法。不过，这种认识是错误的，因为这里所指的和睦不是一般意义上的和睦，而是作为对方服从和服事的条件的和睦。在居鲁士（Cyrus）进入亚美尼亚人（Armenians）的领土后，他没有伤害任何人，而是首先派遣自己的代表去见亚美尼亚国王，要求他按照条约的规定缴纳贡赋并提供军队。色诺芬在《居鲁士的教育》中指出："他认为，与未经宣告即发动进攻相比，这是一种更友好的程序。"根据万民法，为了保证战争的特殊效果，在所有情况下都要求宣战；不过，宣战并不要求来自双方，只要一方宣战即可。①

施特劳斯：这是什么意思呢？依据万民法，那些依据自然法不具有强制力的事情变得具有强制力。同时，这些事情还受到荣誉（honestas）的要求，这种要求来自更为宽泛意义上的德性。所以，你可以看到，万民法并不一定比严格理解的自然法要求更低；它可能会要求更高。这里清楚吗？我的意思是，如果万民法是被非常多的人所接受的话。

学生：在自卫或者惩罚的时候，万民法也要求宣战吗？或者，格劳秀斯只是简单地再次谈及他在第二部分所开始谈及的东西？

---

① *JBP*, 3.3.6.3.

施特劳斯：我认为，我们应该严格地、狭隘地限定在格劳秀斯明确说出的东西上。这里格劳秀斯引用的当然是色诺芬的《居鲁士的教育》，我把它——我还没有查阅过格劳秀斯引用的地方。① 这当然不是一本历史书，这是一部小说。这本书展示了色诺芬关于完美统治者的观点，这不是历史；但对于格劳秀斯的目的而言，这一点无关紧要。这样一个问题当然非常重要：一个帝国能否用前述这些方法建立起来？更细致的分析会发现，色诺芬已经细致展示了这些困难，而且，居鲁士并非像第一眼看上去那样是一位天使。

我们来读第四章。如果我没搞错，这一段我们应该要读。请读第二段的开头部分。

朗读者：

现在，让我们考察维吉尔所谓的"可以允许的行为"的含义是什么。有时，可以允许的行为是指从各方面来看都很正确并且不应当受到指责的行为，尽管可能存在其他更高尚和更有意义的行为。使徒保罗说道："凡事（这里指的是他已经提到并且准备探讨的事情）我都可行（lawful），但不都有益处。凡事我都可行，但无论哪一件，我都不受它的辖制。"②

施特劳斯：希腊词 exestēs 与拉丁语 licebit 一致，因此 exeteia 比较接近 ius 中"可被允许的"（permissible）这一含义。③

朗读者：

因此，虽然缔结婚姻是合法的，但为了神圣的目的过独身禁欲的生活更值得称道——

---

① 色诺芬，《居鲁士的教育》，II. 4. 31—32。
② *JBP*, 3. 4. 2. 1.
③ 格劳秀斯所引用的《哥林多前书》10:23 处，凯尔西译为"is lawful"的地方，原文是 exesin，直译应为"可被允许的"（is permissible）或者"可能的"（is possible）。

第十一讲

[更换磁带]：①

（——这是根据使徒保罗的教导，奥古斯丁的原话。基于同样的道理，亚历山大的克雷芒正确地指出，虽然再婚是合法的，但满足于只结一次婚更值得推崇。奥古斯丁认为，尽管一个信仰基督教的丈夫可以合法地离开信仰异教的妻子，（这里并不是讨论在什么情况下可以这样做的适当场合）但是，他也可以不和她离婚。奥古斯丁补充说："的确，无论他离不离婚，这都是从属于上帝意志的法律所允许的，因此，上帝不会禁止他做出选择。但无论他做出什么选择，都不可能是一种最理想的结果。"乌尔比安指出，虽然在指定日期过后，允许卖酒之人把为他人保管的酒倒掉，"但是，如果他在被允许把酒倒掉的时候不这样做，他的行为就更值得称道"。）

学生：存在某些可以去做的事情，同时这些事情并不违背自然法。①

施特劳斯：但如果说是严格意义上可允许的事情，比如，散个步，这就没有多大的重要性。这从任何角度来说，当然都无可指责。我们必须用一个具体的问题来明确其中的含义。我们举这个例子：有人从一个挥霍者手里获得了一份礼物，从法律的观点来看，这当然无可指责。这个人留下这份礼物，完全没有任何问题。但如果知道了这是一个挥霍者，接受这份礼物的人仍然无可指责吗？

学生：对格劳秀斯而言，我认为，亚里士多德意义上的任何邪恶都

---

① 这里开始更换磁带。这一段接下来的部分如下："——这是根据使徒保罗的教导，奥古斯丁的原话。基于同样的道理，亚历山大的克雷芒正确地指出，虽然再婚是合法的，但满足于只结一次婚更值得推崇。奥古斯丁认为，尽管一个信仰基督教的丈夫可以合法地离开信仰异教的妻子，（这里并不是讨论在什么情况下可以这样做的适当场合）但是，他也可以不和她离婚。奥古斯丁补充说：'的确，无论他离不离婚，这都是从属于上帝意志的法律所允许的，因此，上帝不会禁止他做出选择。但无论他做出什么选择，都不可能是一种最理想的结果。'乌尔比安指出，虽然在指定日期过后，允许卖酒之人把为他人保管的酒倒掉，'但是，如果他在被允许把酒倒掉的时候不这样做，他的行为就更值得称道'。"JBP, 3.4.2.1. [译注]中译直接补于正文中。

① 这里更换了磁带，所以在这之前可能有一些讨论。

是可允许的(permissible)——暂且不论亚里士多德的正义中有部分内容就是格劳秀斯的自然法。这与格劳秀斯的自然法并不冲突。

施特劳斯：我明白了。这种对于"可允许"(licere)①的恐惧与严格理解的正义相一致。我知道我说的东西暂时还不够全面，但我试图说得更好一些。

学生：我有一种感觉，这种对于可允许的恐惧，一些依据自然并不有害的行动不需要被禁止，或者依据其严格意义上的自然并不特别需要表扬并推荐，或者依据它们的自然并非就是坏的，那么，依据其自然，这明显很重要。不幸地是，在一个特定的例子中，恰恰是那些偶然的事情或者特殊的情境决定了这个重要的事物在一个特定情况下是好是坏，一个例子就是前述的离开异教徒妻子的情况。你是否离婚，这当然是一个重要的事情，依据自然，这是允许的行为。但是说"仅仅依据自然离开异教徒妻子"，并没有回答这个问题，而且依据其自然这样做是可允许的。所以，一个人能离开他的异教徒妻子吗？或许可以，或许不可以。

施特劳斯：但是存在这样的例子，你可以明确地判断出对和错。但你不能再笼统地这么说。因此如果你笼统地说，那就只能模糊。我不知道这样说是否足够——一种半影(penumbra)，你不能笼统地谈论它，但是如果所有的事实都摆在你面前，你可以准确地判断。这是你的意思吗？

学生：他在第二卷第二十三章引入了这一观点。"可允许的"这一观点位于这两者之间：有些事情被明确禁止，有些事情被明确命令去做。我们的法律还没有全面到可以不存在这些中间情况。

施特劳斯：不好意思，我现在还不能完全说清楚，但这是问题的一部分，我不认为这是问题的全部。当然，"可允许的"有一个更低(lower)层面的含义，意味着"不需要受惩罚"——但这当然意味着，这不是做了什么好事，只不过不需要受到惩罚而已。这是最低(lowest)层面的含义。另外，很多事情与严格理解的法相容，你并不是被迫去这么做，而这些事情是在更高(higher)层面意义上的"可允许"。现在，我们

---

① licere 是拉丁语，表示"允许"。这个词是格劳秀斯用来表示"可允许的"这一词汇的词根，这种"可允许"与自然法不同，甚至与自然法相冲突。

来看具体的例子,在这一章的第三段中。

朗读者:

我们经常在相对于什么是正当的意义上(contrasted with what is right)来讲什么是允许的(permitted)。塞涅卡不止一次地对两者进行过比较①——

施特劳斯:这是第三段吗?我是说第三段。
朗读者:

在公战的前提下,允许对敌人的人身和财产进行伤害和损害。正如我们在本卷开头部分讲过的那样,根据自然法,不但有正当理由进行战争的一方被允许在战争中对敌人的人身和财产造成伤害和损害,而且交战的任何一方都平等地被允许实施这种行为。

因此,对于一个只是偶然进入本国领土并被抓获的外国人,该国不得将其当作杀人犯或者强盗进行惩罚;同时,该国也不得以他侵入本国领土为借口对其所属国进行战争。在撒卢斯特那里,我们看到一句话:"根据战争法,在取得胜利的时候,胜利者被允许做任何事情。"不过,这句话的意思应当被理解为胜利者的行为可以免受惩罚。

至于为什么各国赞成在战争中伤害敌人的行为具有免受惩罚的效果,其原因在于对各国来说,在两个国家之间的战争中判断谁是正义的一方一直是一件风险很大的事情,它们可能因此而卷入一场原本事不关己的战争。正如马赛人(Massilians)所说的那样,对于凯撒(Caesar)和庞培(Pompey)之间的战争,谁的战争理由具有正当性不属于他们判断的范围,或者说他们没有能力对此作出判断。②

---

① *JBP*, 3.4.2.3.[译注]朗读者读错地方了。
② *JBP*, 3.4.3—4.

施特劳斯：这条法地位是什么？你可以伤害你的敌人，哪怕是不正义的敌人。这条法的地位是什么？我的意思是，这条法属于哪种法？

学生：这里是说，一旦宣战，万民法认为，事情都是可以被允许的。也就是说，"可允许"就变成了法。"可允许"，首先是指无可指责；它处于被命令去做和被禁止去做这两者之间。这就是自然法所认为的"可允许"的含义。万民法则认为：只要你宣战了，那么任何事都可以做。

施特劳斯：这个例子很明确。依据严格的自然法，并不是所有事情都能做：只有正义的敌人可以宣战。但依据万民法，任何敌人都可以宣战。另外，你知道的，还有自然法与万民法之间区别的原则，或者说"可允许"的含义的原则。这个含义可以用例子来阐释，但不可能用例子完全说清楚。

学生：我想说，在第一个例子中，依据自然法，"可允许"不能被指责；在第二个例子中，它可以被指责，而且明显如此，但它不能受惩罚。

施特劳斯：所以，我们就有了三种要求的区别：第一，最高的道德，这是德性所要求的；然后是严格理解的正义所要求的——这就要求得少很多了；最后，可惩罚的（punishable），这就要求得更少了。这种区别明确吗？当然，这些区别并不和自然法与万民法之间的区别完全对应。至少我不这么认为。万民法必须限定为"可惩罚的"，因为它重大的实践（practical）特质。

学生：这在后面有进一步的论说。强奸是不允许的。万民法内存在一些特定的限制，但是总体上来说，除开这些限制，所有的事情都是可以做的。这意味着任何事都是可允许的——不用受到惩罚。

施特劳斯：我们到时候看看这是否可行。

学生：万民法看起来有两个方面。万民法破坏自然法，允许不正义者蹂躏正义者的领土。但在一开始，万民法会要求：不，你必须先宣战。你必须尝试解决这个问题，这明显是比自然法更高（higher）要求的一个考虑：自然法会认为，如果他攻击你，那就烧毁他的城邦。所以这两者互相并不包含对方。

第十一讲

施特劳斯：我想我们马上就会读到更为清晰的表述。让我看一下。我们来看杀死妇女和儿童的权利/法（right），我们只是以此来看一下这种杀人权利可以拓展到什么程度。在第九段中，格劳秀斯举了一个例子作为一种好的先例，修昔底德在他的《伯罗奔尼撒战争志》第七卷中讲了密卡勒索斯（Mycalessus）的故事①，你知道，当来自色雷斯（Thrace）的野蛮人进入一个希腊城邦的时候，这个小城镇上有一个异常大的学校，而所有的孩子，甚至是所有的妇女和所有的动物，都被这些野蛮人杀了。而这个关于残暴行为的残暴故事，被格劳秀斯视为一个先例，这个先例表明：你也可以这么干。如果我没有理解错的话。我们来读一下第九段第二部分开头的地方。

朗读者：

在古老的时代，正如修昔底德所记述的，在色雷斯人攻占密卡勒索斯以后，他们杀死了所有的妇女和儿童。阿里安（Arrian）记录了马其顿人同样的行为②——

施特劳斯：这是一个先例。而且，你当然可以杀死俘虏。请读第十段第二部分。

朗读者：

从万民法来看，处死这种奴隶——即在战争中捕获的俘虏——的权利在任何时候都没有被排除，尽管各国法律对处死俘虏的权利的限制在不同时期宽严不等。③

施特劳斯：很令人震惊，不是吗？

学生：我认为，最好的例子是：万民法不允许对敌人投毒，而自然法则允许这么做。这难道不是一种更高（higher）要求的考虑吗？

施特劳斯：从某种意义上说，这是一种绅士风度（chivalrous）——

---

① 修昔底德，《伯罗奔尼撒战争志》，VII.28—31。
② "密卡勒索斯"和"阿里安"都是格劳秀斯引用的人名。JBP, 3.4.9.1。
③ JBP, 3.4.10.2。

在万民法中可能存在一种绅士风度,但它并不属于自然法。

我们现在来读一下关于这个问题的一个关键段落。请读第十五段的第一部分。

朗读者:

> 不过,虽然根据我们在前面所讲的内容,万民法允许实施许多自然法禁止的行为,但与此同时,万民法也禁止实施某些自然法允许的行为。从自然法角度来看,当自然法允许你杀死一个人的时候,无论你是用刀,还是用毒药杀死他,并没有区别。我重复一遍,根据自然法,如果在杀死一个人的时候给予他自卫的机会,这的确是一种更高尚的做法;但对一个罪有应得的人来说,任何人都没有给予他这种机会的义务。然而,自古以来,万民法——即使它并非适用于所有国家,但它确实适用于更文明的国家——从来不允许用投毒的方法杀死敌人。
>
> 在这个问题上的共识来自于对共同利益的考虑,其目的是为了使开始频繁发生的战争的危险不至于扩散到更大的范围。我们很容易相信这种共识来源于各国的国王。虽然与其他人相比,他们的生命能够得到军队更好的保护,但与此同时,他们也更容易受到投毒行为的伤害,而他人对禁止投毒的法律的尊重和对实施这种可耻行为时内心的不安可以为他们提供保护。①

施特劳斯:这里的重点是什么?这是格劳秀斯极罕见的关于万民法与自然法之间关系的表述之一。首先,万民法可能允许自然法所禁止的东西,比如,杀害妇女和儿童。这是个好例子吗?自然法禁止这一点。

学生:你可以以正义和不正义的根基来作这个区分。万民法允许不加区别地杀人的权利,而自然法则不允许。但自然法允许杀妇女和儿童则是在这种情况下:有必要杀死那个真正的侵犯者,比如,如果他

---

① *JBP*, 3.4.15.1.

们同在一个屋檐下。

施特劳斯：通常情况下，并非如此。万民法可能会禁止自然法所允许的事情，比如说，通过投毒来杀掉敌人。我们下次可能会在一个更为宽泛的背景中来再谈这个问题：如果自然法可以通过人类的同意(agreement)，即通过万民法来进行改变，那么怎么来看待自然法的实践重要性？万民法禁止自然法所同意的事情，这没有什么困难。如果自然法同意投毒杀人，而万民法禁止这一点，那么你只能认为：呃，所有的生命都将某种意义上变得更为人道，这一点也符合自然法的精神。但如果换一种情况，如果禁止杀害被认为无辜的无辜民众——比如，六个月大的婴儿不可能攻击你——如果这是可允许的，自然法从哪里获得更多的强制力呢？如果自然法如此可变化，那么在何种程度上它还能作为一种标准？

学生：我认为自然法不可变。真正的情况是，在国际法中，自然法的关键正义变成：我们必须容忍某些明显与自然法相悖的事情。他要指出这一点；这是可指责的，但它就是这样。自然法并没有改变。万民法允许对自然法的破坏。

施特劳斯："自然法并没有改变"的意思是什么？

学生：我认为，应该在这种程度上来限定重要性——那些遵循了与这种意义上的"可允许"相反的正义原则的统治者，应得到赞美。也就是说，这是可允许的，但别这么做。他也给出了引用：我依据战争法本来可以这样对待你，或者你依据战争法本来可以这样对待我，这是一种超出了战争法的鼓励(exhortation)。

学生：某种程度上并不存在那么多与自然法的冲突。在论惩罚的那一章，格劳秀斯非常明确地提到，如果放开某事有利，那么你就没有理由去惩罚。所以，万民法下降到这种程度：某种程度上达成了一种同意，即每个人都放弃了他惩罚违背自然法行为的权利。

学生：我的问题是，在战争进行过程中，到底自然法是什么，我很困惑。我们确实知道战争进行中的万民法，遵守万民法看起来是唯一便利的东西。

施特劳斯：换句话说，因为战场热火朝天，你没法冷静下来仔细分辨——你就索性闭上了眼睛。

学生：第十章的第一段非常有用。请读第三卷的第十章。

朗读者：

> 我必须往回走(I must retrace my steps)，而且对于从事战争的人，我必须取消那些我似乎准备授予但尚未真正授予他们的几乎所有特权。当我在前面开始诠释这一部分万民法的时候，我看到许多行为因其可以免受惩罚而被说成是"合法的"和"可允许的"。当然，它们被认为是"合法的"或者"可允许的"的部分原因在于具有强制力的法庭以其权力为它们进行了背书。但是，实施这些行为可能有悖于正义的原则(无论是严格意义上说的正义[right]，还是其他德性所推崇的)，而且不这样做可能符合更高的道德要求，并更能受到好人们(good men)的赞扬。①

施特劳斯：这就是你所说的那一段，它显示了严格理解的法对于目前的问题而言并没有什么关系。另外，对于目前的问题而言，严格理解的法与宽泛理解的法之间的区别也没有什么关系。

学生：但这一段也显示了，格劳秀斯并没有准备授予万民法所授权的所有事情。他现在正在撤回的东西是所有的暴行，这些暴行显然要被制裁。

施特劳斯：那么格劳秀斯通过限定允许这些事情的万民法，他是要做什么？用更大的力量重复人类的高尚所要求的东西，然后让士兵的个体指挥者来决定他自己有多高尚以及能做到多高尚，难道不是更好吗？你必须承认，如果说，法的正义(the right of law)允许屠杀和洗劫城镇，这一定会有某些后果，但不是法律后果。我们这么说，有人被抢走了所有财产，他的父母已经被杀害，他的妻子被强奸，像下面这么做是不可能的：去海牙(Hague)申诉，说我想要……

学生：但存在一个标准：可能没有执行者(executioner)。

---

① *JBP*, 3.10.1.1.

学生：通过谈及万民法允许那些正在三十年战争的战场上发生的事，格劳秀斯试图借此减少报复行为。他试图使得其他国家（比如瑞典）不参与混战——也就是说，帝国军队做下了这些令人发指的事情，他们在德意志北部违背了自然法，但是万民法允许了他们这么做——因此，参战以及烧毁德意志其他地方则不正确。①

施特劳斯：我认为这个问题异常重要，即他的想法——通过降低标准来有效划界——是否是一个很好的开端。这是我的问题。对于报复的害怕肯定会有某些影响，但不一定会要求将不正义合法化。

学生：先不说明确划界，这里难道不是很明确地暗示了格劳秀斯所关注的是稳定(stability)吗？因为从这个几乎可笑的关于毒药的问题来看，唯一能从中获益的是国王们，这当然不能从激情(passion)来解释，因为激情会驱使一个国王去毒杀另一个国王。看来似乎是：通过保存国王，你就保存了（甚至在战争中保存了）一种权威，这里再一次显示似乎存在某种国家的稳定。

施特劳斯：我不这么认为。他只是限定了这一点。即然在战场上杀掉一个国王是一种规则，这是事实，那么，在战场上杀掉一个国王就没有任何问题，但是下毒则是恶意的。这种感觉是——然后，他认为，这是我所谈过话的每个人的感觉，这就是法律。如果更仔细地考察，我们会看到，这不可能是自然法，因为如果我有权杀人，那么依据自然法，我有权使用任何有用的手段来杀人。在某些情况下，毒药可能更有用。某些习俗和习惯在西方世界已经成长起来，但它们在某些地方清晰划界。格劳秀斯某种程度上很感谢这些划界，因为至少这是对于某种法律和限度的需要。这很可以理解。然后，他进一步提了一个问题：这是由自然法规定的吗？它的内在是完美的吗？还是说，它内在虽然并不完美（就像投毒这事），但是仍然有一定程度的理性（因为国王们对禁止用毒有兴趣）？

学生：他不仅在编纂法律，他还通过强调这符合国王们的利益来

---

① 1618年至1648年的三十年战争蹂躏了整个欧洲中部。这场战争由天主教国家与新教国家之间的仇恨引起，期间爆发了欧洲历史上最残酷的战役。神圣罗马帝国及其他一些国家站在天主教一边，而瑞典及其他一些国家则站在新教一边。格劳秀斯的《战争与和平法》出版于1625年，此时正好处于三十年战争中间。

强化它。他希望有一个更可信的论证,使得国王们不去投毒。我认为,他还在文本的其他一些地方这样说,他试图强化万民法,不是基于任何自然法的教义或者任何更高的德性,而是基于个人问题的利益计算,这是其中一个例子。

施特劳斯:但是根本的利益计算难道不是这样:人们承认了对于野蛮行为的任何限制,我对此感到高兴。

学生:呃,格劳秀斯是——但是他向国王表明,他这样做违背了自己的利益。他没有采纳一个非常不一样的观点,有些人认为这样在国王面前说才能有效,即告诉国王,毒杀你的敌人是很卑劣的事情。所以,格劳秀斯说,不毒杀你的敌人,符合你的利益,你不会希望这种事情继续发生,格劳秀斯试图通过这样的方式使得战争文明化。

施特劳斯:是的。你可以这么认为,事实上,你比我表达的意思更完整。无论有多么武断,任何对于野蛮的限制都属于文明。从这个观点出发,欧洲国家所承认的习俗到底是哪种,并没有什么重要性。这不是一个非常深刻的理由,也不是一个非常清晰的理由,因为你可能希望更为清晰地划界。

在第四章第十六段的第一部分,我认为他第一次谈及了……①

朗读者:

> 这里所谓的万民法不是指适用于所有国家的万民法,而是指适用于欧洲国家以及达到像欧洲国家那样更高文明标准的其他国家的万民法。②

施特劳斯:换句话说,也存在一个欧洲国家间的万民法。现在回顾的话,历史上来看,你当然可以认为,十七、十八世纪的万民法就是欧洲国家间的万民法。美国自然包括在欧洲范围内。欧洲传统认为战斗方必须宣战,这可能要回溯到中世纪时代关于绅士风度和骑士精神的

---

① [译注]原文中就是省略号。
② *JBP*, 3.4.16.2.

观念。这只是顺带一提。可以杀死敌人,无论从自然法,还是从万民法的角度,都是如此。请读第十八段第二部分的开头。

朗读者:

正如我们在前面讲过的那样,事实上,不仅自然法,万民法也允许在任何地方杀死敌人,而且无论多少人行刺或者多少人被刺都是允许的。①

施特劳斯:请读第三部分的开头。
朗读者:

我们对暗杀行动的看法不应该受到这种事实的影响,即企图行刺的人被捕后一般都会受到酷刑折磨。他们遭受酷刑折磨不是因为行刺敌人违反万民法,而是因为万民法允许对敌人采取任何手段进行惩罚。②

施特劳斯:所以,换句话说,这里存在某些困难。请读第四部分的开头。
朗读者:

然而,我们在利用背信弃义的方法进行暗杀的问题上必须接受一种不同的观点,那就是不仅叛徒进行暗杀的行为不符合万民法,雇佣叛徒提供帮助的人的行为也不符合万民法。但是,在其他方面,那些为了对付敌人而利用坏人提供帮助的人被认为只是对上帝而不是对人类犯有罪行,也就是说,他们不会被认为犯有违反万民法的罪行,因为在这些情况下,"法律被置于习惯的支配之下"。③

---

① *JBP*, 3.4.18.2.
② *JBP*, 3.4.18.3.
③ 接着这段引用之后,格劳秀斯另起一行(左对齐)说道:"普林尼(Pliny)说:'考虑到自古以来的习惯,一个人背叛自己的阵营时应当谨慎从事。'"*JBP*, 3.4.18.4.

施特劳斯：现在读第五部分的开头以及第六部分。

朗读者：

为什么人们会在利用背信弃义的方法进行暗杀的问题上得出与其他问题不同的结论呢？其原因和我们前面所讲的禁止使用毒药有着同样的道理。其目的是为了防止地位特别重要和显赫的人物面临非同寻常的危险。①

施特劳斯：请读接下来的最后一个部分，第六部分。

朗读者：

在公战中，或者是对有权宣布公战的人来说，我们所讨论的利用叛徒行刺的做法是不允许的。但是，根据万民法，在公战以外的战争中，这种做法则可以被允许。塔西陀不认为制定针对背叛罗马的甘纳斯库斯（Gannascus）的暗杀计划是可耻的行为。库尔提乌斯（Curtius）指出，斯皮达米尼斯（Spitamenes）的叛变行为似乎并不那么令人厌恶，没有人认为他针对贝苏斯（Bessus）的行动是邪恶的，因为贝苏斯刺杀了他的国王。由此可见，虽然背叛强盗和海盗的人并非完全无可指责，但是，出于对强盗和海盗所作所为的憎恨，各国一般不对他们的背叛行为进行惩罚。②

施特劳斯：这是有关背叛的一个特殊例子。我们下面来看最后一个部分，禁止强奸，这违背了万民法，但并不是违背所有的万民法，而是违背了那些更好的（better）国家、更文明的（more civilized）国家之间的万民法。这当然是一种对于自然法的禁止。③

稍微说一说下一章，这一章比较短。自然法和万民法当然都允许摧毁敌人的财产，而且我认为不仅仅轰炸期间可以，只要战争还在继

---

① *JBP*, 3.4.18.5.
② *JBP*, 3.4.18.6.
③ *JBP*, 3.4.19.

续,就可以。甚至还可以破坏神圣的事物,包括庙宇和墓地。

学生:自然法会为之设定一个限制;破坏本身并不是目的。自然法会认为,为了战争,这是否必要;当然如此。

施特劳斯①:请读第二段第四部分的开头——

朗读者:

不过,如果一座神像被认为十分灵验,那么,同样信奉这种神灵的人亵渎或破坏它就是非法的。有时,一个人被认为具有某种信仰,但他却实施了违背其信仰的行为,这种行为就会被指控为亵渎了神灵或者违反了万民法。但是,如果敌人并没有同样的信仰,情况就不同了。上帝不但允许,甚至命令犹太人拆毁外邦人(Gentiles)的祭坛,用火焚烧他们雕刻的偶像。②

施特劳斯:这在某种程度上超出了自然法的范围,因为自然法不会这么明确地划界。我想我们下次再谈这个宽泛的问题,这个问题是在第三章的第十五部分——哦不,在第四章第十五段的第一部分提出来的:自然法与万民法之间的这种关系。我发现这里有一个很大的困难,这个困难有点类似法律与道德之间的区别。实际上,这样一种经常作出的区分非常明确,但是能否普遍地说清楚什么东西属于或者不属于法律,我比较怀疑这一点。类似地,你是否可以画出一条明确的界限……因为显然不可能存在非常精确的需要执行的道德的数量——那么,能否存在这样一种原则:它可以允许你在那些很可能被大多数人所遵守的道德律(moral law)以及不可能被遵守的道德律之间划出一条明确的界限?我想那些现代思想家(modern thinkers)对这类事情应该感兴趣:法律仅仅保护简单的经典权利——生命、自由以及财产——就是这样。如果你超过了这个限度,那么政府就会变成家长式的。伟大的自由主义斗争是为了自由以及为了私人领域,这些当然都只是第二等

---

① 在原始记录稿中,此句被归于朗读者,而非施特劳斯。
② JBP, 3.5.2.4.

重要的问题。我认为,如今这种划界则很不一样了,也就是从洛克开始不一样,但关注的点仍然一样。这是非常重要的问题。划界的实践必要性很显然,但是这两者之间能否有一个理论上和普遍适用的区分?我的意思是,有些事情不能由法律来强制:比方说,意图(intention)的纯洁——这肯定没法由法律来强制;另外,如今在我们这个国家中两个阵营之间谈论的所有事情,无论是淫秽,还是普遍意义上的道德,还是言论自由。背叛或者不忠诚始于何处?如果你开始考虑这任何一个问题,你都会回到这个问题:世俗立法的合宜限度是什么?这个问题在现代世界作为一个理论问题变得异常重要。

第 十 二 讲
JBP, 3.6.1—3.11.6
(1964 年 11 月 12 日)

施特劳斯：我不禁想起了卢梭关于战争法的观点，在《社会契约论》的第一卷中，卢梭进行了严格的划界。① 战争是军队之间的战争，平民应该排除在外。第二点，一个士兵一旦被俘虏成为囚犯，那么他就不再是一个士兵。毫无疑问，卢梭的观点与我们的观点更为接近，他的观点更为人道。你刚才正确地说到，依据格劳秀斯，奴隶并非自然，而仅仅来源于万民法，来源于人类的这种或那种习俗。②

现在，为了理解格劳秀斯的问题，我想我们先从上次我谈过的一个非常一般的图示开始，我会用图示的方式来进行展示。这里有一个地板和一个天花板。天花板是指传统的学说，指依据自然法所包含的人类所有卓越（human excellence）的要求，这种要求没有什么例外情况和限定条件。地板则是指马基雅维利所代表的学说，策略的根基仅仅是利益计算。当然还存在更低的东西，某种兽类的战争，这时候，人们甚至不再关注他们的自我利益，而只是屠杀和毁灭。所以，有些事情比地板还要低。在地板和天花板之间的某个地方，则是法律。法律不可能达到人类卓越的全部要求的高度，但它也超越了仅仅的利益计算。这里的法律，我指的当然仅仅是人类法。如果我们依据现代的用法，天花板可以被称为道德，那么问题就来了：法律和道德之间的区别的内在原

---

① 卢梭，《社会契约论》，Bk. 1, Chap. 4。
② 施特劳斯正在回应学生的一篇论文，这篇论文在本讲开始的时候阅读。这个过程并没有记录下来。

则是什么?

格劳秀斯通过谈及所谓严格理解的正义,提出了一个原则。严格理解的正义意思是指影响到了人与人之间的关系,而不仅仅事关个人自身提高的问题——也就是说,因为有些行为,我们会影响到其他人。正如格劳秀斯所知道的,这种区分某种程度上当然是基于亚里士多德关于两种正义的区分。第一种是普遍正义(universal justice),这种正义基于这样的事实,即亚里士多德所理解的法律试图使公民变得好,使公民成为行为高贵的人。另外一种正义则是特殊正义(particular justice),是指某一种特殊的德性,卓越的一种特殊形式。普遍正义在某种程度上处理所有的卓越,而特殊正义则处理人与人之间的关系或者某些人与人之间的关系。比如,博爱(charity)这种德性,它当然同人与人之间的关系有关,但是在一个自由社群中的关系,交谈的需要等等,则其中的正义与其他类型的关系有关,亚里士多德未曾界定过这类关系,但是你或许可以搞清楚。① 所以,在这个层面上,我们迄今已经看到格劳秀斯与亚里士多德之间的关键差异:格劳秀斯的严格理解的正义中不包括分配正义(distributive justice)。严格理解的正义只是交换正义(commutative justice)。交换正义存在于两个部分中,一个是主动的交易,商品和服务的交换;另一种是被动的交易,罪行和惩罚的交换。但是,分配正义在窄狭理解的正义中没有位置。

接下来是第二个观点:从古典的观点来看,你可以认为天花板是依据自然而正确的东西,亚里士多德以后才用的通行词汇是自然法,比如在西塞罗那里如此,当然在托马斯·阿奎那那里也如此。这样,自然法包含了亚里士多德意义上的普遍正义和特殊正义两者。

这里我忽略了某些表面上看起来很重要的复杂性,但在当前的情况下我们可以忽略这些复杂性。依据亚里士多德,依据自然(by nature)而正确的东西,是可变的。② 这一表述很明确,但解释则非常困难。按照这种表述的理解,所有的正义(right)都是可变的,那么自然正

---

① 亚里士多德对正义的讨论,参见《尼各马可伦理学》,Bk. 5。
② 亚里士多德,《尼各马可伦理学》,V. 7。这一段在本课程第十讲中讨论过。

义/法也是可变的。依据柏拉图,自然正义(right)必须经过稀释才能变得有效,这同样是一种变化的原则。依据托马斯·阿奎那——我们不久之前已经读过那一段——只有自然法的首要原则是不可改变的。①格劳秀斯则教导说,自然法不可改变。这也是为什么区别于人类法或者神法的自然法能够被减缩为一种技艺(an art)的原因。我们已经知道了这一点。格劳秀斯所开启的事业后来导向了十七和十八世纪的自然法法典。我们现在并没有这样一种法典,我们只有非常多的万民法和神法,大约1700年左右,就不再能发现自然法的法典了。你只能够基于一种严格的自然法根基来展示我们称之为国际法的东西。这就是瓦特尔(Vattel)这样的人试图做的事情。但是,同样的观念,或者说,根本上来说同样的观念,来自这样一本书——尽管它看起来是一本很不同的书——即斯宾诺莎的《伦理学》,全名是《用几何方法论证的伦理学》(Ethics Demonstrated in a Geometrical Manner)。你并不会用几何方法来处理一种法律体系,这种法律部分地是基于人类意志或者神的意志的行动。格劳秀斯同这种倾向有些联系——将自然法变成某种格劳秀斯所谓的科学形式,以几何学的方式呈现出来。这种倾向的出现比格劳秀斯要早,出现于十六世纪。某些德意志新教徒提出这一说法,但他们除了提出,什么也没干。我从一本一百年前写的老书里得知这一点,这本书是卡尔滕博(Carl von Kaltenborn)以德语写成的《雨果·格劳秀斯的先行者们》(The Precursors of Hugo Grotius)。②

我们下一步要继续做的事情——自然正义/法是不能改变的,但正如我之前表明的,自然正义当然被限定于严格理解的正义,也就是说,它不包括其他德性的要求,也不包括分配正义。严格理解的正义的基础仍然是人类的理性的与社会的自然(man's rational and social nature)。这一点上,格劳秀斯完全属于老派的学统。严格理解的正义与同自然的开

---

① 阿奎那,《神学大全》,1—2ae,q94,a5。本课程第十讲中讨论过这一段。
② 卡尔滕博,《雨果·格劳秀斯的先行者们》(Die Vorläufer des Hugo Grotius auf dem Gebiete des Jus Naturae et Gentium),Frankfurt: Antiquariat Sauer & Auvermann,1965[1848年首次印制出版]。先行者是指约翰尼斯·奥尔登多普(Johannes Oldendorp)、尼古劳斯·亨明(Nicolaus Hemming)和本尼迪克特·温克勒(Benedict Winkler)。

端(beginnings)——西塞罗称之为"自然的第一原则"(prima naturae)——之间存在联系,这种开端与人类的目的(end)相对。在严格理解的正义与基本欲望和渴求之间存在着联系,这种欲望从出生就存在,其中包括了自我保存。自我保存这种欲望当然起了关键性的作用。

我们现在来读这里的两个段落。请读第二卷第一章的第四段。

朗读者:

为保护生命而进行的战争只有在对抗实际攻击时才可以允许①

一个有争议的问题是:如果防卫或者逃跑是可能避免死亡的唯一选择,我们是否可以杀死或者踏过那些妨碍我们防卫或者逃跑的无辜者呢?应当允许这样做的观点甚至得到了一些神学家的支持。②

施特劳斯:因为神学家的要求要比法学家的更严格。

朗读者:

的确,如果只是从自然的角度考察,我们可以发现,在自然中,对保护个人安全的关心远远大于对保护社会利益的关心。③

施特劳斯:既然自然法处理自然所考虑的东西,那么看起来,自我保存在这里有更重要的地位。请读这一卷第十五章的第五段。

朗读者:

不过,我们有必要对条约进行更准确的分类。首先,我们可以说有些条约确立了与自然法的权利相同的权利,而另外一些条约则在自然法的权利之外作出了其他补充规定。前一类条约不但通

---

① [译注]这一句是标题。
② *JBP*, 2.1.4.1.
③ *JBP*, 2.1.4.1.

常会在停战以后的敌对双方之间签订,而且必要时也经常在之前从未缔结过任何条约的国家之间签订。

这里出现的一项自然法规则是:人类的自然要求他们相互之间保持一种友好关系(relationship)——

施特劳斯:应该翻译成"亲缘关系"(kinship)。
朗读者:

因此,一个人伤害另一个人是亵渎神灵的罪行。不过尽管这一项规则在大洪水之前的远古时代得到了执行,但是,在大洪水过后的一段时间,它再次被邪恶的习惯所湮灭,而未经宣战对陌生人进行抢劫和掠夺竟然被认为是合法的行为。①

施特劳斯:这存在如下的影响:格劳秀斯正在教导的自然法在某种程度上属于人类的自然社会性(natural sociality)败坏的时代,而在这个时代中,对于自我保存的欲望仍然很活跃。这些段落显示出:从格劳秀斯的自然法(它本质上是传统的自然法教义)到霍布斯的自然法(它的起点是没有任何限制的、纯然的和简单的自我保存)之间可以存在一条非常容易的通道。

我想要说的第四点如下。格劳秀斯教导的传统,以及格劳秀斯的继承者们甚至都认为,自然法需要意志法(volitional law)的补充。"自然"一词在与"意志"意义相反的意义上被使用。自然并不基于意志之类的东西,而意志法可以是人类意志法或者神圣意志法。

在这一卷的第三章第六段,我们会读到:"humana jura multa constituere possunt praeter naturam: contra naturam nihil",这一句的意思是"人类法规定了许多超出自然法内容的东西,但其中没有任何东西违背自然法"。② 这里的意思是什么?自然法确实是不可变更的;人类意志或者

---

① *JBP*, 2.15.5.1.
② *JBP*, 2.3.6.

神圣意志都不能改变自然法,但是它需要补充。比如,自然法不禁止一夫多妻制或者区分婚生和非婚生的孩子。但是,人类法和神法可能就要完全禁止一夫多妻制,可能在涉及继承或者其他类似问题时会给予婚生子比非婚生或者非自然(unnatural)生育的孩子更高的地位。这个关于婚生子及非婚生子的地位问题,可以按照以下方式来理解。依据法律给予婚生子以更大的权利优先,这不公平,因为这违反了自然法或自然公平。依据格罗诺维乌斯(Gronovius)——我使用了他的评注——格劳秀斯暗示了这一点。换句话说,格罗诺维乌斯不属于卢梭主义或者其他败坏的主义。他是荷兰或者德国一所大学里的一位完全人畜无害的教授,他坚信格劳秀斯暗示了这一点:非婚生子应该拥有同婚生子一样的地位。这一点仅仅是这些讨论的实际影响的些许暗示而已。

另一个例子:自然法允许跟非宗教和不虔诚的国家签订条约。可以参看第二卷第十五章的第九段。但是,再次提醒,这条自然法仅仅适用于极端情况下。我们也知道,誓言、出使、以及葬礼都是万民法的制度(institutions),而非自然法的制度。自然法被某些东西补充了,但自然法本身并没有改变。

从这些我所提到的例子中,我们可以得出这样一些结论。自然法某种意义上是地板,高于它之上的是道德,还有高得多的东西。万民法和好的(good)人类法是迈向天花板的其中一步。一夫一妻制是比一夫多妻制更高贵的制度,但自然法并没有设立一夫一妻制。这是一方面。但是,我们也知道,即便不参考其他来源,仅仅依据我们今天所听到的,万民法也比自然法更不严格(lax)。比如,涉及战争中的杀人、掠夺和烧毁房屋等等,自然法相当严格,而万民法则相当不严格。或者,我们另外看一个例子,我们可以读一个段落,请读第三卷第十九章的第五段。

朗读者:

> 如果承诺经宣誓确认,则因恐惧被迫作出承诺的事实不构成履行承诺的障碍,尽管违反对强盗的誓约可以免受惩罚。①

---

① [译注]这一句是标题。

还有一种意见认为,一个在不正义(unjust)的恐惧的强制下作出承诺的人可以被强制履行承诺——

施特劳斯:也就是说,一个人并没有权利吓另一个人,但他去吓唬他了。

朗读者:

——假如该承诺经过庄严的宣誓得到确认。因为正如我们在前面讲过的那样,在这种情况下,承诺人不仅对对方负有义务,也对上帝负有义务。而在对上帝的关系上,作出承诺时的恐惧不能成为履行承诺的例外。不过,承诺人的继承人的确不能只是因为承诺人对上帝负有义务而承担履行承诺的责任,因为按照早期有关所有权的法律,只有涉及生活中经济关系的权利义务可以转移给继承人,而与上帝有关的权利义务不在此列。①

施特劳斯:发了誓,就暗示了这些内容。

朗读者:

在这里,我必须重申根据前面的表述得出的结论:如果一个人违反了对强盗所立的誓约或者未经宣誓确认的保证,他不会因此而在其他国家受到惩罚,因为对强盗的痛恨使各国决定不理会违反对他们承诺的非法行为。②

施特劳斯:你看到了,这是万民法,因为出于非常可理解的原因,他们痛恨强盗,但这并不是自然法的内容;否则,各国之间关于强盗的处理方式的协议或者同意,就没有必要了。这仅仅证实了我们刚说过的一点,即万民法在某些方面比自然法更为不严格(lax)。

---

① *JBP*, 3.19.5.1.
② *JBP*, 3.19.5.1.

根据自然法,奴隶的后代并不是奴隶,但根据万民法,他们仍然是奴隶。与自然法不同,万民法将所有形式上正确的战争都视为正义战争。任何一场事实上由政府所发动的战争,有宣战和其他的礼仪细节,那么这场战争就是正义战争。这是万民法的规定,自然法则否认这一点。

在第二卷第八章的第三段中,我们会读到"市民法(the civil law)——"这一说法,市民法是人类法,因此它本质上与万民法没有区别:"——市民法能够使得那些依据自然有约束力的事物无效","依据自然"的意思就是"依据自然法"。①

现在,我们再来读一下上次读过的这个关键段落,第三卷第四章第十五段的第一部分。

朗读者:

> 不过,虽然根据我们前面所讲的内容,万民法允许实施许多自然法禁止的行为,但与此同时,万民法也禁止实施某些自然法允许的行为。②

施特劳斯:这难道不就是在说,万民法一方面比自然法更严格,另一方面也比自然法更为不严格?这难道不是在说,自然法可以变更吗?要么,是因为必需(necessity)的压力——我们上一次读到了这个说法,我们不能提前知道在哪里需要考虑"必需",在哪里它会抬起丑陋的脑袋并使得自然法无效;要么,是因为公平(equility)——这样的话,自然法本身就是可变的。自然公平要求我们出于前述这两个原因而偏离自身。

问题在于:是否并没有得到格劳秀斯试图达到的结果,即承认对于战争的某种限制? 一方面,这种限制可以通过仅仅遵从传统的自然法,或者简单地说:如果你遇上炫耀各种法(right)的人,但是他至少愿意承

---

① 格劳秀斯说过类似的观点,但施特劳斯所指的段落中并未发现这一段表述。
② *JBP*, 3.4.15.1.

认某些方式、某些习惯是普遍认可的,你会怎么做?另一方面,这种限制可以基于马基雅维利式的根基,也就是说,一种宽容的、不卑劣的帝国主义的功利要求也会导向一样的结论,或者简单地说:呃,除非绝对必需,否则不要杀人。许多帝国主义者的行事正是基于这一点。修昔底德那里有一项非常漂亮的描述,雅典人遭遇了密提勒涅人的反叛,雅典人试图——当然,雅典人确实是帝国主义者,斯巴达人则不是(或者至少表面上不是,因为他们在数个世纪前已经完成了帝国建构)。尽管有一些困难,雅典人最终理性和体面地行动,斯巴达人则完全不能如此行动。区别在于,雅典人至少在这一方面更有远见:仅仅因为有权利杀戮,从而不假思索的杀戮,雅典人从中看不出能有什么好处。①

  这就是我的问题。我再重述一遍。是否并没有得到格劳秀斯试图达到的结果,这种结果当然更为人道和体面,即获得对于战争兽行的某种限制?这种限制,一方面可以通过仅仅遵从传统的自然法,或者简单地说:我所建议的方式与真正的人道只是大略相似,这最有可能被今天交战的人们所接受。另一方面则基于马基雅维利式的基础,或者简单地说:像罗马人一样来看待这些对战争的限制。

  学生:你不是说他部分是前一种做法吗?他坚持自然法传统,而不是摊摊手说:这没有遵循应该遵循的方式——呃,他承认确实应该依据某种规则而行事,他引入了一种"可允许"(permissibility)的新原则,他承认违法会发生,但可以不受惩罚。他在留存这种张力的基础上仍然坚持他的自然法——毕竟违法仍然是可谴责的(blameable)。他至少能够发展出一种国际法。如果他摊摊手,他就会说:呃,构建国际法没有用处,太远离现实了。换句话说,我认为他坚持自然法传统……

  施特劳斯:嗯,我认为,你仅仅用某种程度上不一样的语言说了我刚才所说的同样的内容。人确实不能只摊摊手,人应该尽一切可能多做点什么。但我比你更关注理论上的危险,缺乏理论清晰(theoretical clarify)的危险。格劳秀斯这样做的方式也令人困惑,迄今为止,他给

---

① 这一事件可见于修昔底德,《伯罗奔尼撒战争志》,III. 37—49,高潮则是克勒翁(Cleon)与狄俄多托斯(Diodotus)之间的著名辩论。

我们这样的印象:不存在法律,只存在建议(recommendations)。这就是此处的困难。

学生:但是,战争中达成的任何契约都合法,这样的说法有一定的必要,因为,否则你就要冒这样的风险:不正义的政府将会成为一场未来战争的基础?如果你只是说:呃,一个国家不正义地行事,它获得了不正义地占领的——

施特劳斯:但是,另一方面来说,被征服的民族体会到了这种不正义,事先去谴责解放的渴望显然并不是非常明智和正义。另外,这并不总是能带来和平。如果一个国家失去了某块领土,如果他们有能力的话,那么光复运动通常就开始了。如果他们太弱,他们就会逐渐接受征服者,如果他们被完全合宜地对待,他们甚至可能会忘记自己原来曾属于另一个社会。

一种后果——不是格劳秀斯学说的后果,而是后来的比如卢梭学说的后果——就是:在十八世纪后期和十九世纪,包括某种程度上第一次世界大战期间,对囚犯和平民的处理得到了很大的改善。换句话说,如果说现代一段时间内,呃,比如两百年,战争已经大幅度变得更为人道,这与现代自然法的兴起有一些关系,而格劳秀斯为之做了准备(尽管与某些人比起来,他做得很少),我们当然要感谢他。但是,我们也必须追问这是如何可能的?这全是因为现代自然法的兴起,还是存在其他相关因素?比方说,战争技术变化了;这不是一个可以忽略的因素。换句话说,战争的人道化过程,大概从 1750 年至第一次世界大战——但是,技术当然是一个很模糊的东西,因为技术也可以导向更大的野蛮:比如毒气,更不要说晚近发明的一些武器了,这些武器使得平民和非平民之间的差别变得没有意义。换句话说,是什么情况使得战争的某种人道化得以实现?我们必须立刻补充道:这种战争的人道化仅仅是在某些领域内。事实上,日本从没有承认这些对于战争的合法限制,至少在第二次世界大战中没有承认。他们视之为一场你死我活的战争(a war to the finish)。

学生:格劳秀斯的万民法存在更为实际的益处,我认为,他坚持自然法的同时又认为有些事情可允许,有些则不是,这样存在理论上的益处;因为这样,你就能对什么是正义、什么是不正义作出明确的判断,要不然你就只能说主权者有权利来决定——

施特劳斯:并不完全如此。这在霍布斯那里可能是如此,但显然在瓦特尔和卢梭那里不是如此,在洛克那里也不是如此。敌方民众中战斗人员和非战斗人员之间的区别,被理解为是一种自然法的区别,这很关键。然而,一旦军事技术和技术发生变化,这一区别就将没有意义。这是什么意思? 比如,对敌方城市的轰炸。大多数受害者显然会是平民,但从另一个角度来看,你也可以说他们不再是真正的平民:他们中大部分人都在军工企业工作,在军工企业工作的人几乎等于是一名士兵。我想有人应该做一个我们今天在课堂上不能做的分析,即为什么这种战争的人道化的实现持续了一百年?

存在某些谬见。比如,现代民主的批判者们经常说:看看十八世纪的战争是多么绅士和美好,当时是绅士和贵族在战斗。你只要读一读对当时任何一场战争的具体分析——比如,丘吉尔(Winston Churchill)《马尔伯勒传》(*Marlborough: His Life and Times*)中的布伦亨战役(Battle of Blenheim)——就会发现,当时的战争有多可怕。当时的大炮并没有第一次世界大战时的军队武器那么大的威力,但已经足够可怕了。有些人对这类东西有专业的研究。了解这一点非常有用。今天,我们站在另一端,因为我认为,国际法是今天每一个心存希望的人最后的安全支持。

学生:你的结论是,对于格劳秀斯而言,自然法不可变更?

施特劳斯:那是他的论点。那很重要,因为那使得"把自然法减缩为一种技艺"成为可能。而这是格劳秀斯这整本书的两个目的之一:第一个目的是编撰有关战争与和平的法律,第二个目的就是将自然法减缩为一种技艺。

学生:我提问的原因是[听不清]拒绝格劳秀斯使得自然法可变更的事实。

施特劳斯:我想知道他这么说的意思,因为[听不清]并非是天空中最亮的星。但是在一个给定的情况下,他仍然有可能正确。

学生:关于共有财产(communal property)……

施特劳斯：哦，契约。我记得这一点。这不仅仅是对格劳秀斯的批判，而且是对此处这整个概念的批判。我刚说，我们如今是在另一端。对于国际法的信任是在一个很低的层面上，今天人们心怀的希望全然基于技术考虑。从马基雅维利式的观点来看，发动一场热核战争很疯狂。你伤害自己比伤害敌人还多，或者至少和伤害敌人一样多。这完全是另一种推理的次序。正义/法的问题在这里完全被忽略。

学生：在当今的国际法中，格劳秀斯似乎占据了重要的位置。在某种意义上，现代国际法变成了一种完全基于"同意"(agreement)的东西。几乎不存在什么自然的东西……

施特劳斯：我明白了，但是……确实如此。进入一个法学院或者社会科学学院时，这是主要共识之一：不存在什么自然法。这不仅仅是国际法才有的特例(peculiarity)。请原谅，我使用了这个很口语化的表述，但我认为这个说法非常坦率，至少在很多情况下，在这一命题上是如此……

学生：展示出来的这种观点——今天，对于一种战争的缓和的理解很可能会更容易追溯到卢梭那里……

施特劳斯：我会同意这一点。这一原则更为清晰，但实际问题则在于：格劳秀斯本应该给出他自己的原则，对平民和士兵作出区分，但他没有这么做，所以确实可以受到指责？但另一方面，卢梭却不需要因为下面这一点而受指责：他没有看到因为军事技术的进步，平民和士兵的区分将变得不可行。如果卢梭是军事技术进步的推动者，那么他应该受指责，但事实上他不是。

学生：我的想法是，战争的缓和可能主要与超越法律的某种东西有关，如果确实如此，格劳秀斯是否理解这种缓和？

施特劳斯：你这个句子有点长。你能说得更清楚一点吗？

学生：如果卢梭确实某种程度上带来了行动的缓和，而卢梭的缓和不是一种法律上的缓和，不是一种法律的产物……

施特劳斯：但这是自然法。

学生：……不是一种合乎法律形式的教导，但是格劳秀斯搞了个形式的法律编撰,而且看起来这并不导向这样一种战争的缓和。如果这是真的,我们是从这种法律编撰中发现缓和的吗?换句话说,格劳秀斯本人是否能够成为我们理解这种缓和的路径?

施特劳斯:如果我理解得没错的话,你的意思是不是说,卢梭那里的些许观点,可能也比格劳秀斯超过五百页的论说(还得加上很多长长的注释)说得更清楚?这是你要说的意思吗?

学生:是的。

施特劳斯:对的,技术问题可以由技术人员清晰加以阐释,但宽泛的原则并不能展示得很清晰。我们今天立刻就能看到卢梭所提出的更人道教导中的困难。我再重复一下:发动战争时,区分战斗人员和非战斗人员,是否可能?我们每个人都知道,婴儿确实不是战斗人员。但婴儿都不单独存在,他们都在其母亲身旁。炸弹则完全不考虑——你不能区分婴儿和非婴儿,但母亲们则可能正在军工厂里工作。

学生:我认为现在困扰我们的问题是:在理解格劳秀斯的重要性的上下文中,你提出了有关战争缓和的问题,这看起来似乎是——你认为,卢梭(卢梭那里的某些东西)为战争的缓和作出了主要贡献,然后我们接近了你原来在格劳秀斯文本中所提出的问题的答案——这仅仅意味着答案就是:格劳秀斯没有作出很大的贡献。

施特劳斯:格劳秀斯想要写一本处理战争与和平的全部法的作品,无论这一点在落实中有多么不充分,但这是迈出了第一步,不要低估这一步。

学生:困扰我的问题在于:卢梭教义中可能存在着某种温情(warm-heartedness),而这种温情比起法律编撰的形式进程可能更为有力并更为有效。

施特劳斯:卢梭也可以非常冷酷(cold)和"有逻辑"(logical),《社会契约论》中的这一段就很有逻辑。[1] 如果可以这么说的话,在卢梭有

---

[1] 可能仍然在讨论本讲开始的时候施特劳斯所提到的那一段,参见卢梭,《社会契约论》,Bk.1,chap.4。"有逻辑的"一词的引号在原纪录稿中就存在。

关战争的教义和其"推进"(boosting)——如果我可以这么说的话——和同情的德性之间，存在着联系。这些东西之间确实存在着联系。如果你的意思是这个，那没有问题。但我们现在没法讨论这一点。

学生：当[听不清]认为诉诸自然法，然后这似乎意味着他回到了传统自然法。

施特劳斯：不，卢梭基于霍布斯的根基，基于现代的自我保存权利的根基，走得异常远，因此他相应地带来了一种自然法的危机。这一点在《社会契约论》中并不明显。问题仅仅在于：自我保存的权利应该成为法律和道德的唯一根基。这就是霍布斯真正的意思。你可以认为，霍布斯只有一个结论：保护每一个臣民免受其他人的伤害。（因此需要）警察和绞刑架。对于霍布斯而言，臣民参与政府（也就是说，共和或者民主政府）的问题没有什么特别的意义——我们今天则理解为"自由"。主要的关注点在于安全。霍布斯的后继者们（第一位的是洛克）认为，我们看不到这一点如何从这种自我保存的首要性中得出，因为你的自我保存可能会被一个僭主威胁到，他的保镖要比你们同样的臣民和公民更为有效得多。因此，我们应该要两个东西：安全和自由。因此，洛克观点的特点就在于能使得前述问题变得可解决，这种可解决在于考虑到财产权是自我保存的权利的一种必要体现。我现在跟你们谈的仅仅是一些宽泛的事实；我并没有解释其中的原因。卢梭说得更为清晰，至少表面上比洛克更为清晰：如果我们没有保留判断我们在公民社会(civil society)中的自我保存的工具的权利，那么我们的自我保护权利将受到威胁。这是一个很复杂的观点，我们需要拆解分析。

自我保存的权利包括了自我保存的手段(means)。但问题就来了：谁是自我保存手段的裁判者？霍布斯认为——这对于之后的发展非常关键：每个人都是裁判。不管他是个傻瓜，还是有智慧的人，在这种非常实际的问题上都没有什么区别：因为一个傻瓜对于他自己的自我保存，要比一个有智慧的人对这个傻瓜的自我保存，更为关切。因此，让我们更为实际一些——这是这些人的主基调。所以，自我保存的手段属于自我保存的权利。但是，霍布斯认为，如果每个人都是裁判，那么我们就会进入一切人反对一切人的战争，因为依据每个人——不管是傻瓜,还是有智慧的人——的观点,所有的东西都可以被当作自我保存的一种手段。

做个简单的文字游戏:如果你使用"财产"来替代"自我保存的手段",或者"无产权"(财产权的缺失)①,你就会知道这个问题有多么实际。卢梭的观点比所有人都清晰:裁判自我保存的手段的权利必须留在公民社会中,否则你不会拥有自由、政治自由。卢梭有技巧地将"裁判自我保存的手段的权利"称为"参与立法的权利",简单地说,也就是"投票的权利"。与自然状态中的自我保存的权利相对应,在公民社会中则是公民权利。当然,这必然是一种共和式——甚至民主式——的教义,尽管卢梭给出了许多限制条件。相比而言,格里蝾螈(gerrymanderings)②是非常民主化的制度,这种设置得到了卢梭的认可。那是另一回事,但这里的原则非常明确。

学生:那么,你会认为,通过自我保存的手段,卢梭寻求投票这一手段,而这会带来必然的缓和。

施特劳斯:想象一下,如果存在一个民主共和国,里面的人民都是你我这样的人。你知道,我们确实不想发动战争和杀戮,除非有绝对必需。即便发动了战争,我们也想使得战争更体面。我们不是那些为了金钱和乐趣而作战的雇佣兵。

学生:这是某种指向古典道德的建构,从——

施特劳斯:当然是。但这是一种很难理解的东西。卢梭并未达到最高的(highest)层面,但德意志唯心主义(idealism),尤其是黑格尔,他们达到了。流行的观点是:他们在霍布斯的基础上构建了一种道德和政治教义,这种教义与古典教义一样高贵、"理想主义"(ideal)——即便不是更高贵、更理想主义。有一个简单的证据:在古典思想中存在奴隶制,而奴隶制在现代教义中完全不存在。这一流行观点现在仍然有很多人坚持,且不易被反驳。这是个很困难且很复杂的问题,卢梭为德意志哲学做了直接的准备。卢梭的热情追随者在那时候就已经存在一

---

① 这可能是某种用来表述马克思主义的说法。
② [译注]gerrymandering,为了某政党或阶级取得优势而改划选区,经常译成"格里蝾螈"。

段时间了。

[更换磁带]

朗读者：

根据自然法,我们可以通过一场合法战争(a lawful war)取得——

施特劳斯：应该翻译成"一场正义战争"(a just war)。①

朗读者：

根据自然法,我们可以通过一场正义战争取得与他人所欠但无法收回的债务等值的财产;或者像在其他地方讲过的那样,我们可以通过一场正义战争对犯罪人施加不超过罪刑相适应的标准的惩罚。②

施特劳斯：如果我没有搞错的话,这里所有的引用——只有一个例外,那是引自塞涅卡——都来自《圣经》,甚至来自《旧约》,菲洛(Philo)当然是一个犹太人。在这里,我认为格劳秀斯是有意强调,因为《旧约》提出了征服的问题,在之后的洛克的相关讨论中,这个问题非常明确,当然洛克本人在这一点上相当沉默。

洛克的教义中关键性的《圣经》表述来自"约书亚记"(Joshua)这一段："让主判断,让主裁决"。这是洛克最喜爱的《圣经》表述:不仅仅罗马人,要让所有人的心灵都臣服于更高的权威(higher powers)。③ 这段来自"约书亚记",洛克用它来解释专制政府同它的臣民之间的关系——唯一可以裁决这个问题的方式是战争,然后让主来裁决——但在"约书亚记"中,这段并不是用来指臣民与统治者之间的关系,而是指对外战争。如果你查看"约书亚记"的前后文,就会发现征服者的法

---

① 格劳秀斯的拉丁文原文是 bello justo。
② JBP, 3.6.1.1.
③ 洛克,《政府论》(下篇),§§21,168;cf.《士师记》(Judges),11:27,《罗马人书》,13:1。

律(law)。这与在洛克那里相当温和以及有限度的征服的法(right)完全不同,所以这个问题一直都存在,我认为,这也解释了为什么在这里大量引用了《旧约》。①

万民法并不要求一场正义战争——那是自然法才要求的东西。万民法让胜利者成为被征服者所有东西的主人。在第二段中,这里实际上所有的引用权威都是异教徒。②

很奇怪的是,没有一位古典哲人意识到在这个事情上的自然法(right)。我认为原因在于:古典哲人确信,在有纪律的军队中,一个有德性且高贵的指挥官知道该做什么以及能做什么,另一方面,他们也知道一个没有德性、没有纪律的军队是怎么样的。古典哲人们摊摊手,他们并没有做点什么。请读第六段。

朗读者:

> 因此,关于在敌人的船上发现的货物就是属于敌人的货物,这一主张不应当被接受为一项确定的万民法规则。货物出现在敌人的船只是表明某种具有确定性的假设,但这种假设可能会被相反的有效证据推翻。
>
> 我发现,当我们的祖国(our native country)荷兰1438年在和汉萨同盟各城镇(Hanseatic towns)作战的时候,荷兰议会全体会议通过了一项具有上述效果的决议。根据该项决议,它被制定成为一项法律规则(a law)。③

施特劳斯:这里某种程度上显示了格劳秀斯的荷兰背景。

再次提醒,依据万民法,敌人的东西如果是从其他民族那里获取的,那就并不需要还给原初的主人。但依据自然法,它们应该被归还,

---

① 这看起来似乎是说,格劳秀斯、洛克以及其他人试图软化残酷的《旧约》教义。[译注]英文编者似乎理解有误。这句似乎是在说,正因为《旧约》残酷,格劳秀斯才会在这里更多地引用了《旧约》。毕竟这里主要是在讲述战争法,或者用施特劳斯的话,"地板"。当然,《旧约》与万民法仍然有很大差异。
② *JBP*, 3.6.2.
③ *JBP*, 3.6.6.

因为原初的主人仍然是主人。

在第七段第二部分中,有一个很长的引用,我们可以读一下。这是一个引自李维的故事。①

朗读者:

> 但是,我们认为,我们通过在战争中战胜敌人而取得的一切完全属于我们的财产。我们不是最早确立这项权利的人,我们也不认为它只是一项人类法,而不是神法的规则。我们知道,所有人,包括希腊人和野蛮人,都在利用这一项规则。我们不会怯懦地把任何财产交给你们,也不会放弃我们在战争中赢得的一切。如果一个人由于怯懦和愚蠢被剥夺了他凭借勇气和勇敢获得的财产,那将是他最大的耻辱。②

施特劳斯: 请读一下前面的那段引文。

朗读者:

> 我们罗马人认为,一个人有充分的权利把他通过勇敢战斗从敌人那里取得的任何财产留给自己的后代……
>
> 我们罗马人认为,我们根据战争法取得和占有的一切是我们最正当且合法的财产。我们不会愚蠢到把这些财产拱手让给那些失去它们的人从而使我们英勇战斗的成果付之东流的地步。我们认为,这些财产不仅应该分给活着的罗马市民,也应该分给那些已经死去的罗马人的后代。如果我们允许别人剥夺我们现在拥有的财产,我们就是在以我们伤害敌人的同样方式伤害自己。③

---

① 接下来的三个部分,朗读时顺序正好反过来,格劳秀斯事实上引用了哈利卡尔纳索斯的狄奥尼西奥斯(Dionysius of Halicarnassus)的《罗马史》(Roman Antiquities)。
② JBP, 3.6.7.2.
③ JBP, 3.6.7.2.

第十二讲

施特劳斯：好。请读一下最后一个引用，只有一句话。
朗读者：

我们在战争中取得了这些财产，而战争法承认在战争中取得财产是完全正当的。①

施特劳斯：如果你读了这整个部分，这里跟雅典人同米洛斯人（Melians）对话时的表述非常接近，你们中有些同学肯定知道这个对话。② 那是赤裸裸的权力政治的经典表述。这就是万民法。因此，我们现在确实非常接近我之前所说的（"地板-天花板"两分中的）地板（the flooring）了。请读第十一段的第二部分。

学生：格劳秀斯并不认为报复可以成为战争的一种正义理由，对吗？如果一场战争已经结束，你不能在多年以后再度要求——

施特劳斯：不能。格劳秀斯就是这个意思。我认为，在某些情况下，他可能会承认这是一种正义理由，但总体来说，他试图拒斥所有拖延时间过长的反诉（recriminations），因为这将成为一种新的战争起因。换句话说，你可以认为格劳秀斯遵循了这样的准则：如果还可以忍受的话，那么，不正义的和平也要好于战争。让我们来读第十一段的第二部分。

朗读者：

在犹太人和斯巴达人中，使用武力夺取的土地通过拈阄（lot）的方法进行分配。至于罗马人，他们有时把取得的土地用于出租（在某些情况下，他们会把一小块土地留给原来的所有人以显示其慷慨大度），有时把它分成小块出售，有时还把它分配给殖民者或者对土地使用人征税。关于对被征服领土的处置，我们可以在法律和历史著作以及土地调查及测量的论述中找到大量的证据。③

---

① *JBP*, 3.6.7.2.
② 修昔底德，《伯罗奔尼撒战争志》，V. 84—116。
③ *JBP*, 3.6.11.2.

施特劳斯：在这里,你可以看到罗马人跟希伯来人和斯巴达人的区别。罗马人(至少某些罗马人)会将一些土地还给被征服者。我认为这与第一段有联系,那里的引用权威都来自《圣经》。当然,格劳秀斯还有别的说法:《旧约》中的规定某种程度上是基于法律,不能用人类法的标准来衡量,因为上帝是一切的主人。因此,这里就没有了神学困境。不过,你不可能从那些十七世纪的作品中得知,他们在多大的程度上接受这种神学推理。

请读第十三段,这一段非常短,其中存在一个与某种自然状态(the state of nature)有关的说法。

朗读者：

不过,虽然我们刚才说,根据万民法的规定,能被搬动或者可自行移动的战利品能够被个人直接取得,但是,它必须被理解为是在国内法(municipal law)对这个问题没有作出不同规定的条件下方可适用的万民法规则。①

施特劳斯：精确的翻译应该是,在任何市民法(civil law)对这个同样的问题没有作出规定之前,这属于万民法。② 这里当然不是认为,万民法先于市民法。相反,万民法形成于社会(societies)已经存在之后,也就是市民法已经存在之后。这一点很重要,要不然你会错误地使用表述。格劳秀斯会认为,自然法(ius naturae)先于市民法,自然法中内在包含了这样一种断言:自然状态(a state of nature)先于某种自然状态(the state of nature)。这个结论正确。我认为这个例子就是一种证明。

下一章的开头部分中,我们发现了就这个论题而言更重要的一种说法。

朗读者：

除了作为人类行为的结果之外,无论是从人的自然来看,还是

---

① *JBP*, 3.6.13.
② 拉丁文原文是:juris gentium sit ante omnem ea de re legem civilem。

在原初的自然情况下(in the primitive condition of nature)——

施特劳斯：应该翻译成"在原初的自然状态下"(in the primeval state of nature)。① 我刚说的就是这个表述。

朗读者：

——没有任何人生来就是奴隶。②

施特劳斯：(没人生来是奴隶的)原因就是那个表述。所以，我们这里有了"在原初的自然状态下"(the primeval state of nature)这一表述。另一方面，还有"次生的自然状态"(the secondary state of nature)，它也先于任何人类行动和人类习俗。就是这样，这就是自然状态——那么，这种自然状态和霍布斯的自然状态之间有什么区别呢？这是很显然的疑问，同时又非常复杂。

学生：我们这里的英译是 primitive。

施特劳斯：毫无疑问应该是 primeval。霍布斯没有说过"原初状态"，原初自然状态中不存在人类事实，也就是说，财产。格劳秀斯意义上的自然法当然包括了涉及财产以及财产转让、回收、转移等等的规则。财产由人类引入，是一种人类制度，因此，次生自然状态中，财产已经被引入。他必须在原初自然状态和次生自然状态之间作出区分。在霍布斯、洛克和卢梭那里，不存在这种区分。在霍布斯那里，财产就不是一种制度，因此在财产中不存在自然正义/法。在洛克那里，自然状态从一开始就存在财产，财产属于原初状态，因为人类在任何时候都需要进食，食物则意味着私占(appropriation)，私占就意味着使得东西变成你的财产——即便存在某种最初的共产主义，依据洛克所言，那时就已经存在财产。所以，这里的自然状态与霍布斯的自然状态有区别。

学生：拉丁文是什么？

---

① 拉丁文原文是：primaevo naturae statu。
② *JBP*, 3.7.1.1.

施特劳斯：原初自然状态（primeval state of nature），拉丁文是 primaevo naturae status。应该有人去研究一下霍布斯之前及格劳秀斯之前的自然状态概念的历史。但在芝加哥大学做这些研究很难，在这里你并不拥有……①另外，对于一个年轻人来说，在他知道自己在寻找什么以后，这将是一个很好的研究，因为他会发现"自然状态"这一说法出现在了无数的文献中——但是，有些地方，自然状态仅仅指异教的状态，这无关紧要；但有的地方，自然状态是早于公民社会的一种状态，公民社会中人类有某些自然权利（rights）和义务。这与格劳秀斯的说法最接近，但还不够好。

依据万民法，奴役（enslavement）的法能够拓展到什么程度？在第一段的第三部分中有一个很长的注释，请读一下。

朗读者：

> 你在上一章中可以发现大量的论述能适用于对俘虏的权利，因为对于捕获财产和俘虏的问题，笔者有时是一并讨论，有时则是分别讨论的。②

施特劳斯：对不起啊，我家里有一个好得多的版本，但我不可能带到课堂上来。那个版本中提到了一个段落，谈及女人可以被合法地作为捕获物。请读第五段的第一部分，这里解释了万民法为何作出这些规定。

朗读者：

> 希腊人拒绝把赫西俄涅（Hesione）交还给特洛伊人（Trojans），他们说，他们是根据战争法占有她的。③

---

① ［译注］原纪录稿此处就是省略号。
② *JBP*, 3.7.1.3(n.3).
③ 这个部分引自塞尔维乌斯（Servius）的《〈埃涅阿斯纪〉评注》（*On the Aeneid*），出现于格劳秀斯该著英译本的一个注释中。*JBP*, 3.7.1.3(n.3).

施特劳斯：格劳秀斯接受了这一点。
朗读者：

　　对于我们现在讨论的捕获者对俘虏的所有这些权利，万民法之所以作出如此规定的主要原因是因为善待俘虏可以为捕获者带来许多利益，所以，他们出于理性愿意克制自己不对俘虏采取包括我们在前面讲过的立即或者在以后将其处死在内的最严厉的惩罚措施。①

施特劳斯：顺便要说的是，这项推理回溯到了罗马法，而且也被阿奎那在评论亚里士多德关于习俗奴隶（conventional slave）的教诲时用作例子：习俗奴隶制度——指的是，依据自然，并非是奴隶，但却成为了奴隶②——是万民法的一个优点，因为严格来说，他们可以被杀掉，因此将他们仅仅变成奴隶，是一种人道的行为。③ 这可以追溯到罗马法的教义。请读第六段的开头部分。
朗读者：

　　有些神学家主张，那些在一场不正义战争（an unjust war）④被捕获的俘虏或者俘虏所生的子女逃跑是不合法的，除非他们逃回其本国。在我个人看来，这种观点无疑是错误的。⑤

施特劳斯：神学家对服务主人的义务有严格要求。
朗读者：

　　诚然，俘虏逃回其本国还是逃往其他国家的确存在区别：如果

---

① JBP, 3.7.5.1.
② ［译注］比如，因为战争。
③ 阿奎那，《亚里士多德〈政治学〉评论》（Commentary on Aristotle's Politics），trans. Richard J. Regan, Indianapolis: Hackett, 2007, Bk. 4, chap. 5。
④ 施特劳斯将 bello justo 译为"不正义战争"，没有采纳英译本中的"不合法战争"，page 325n。［译注］此处"page 325n"，不知其所指为何。有可能是指，本讲稍微靠前的地方，朗读者读到 JBP, 3.7.6.1 时，施特劳斯将 a lawful war 改为了 a just war。
⑤ JBP, 3.7.6.1.

他在战争仍然进行的时候逃回本国,他将根据复境权获得自由;如果他逃往其他国家,或者在缔结和平条约以后逃回本国,他就必须被交还给对他提出权利主张的主人。不过,我们也不能因此而认为俘虏负有一种良心债。实际上,许多权利只有依靠外部判决才能实现,我们现在诠释的战争中的权利同样如此。①

施特劳斯: 换句话说,这里我们看到了某种——我们可以称之为人道化(humanization)吗?——在某种不那么严格的意义上。神学家认为,你必须接受奴隶制,耐心地忍受它,他认为这可能是最高的要求,但这在良心中不具有约束力。如果一个人试图逃跑,他并没有犯下罪行。

在第六段的第五部分中,格劳秀斯也提到了忍耐(patience)的重要性。

朗读者:

有些宗教法规禁止任何人鼓动奴隶拒绝为主人提供服务。如果你把这一项规定理解为是指因为接受正当惩罚而从事劳作的奴隶,或者是根据自愿签订的协议有义务为主人服务的奴隶,它无疑具有正当性。但是,如果你把该项规定理解为是指在一场不正义战争(an unjust war)②中被捕获的奴隶或者俘虏所生的子女,那么,它只是旨在说明基督教徒应当鼓励其他基督教徒容忍而不是实施那种尽管可以被允许但却有悖于基督教教义,或者存在道德瑕疵的行为③——

施特劳斯: 我们不能低估这个推理。它非常有力,甚至在今天的讨论中也依然如此。我记得曾经有一个关于犹太人在集中营中应

---

① *JBP*, 3.7.6.1.
② 施特劳斯将 bello justo 译为"不正义战争",没有采纳英译本中的"不合法战争",page 325n。[译注]参见上文注释。
③ *JBP*, 3.7.6.5.

该如何做的讨论,这些犹太人被指责为"不可理喻地被动"。这是同样的问题,原因当然就是相比于关注战场上的坚韧精神,传统犹太教要远为更关注忍受痛苦的坚韧精神。有些人并不理解这一点。这一点对于格劳秀斯而言是个问题,他明显对于非基督徒的不能忍耐(impatience)怀有某种同情。某种程度上说,这些问题今天仍然存在。

请读下一章第一部分的结尾,这是一个关于罗马征服的例子。

朗读者:

在凯撒的书中,阿利奥维斯塔(Ariovistus)说道:"根据战争法,征服者可以随心所欲地统治被征服者。"他还指出:"罗马人民习惯于根据自己的判断而不是别人的命令统治被统治者。"①

施特劳斯:当然,正义战争中也没有任何限制。正如格劳秀斯所表明的,万民法代表了马基雅维利式的法(right),而不是代表任何自然法。依据万民法,只要征服者认为合适(fit),他可以对被征服者做任何事情。在第九章中,还有类似观点的例证。请读第一段的第一部分。

朗读者:

如同有关从敌人手中捕获的财产的问题一样,对于复境权(postliminy)②问题,那些更近代的自诩为拥有法律知识的学者们同样没有能够作出令人满意的回答。古代的罗马人对这个主题进行了更认真的研究,然而,他们的论述经常使人感到困惑,读者很难分清他们究竟认为复境权是属于万民法,还是属于罗马的市民法。③

施特劳斯:这当然不对。我这儿没有一个准确的证明。显然,

---

① *JBP*, 3.8.1.1.
② 拉丁文原文是 postliminium。
③ *JBP*, 3.9.1.1.

这一整段接近于我所发现的雅典人和修昔底德所说的话,我们可以粗略地称之为马基雅维利式的法。这一段显示出格劳秀斯关注万民法与市民法之间的区别,罗马法学家那里对这种区别的关注就没有格劳秀斯这么强烈。为什么呢?因为原初意义上的万民法是罗马实证法(Roman positive law)的一部分,也就是说,这部分法律处理的是罗马公民和外邦人之间的交易。而对格劳秀斯来说,万民法意味着国与国之间的所有法律,也就是说,这种法不可能仅仅被认为是某一个公民社会的实证法。这种兴趣、这种对这一区别的关注十分重要。

在这一章中,我们发现不少例证都指向万民法的变革。在战争中被捕获而成为奴隶,这仅仅是一种习俗,但这种奴隶制在欧洲已经不再是一种习俗,因此当时(我说"当时",意思是十七世纪)的万民法与罗马法学家非常不同,比如,我们可以读一下这一章第十九段的开头部分……

朗读者:

当我写作这些文字的时候,巴黎最高法院在尼古拉斯(Nicholas of Verdun)的主持下做出了一项具有这种效果的判决①——

施特劳斯:对不起,我是说第一段。

朗读者:

不过,在我们所处的时代,不仅在基督教国家之间,而且在大多数伊斯兰教国家之间,战争以外的捕获权和复境权已不复存在,因为它们的必要性已经被由自然法主导国家之间关系(relationship)的力量的重新恢复消除了。②

施特劳斯:应该翻译成"亲缘关系"(kinship)。换句话说,穆斯林

---

① JBP, 3.9.19.2.
② JBP, 3.9.19.1.

也承认这一点,因此,战争法已经被剧烈地改变了。

朗读者:

但是,那种古老的万民法(that ancient law of nations)①——

施特劳斯:"那种古老的万民法"。存在一种新的万民法。古老的万民法是我们从罗马作家那里了解到的,那是一种异教徒的万民法,现在我们还有非异教徒的万民法。这当然并没有本质上的困难,因为万民法依据其自然就是意志法(volitional),不管它是否部分基于不同于人类意志的神的意志(divine will),都不会使得万民法变得更为自然(natural)。

请读下一章的开头部分。

朗读者:

我必须往回走(I must retrace my steps),而且对于从事战争的人,我必须取消那些我似乎准备授予但尚未真正授予他们的几乎所有特权。当我在前面开始诠释这一部分万民法的时候,我看到许多行为因其可以免受惩罚而被说成"合法的"或"可允许的"。当然,它们被认为是"合法的"或"可允许的"的部分原因在于,具有强制力的法庭以其权力为它们进行了背书。但是,实施这些行为可能有悖于正义的原则(无论是严格意义上说的正义[right],还是其他德性所推崇的),而且不这样做可能符合更高的道德要求,并更能受到好人们(good men)的赞扬。②

施特劳斯:这里关于万民法和自然法之间的关系,明确吗?某些事情可以免受惩罚,大概是因为惩罚起来过于困难或者实践上不可行,而且这是——因此,法庭甚至不会试图加以强制执行。这一点很关键。这

---

① *JBP*, 3.9.19.2.
② *JBP*, 3.10.1.1.

样我们在整个道德领域就有了这样一种区分,可强制执行的规定和不可强制执行的规定。不可强制执行的规定是那些最优秀的道德要求;可强制执行的规定也是道德要求,但是它们可能仅仅是表面上获得遵从。因此,一个人或许从不违背法律,但他可能在道德上是绝对扭曲的。

我认为第二段的标题表明了万民法在某种意义上就是不正义的。

朗读者:

上述原则同样适用于我们所谓万民法允许的行为①

施特劳斯:与第一个标题联系起来,羞耻感禁止了法律所允许的行为。

我们再来看第三章第二段的开头两段。对不起,我是说第十一章的第二段。

朗读者:

作为讨论这个问题的必要的出发点,我们必须首先明确,在一场符合道德正义(moral justice)的正义②战争中③——

施特劳斯:他说的是内在正义(internal justice)④,"内在"是说这种正义不能带到外在正义(也就是说,法庭的正义)上来。

朗读者:

——什么时候杀死敌人是正当的,以及什么时候杀死敌人是不正当的。对于这个问题,可以根据我们在前面本卷第一章中的论述加以理解。

---

① *JBP*, 3.10.2.
② 施特劳斯将 bello justo 翻译成"不正义战争",没有采纳英译本中的"不合法战争",page 325n。[译注]参见上文注释。
③ *JBP*, 3.11.2.
④ 拉丁文原文是 iustitia interna。

一个人可能会被故意杀害,也可能会被无意杀害。对任何人的故意杀害都是非正义的,除非是为了实施正义的惩罚,或者是为了保卫我们自己的生命和财产别无选择。尽管严格来说,在情势紧急的情况下,杀死一个人并非有违正义,但无论如何,它都是不符合博爱原则的行为。要使惩罚具有正当性,必须是被杀死的人本身犯有罪行,而且根据一位公正的法官所作出的判决,这种罪行应该被处以死刑。不过,对于这个问题不需要再行赘述,因为我们在前面关于惩罚的一章中已经对大家需要了解的内容作了充分的论述。①

施特劳斯:换句话说,真正正义的杀戮的法,同万民法所允许的杀戮有区别。很明显,一个镇被征服后,所有的人都会悲伤,不仅仅是有罪的人或者那些被判了死刑的人。这一点在前后文中得到了很多描述。

请读第六段的第二部分,这将是我们今天讨论的最后一个段落——

朗读者:

在实践中,经常会发生类似西塞罗讲述的凯撒和庞培(Pompey)进行战争时的那种情形:"在两位最优秀的军事统帅之间进行的战争确实胜负难料,因此,许多人怀疑究竟怎样做才是最佳的选择。"西塞罗还说:"即使我们因为来源于人类的弱点而存在某种过失,但我们确实没有犯罪。"②

在《论义务》的第一卷中,西塞罗指出,我们必须原谅那些在战争中没有实施残暴和不人道行为的人,为帝国的荣誉发动的战争应当以更符合人道的方式进行。③

---

① JBP, 3.11.2.
② 西塞罗,《为马尔塞鲁辩护》(For M. Marcellus),10.30,5.13;引自 JBP, 3.11.6.2。
③ 西塞罗,《论义务》,1.35,1.38。[译注]引自 JBP, 3.11.6.1。英文记录稿将此段归给一位学生,有误,实际应归给朗读者。

施特劳斯：为什么呢？为什么一场为荣誉而发动的战争应当以更符合人道的方式进行？

学生：因为你不是为了你的生存而战。

施特劳斯：如果你是仁慈的，那这将有助于你的荣誉。想一下，黑太子爱德华（Edward the Black Prince）把已经成为他阶下囚的法国国王视为上宾——这有助于爱德华的荣誉。难道不是黑太子吗？①

学生：不，他表现得非常糟糕。这也是为什么他被称为"黑太子"。

施特劳斯：不过，在这个例子中——他把法国国王作为阶下囚，但很好地对待他。请继续读。

朗读者：

> 正是在这个意义上，托勒密（Ptolemy）国王对德米特里（Demetrius）说到，他们不是为生存而战（not for existence），而是为帝国和荣誉而战。②

施特劳斯：准确地说，应该是"不是为了所有东西"（not about all things），这当然包括了生存最必需的手段，也就是这里所说的"生存"。从这里到马基雅维利的表述，存在一种很奇怪的方式。自然，马基雅维利的作品写得更早，但这是一个好评论。你可以向格劳秀斯提出这个问题——如果他们确实为了所有东西而战，那么这场战争将会极端残酷，马基雅维利就出现了。或者，如果你愿意的话，也可以追问卡涅阿德关于两个人同在一个木筏上的问题。

学生：他在这里关于荣誉的战争的引述中使用了西塞罗，但是，如果你惩罚了不正义的人，那么可能最后得到的是一个被征服的国家，然后你成就了一个帝国。

施特劳斯：这当然是一个很大的问题，罗马是否宣称他们获得帝

---

① 英格兰的黑太子爱德华（1330—1376）于一场在法国的战役中捕获了法国国王和他的儿子，他非常绅士地招待他们。但是，他在战争中运用的一些战术则很不绅士。

② *JBP*, 3.11.6.1.

国仅仅是出于抵御不正义的攻击？这很难令人信服……为什么他们不让盟国保持独立？西塞罗不会简单到相信这一点。你只要读一下《论共和国》第二卷，这一卷很不幸是片段，但仍然足够清楚：西塞罗非常清楚地看到罗马帝国的根基中有许多虚构的故事，法律上以及其他方面的虚构。最多可以认为，罗马人成就了一个帝国，他们无意就得到了这个帝国。但这是否就使得这个帝国更为道德，这是个很复杂的问题，因为你必须某种程度上为你所做的事情负责。他们维持帝国的时候，就并非无意了。

我认为我们必须先停下来了，因为我必须在第十一章中为"外在公平"（external equality）作出这种划分，我想我这次讲到了第六段。

第 十 三 讲

JBP, 3.11.7—3.17.2

(1964 年 11 月 17 日)

施特劳斯：①在进入今天的讨论之前，我先说几点。首先，____先生②非常好，他帮我们在西塞罗的词典中查阅了 iura hominum（即人类的法[the rights of man]）一语。这些术语一直在那里，所以如果在格劳秀斯或者任何其他作家那里出现了这些词汇，都不应该令人感到惊讶。他的意思很显然并不是指现代意义上的"人类的权利"(the right of man)，而是指政府承认的法律(laws)。换句话说，这与亚里士多德在《政治学》第一卷第十四章开头部分所指的是同一个东西——虽然亚里士多德没有使用"人类的法"这个说法——他提及了两种法律，一种是某个城邦的某个特殊法律，另一种是其他地方也予以承认的法律。③

好，现在我来回到与这个研讨课更直接相关的一个点，但我们也不用如此迂腐地清晰划界。我记得，那次我在学生会上演讲，我和莱茵肯(Reinken)先生之间有一个简短的讨论，当时你们中有一些人或者大部分人都在场。我现在再说一下这个话题，因为短期内不会再有这种学生会的见面了，我也就不可能再谈到我现在想要说的内容。现在，我认为莱茵肯先生非常正确，而我则相当错误。我的主要观点是：只有事实

---

① 课程的原始记录者注明，本讲开始的时候，阅读了一位学生的论文。阅读的过程以及后面的讨论过程，显然并没有被记录下来。
② [译注]原文如此。
③ 很可能是指《政治学》第一卷的结尾，亚里士多德在那里讨论了不同政制下关于家庭的不同法律。《政治学》的第一卷通常仅仅分为十三章。亚里士多德，《政治学》，1259b18—1260b25。

(facts)是不够的,事实需要得到解释(interpreted),而只有当一个事实同时是一个价值(a value)——我们使用一下这个可怕的词汇——的时候,解释才有意义。

我当时举了废除种族隔离问题的例子,莱茵肯先生说:如果我们准确的话,就会发现一个事实——即世界上并没有极端的不平等——而这只有在这样一个价值判断的前提下才会变得有意义:平等的人类必须被平等地对待。这一点非常正确,当然问题是:这是否是一个武断的价值判断? 你[不]会承认这是武断的。① 当然,在逻辑上,你仍然可以保持事实与价值之间的两分,我承认这一点。但是,我会认为,我当时被一个更宽泛的现象误导了,我认为今天下午这节课上,我会说得更为清楚,而且不会增加任何更复杂的内容。

我想提一下我的最终想法,是这样:当我们在通常意义上谈及事实与价值的时候,我们很自然地就要求应该知道事实与价值之间的差异是什么。那么,这样一些问题——"什么是事实?""什么是价值?"——它们是哪种类型的问题? 是事实(facutal)问题,还是价值问题?

学生:事实问题。

施特劳斯:确实如此。如果你接受了这些非常简略的区分,你就得说,这是一个事实问题。所以,"什么是价值?"这个问题是一个事实问题。这毫无疑问。但是,如果你找到这样一个例子:依据最为粗略、最为愚蠢、最为庸俗的观点,即价值就是欲望的目标(an object of desire)。我从未在任何著作中看到这种定义,但我要说这种定义其实是很多讨论的根基。一个苹果是一种价值,但是健康——假设我们吃苹果是为了健康——那么健康也是一种价值,但却是更为宽泛意义上的价值。我想,某些人会认为:不,仅仅被欲求的事物并非是价值,我们欲求这些事物所依据的东西——在这个例子中是健康、快乐等等——这些才是价值。这是全然严格意义上的事实。我们现在继续分析。呃,你说,任何欲望的目标就是一种价值。但是,你会发现,某些人对雪茄有很大的欲望,但同时,他又积极反对抽烟。那么,什么才是这里的事实:他欲望的目标? 还

---

① [译注]"不"字为英文编者所加。

是更深层决定的结果(the outcome of a deeper decision)?

学生:后者是事实。

施特劳斯:你可以这么认为。这很有争议。我会同意你的观点。换句话说,如果某人欲求一个他自己也认为有责任的人类不应该去欲求的东西,那么,这种有责任的判断享有更高的地位(a higher status)。

如果我们来看这个事实上的区分——"仅仅被欲求的事物"和"一种道德选择目标的事物"之间的区分——一种事实上的区分。但是,前一种观点的结果是,欲望的任何目标,无论有多么神奇、不可获得,都是一种价值。从后一种观点来看,你所得到的东西中仅有第一等(number one)的那部分东西可以是一种价值。所以,"什么是价值"这个事实问题,决定了什么可以成为一种价值,同时也使得一些所谓的价值不再是价值。我说清楚了吗?这种在道德选择和仅仅欲望之间的明确区分,当然只是真正分析的开始。问题在于:一种分析被推进得足够远,是否能够带来另一套具备所有价值判断特质的直接的价值判断观点(明白我的意思吗?)。

这当然是更古老的观点,这种观点当然认为,如果我们理解了人类自然(human nature),那么我们会知道什么东西对人类来说是好的,以及在何种层面上如此。有些东西可能在最低的(lowest)层面上对人类是好的,比如,给人转瞬即逝的满足,每一种快乐都能做到这一点,任何心智健全的人都会承认这一点。问题在于:那种好(goodness)里的好究竟是什么?这是我真正思考的问题,有些时候,我们老师可能会非常不道德(immoral),比如,我们会使用很粗糙的简化,我们希望这样就能混过去,这样就能当作是一种种子(seed)——教育就是播种(Teaching Is sowing)。

我们下面来看第十一章第七段第四部分的开头。

朗读者:

> 因此,如果一个战士希望不是以人类法允许的方式行事,而是按照责任的要求,并以从宗教或道德观念来看正确的方式行事,他就不会流敌人的血,也不会杀死敌人,除非是为了挽救自己免于遭

受死亡或类似的厄运,或者依其所犯罪行,敌人理应被处死。①

施特劳斯:然后,问题就来了:因为人类法允许杀掉囚犯,那么杀掉囚犯的权利的根源仅仅在于人类吗?这一点足够准确吗?哪种法允许并非出于必需地杀掉囚犯?是万民法(ius gentium)。我认为很显然有一个简单的结论:万民法当然也是一种人类法。人类法包含了两个主要部分:市民法②和万民法。请读第九段的第二部分。

朗读者:

首先,对于儿童,我们应当从道德正义(moral right)能够对其产生最大影响的成年人的角度作出判断。——

施特劳斯:这里是 right,它与《圣经》含义中的"正确"(righteousness)以及希腊含义中的"正义"(justice)相关。

朗读者:

——根据李维的记载,卡米卢斯(Camillus)说道:"我们拿起武器来是为了和那些同样拿着武器的人进行战斗,而不是为了和即使在城市被占领以后也会得到宽恕的儿童进行战斗。"他补充说,这是战争法(laws of war),即自然法(natural laws)的规定。③

施特劳斯:自然法、战争法禁止了万民法所允许的事情。我想我们现在已经都理解这一点了。

学生:这里多次将战争法与自然法等同,这种等同是不是意味着与战争相关的万民法严格来说根本就不是一种法?

施特劳斯:不是这样。这里是万民法,这是法(拉丁文是 ius)。但这是一个较低的(lower)次序,是对人类脆弱性的承认,从这个角度

---

① JBP, 3.11.7.4.
② [译注]此处英文记录稿原文为"the civil law (the municipal law)"。
③ JBP, 3.11.9.2.

来说,它低于自然法。但是,我们也已经在其他地方看到了,有些时候万民法优于自然法。比如埋葬:埋葬尸体是万民法的规定,这比仅仅让士兵腐烂要更为人道。我们上次讨论过这里的困难——这其中的模糊性,即一方面万民法比自然法更低,另一方面万民法比自然法更高。我们现在来读第十段的开头部分。

朗读者:

同样的原则也总体上适用于其生活方式与战争无关的人。李维指出:"根据战争法,那些手拿武器的人和为他们提供支援的人可以被杀死。"也就是说,这是与自然相和谐的法律。①

施特劳斯: 现在读这一段中的下一部分。

朗读者:

应当与神职人员一起被归入这一类人员中的还有其他选择了类似生活方式的人,比如修道士和苦行僧,即忏悔者。符合自然正义(natural justice)的教规命令人们宽恕类似神父这样的神职人员。

除神父和苦行僧等人以外,你完全可以把献身于文学艺术研究的人归入这一类人员之中。他们所从事的是高尚和有益于人类的事业。②

施特劳斯: 请读下一段的开头部分。

朗读者:

第二类人员是农夫。宗教法③——

---

① *JBP*, 3.11.10.1.
② *JBP*, 3.11.10.2.
③ *JBP*, 3.11.11.

第 十 三 讲

施特劳斯：换句话说,不作战的人类。你们中有一位同学在他提交的论文中写了这样的论点：考虑到卢梭的要求,战争只针对交战各方。在格劳秀斯那里,我该怎么说呢,因为一般意义上的万民法允许任何事情,导致这一点反而显得不可见了。但是,这个原则仍然存在,不仅仅格劳秀斯坚持这一点,李维的卡米卢斯也坚持。请读第十三段的第二部分。

朗读者：

撒卢斯特在《朱古达战争》(*Jugurthine War*)中讲述了年轻人在投降以后被处死的情形,然后说到,这是违反战争法的行为。它可以被解释为是一种既违反自然正义,又违反更文明各国(more civilized peoples)习惯的行为。①

施特劳斯：这里又有点模糊了。他为什么不直接说：这种行为违反了自然法(ius naturale)？这里你读到了"更为温和的人民""更为文明的民族"的生活方式、风俗——这听起来像万民法(ius gentium)。请读第十六段。

朗读者：

针对上述正义原则和自然法,经常有人主张应当存在例外,他们的借口是杀死俘虏或投降者是为了报复或使敌人产生恐惧,或者是敌人曾经负隅顽抗,并且不肯投降。这些借口都不具有正当性。只要我们回顾一下前面讲过的实施死刑惩罚的正当理由,我们就很容易发现它们不能成为处死敌人的正义(just)理由。②

施特劳斯：这非常有趣。我们或许大概可以认为：不要因为复仇

---

① *JBP*, 3.11.13.2.
② *JBP*, 3.11.16.

或者使得屠杀持续如此之久的强烈抗拒,而对人道主义(humanity)规则有所偏离。同时,这里对于公平(equity)和自然法的原则有一些模糊。他为什么不给一个总结性的段落,清楚地扫清关于公平和自然法之间关系的疑团?还是说,这两者或多或少就是同义词?

在这一点上,格劳秀斯的一位评论者讲得非常有趣。必须看到,除非使用类似的野蛮行为,否则西班牙人对荷兰人或者法国人对新教徒的野蛮行为都不能得到制止。你们明白了吗?格罗诺维乌斯(Gronovius)提出了这样的问题:即报复是否是绝对必需的。

在第七段中,有一个很简单的观点:如果存在大量人类都有罪的情况,不应该是法(right),而应该是同情(compassion)开始起作用。依据法(right),他们无疑都罪当死刑,但同情的理由则是为了相关的共同体的保存,间接而言,则是为了整个人类的保存。现在我们来读第十二章,我们从第六段开始。这里的主题是关于破坏(destruction)。

朗读者:

  基于我们前面讲过的原因,不得破坏财产的原则也应当适用于其他具有艺术价值(artistic value)的财产——

施特劳斯:这可能也会令你们中的有些同学感兴趣,他们有时对我们的语言感到奇怪。你们知道有艺术价值的东西是哪些东西吗?比如,那些为了装饰(也就是说,不仅仅是为了使用)的东西。很多东西被贬低(degraded),这使得创造新词汇变得必要,但这种新创造看起来并不比老词汇更好,比如"艺术价值"。

朗读者:

  ——与此同时,该原则特别有理由适用于宗教目的的场所和财产。虽然像我们前面讲过的那样,宗教场所和财产能够以自己的方式用于公共目的,而且根据万民法的规定对它们进行破坏可以免受惩罚,但是,如果它们不会给我们带来伤害,对神灵的崇敬之情告诫我们应当保护这些宗教建筑及其物品。信仰同一个上帝

第 十 三 讲

的人们尤其应当遵守这一原则,尽管他们可能在对某些教义的认识或者宗教仪式方面存在分歧。①

施特劳斯:换句话说,天主教不应该破坏新教的教堂,反之亦然,但是对于清真寺而言,则有一些不同,而对于佛教寺庙则更为不同。但问题是:不破坏教堂是否是一种自然法的规定? 这有一定的重要性,因为这将再次强调一点:这样的自然法与宗教差异无关。这在某种程度上无关紧要,但尽管如此……我们来读一下第七段的开头部分。

朗读者:

我刚才论述的适用于宗教场所及其财产的原则必须被理解为包括具有纪念意义的财产和旨在纪念死者的场所。因为根据万民法,尽管针对这些纪念物发泄愤怒的确可以免受惩罚,但对它们的破坏必然会冒犯人类的情感。法学家们认为,这也正是宗教应当受到保护的最重要原因。②

施特劳斯:这里理解起来很困难——他并不认为对具有纪念意义的事物的破坏符合万民法,但这些事物的保存以及对这些事物的尊重也是万民法(de iura gentium)吗? 我认为格劳秀斯在这里回避了这个问题,他认为这不是严格的法(strict right)——自然法——的问题。这是人道(humanity)的问题,而我们都知道,人道并不是严格的法。这个问题以后还会再现。

我们转向下一章,请读第一段的第二部分。这里考虑的是被捕获物(captured things)。

朗读者:

另外,在捕获俘虏时,公平(equity)和善意(goodness)原则同

---

① JBP, 3.12.6.1.
② JBP, 3.12.7.1.

样要求我们①——

施特劳斯：来让我看一下呢。

朗读者：不好意思，我读错了，应该是读 JBP, 3.13.1.2：

由于欠我们的债务既可能来自对我们的财产不公平（inequality）的占有——

施特劳斯：意思是在交易中。

朗读者：

——也可能来自对方应受惩罚的结果，因此，敌人的财产可能因这两种原因中的任何一种而被捕获。但是，这两种类型的债务依然存在区别。正如我们在前面讲过的那样，根据公认的万民法，对于前一种类型的债务，不仅债务人的财产，甚至包括其臣民的财产都要为此承担责任，就像他们之间存在担保关系一样。

我们认为，这种万民法规定的权利确实不同于实施免受惩罚的行为的权利或者有赖于法庭外部强制力的权利。如同与我们通过私人协议达成交易的人，不但对我们的财产取得了一种法律权利，而且还取得了一种道德权利（moral right）那样，通过某种公共协议也可以取得一种权利，在法律被称为"以国家名义制定的公共协议"的意义上，这种公共协议本身通过国家的强制力同样包含了个人对国家行为的认可。更为可信的是，这种基于公共协议的权利在我们所考察的捕获财产的问题上得到了各国的赞同，因为万民法（the law of nations）——

施特劳斯：应该翻译成"这种万民法"（this law of nations）。

---

① JBP, 3.14.1.2.

第十三讲

朗读者：

——因为这种万民法的形成和规定不仅是为了避免更大的犯罪，也是为了保证每个国家的权利。①

施特劳斯：这一段非常重要，它涉及到万民法的复杂性。存在两种万民法，其中一种万民法的引入是为了避免更大的罪恶。我会有所保留地说，这适用于苛刻的(harsh)万民法，我们在战争中允许所有可怕的事情，是为了能有一定的底线(flooring)，不管这个底线有多么低。但还存在另外一种万民法，比如一夫一妻制和其他内容，这种万民法超越甚至高于严格理解的自然法。

另外，格劳秀斯在这里使用了一个表述，但英译者译错了。这很糟糕，因为只需要半年的拉丁文基础就可以很容易翻译正确。那个表述是啥呢？就是 ius internum。② 它在哪里出现了？

朗读者：第二部分的第二段。

施特劳斯：在第一段第二部分的下半部分中，不仅外在的而且内在的……③他怎么说的？

学生：合法(legal)，但不道德；他一直这样翻译。

施特劳斯：我知道了，但既然他也使用"道德权利"(moral right)……我们以后会再讨论"内在法"(internal right)这个主题。现在，依据格罗诺维乌斯(Gronovius)，第二种万民法与自然法相一致，也就是说，那种在财产出现后引入和要求的万民法。因为这是在财产引入之后要求的，同时是为了拯救自己的良心，我认为意思是：有良心地行动。

这也意味着，自然法不只是包含免于惩罚的内容，它必须不仅在于免于惩罚，而且要内在无罪。

---

① *JBP*, 3.13.1.2.
② [译注]也就是施特劳斯在这几讲中一直提到的"内在正义"(internal justice)，以及后文还会提到的"内在法"(internal right)。
③ 格劳秀斯使用了 internum ius，英译者则翻译成了"道德权利"(moral right)。

自然法不认可任何这样的行为：事实上免于惩罚，同时又并非无罪。我们必须记住这一点。请读第四段的第一部分。

[更换磁带]①

（朗读者：不过，正如在其他地方见过的那样，我们必须牢记，博爱原则的适用范围比法律规则更为广泛。如果一个有钱人为了能榨取最后一文钱而剥夺一个贫穷的债务人所有的那一点财产，他将会背负铁石心肠的罪孽；如果该债务人是出于善意[goodness]而负债——比如他是为一位朋友担保，而不是把钱用于为自己谋利——则债权人的罪孽就更加深重。昆体良[Quintilian the Father]指出："担保人承担的风险值得同情[commiseration]。"不过，按照对法律的严格解释，即使债权人如此苛刻，他也没有逾越自己的权利。）

施特劳斯：也就是说，值得同情（compassion）。这一点我们从日常实践中就能理解，但问题在于，严格理解的法是否暗示了自然法？这是有趣的问题。很明确地，市民法并没有要求这一点，但严格理解的自然法是否——它难道不是也走得那么远，以至于到了"同情"或者"博爱"的地步？你们认为呢？

学生：自然法没有这么要求。

施特劳斯：我也这么认为……如果我没理解错的话，我要说，这正是格劳秀斯的观点。严格理解的法与宽泛理解的法之间的区别就在于，严格理解的法不要求类似人道、同情等等义务的实现。

学生：就我所知，当每个人谈及 right 的时候，这个词指的是自然法（natural right）。

施特劳斯：确实如此。我们来看下一部分。

---

① 因为更换磁带，这里朗读的段落在原始的记录稿中并未出现。英译本中该段落如下："不过，正如在其他地方见过的那样，我们必须牢记，博爱原则的适用范围比法律规则更为广泛。如果一个有钱人为了能榨取最后一文钱而剥夺一个贫穷的债务人所有的那一点财产，他将会背负铁石心肠的罪孽；如果该债务人是出于善意而负债——比如他是为一位朋友担保，而不是把钱用于为自己谋利——则债权人的罪孽就更加深重。昆体良指出：'担保人承担的风险值得同情。'不过，按照对法律的严格解释，即使债权人如此苛刻，他也没有逾越自己的权利。" JBP, 3.13.4.1.［译注］这里则直接置于正文中。

第 十 三 讲

朗读者：

因此，人道原则要求我们把与战争罪责无关之人，以及除担保以外，不存在任何其他原因而负有义务之人的财产留给他们，假如我们比他们更容易取得这些财产，特别是在他们以这种方式失去的财产无法从自己的国家那里得到补偿的情况下。我们在这里可以借用居鲁士占领巴比伦（Babylon）后对他的战士们所讲的话："你们可以正当地拥有你们所有的一切。但是，假如你们不从敌人那里拿走任何财产，那将是你们具有人道（humanity）精神的证据。"①

施特劳斯：当然，这也不是历史事实，而是人的想象。当然，在希腊文中，人道（humanity）是 philanthropia（即爱人类 [love of human beings]），这个词原初意义上并没有今天所拥有的涵义，因为有些人是爱狗者，有些人是爱鸟者，还有些人是爱音乐者，也有一些人是爱人类者。色诺芬的某个段落（具体我现在记不太清楚了）就是这种用法。②

正义与爱人类（philanthropy）（或者人道）之间的差异可以追溯到色诺芬，所以这并不是一个现代的区分。我们不能忘了以下这点——这一点我们之前已经了解了——格劳秀斯关于窄狭理解的正义同宽泛意义上的正义之间的区别可以追溯到亚里士多德，在亚里士多德那里则呈现为严格理解的正义和普遍正义（universal justice）之间的区别。我们不仅需要看这一区分将展示给我们什么，还需要去看亚里士多德想借此暗示和表达什么，格劳秀斯借此想暗示什么。在色诺芬那里，我认为他不仅正确呈现了起源，而且包含了思考。他开启了进一步的深入考察：在何种程度上，居鲁士③是一个完美的统治者，正义和道德的化身？色诺芬的整部作品显示，居鲁士是一个异常精明的马基雅维利

---

① *JBP*, 3.13.4.2.
② 色诺芬在《居鲁士的教育》VII. 5. 73 和 I. 4. 1 中使用了"philanthropia"一词，格劳秀斯在这里引用了前一处。
③ 施特劳斯似乎正在评论前面朗读过的色诺芬《居鲁士的教育》中的那一段。

主义者,他非常明白,比起许多军队,某种程度的仁慈(kindness)和道德能为你做更多的事情,而他也确实如此行事——这当然并不是格劳秀斯非得讨论的一个问题,但却是格劳秀斯的阐释者必须考虑的问题,无论是以何种方式。在亚里士多德那里,philanthropia 一词不存在;他并没有在《尼各马可伦理学》中使用过这一词汇。但这个词在色诺芬那里就已经出现了。

现在,我们来看第十四章,请读一下开头部分。

朗读者:

在那些其习惯赞成捕获俘虏和使人为奴的地方,如果我们从道德正义(moral justice)的角度去考虑——

施特劳斯:应该翻译成"内在正义"(internal justice)。

朗读者:

——这种做法主要应当以对待捕获财产的同样方式受到限制,其结果是捕获者实际上被允许在不超过原始债务或派生债务的范围内取得捕获财产。同时,除非某些人自身可能犯有特定罪行,而且不对其施加剥夺自由的惩罚无法达到公正(equity)的要求,否则,不得限制其自由。由此可见,只有在惩罚犯罪的范围内,进行合法(lawful)战争的人才有捕获敌方臣民的权利,而且他可以把这种权利合法地(legitimately)转让给别人。①

施特劳斯:因此,使人为奴的权利仅仅来自一场正义战争(a just war),而且仅仅作为一种对于损害的补偿,或者作为对于犯下重罪的个人的一种惩罚。这一点很明确。他在这里将"公平"(equity)和"内在正义"(internal justice)作为同义词来使用。我们来看第二段第三部分的开头部分。

---

① *JBP*, 3.14.1.1.

第 十 三 讲

朗读者：

因此，根据万民法可以对奴隶实施并免受惩罚的行为和自然理性（natural reason）允许对他们实施的行为有着很大的差别。①

施特劳斯： 这里应该是"自然推理"（natural reasoning）和自然法，是严格理解的自然法。请读第六段的第二部分。

朗读者：

另外，塞涅卡证明，奴隶在某些方面享有自由；如果他在奴隶的义务范围之外自愿而不是按照命令完成了某些工作，他就创造了额外的价值。在这种情况下，他提供服务的义务就变成了对朋友的馈赠。塞涅卡详细地解释了这一点，而且他的看法和泰伦提乌斯（Terence）的观点有共同之处。泰伦提乌斯曾经指出，如果一名奴隶在空闲时间自愿节衣缩食或者通过自己的勤奋劳动积攒下一点财产，这种积蓄在某种程度上就是他自己的财产。

就像人们把奴隶之间的男女结合定义为"自然的婚姻"②一样，狄奥菲里斯（Theophilus）恰当地把奴隶的积蓄定义为"自然的遗产"（natural patrimony）③。——

施特劳斯： 也就是说，并未被法律承认。

朗读者：

——乌尔比安（Ulpian）则称其为"少量的遗产"。虽然主人可以按照自己的意愿拿走奴隶的全部或部分积蓄，但是，如果没有任何理由，他这样做就是不正义的。至于是什么理由，按照我的理解，它不仅包括主人对奴隶的惩罚，还包括主人的急迫需要，因为

---

① *JBP*, 3.14.2.3.
② 奴隶的结合，用拉丁语表述为：contubernium。
③ 奴隶的积蓄，用拉丁语表述为：peculium。

与公民利益应该服从国家利益相比,奴隶的利益更应当服从主人的利益。①

施特劳斯:我们别忘了格劳秀斯的人道主义(humanitarianism)倾向。但是,奴隶仍旧是奴隶身份,是的,这一点毋庸置疑。请读这一章②的第四部分。

朗读者:

在许多民族中,法律甚至已经把主人对奴隶的权利克减到了符合我们现在所阐述的内在正义(internal justice)③的水平。在希腊,受到严重虐待的奴隶被允许"要求把自己卖掉"。在罗马,受虐待的奴隶可以到神庙避难,或者在遭受酷刑、挨饿或难以忍受的冤屈时寻求治安官的帮助。另外,不是来自对法律的严格解释,而是出于人道和仁慈的考虑,对于长期服劳役或者提供重要服务的奴隶,有时可以给予他们自由。④

施特劳斯:因此,这种内在正义同人道及仁慈(beneficence)之间的关系是什么?我认为,它们不一样,因为人道主义的仁慈是宽泛理解的正义,而内在正义则是自然正义、严格理解的自然法:iustitia interna,即 internal justice。这对应了内在法(ius internum)。内在正义是这样一种形式的正义:它遵循内在法(internal right),也就是说,这种法不是来自于外部,既不是来自于其他人类,也不是来自于上帝,这种法书写在人类的心中。

学生:你认为,这相当于严格理解的正义。

施特劳斯:我认为是这样。我认为我们必须作出这样的区分:存

---

① *JBP*, 3.14.6.2.
② [译注]应该是"这一段"。
③ 在本讲中,在施特劳斯的建议下,朗读者将英译本中的 moral justice 全都换成了 internal justice。
④ *JBP*, 3.14.6.4.

在完整意义上的正义,这种正义包括了所有的人道主义和仁慈等等;还存在窄狭意义上的正义,这种正义只是前一种正义的一部分;另外,我们还有万民法,它在某些方面要比严格理解的正义范围更小——因为严格理解的正义不会允许你去杀掉敌方城邦内的妇女和儿童,但万民法却允许这一点。你的问题是什么?

学生:我没法说得很具体,但格劳秀斯在谈论"战争中允许什么"那整个部分中,先依据自然法,然后依据万民法,再然后又回到自然法,这里面的要求似乎是在逐步提高。

施特劳斯:你就是当时第一章至第五章的朗读者。你当时给我们读到了哪些内容?

学生:第一章关于自然法,从第二章一直到第十章都是万民法。我认为,从第十章开始,我们并没有回到自然法,但是确实回到了义务(obligation)、人道。我们正在回到正义。

施特劳斯:我认为,他先给出很苛刻的东西——我的意思是,如果不考虑导论的章节的话。首先,他给予了万民法所有难以置信的违背自然正义的自由,然后,他又给出了告诫性的(admonitional)自然法,它甚至比自然法要求得还要多。

学生:在某种程度上,严格意义上的自然法已经在本卷的开头谈论过了,甚至在第二卷中就已经谈论过了。关于"你可以杀谁、你可以拥有多少财产,等等"问题的主要观点,都可以很容易地从第二卷中找到,因此既然现在我们开始讨论节制(moderation),我们也会讨论所有相关内容。

施特劳斯:不,不。格劳秀斯想要用一种人道的方式结束这本书,因此,节制问题留到了结尾。但我们关注的问题是:内在正义与严格理解的法之间的关系。这里,我们看到了奴隶制的例子,在我们读过的某个段落中,格劳秀斯认为,奴隶应当被得体地(decently)对待。但格劳秀斯在这里提及了内在正义,那么严格理解的法关于奴隶制是怎么说的?如果我以前的说法是对的,那么,严格理解的法与内在正义就应该是一回事,那么上面那个问题就没有必要了。这个问题就没有意义了。但我不是很确定;这里存在一定程度的晦暗。

我们来读第十四章的第八段。

朗读者：

我们在前面提出了这样一个问题：根据内在正义（internal justice），奴隶的子女是否以及在什么程度上对主人负有义务——

施特劳斯：他在这里说的是"内在法"（right，拉丁语为 iura）。

朗读者：

——这个问题不容忽视，因为它特别与俘虏有关。如果父母犯下死罪，为了保全其生命，他们以后生育的子女注定要成为奴隶；如果不答应这个条件，他们的子女就不可能出生。正如我们在其他地方讲过的那样，事实上，如果父母面对饥荒无计可施，可以把子女卖身为奴。这也是上帝授予犹太人对迦南人（Canaanites）后代的权利。

已经出生的子女和他们的父母一样都是国家的组成部分，都要为国家的债务承担责任。但对尚未出生的孩子来说，这个理由似乎不够充分，因此，需要另外一种理由。总的来说，子女为主人服务的义务一方面可能来自父母的明示同意，这种同意是和主人为奴隶子女提供生活必需品联系在一起的，而且这种义务没有确定的期限；另一方面，它可能只是来自主人为奴隶子女提供生活必需品的事实。在这种情况下，奴隶子女对主人的义务应当延续到他们以其劳动清偿了主人付出的全部费用为止——

施特劳斯：换句话说，你要记下你为这些奴隶子女花了多少钱的帐，然后算出赚到这笔钱需要多少时间。

朗读者：

——如果说主人被赋予了针对奴隶子女的进一步的权利，那它明显是来自市民法。与正义（just）相比，市民法更倾向于维护主人的利益。①

施特劳斯：应该翻译成"与公平(fair)相比,市民法更倾向于维护主人的利益"。因此,格劳秀斯试图使得市民法更为人道,这一点没有什么疑问。不过,这对于自然法有关奴隶制的规定有何启示呢？显然,依据自然法,奴隶的后代仍然是奴隶,至少在相当长的时间内是这样。万民法则从中得出了永久奴隶的规定,这当然是一种对严格意义上的正义的偏离。请读第九段的开头。

朗读者：

> 有些国家并不行使来源于战争的奴役俘虏的权利。对它们来说,最好的做法是交换俘虏;其次是按照公平(not unfair)价格取得赎金后释放俘虏。尽管对于什么是公平价格不可能作出明确规定,但是,按照人道主义原则的要求,它不能高到在支付赎金后俘虏将无法生活的程度。②

施特劳斯：换句话说,如果他必须支付赎金,并且他的余生都得支付赎金,那这就将违背人道主义。但这里也显示出,自然法并不全然支持这种人道主义的解决方案。自然法可能会认为——在战争结束时,你是否要奴隶或者交换俘虏,这是个开放的问题。原因可能就是这样。在某处会出现的某个观点如下:相比于在更为文明的民族中成为一个可容忍的、体面的主人的奴隶,成为非常好战的野蛮部落的俘虏会更加可怕。另外,这一点也需要加以考虑,格劳秀斯在某处提过,尤其是在关于复境权(postliminy)那一章中:早期罗马人如何认为没有逃脱而成为战争俘虏是一种耻辱。③ 我认为这种观念的某些残留依旧存在。我看过一个英国电影,里面讲到一位战斗机飞行员宣称他比另一个人更为优秀,因为他被德国人抓住后逃脱了,而另一位则在一个德国集中营

---

① *JBP*, 3.14.8.1—2.
② *JBP*, 3.14.9.1.
③ 很可能是指 *JBP*, 3.9.4.2.

被关了整整四年。

现在,我们来读下一章的第一段。

朗读者:

相对于在个人关系上对公平(equity)的要求和对人道的赞赏,在全体国家间或部分国家间的关系上对公平的要求和对人道的赞赏更为重要,因为对许多人的犯罪和仁慈(kindness)更为明显和引人关注。如同在正义战争中可以取得其他财产或权利那样,战胜国也可以取得战败国统治者拥有的权利以及该国人民自己拥有的主权权利。但是,对这种权利的取得只有在惩罚对方的犯罪或者追偿其所欠的某种债务的范围内才可以被允许。

在惩罚犯罪和追偿债务以外,还可以补充避免极端危险的理由。不过,尽管胜利者在重建和平和利用胜利成果的时候应当特别关注自身安全的问题,但避免极端危险的理由经常与其他理由相混淆。虽然胜利者出于对战败者的同情可以放弃其他要求,但在事关国家安危的问题上,为了追求更大程度的安全感,同情心(compassion)不得不做出让步。①

施特劳斯:对今天而言,这一点有某种重要性。可能存在一种短视的同情心。你们都熟悉这样的例子。在一场正义战争中,如果罪行是如此严重,必须加以惩罚,如果这种惩罚不执行就会有巨大的危险,那么胜利的一方就可以要求统治有罪的一方。但是,内在正义则要求最大限度的合理的同情。他在这里提到内在正义了吗?我还没看到。

朗读者:

根据内在正义,取得主权在什么范围内可以被允许②

---

① 格劳秀斯用一个引用来结束这一段:"伊索克拉底(Isocrates)在致腓力(Philip)的书信中写道:'对野蛮人的镇压必须达到能够让你的国家绝对安全的程度。'" *JBP*, 3.15.1. [译注]伊索克拉底,《书信集》(*Letters*), II. iv = p. 409。

② *JBP*, 3.15.1. [译注]这是标题。

施特劳斯：对。你可以看到,这里存在一种对内在正义的新解读。那么,内在正义就不再仅仅完全等同于严格理解的法了?

学生：在第十一章中,格劳秀斯写了一个小段落,表明他理解这两者是一回事,因为英译翻译成 moral justice 的地方,括号中是 iustitia interna。然后,他接着说到,当屠杀是不正义时,屠杀的权利可以通过本卷第一章所给出的解释来理解,格劳秀斯在那里谈到了自然法（ius naturae）所给予的权利,即严格理解的自然法。这只是在用另一种方式在说同样的事情。

施特劳斯：但是,iustitia interna 仍然是指最关心实现自然法的那种正义。我明白这一点,但这不是问题所在。我认为把这一点说清楚很重要:严格理解的法排除了人道之类的考虑。

学生：在第一章,他只考虑严格理解的自然法。现在,他使用了这个新说法 internal justice,还提到了第一章,并说我们已经处理了这个问题。他的意思大概就是:这或多或少是同一个东西。

施特劳斯：但是你看,这对于整个讨论来说也是对的。我们现在所做的事情仅仅是得到一个关于格劳秀斯的最初印象,如果我们想得到更多关于格劳秀斯的确定的东西,我们就必须去阅读写得好的评论,必须花费更多的时间,但我们现在不可能做到如此。一定记住,这是一个开放的问题。出于我私人的目的（private purposes）,我作一个强调:内在正义与严格理解的法（ius）不一样。这是我的总体印象。

学生：英译者翻译成 moral justice,这个说法在之前的文本中出现过。那么,他在之前的章节中使用过 iustitia interna 这个说法吗?

施特劳斯：我不知道呀。这是所有研究中最可怕的事情之一。你突然间开始意识到这个说法,从那一刻起,你开始关注它。因此,这是学术生活永无止境的（Sisyphean）特质之一——你不得不重新开始所有的工作,除非对于什么是重要的和值得关注的内容,你提前有完整的认知。在可能的限度内,每个作者都有其个人特质,因此不可能全面加以考察。一句古语说,"重复乃研究之母"（repetitio mater sdudiorum）。我没留意过 iustitia interna 这个说法,我想你们中所有人都没有留意过。但如果有谁留意了,这将非常有价值。①

学生:事实在于,英译者在第三卷中将这个说法放在了括号中——如果这个词之前出现过,我们认为他在那里就应该把它放在括号内。

施特劳斯:这个英译者有多可靠?

学生:他之前相当频繁地使用这种括号。

施特劳斯:毫无疑问,我觉得他试图借此来强调一个首次出现的术语。但是,他有多可靠?在日常生活中,我们可以认为,除非被证明有罪,否则所有人都无罪。然而,学术生活和日常生活的区别之一在于,这一点在学术生活中并不是这样。在确证其可靠性之前,他就被认为可靠,这不是学术生活中的规矩。既然我们已经发现他在翻译时会有不必要的自由发挥,那么我就不会对他的行为再作评论。

这一章的第二段讨论了征服者的权利问题,至少有这个关键点:严格意义上的征服者的权利不能拓展到被击败国家的政府。不能有永恒的服从,不能建构帝国。请读第三段。

朗读者:

> 撒卢斯特谈到古代的罗马人时指出②——

施特劳斯:请读第三段。③ 你或许也可以读一下第二段结尾处对奥古斯丁的引用④,这样可以获得对于第二段的基本精神的印象。

朗读者:

> 不过,请他们放心,不需要担心正直的人们会以扩张自己的领土为乐……更幸运的事是与我们的好邻居和睦相处,而不是征服

---

① 对文本进行电子搜索的结果显示,英译者在第三卷之前确实使用过 moral justice 的说法,是在 *JBP*, 2.5.28。而这个说法确实是用来翻译 interna iustitia。那一段的主题是奴隶制,正好是在目前讨论的段落的主题范围内。
② *JBP*, 3.15.2.1.
③ [译注]朗读者刚才读错了位置,他读的是第二段。
④ [译注]格劳秀斯引用了奥古斯丁,《上帝之城》,IV, xv。

第十三讲

对我们进行战争的坏邻居①——

施特劳斯：这是整个这一段的基本精神：不能扩张帝国。
朗读者：

对于这种理想（ideal）——

施特劳斯：应该翻译成"榜样"（exemplar）。②
朗读者：

古罗马人民明智地表现出来的对被征服者的节制（moderation）最接近于古代人互不伤害的榜样。塞涅卡指出："如果不是富有远见地将被征服者和征服者融合在一起，我们的帝国今天会是什么样子呢？"根据塔西陀的记载，克劳狄（Claudius）说道："我们罗马城的创建者罗慕路斯（Romulus）展现出了如此高超的智慧，他能在一天之内使许多罗马人民的敌人成为罗马的公民。"他补充说，斯巴达人和雅典人的衰落不是因为任何其他原因，而是因为他们排斥那些被他们征服的民族，并把他们当作异族人。李维认为，通过允许敌人加入本国，罗马变得日益强大起来。在历史上，这样的例子比比皆是：萨宾人（Sabines）、阿尔巴人（Albans）、拉丁人（Latins）和其他意大利民族先后加入罗马；直到最后，"凯撒的胜利使高卢人也进入了罗马元老院"。③

施特劳斯：还有其他等等例子。过去确实存在一个罗马帝国，但格劳秀斯脑子里想的则是：他们某种程度上摧毁了许多民族；那些或多

---

① 在这两段中间，格劳秀斯加上了"然后，他又补充说"。引用之后，格劳秀斯继续写道："先知阿摩司（Ammos）强烈谴责了亚扪人（Ammonites）渴望通过使用武力扩张领土的行为。" *JBP*, 3.15.2.2.
② 拉丁文 exemplar 意思是肖像（likeness）、模特，也表示理想（ideal）。
③ *JBP*, 3.15.3.

或少取得了罗马市民身份的个人们则接受了这一点。第四段中展现了不同的选择。

朗读者：

> 胜利者另一种形式的节制就是把主权权力留给原来掌握它的被征服的国王或者人民。①

施特劳斯：格劳秀斯看起来似乎更偏爱这种选择。我们来读第七段的开头部分。

朗读者：

> 另外，让被征服者保留他们的主权不仅是一种人道行为，也经常是一种深谋远虑(prudence)的安排。②

施特劳斯：这里有一个很大的问题。这里存在一种选择：你不摧毁他们的国家，但你也并非置之不理，你选择改变他们的政制(regime)。在我们的时代，你可以看到很多这样的例子，尤其在东欧。请读第八段。

朗读者：

> 斯巴达人，但首先是雅典人，并不对他们夺取的城邦主张主权。他们只是希望这些城邦应当仿照他们采取同样的政府形式。正如我们在修昔底德(Thucydides)、伊索克拉底(Isocrates)、狄摩西尼(Demosthenes)、狄奥多罗斯(Diodorus)和亚里士多德的《政治学》第四卷第十一章和第五卷第七章中看到的那样，斯巴达实际上有一个受贵族支配的政府，雅典则有一个服从人民意志的政府——

---

① *JBP*, 3.15.4.1.
② *JBP*, 3.15.7.1.

第十三讲

施特劳斯：请省略掉格劳秀斯这中间对于喜剧的引用。

朗读者：

——根据塔西陀的说法，阿尔达班（Atabanus）希望在塞琉西娅（Seleucia）推行政府形式的改变："为了自己的利益，他使平民的地位处于贵族之下，因为平民的统治接近于自由，而少数贵族的专制更有利于国王擅权。"不过，至于这种政府形式的改变是否确实有利于征服者的安全，这个问题不属于我们现在研究的范围。①

施特劳斯：尽管格劳秀斯没有表明需要变成附属关系，但看起来他似乎表达了一种不干预政制的倾向。请读第十段。

朗读者：

不过，即使需要剥夺被征服者的全部主权，对于他们的私人事务和次要的公共事务，仍然存在让他们适用自己的法律和习惯并任命自己的官员进行处理的可能性。②

施特劳斯：刚才你读的这一段中存在一个注释。这是一项关于罗马人行动的表述。在这句话中，出现了这样的表述："少许自由（a shadow of liberty）至少得以保留。"

朗读者：

在罗马人统治下的希腊人的少许自由同样如此。③

施特劳斯：换句话说，这是同样类型的另一种扩张。请读第十一段的开头部分。

---

① *JBP*, 3.15.8.
② *JBP*, 3.15.10.
③ *JBP*, 3.15.10 (n.4).

朗读者：

　　对被征服者的宽容(indulgence)还表现为除教化(persuasion)外,不得以其他方式剥夺他们对传统宗教的信仰。根据菲洛(Philo)的记载,阿格里帕(Agrippa)曾经在对该犹(Gaius)的谈话中指出,允许被征服者信仰其宗教既无损于征服者的利益,又会使他们感恩戴德。在约瑟夫斯(Josephus)的书中,约瑟夫斯和皇帝提图斯(Titus)共同谴责了耶路撒冷的叛乱。事实上,罗马人非常慷慨和宽容,他们允许犹太人享有完全的宗教信仰自由,以至于犹太人可以将外邦人逐出神殿,甚至将他们殴打至死。①

施特劳斯：换句话说,既然这是某种宽容,因此这不是严格的义务。我承认这一点。请读下一章第一段的标题。

朗读者：

　　按照内在正义(internal justice)的要求,敌人在非法(unlawful)战争中从他人手中捕获的财产应当返还②

施特劳斯：这里仍然应该翻译成"内在正义"。想要第一次尝试(当然也只能是第一次尝试)给这些事物分类的话,可以看一下每一章的标题,看看"内在正义"是从哪里开始出现的。请读第三段的第二部分。

朗读者：

　　对于亚伯兰(Abraham)缴获的财物,所多玛王(King of Sodom)

---

① *JBP*, 3.15.11.1.[译注]格劳秀斯在该段第二部分补充道："但是,如果被征服者信奉异教(a false religion),胜利者应该采取正当措施防止异教对真正的宗教的压制,就像君士坦丁大帝(Constantine)在镇压李锡尼(Licinius)派系时所做的那样。在他之后,法兰克人(Frankish)和其他国王也曾经做过这样的事。" *JBP*, 3.15.11.2.
② 凯尔西的英译文是"按照道德正义(moral justice)的要求,敌人在非法战争中从他人手中捕获的财产应当返还",施特劳斯还是更倾向于使用更精确的"内在正义"来翻译 interna justitia。*JBP*, 3.16.1.

说道:"你把人口给我,财物你自己拿去吧。"所多玛王希望把财物作为亚伯兰冒着危险英勇战斗的回报,而作出这种安排的原因只能是为了补偿返还财产之人付出的费用或者劳动的价值。不过,亚伯兰不仅是一个虔诚信仰上帝的人,也是一个品德高尚的人,他并不希望为自己获取任何财产。根据自己的权利,他首先从缴获的财物中拿出十分之一献给上帝;然后扣除了支出的费用,并把一部分分给自己的盟友。①

施特劳斯: 格劳秀斯在给这一段所加的注释中认为,那些异教徒们的行为也与亚伯兰类似。这一点必须这样来理解:异教徒们这么做了;因此,这并不需要预设具有神法的知识:这属于更宽泛意义上的自然法。但是,这当然也有其他的后果:这一点在十七世纪和十八世纪的讨论中扮演了很重大的角色,套用奥古斯丁的一句名言,异教徒的德性并非仅仅是触目惊心的罪过。② 这也起了作用。对此需要更为细致的研究。

在下一章中还有一些观点。请读第一段。

朗读者:

我们在这里讨论并没有卷入战争的中立方似乎多此一举,因为交战各方明显没有对他们进行战争的正当权利。然而,由于在战争中因必需(necessity)而实施的许多行为可能损害中立方,尤其是相邻的中立方的利益,因此,我们有必要在此简单重申根据前面第二卷第二章第十节的内容得出的结论,即能够产生针对他人财产的任何权利的必需必须是急迫的;财产所有人本身并不面临相同的必需;即使确实存在必需,也不得取得超过此等必需的财产。也就是说,如果扣押财产可以满足必需,则不得使用它;如果使用财产可以满足必需,则不得消耗它;如果有必要消耗它,则必

---

① *JBP*, 3.16.3.2.
② 奥古斯丁被普遍认为表达了这个观点;但他的著作中并没有出现这样的观点,仅仅对此有所暗示,参见《上帝之城》,Bk. 25, part 19。

须支付价款。①

施特劳斯：关键的观点如下：必需使得我对别人所有的东西拥有一种权利，如果其所有者不是像我一样必需的话。这一点相当明确，但考虑一下两个人在木筏上的情况，他们处于相同的必需状态。

请读这一章中第二段的第四部分，引用后面的半部分。

朗读者：

> 任何人都不应当认为虽然这些规则很有道理，但在实际中却无法做到，因为假如相信这些规则不可能得到遵守，圣贤们（Devine Man）就不会倡导它们，聪明的立法者也不会把它们规定在法律之中。事实上，我们必须承认是可以做到的，而且我们已经看到了这一点（which we see done）。② ——

施特劳斯：应该翻译成"我们看到这一点已经做到了"（which we see has been done）。

朗读者：

> 此外，对于我们援引的事例，还应当补充③——

施特劳斯：这正是我们所需要的。这里你可以看到，格劳秀斯附带为他所使用的历史事例提供了最重要的证明，即用例子证明了去做那些我们有义务去做的事情的可能性。最简单和最令人信服的可能性确实是来自事例，这有两个方面。我们说，事例要比说教强——去做吧，然后你会发现可以做到这一点。

有一个非常重要的观点，上个世纪以来发生了一个非常巨大的变

---

① *JBP*, 3.17.1.
② *JBP*, 3.17.2.4.
③ *JBP*, 3.17.2.4.

化(change)，我们需要借此理解这种变化：对于完全崭新的要求，事例不再能发挥作用。当然，更传统的观点的一个默认前提就是：道德规则不会改变，因此你能从过去找到事例。但是，如果你想就下面这些崭新的要求找到过去的事例——很不幸，就这些崭新要求而言，我并没有找到过去的事例——比如，培育孩子时不能有任何惩罚，不能有任何责备，不能有任何限制，这才能产生好的一代人，我们不可能从过去找到这种事例。所以道德上的实验有这种独特的风险。

　　如今的根本问题如下：是否存在一种即使有程度上的差异但却总是有效的人类自然(human nature)①，这种人类自然是否是构筑行为规则的唯一坚实根基？还是说，根本不存在这种人类自然？在前一种情况下，原则上存在一种不变的道德的可能性，但是如果你出于各种原因想要一种可变的道德，比如道德进步(progress)，不仅是要求比之前有更多及更好的道德行为，而且要求比已知更高的道德原则，那么，这就不能再基于人类不可变更的自然了。你需要有完全不同的标准。第一个做这种尝试的人是康德(Kant)，他拒斥了以下观点：道德基于人类自然(the nature of man)。

　　我想我们今天就到此结束吧(call it a day)。

---

① ［译注］或译"人性"，因为"自然"一词在整个课程中的特殊意义，本书中 human nature 一律译为"人类自然"。

第 十 四 讲

JBP, 3.18.1—3.25

(1964 年 11 月 19 日)

施特劳斯：①这是我们本课程最后一次碰面,让我们再一次回忆一下那个根本问题。我的意思并不一定指的是像格劳秀斯一样看待这个问题,而是我们将如何看待这个问题。(当然,这在某种意义上也是格劳秀斯如何看待这个问题。)是否存在自然法/正义(natural right)这样的东西？对此,有积极的、也有消极的回答。依据卡涅阿德(Carneades),并不存在这样的东西。这种消极的回答,我们还可以加上马基雅维利以及其他人。相同观点的另一种形式则如下:存在自然正义,但它只是强者的自然正义。

学生：你可以把卡涅阿德的观点说得更具体一些吗？

施特劳斯：卡涅阿德就是认为不存在自然法。② 所有的法/正义(right)都源自习俗,人类就某事达成一致(agree),然后期待所有人都遵守它。这是非常不完整的表述,但我们必须承认今天卡涅阿德没有任何著述流传下来。我们依赖于西塞罗的一些相关论述。我们也在柏拉图对话中所谓的智者(sophists)口中得到一些类似的观点,但是这一立场现在并没有完整的表述。在我看来,这种立场站不住脚,但我们必须完整地知道这一立场,才能公正地评判它。我试图更深层次地展示

---

① 原始的讲稿记录者注明,这一讲开始时阅读了一个学生的论文。阅读过程以及后面的讨论并没有被记录下来。

② 在导言(Prolegomena)中,格劳秀斯将卡涅阿德作为这类论点的主要代言人。施特劳斯在第一讲中讨论过这一点。

这一立场,并且尝试填补中间的逻辑空白,这就是我在《自然权利与历史》(*Natural Right and History*)一书第三章所做的事情,当然,那里的说法还需要大量的修正。

不过,这个问题总体上很清楚,大家来看一看下面的这种说法是否可理解:有些人认为存在自然法;有些人认为没有自然法——他们认为所有的法都是人造的(man-made)。后一种表述在今天更可理解,这就是当今社会科学的观点。你们知道这一点吗?你们研习政治科学(political science)多久了?

学生:从十月份开始。

施特劳斯:哦,那你们马上就要学到这一点了。如今压倒性的观点如下:不存在自然法。存在各种不同的法/正义的概念,各个社会之间不相同,各个阶级之间不相同,人们或多或少都依据他们各自的法的观念来行动。这并不必然意味着法是人造的,比如,他们坐下来一起讨论,找出在哪些问题上可以达成一致,然后法就同时形成了。但是,这仍然是当今绝大部分社会科学家的共同观点。

如果我们就这样接受它,并且在这个视阈内看待这个问题,那么我们的格劳秀斯分析就不完整,因为自然法领域存在分裂:前现代的自然法与霍布斯所开创的自然法之间存在冲突。我们必须立即讨论这一点。格劳秀斯当然并不知道现代自然法,因为现代自然法在他死后才出现。但这么说并不十分准确——有人提醒我这一事实:格劳秀斯读过霍布斯的《论公民》。你能找到这一段,并给我们读一下吗?

学生:这是在格劳秀斯给他的兄弟的一封信中,日期是1643年4月11日。

施特劳斯:《论公民》出版于1642年。

学生:他写道:

> 我的兄弟,在阅读《圣经》时,我们对于其中先知段落的解释今后将得到确证。同时,我请朋友们不要下判断。我已经阅读了《论公民》这本书,这位作者站在国王的立场所说的内容是令人愉悦的。但是,我不能同意他的观点所依赖的根基。他认为,依据自

然,所有人之间存在着战争,他还有其他与我们的想法不相合的观点,因为他相信私人公民有遵守他的国度所接受的宗教的义务,如果不是通过同意(assent),那么至少通过顺从。这些以及其他观点,我都不能接受。我不认为这本书是腐化的,而是窥探私事(prying)①。如果国王的立场得到应该有的正确辩护,我会很高兴,在这一点上,我自己发表过一些合适的观点。②

施特劳斯:所以,换句话说,委婉地讲,霍布斯对于格劳秀斯而言并非绝对不可接受。不过,他不喜欢霍布斯的根本理论基础。这样并没有完全说清楚,但对于目前我们讨论的目的来说已经足够了。

因此,格劳秀斯确实对这种新自然法有一些印象。当然,意识到霍布斯并不能完全等同于卡涅阿德,这一点也很重要。卡涅阿德如今被当作反对自然法的重要代表。在老一些的文献中,经常会忽略霍布斯与卡涅阿德之间的差异。霍布斯是自然法教师,这一点没有疑问。

《利维坦》有很多段落,我想我们可以读一下第十五章中的一个部分。

朗读者:

愚昧之徒心里认为根本没有所谓正义存在,有时还宣之于口。他们郑重其事地断言,每个人的自我保存与满足交给各人自己照管以后,大家就没有理由不按照他认为有助于这一方面的方式行动——

施特劳斯:这是卡涅阿德的观点。

---

① [译注]对此语的确切含义有一些争论,详见本讲下文中的讨论。Prying 大体意思是"过度好奇地探究"。
② [译注]这里未列出该信原文以及学生所读英译版本的出处。原信出处如下:格劳秀斯,《书信集》(*Epistolae*),Amsterdam,1687,pp. 951—952。塔克的英译可参见塔克(Richard Tuck),《哲学与政府(1572—1651)》(*Philosophy and Government 1572—1651*),New York:Cambridge University Press,1993,p. 200。

第十四讲

朗读者：

因此，立约与不立约，只要有助于个人利益，就不违反理性。在这些话里面，他并没有否认有信约存在，也没有否认信约有时被破坏、有时被遵守，以及破坏可以称为不义，遵守可以称为正义。但他们的问题是：不义在去掉对神的畏惧（这些愚夫心里也认为没有神）以后，有时是不是不能和指使人们为自己谋利益的理性相一致——

施特劳斯：换句话说，审慎（prudence）、对自己利益的眷顾，都不是正义，且与正义无关。有些时候，变得正义意味着有智慧，但也有些时候，变得正义则是不审慎，主导性的德性不是正义，而是审慎。卡涅阿德也提过这些观点。

朗读者：

——尤其是当这种不义能导致一种利益、并因而使人处于一种不但不顾谴责和辱骂，而且不顾他人的权势的情况之中时，它是不是不能和这种理性相一致。神的王国是凭暴力得来的，如果能用不义的暴力获得，那又怎么样呢？当我们想这样获得神的王国而又不可能受到伤害时，难道是违反理性的吗？不违反理性就不违反正义，否则正义便永远不值得推崇了。——

施特劳斯：正义很坏，因为正义与你的利益相冲突。

朗读者：

——根据这种推理，获得成功的恶便得到了德性之名，有些人在所有其他方面都不曾容许背信的事情，但却容许背信以窃国。异教徒相信萨图尼努斯（Saturn）是被他的儿子朱庇特（Jupiter）废黜的，但也相信这位朱庇特神是惩罚不义之神，这种情形倒有一点像寇克（Cook）所编的《利特顿氏著作评注》（*Commentaries on Little-*

ton)一书中的一条法律,其中说:法定王位继承人以叛逆罪丧失公权时,王位仍得传与其;并自得位之时起,其公权丧失即无效。根据这种主张,人们很容易作出一个推论说:在位之王虽是父亲,但王位继承人弑父时,即便可以称为不义或加以其他恶名,却绝不能说是违反理性;因为人们所有出于意志的行为都是为了自己的利益,而最有助于达成其目的的行为则是最合理性的行为。不过,无论如何,这种似是而非的推论却是站不住脚的。①

施特劳斯:换句话说,霍布斯是从天使这一边下来的。这是一个很多时候被严重忽视的事实。但这是一种新的自然法,它的内容非常不一样。你可以如下这样来描述卡涅阿德与霍布斯的差异。卡涅阿德认为,两个在木筏上的人的例子已经证明了自然法的不可能。在这个例子中,正义沉默了,他认定这表明了正义的根本局限。霍布斯恰恰得出了完全相反的结论。他认为这证明了正义存在,这是因为:为什么我们认为不能作出决断呢?因为双方都只是在考虑自己的自我保存。这无可指责。这绝对就是正义。换句话说,传统自然法认为,在最终与法/正义相关的地方,不可能存在冲突,而在霍布斯那里,与法相关的地方则存在冲突。这是关于法/正义(right)的冲突,而不仅仅是关于利益和功利。依据霍布斯,所有的战争都可以是正义的,而依据传统自然法,只可能有一方是正义的。

不过,这种观点是从失败中找寻胜利,并把胜负颠倒过来②:在笛卡尔(Descartes)那里有一个重要的类似观点,笛卡尔的观点要有名得多。笛卡尔想要拥有知识,但周围一堆人认为,出于各种原因,不可能存在知识。这些人传统上被称为怀疑论者(skeptics)。笛卡尔看了怀疑论者的态度,说:非常好,非常好,但他们并没有证成他们想要证明的东西,因为,如果你看他们并承认他们所说的一切,就会发现一种绝对的确定性(an absolute certainty),存在于这些东西之后的绝对确定的知

---

① 霍布斯,《利维坦》,chap. 15,para. 4。[译注]中译采用[英]霍布斯,《利维坦》,黎思复、黎廷弼译,北京:商务印书馆,2016,页110—111。
② 也就是说,从显然拒斥正义的地方,构筑起对于正义的辩护。

识:一个正在怀疑的"我"(I)的确定性——我存在(I am)。如果我不知道我存在,我就不可能知道我的无知,因此,一个骗人的恶魔会在所有方面欺骗人类,但他仍然要预设那个将被欺骗的存在(the being)是存在的,而这个将被欺骗的存在有一个最终的工具:怀疑,即他不相信这个骗人的恶魔可能会灌输给他的那些东西。这样,他就处于一个很悲惨的境地,但是至少他可以防止被欺骗,对于关注知识的人来说,这是最重要的事情。

霍布斯应对道德怀疑论者的方式与笛卡尔应对理论怀疑论者的方式完全一致。因此,笛卡尔的结论是:正在思考的自我(ego)是首要的东西,这个自我与上帝相对立。相对应地,在霍布斯那里,首要的确定性——对所有道德和政治的反思开始于这种确定性——并不是自然法(right),而是自我的权利/法(the right of the ego),即自我保存的根本权利。因此,这是对于自然法(natural right)的极为不同的理解。

我们向格劳秀斯的更具体的提问则如下:在这个问题上,在这种前霍布斯的自然法与霍布斯式自然法之间的分水岭面前,格劳秀斯站在哪一边?对格劳秀斯而言,人类依据自然(by nature)是社会动物,这一点毋庸置疑。纵然在格劳秀斯那里,在某些点上,这一传统自然法的伟大建筑被动摇了或者几乎被动摇,事实也确实可能如此,但他绝对没有设想存在一个新的根基。用很简单的新闻式(journalistic)的表述来说:格劳秀斯并不是一个革命者。他接续了传统。

学生:[听不清]

施特劳斯:那很明确。有一些东西可能要发生,他感知到了,但这显然没有进入他的意识之中。你可以比较一下格劳秀斯这本书"导言"的关键部分与霍布斯的《法律要义》一书的献词部分。霍布斯认为,到目前为止,所有的自然法都是空中楼阁(in the air),我们现在必须找到一个新的根基。你立刻就会发现他们两人之间的差异。

学生:刚读的那封信是否不仅表明格劳秀斯没有往前走一步,而且表明他事实上看到霍布斯已经这样做了,但他自己不愿意再往前走?

施特劳斯:从这封信里看不出来。

学生:信里说霍布斯窥探私事(prying),霍布斯还窥探了什么事?

施特劳斯：格劳秀斯并没有用英文写信，我们必须看荷兰语或拉丁语，然后才能明白他的意思。prying 是什么意思——探究吗？

学生：prying 的意思是窥探一些你不应该窥探的事情，比如别人的事。

施特劳斯：换句话说，他是个大胆的(bold)人。我们知道，霍布斯是个害群之马(a black sheep)。换句话说，霍布斯不是谄媚国王的人。他是这个意思吗？

不管怎样，你们不能忘了怎样去阅读书籍。格劳秀斯那时多老了？他当时至少五十岁，是个非常牛的大咖(a very big shot)，现在所谓的大权威。他读到这本完全不知道由何人所写的书。《论公民》是匿名发表的吗？我现在忘了。然后，格劳秀斯读了这本书，他看到这个年轻人（其实这个"年轻人"这时也将近五十岁），他学说的某些方面显然相当好，但是在涉及教会时，这个年轻人在给予世俗权威的权力方面走得太远了。如果我们简单运用这个模式，就有点走得太过了。当然，霍布斯论述的起点是：恐惧（而非仁慈）是所有持久社会的根基。这点非常可怕，完全不可接受。但是，既然这导向了一个令人愉快的支持国王的观点，格劳秀斯就不会太过较真。这就像《国家评论》(*National Review*)不那么介意安·兰德(Ayn Rand)的无神论一样，因为她站在资本主义一边。

因此，换句话说，涉及格劳秀斯的这一说法缺少任何深度，但确实并非完全没有意思。我认为，霍布斯从来没有提及过格劳秀斯，但他可能会说类似的话，就像他将各种荒唐的同意(agreements)编纂成法典一样。

学生：你之前说，古典人从不谈权利(rights)，他们谈义务(duties)。

施特劳斯：那要看具体情况。我说的是一个过于笼统的表述。你继续说。

学生：上次你谈论了《申辩篇》中的苏格拉底——

施特劳斯：我知道你的意思了，在《申辩篇》中，他认为：为我自己辩护，我是正义的。

学生：他并没有认为：我有权利(a right)。

施特劳斯：到底他的意思是"我有权(am entitled to)这么做"还是"我必须(am obliged to)这么做"，并不能确定。① 区分权利与义务是相对晚近的事。无论这在法律实践中是什么情况，这种区分达到了哲理高度，并且具有哲学价值，这是一件有趣的事情。

当你阅读《神学大全》的部分内容时，其中有关于自然正义、自然法以及自然法的第一原则及第二原则的关键讨论，这里并没有提到 right 与 duty 之间的差异。② 后来学者们提及这个问题，但也只是因为他们比《神学大全》更接近法律实践。关键问题在于：权利(或者义务)是否是整个思考的起点。你明白了吗？你为了你的义务而宣称的权利，然后义务又限制了权利，这两者有差异吗？或者举个日常实践的例子，言论自由的权利。如果宣称要有言论自由，那是因为言论自由是必要的，否则官员就会滥用他们的权威或类似的东西：很显然，言论自由的法律化也限制了这种权利。色情没有什么理由存在，但如果你有绝对的多样化的言论自由，那它就一定包含了色情的自由。因此，一般而言，严格区分绝对的权利和义务，是从霍布斯开始的。

任何人都不能质疑自我保存的权利。依据当下自由主义的观点，自我保存的权利与言论自由的权利及其他权利具有同等的地位。无论今天的自由主义者有什么优缺点，相比于它的根本道德倾向，这种区分已经变得不再重要。这种根本道德倾向也是由一种特殊的现代教义所支撑着。

学生：换句话说，你是认为格劳秀斯脑中仍然有义务的观念。

施特劳斯：这点毫无疑问。但既然他写了一部大体上是法学特质的书，那么这种区分当然很重要，他对作为道德能力(moral faculties)的法(ius)进行了明确的讨论。③ 当然，存在区别于义务的权利(right)，但这种与义务相对立的权利的概念相对晚近才出现，它并不存在于古老的对 ius 的理解中。当你说起"使用的法"(ius utendi)，它的意思就

---

① 柏拉图，《申辩篇》(*Apology of Socrates*)，18e—19a。
② 阿奎那，《神学大全》，2.1.90—97。
③ *JBP*, 1.1.4—5。

是指权利(right),但这是否达到了专题讨论的层次(即将权利与义务相区分),仍旧是个问题。

毫无疑问,关键问题是重要性的排序,哪一个最优先。类似的一种说法——"没有义务,就没有权利"——十九世纪才出现,这种说法实际上相当好,但理论上则非常误导人,因为总是存在强调的差异。传统上讲,如果说没有义务,就没有权利,这当然不对。比如,上帝没有义务,但他有权利。

学生:你能否阐述一下财产权(property)的观念在前现代的自然法中扮演了什么角色?

施特劳斯:那很复杂。我要怎么说得尽量简单呢,我们举一个社会契约的例子。社会契约存在于霍布斯之前和霍布斯之后,因此,这是一个某种意义上与古今之别无涉的概念。财产权也是这样一种概念。涉及财产权的根本问题可以阐述得非常简单。共产主义,自然的共产主义或者非自然的共产主义——这两种观点都属于前现代。然后,你必须提出疑问:现代倾向如何影响财产权问题?这里我们作一个简单的比较。

支持财产权的经典表述可见于亚里士多德《政治学》第一卷。① 相比霍布斯,现代关于财产权的导师更大程度上是约翰·洛克,但是比较一下洛克和亚里士多德关于财产权的论述,你就会发现其中的根本差异。对亚里士多德而言,私有财产权对于社会的发展来说绝对必需,但是你知道,他那里并不存在可以无限获取财产的权利。在亚里士多德那里,这一点行不通。洛克则支持无限获取财产的权利。你必须细细研究《政府论》(下篇)第五章才能发现这一点。我们现在得到了这个说法。无限获取(unlimited acquisition)的权利是全新的概念,它与下面这点有关——这当然是关键点——它与现代和前现代自然法之间的特殊差异有关。这个就说来话长了。现在,我只能说,洛克所说的无限获取财产的权利,理论上来自于自我保存的权利,这种自我保存权利是唯

---

① 亚里士多德,《政治学》,1.4.8—11,亦可参见亚里士多德对柏拉图的共产主义的批判:亚里士多德,《政治学》,2.5。

一的自然法。这就是两者之间的联系。

如果你考察十九世纪和二十世纪发展起来的相当晚近的共产主义教义,这一教义当然反对私有财产,但问题在于:在反对亚里士多德和柏拉图等人这一点上,洛克、毛泽东是否存在根本的共同点。这与无穷(infinity)这一观念有关。在无穷获取(infinite acquisition)的概念中,每个人的潜能等东西的完美实现的无穷过程并不存在任何限制,而这一点如今发展得异常远。仅仅在此分水岭之前或之后挑出这个或那个主题来进行讨论,是不够的。有的已经受到影响,有的则并没有。

在我自己曾经写过的关于洛克的一个章节中,我引用了一个完全转述的段落,即洛克从西塞罗的《论义务》中引用而来的段落,这一段的内容是关于什么能够造就高贵的权利(right)。① 通过这个例子,洛克证明了或者想要证明什么?西塞罗想要证明什么?西塞罗想要证明人类合作的必要性,洛克想要证明的则大为不同:我认为是与交易、交换和金钱的德性相关的东西。这也是劳动分工,但却是从一个完全不同的角度而言。换句话说,西塞罗将劳动分工视为人类合作的标志,洛克则从一个不同的——不好意思,我的记忆力没有好到这种程度,我记不太清了。

现在,我们必须回到格劳秀斯。格劳秀斯的意图是什么?我们可以认为,他的意图非常简单,就是把战争与和平的法/正义、所有同战争与和平以及各种财产权(比如主权)的获取有关的法/正义给编纂出来。但正如我们所看到的,这并不是格劳秀斯的唯一目的。因为自然法的不可变更性,他同时试图将自然法减缩到一种技艺(art)的地位。② 从它本身来看,这会导向一种几何一般呈现的伦理学,这种伦理学完全独立于人类行动之外。当然,格劳秀斯还说了更多的东西。

格劳秀斯尤其关注严格理解的法/正义,按他的理解,这属于交换正义的范畴,是道德的一部分——你可以认为是道德的最低要求,这种

---

① 可能是指施特劳斯,《自然权利与历史》(*Natural Right and History*), Chicago: University of Chicago Press, 1953, p. 237。

② [译注]参见第二讲的相关讨论。

要求与这类事物相对：比如人道、博爱等。这种严格理解的正义（因为所有的自然正义当然都是严格理解的正义）与意志法相对立，无论是人类意志法，还是神圣意志法。意志法依赖于立法者（the lawgiver）意志的行为，它比自然法要求的东西要么更少，要么更多。尤其对于万民法而言，"要求的东西要么更少，要么更多"这一点更是正确。万民法在某些方面比自然法更为人道。

我们一直在谈的一个更为宽泛的主题是正义战争问题，这同自然法和万民法之间的区分密切相关。万民法取消了正义战争和非正义战争之间的区别，但依据自然法，正义战争的概念必须保留。

我就大概说这么多，因为我们必须完成今天的阅读任务。我们从第十八章开始读。

朗读者：

> 迄今为止，我论述的内容主要适用于那些在战争中拥有最高指挥权的人或者执行公共当局命令的人。但是，我们还必须考虑根据自然法、神法和万民法，在战争中允许个人实施什么行为的问题。①

施特劳斯：依据自然法、依据神法、依据万民法。我们必须看这每一种法/正义都规定了什么内容。

朗读者：

> 西塞罗在《论义务》第一卷中讲到，当加图（Cato）的儿子在波比利乌斯（Pompilius）将军统帅下的军队中服役的时候，他所在的军团被解散了。由于这位年轻人很喜欢当兵，因此，他留在军营里不愿意离开。加图写信给波比利乌斯说，假如波比利乌斯同意他继续留在军中，他必须再次进行军人忠诚宣誓，因为他第一次的宣誓随着军团的解散已不再有效；如果他不再进行宣誓，他就不能合

---

① *JBP*, 3.18.1.1.

法地对敌人作战。西塞罗还摘录了加图写给他儿子的信中的一段话。在这一段话中,他警告自己的儿子不要参加战斗,因为不具有军人身份的人没有和敌人作战的资格。①

施特劳斯:这是依据哪一种法?我们来读下一部分的开头。

朗读者:

不过,如果有人认为这一项原则来自万民法,他就上当了。你可以设想一下,既然像我们在前面本卷第六章中论述的那这样,每个人都被允许捕获敌人的财产,那么,他杀死敌人显然也是允许的。因为根据万民法,敌人被认为没有权利要求给予同情的考虑。由此可见,加图的建议来源于罗马军队的纪律。② ——

施特劳斯:那是指国内法(municipal law)。但这为什么不是自然法?

学生:这将取决于这场战争是否是正义战争。如果是正义战争,那么即使他不在军队中服役,也可以为惩罚罪犯提供帮助。

施特劳斯:所以,换句话说,士兵与平民之间的区分并不是自然法的要求。你可以很容易发现,对于卢梭而言,这有多么重大的后果——卢梭对于士兵和平民的人道(humane)区分。平民[不]能受到影响,这是士兵与平民之间区分的首要前提条件。这种区分并非必然。非常有可能存在这样一种情况,即每个人都必须战斗。有些人因为年纪太大或者太年轻而无法战斗,这又是另一回事。但这一区分就不能再适用了。

学生:有没有这样一种可能性?即存在一种基于人与人之间的自然可社会性(natural sociability)的自然法理解,而不是基于一种对于可社会性的人道主义理解,这种理解会否定一国公民与另一国公民之间

---

① 西塞罗,《论义务》,1.11.36;*JBP*,3.18.1.1 也间接提到了这段话。
② *JBP*,3.18.1.2。

的区别。因此,只有当为了一个特定的目的为一国服务的时候,对其他人类的义务才会解除。在我看来,如果对可社会性有这种宽泛的理解,那么即便没有国内法的惩罚,他也不愿意去与一个所谓的敌人战斗。这样来看待可社会性,合适吗?

施特劳斯:你说的是社会性(sociality)吗?

学生:可社会性(sociability)。

施特劳斯:这个词是什么意思?但很显然有两点需要注意:第一,人类之为人类,因此在所有的人类之间有一种亲缘关系(kinship)。还有第二点(但出于某些原因,格劳秀斯并没有多讲这一点),人类来自不同的社会,这些社会之间相互有别。这两点,都属于人类的社会性(sociality)。这里的困难如下:既然存在各种特殊的社会,因此这些特殊社会之间的战争有可能发生,那么基于全人类之间的亲缘关系而来的人道,如何能够与和战争相一致的有限人道相适应呢?难道不是这样的情况吗?如果我们忽略了这种复杂性,而仅仅简单地认为,国家(尤其是具有国界的各个特殊的国家)是很糟糕的东西,并忽视它们,那么我们就不可能讨论什么政治上有价值的东西——这是格劳秀斯的观点,甚至也是基督教的观点:战争的权利/法(right)必须得到承认。

学生:在西塞罗及罗马人所理解的可社会性与希腊人所理解的可社会性之间,存在区别吗?

施特劳斯:这一点经常被提及,但我看不到有什么依据。这个问题部分在于,我们有罗马法的体系,但并没有类似的希腊法体系,因此希腊这方面存在一个空白。人们认为,希腊人并不是像罗马人那样是一个有法律意识的民族。我认为这仅仅是一个不合理的结论。你只要读一读希腊的书籍,就能看到希腊人有多么关注法律及法律的德性(virtues)。

学生:罗马法很强调义务。

施特劳斯:我不这么认为……我不认为存在这种强调上的细微差异;并不存在。

学生:[听不清]

施特劳斯:但它们密切相关。我的意思是,家或者家庭是唯一的最小单位。

学生：但亚里士多德提到一种政治的(a political)……

施特劳斯：他在《伦理学》第八卷或者第八卷附近的一个段落中还谈到了另一个事情，他认为，人类主要是相互友爱的(philanthropic)。① 某些人认为以下两种说法有巨大差异，即"人类依据自然是社会动物(a social being)"和"人类依据自然是政治动物(a political being)"。但在亚里士多德式的传统中，这两种说法没有任何差异。

[更换磁带]

学生：关于平民和士兵之间关系的这个问题：依据自然法的教诲，在格劳秀斯那里，难道不应该存在一种基于自然法的两者的不同吗？因为，毕竟，如果一个人在打一场正义战争，那么他难道总是能惩罚那些掌权者(in authority)或者那些直接妨碍到他的人吗？

施特劳斯：但是，谁在进行惩罚？为什么有必要在行使惩罚权的社会(the punishing society)本身中分出两个部分：战斗的人群和不战斗的人群？你可能会说，对惩罚行动而言，孕妇、婴儿以及非常老的人可能用处不大，但除此以外呢？

学生：没有人有权利杀掉正在行使惩罚权的社会中的任何人，因为他们正在发动一场正义战争，所以唯一可以被正义地杀掉的仅仅是正在受到惩罚的社会(the punished society)中的人。

施特劳斯：这里关于加图的儿子的问题——他是正在行使惩罚权的社会中的一员。允许这个儿子发动战争吗？这里当然不存在问题：依据自然法，当然允许发动战争。问题仅仅在于：基于罗马国内法的规定，如果你的服务超过时限，你就必须重新宣誓。

学生：我并没有非常在意谁可以发动战争的问题，我非常在意的是谁可以被伤害。换句话说，如果认为你可以依据自然法伤害敌方那些并非士兵但却阻碍了你的正义行动的人，或者伤害那些不属于政府成员的人，这样做没有任何理由。

---

① 亚里士多德，《尼各马可伦理学》，Bk. 8, chap. 1。亚里士多德认为，人类和人类是朋友，「人类爱人类」(philanthropoi)。[译注]中译可参见[古希腊]亚里士多德，《尼各马可伦理学》，廖申白译，北京：商务印书馆，2003，页228。

施特劳斯：但是，在实际抵抗的男人或女人以及并未实际抵抗的人们之间，在士兵以及平民之间，确实存在差异。他们之间显然不同。他们所穿的制服——为什么他们穿制服？其中一个原因是：制服可以区分他们是否在战斗，或者（不管他们做了啥）他们是武装力量的成员，他们需要区别对待。

学生：但他们之间的区别与平民和普通士兵之间的区别仍然并不是非常大。

施特劳斯：不过，如果看游击队员，他们通常不被承认是士兵，但如果你知道他们是游击队员，你一看到他们，当然就会射杀他们。但你不清楚，这里的区别正是因为他们并不是士兵。这里涉及的根本问题在于：从自然法的角度来看，将人民分为可见的战斗部分和可见的非战斗部分，这一做法是否有必要？我们认为，格劳秀斯会拒绝这一点，而卢梭在他关于战争的自然法的论述中则将这一点视为理所当然。

学生：但是，仅仅依据格劳秀斯式（Grotian）的根基，也仍然存在某些人是明确的非战斗人员，基于自然法根基也是如此。

施特劳斯：我还从来没有考虑过这个问题。如果不是格劳秀斯迫使我去思考这一点，那我承认自己在这方面欠缺考虑。在这里，我们不要因为格劳秀斯所引用的加图的评论，而引入任何他没有让我们思考的观点。我们来读第十九章第一段第一部分的结尾。

朗读者：

> 阿里斯提得斯（Aristides）在《论留克特拉之战》（*On Leuctra*）的第四篇演讲中说道："那些笃信正义的人尤其能在维护和平与其他公共协议方面表现出这种品质。"事实上，正如西塞罗在《论目的》（*On Ends*）中正确地指出的那样，所有人都对这种品质表示认同和赞赏，即不仅不为追求个人利益而违背诚实守信（good faith）原则，甚至在有损个人利益的情况下，也能坚持这一原则。①

---

① *JBP*, 3.19.1.1.

第 十 四 讲

施特劳斯：这里的关键点是严格的反功利主义（anti-utilitarian）。只要你关注自己的功利，尽管你很合理，但这并不是严格意义上的道德。换句话说，仅仅追求你个人的功利，这可能并非不道德（immoral）。这是功利主义与古典传统之间的重大区别。问题当然并非如同导言（Prolegomena）中的某个段落（我现在想不起来是哪一段了）所说的那样简单，事实上，在道德中也存在某种功利。[1] 诚实（honesty）是这种事情的最好策略。因此，这需要一种某种程度上更深入的研究。长期功利和短期功利之间存在着差异：短期功利当然仅限于你生命存续期间；长期功利则要考虑到你的后代以及你后代的后代，或者整个人类的功利。在任何意义上，长期功利是否就等同于道德，这是一个开放（open）的问题，但我认为，长期功利比短期功利更接近于道德，我认为这一点很容易看出来。

在修昔底德的历史著作中，这一点也起了作用，但并没有以这样的词汇来呈现，修昔底德在那里称赞了节制（moderation）。[2] 很明显，这超越了单纯的利益计算，但它到底是否等同于长期功利，则不明确。我只是将此作为一个值得继续深入探究的问题来提出。我们现在来读这一章中第二段的第一部分。

朗读者：

我们在前面已经讲到，我们不应当接受西塞罗在《论义务》中阐述的以下原则："我们和僭主不是伙伴关系，而是水火不容的死对头。""海盗不属于通常意义上的敌人，对他们根本谈不上适用诚实守信（good faith）原则的问题，而且他们也不会遵守共同的誓约。"[3]

施特劳斯：那就是我们想要的全部内容——不好意思，请继续读吧。

---

[1] *JBP*, Prolegomena, 19—22.
[2] 修昔底德有很多段落讨论这一点，可参见《伯罗奔尼撒战争志》，III. 42—48，VIII. 24，VII. 97。
[3] *JBP*, 3.19.2.1.

朗读者：

塞涅卡在谈到僭主时也指出："如果建立在人类权利基础上的关系受到破坏,将他和我连接在一起的所有纽带就被割断了。"

正是由于这种观点,以弗所的米哈伊(Michael of Ephesus)产生了一种错误的认识。按照他在评注《尼各马可伦理学》时的说法,玷污(violation)僭主的妻子不构成通奸罪(adultery)。①

施特劳斯： 玷污——很可能不同于强奸(rape)——假如有人发生了不正当关系,但却未发生暴力行为。

朗读者：

基于同样的错误认识,有些犹太导师在谈到外邦人时宣布说,他们认为外邦人的婚姻是无效的。②

施特劳斯： 比起西塞罗和塞涅卡的观点,格劳秀斯的观点更为严格:对每个人都要诚实守信(good faith)。与格劳秀斯相比,西塞罗等人的要求就比较不严格(lax)。诚实守信绝对很神圣(sacred)。为什么格劳秀斯在这里如此严格？依据我们目前的观点,我认为,一个警察不可能对一个很危险的谋杀者保持诚实守信(faith)——我们仍然不会喜欢"我们欺骗他"这样的说法,但这是一个可以讨论的问题。为什么格劳秀斯在这里要比(尤其是)西塞罗和塞涅卡来得更为严格呢？

由于亚里士多德在《伦理学》第二卷中提及了通奸,他认为通奸在任何情况下都是恶的,所以以弗所的米哈伊的观点非常令人瞩目。然而,从另一方面来看,我们也知道,亚里士多德那里的自然正义是可变的(changeable)。我原来以为《伦理学》第二卷的这一段一向都是依据第五卷的观点来解释,即所有的自然正义都是可变的。③ 但并非完全如

---

① *JBP*, 3.19.2.1.
② *JBP*, 3.19.2.1.
③ 亚里士多德,《尼各马可伦理学》,II.6,V.7。

此,因为某些人可能会以羞辱这个可怕的僭主为代价而获取快乐,但也存在超越这些想法之上的公共必需,比如,皇室的灭绝很可能导向一场内战,唯一阻止内战的方法是皇室留下后代,而获得后代的唯一方式则可能是:国王是老顽固,但皇后偷偷与其他人通奸生下后代,这里假设这个国王是阳痿。现在,我则发现,以弗所的米哈伊在这里与我的观点类似,虽然并非与我所表达的意思完全一致。

我认为关键的观点是这样。十七世纪的大问题并非与僭主有关,而是与异端分子(heretics)有关。是否应该对异端分子也保持诚实守信?这是一个有争议的问题。格劳秀斯对这个问题啥也没说,这一点非常有趣。这里是格劳秀斯的多处沉默之一,我们已经发现他还有其他一些地方的沉默。

学生:格劳秀斯之前说过,人类应当对不同宗教信仰的人也保持诚实守信。

施特劳斯:异端分子并不等同于不同的宗教,因为不同的宗教意味着已经承认这些宗教不仅仅是异端。我们来读第二十章第五段第二至第三部分。

朗读者:

因此,为了使不可分割的主权能够以合法的方式转让,转让行为必须得到全体人民的同意(consent)。这种同意可以由具有不同法律地位的各个阶层的代表作出,并使之发生效力。①

施特劳斯:这当然是指王国的地产。

朗读者:

有效转让任何一部分主权的行为都需要得到双重同意,即全体人民的同意以及特别是其主权被转让的那一部分人民的同意,

---

① *JBP*, 3.20.5.2.

因为如果没有后一部分人民的同意,就不能使他们与其所属的整体分离。①

施特劳斯:比如说,如果没有它自己的同意,阿尔萨斯-洛林(Alsace-Lorraine)不能从德国、法国或者任何一个它所属的国家分离出去。

朗读者:

> 不过,在极端和其他无法避免的必要情况下,该部分人民可以不经全体人民同意而以合法方式转让对他们的主权。我们应当相信,当人们联合组成一个统一的政治实体的时候,这种分离的权力被保留给了他们。
>
> 在世袭王国中,没有任何情况可以阻止国王转让其王位。但是,也有可能发生这种情形,即世袭王国的国王不能转让王国的部分王权,如果他的确是按照不可对其进行分割的条件作为个人财产接受该王国的话。②

施特劳斯:你们知道什么是世袭王国:最严格意义上的绝对君主制(an absolute monarchy)。王国是君主或者王室的财产。格劳秀斯在这里比较靠近民族自决的说法。我们也看到他并没有完全地教导民族自决的学说,因为他承认了世袭王国的可能性,在这种可能性中不存在任何民族自决。

但是,这是一个非常困难的问题。你是要整个民族的自决,还是部分民族的自决? 这里有一个非常好的例子:当然就是刚果(Congo)的例子。怎么看待加丹加(Katanga)? 相对于刚果的其他组成部分,它是否拥有自决的权利?③ 我们已经看到,国际法当然没有对此给出过有效的答案。第二十章第九至第十段讨论了有关自然法(ius naturale)和

---

① JBP, 3.20.5.2.
② JBP, 3.20.5.2—3.
③ 1960年7月,加丹加省在比利时的支持下从刚果共和国分离出来。联合国军队于1962年重新夺回了加丹加省。

第十四讲

万民法(ius gentium)的这整个问题。

朗读者：

> 有人对根据万民法和根据市民法(civil law)①属于公民的财产作了概括的区分。作为这种区分的结果，他们赋予国王对根据万民法属于公民的财产以更加不受限制的权利，甚至不需要任何理由就可以夺取它，并且不需要进行赔偿；与此同时，他们承认，对于根据自然法属于公民的财产，国王没有这种权利。
>
> 这样的区分是完全错误的②——

施特劳斯： 依据自然法？我认为他在这里只说了两种法，即市民法和万民法，而不是自然法。③

朗读者：

> 这样的区分是完全错误的。因为所有权无论产生于什么原因，它都具有来源于自然法的效力。除非基于所有权本质的原因导致的结果，或者来源于所有人自己的行为，否则所有权不能被剥夺。④

施特劳斯： 换句话说，自然法认可财产权，无论这种财产的获得是基于万民法，还是基于市民法。

朗读者：

> 正如其他关于损害赔偿的原则涉及国家与个人的关系一样，除非为了公共利益，否则不得使个人放弃其财产的原则涉及国王与臣民的关系。但事实上，国王的行为对于和他存在协议的外国人也具

---

① 凯尔西这里的英译是 municipal law，朗读者换成了更为精确的 civil law。
② *JBP*, 3.20.9.
③ 就刚读的这段而言，施特劳斯是对的。
④ *JBP*, 3.20.9.

有充分的效力。这种推定不仅建立在国王人格尊严的基础上,而且符合臣民的财产应当为国王的行为承担责任的万民法规则。①

施特劳斯:我们在这里又看到了格劳秀斯区分自然法和万民法的倾向。请读第十二段第一部分接近结尾的地方。

朗读者:

与此相一致,除非条约中作出明确规定,否则,逃兵也不应当被交还给对方,因为我们留置逃兵的依据是战争法。也就是说,根据战争法,我们被允许留置逃兵,并且把改变效忠立场的人编入我们的军队中。按照这种共识,没有作出明确规定的一切应当由占有者继续保留。②

施特劳斯:请读下一段③的开头部分。

朗读者:

不过,在上述情况下,"占有"(possession)一词应当被理解为是指市民法而不是自然法意义上的占有,④因为在战争中,占有的事实本身足以说明问题,不需要再考虑其他因素。⑤

施特劳斯:civilly,或者 naturally,当然意思就是指依据市民法,或者依据自然法。根据格罗诺维乌斯(Gronovius)的解读,依据市民法所获得的东西,是正义的资格可获得的东西;依据自然法所获得的别人拥有的东西,则不用管究竟是以何种方式获得。所以,换句话说,我不是太确定这个词此处译为"自然法"(natural right)是否合适。我们使用

---

① *JBP*, 3.20.10.
② *JBP*, 3.20.12.1.
③ [译注]应该是"下一部分"。
④ 朗读者再一次将 municipal law 换成了 civil law。
⑤ *JBP*, 3.20.12.2.

naturally,与区分自然的子女(natural children)和合法的子女(legitimate children)时含义一样:即同一个意义上,自然的财产和市民法规定的财产(civil property)。在有关子女的例子中,我们知道,确实是自然法的范畴内,因为我们已经看到,依据自然法,合法的孩子与不合法的孩子之间的区别确实存在。因此,最终而言,这么翻译仍然正确。请读第四十二段。

朗读者:

> 战争的结果不可能在任何情况下都以碰运气的拈阄方式来决定,只有当我们对有关问题拥有充分的决定权的时候,才可以采取拈阄的方式。由于国家保护其臣民的生命、贞操以及其他权利的义务和国王保护国家利益的义务如此重要,以至于他们不得不基于如何保护他们自己和他人这样一种最自然的关系(a most natural relation)来考虑问题。如果在一场非正义战争中遭受攻击的一方经过认真思考,认为自己与对方实力相差悬殊,因而没有希望进行抵抗,那么,他显然可以提出通过拈阄决定胜负的建议,以便能够以一种不确定的方式避免一种确定的危险。事实上,这是所有坏的结果中一种最不坏的选择。①

施特劳斯:我让大家读这一段,是因为格劳秀斯在这里提及了最为自然的理由(rationes),为这些掌握在君主手中的国家考虑。

下一章中,格劳秀斯明确表示休战制度是依据万民法。请读第二十二章第九段第二部分的第二句。

朗读者:

> 在许多场合中,由于情势紧迫,指挥官在作出决定之前通常没有机会向最高统治者请示。②

---

① *JBP*, 3.20.42.
② *JBP*, 3.22.9.2.

施特劳斯：这里的问题是什么？请从开头读起。

朗读者：

不过，对尚未完全征服的地区和敌人的处置属于军队指挥官的权力范围，因为在许多情况下，为了促使在战争中被围困的城市和敌人投降，军队指挥官不得不答应对方提出的条件，如保证投降者的生命安全或自由，甚至允许他们保留其财产。在许多场合中，由于情势紧迫，指挥官在作出决定之前通常没有机会向最高统治者请示。

基于同样的理由，这样的权利也应当被授予总司令下面的军官，以便他们能够在自己的职权范围内对有关问题及时作出决定。①

施特劳斯：我认为这里很明确。现在，我们读下一部分。

朗读者：

因此，对于拉比利乌斯（Rabirius）的案件，我们应当认为西塞罗是一名辩护人，而不是一名法官。②

施特劳斯：从正义的角度来看，这是一种多么奇怪的区分。

朗读者：

他坚持认为拉比利乌斯杀死萨图尼努斯（Saturninus）的行为具有正当性，尽管执政官马略（Gaius Marius）在此之前已经劝说萨图尼努斯离开朱庇特神殿并保证他的安全。西塞罗指出："在元老院没有通过法令的情况下，怎么能够为他提供这种保证呢？"③在他看来，马略对萨图尼努斯作出的保证只对他本人有约束力。④

---

① *JBP*, 3.22.9.2.
② *JBP*, 3.22.9.3.
③ 西塞罗，《为拉比利乌斯辩护》(*For Rabirius*), 10.28。
④ *JBP*, 3.22.9.3.

第十四讲

施特劳斯：你们理解这个问题吗？一个更高位的警察允诺给予安全，然后，这个相关的警察杀掉了他所允诺给予安全的那个人。西塞罗为这个破坏承诺的人辩护，但格劳秀斯认为，关于这一点，千万别听西塞罗的——他不是作为一个正义的教师在说话，也不是作为一个法官在说话，他只是作为一个律师（attorney）在说话，也就是说，出于他的律师职责，他只得为这个谋杀者陈述案情，尽管这是一个非常错误的辩护。这一点相当有趣。它当然指向了一个很重大的问题：我们在法官面前辩论时所依据事实的自然法根基是什么？我认为找到辩护的理由并不困难。你希望辩护尽可能地有力，这样法官才能作出一个不偏不倚的判决（an impartial decision）。这同样显示出，在教师（西塞罗）以及法官这一边，同律师（西塞罗）那一边之间可以存在更为紧密的亲缘关系，即不偏不倚的判决。请读第二十三章第七段的第二部分。

朗读者：

> 有些作者声称这种协议无效，也就是承诺不再回到某个特定的地方或者再次服兵役①，因为它违反了个人对国家所负的忠诚义务。但是，我曾经讲过，任何违反对国家所负义务的行为都不会立即无效；另外，已经处于敌人控制下的人为了获得自由作出这种承诺并不违反他承担的义务。事实上，这样做对国家的事业并没有任何损害，因为除非俘虏得到释放，否则，他们只能被认为已经死亡。②

施特劳斯：换句话说，格劳秀斯认为，在这个例子中并不会出现义务的冲突，但如果出现了，那么这虽然违背道德，但却有效。我之前举过挥霍者那些草率送出的礼物的例子，但礼物仍然有效。

我们来看第二十五章中的一些段落，这是最后一章。请完整地读一下整章的标题。

---

① "也就是承诺不再回到某个特定的地方或者再次服兵役"，这句不见于英译，是朗读者自己加上的。
② *JBP*, 3.23.7.2.

朗读者：

结论，暨关于诚实守信（Good Faith）与和平的忠告。①

施特劳斯：现在，我们来读第一段的第三部分。

朗读者：

鉴于诚实守信的重要意义，国王们更有义务倍加珍惜这一项原则。这首先是良心的要求；其次是维护王室声誉（reputation）的需要，因为诚实守信的声誉是王室权力获得支持的保证。统治者应当确信，那些向他们传授骗术的人都是欺世盗名的骗子。在上帝的注视之下，这种反社会和传播仇恨的骗术不可能长盛不衰。②

施特劳斯：这当然是一个非常重要的表述，马基雅维利也谈及了这个问题。在马基雅维利那里，良心自然没有被提及，但声誉（fame）呢？既然格劳秀斯承认声誉非常重要，以及事实上这是王室权力获得支持的保证，那么，这就是马基雅维利和格劳秀斯共同认可的问题。声誉需要依赖于保持诚实守信吗？

那么，下面这一点呢，传授背信弃义（perfidy）的教师们是否必定怀疑背信弃义？如果他们认为背信弃义是好的，那么他们就会合乎情理地认为自己可以使用背信弃义。那就是马基雅维利的观点：君主的德性就在于依据具体的情况来使用德性和罪恶——具体来说，要保持诚实守信，还是背信弃义，这要看何时最为有利。③ 但是，马基雅维利如何看待这种观点呢？即建议使用背信弃义的顾问，自己就会怀疑背信弃义，因此不相信背信弃义会有效，他就只接受道德建议（moral advice）？马基雅

---

① *JBP*, 3.25.
② *JBP*, 3.25.1.
③ 马基雅维利，《论世人特别是君主受到赞扬或者受到责难的原因》（Of Those Things for Which Men and Especially Princes Are Praised or Blamed），见《君主论》（*The Prince*），trans. Harvey C. Mansfield, Chicago: University of Chicago Press, 1998, chap. 15。

维利确实讨论过这一点:君主当然不可能信任他的顾问,他必须使他的顾问变好(good),并保持这种好——好,意味着对他忠诚,这一点部分地需要依赖赏赐(gifts),部分地需要依赖其他人对顾问的监视。①

背信弃义如何普遍地运用呢? 在《君主论》的第七章中有一个富有诗意的探讨:勃尔贾(Cesar de Borgia)为了清除罗马尼阿(Romagna)所做的事情。这些让民众生活痛苦的封建贵族——勃尔贾邀请他们参加圆桌会议。他还有一个类似希姆莱(Himmler)②一样角色的人物可用来为其目的服务,当这个人物变得过于苛刻和过分越界时,人民第二天一早醒来,发现那个"希姆莱"被切成四段被置于弗利(Forli)还是其他某个镇的市场上。人民完全惊呆了,但他们无疑变成了勃尔贾的顺从民众。③ 马基雅维利会认为,背信弃义当然有坏名声,但背信弃义做得足够大、益处又足够多时,那么背信弃义就会有助于此人的荣光(glory)。让我们来读第二段。

朗读者:

> 另外,在战争进行的整个期间,只有矢志不渝地向往和平才能使灵魂平静并相信上帝。撒卢斯特正确地指出:"有识之士为了实现和平而进行战争。"④奥古斯丁赞成这种观点:"追求和平不是为了能够进行战争;进行战争却是为了能够保卫和平。"⑤亚里士多德他自己(himself)多次谴责了那些狂热地鼓吹战争的国家,对它们来说,战争仿佛是其追求的终极目标。⑥ 暴力是野兽的特征,

---

① 马基雅维利,《论君主的大臣》(Of Those Whom Princes Have as Secretaries),见《君主论》,chap. 22。
② [译注]海因里希·鲁伊特伯德·希姆莱(Heinrich Himmler),纳粹德国党卫军头目,被德国《明镜》周刊称为"有史以来最大的刽子手"。
③ 雷米罗·德·奥尔科(Remirro de Orco)是这个故事版本中的"希姆莱"的名字。马基雅维利在《君主论》第七章中说他被切成两段,并且曝尸在切塞纳(Cesena)的广场上,而这使得民众满意且惊呆(satisfied and stupefied,这是曼斯菲尔德的英译用语)。在另一个场合,勃尔贾邀请了一些敌人参加晚餐会,然后把他们都杀了。
④ 撒卢斯特(Sallust),《致凯撒》(*Speech 1 to Caesar*)。
⑤ 奥古斯丁,《书信集·致博尼菲斯》(*Letter 1 to Boniface* 207)。
⑥ 亚里士多德,《政治学》,VII. 2, 7. 14; II. 9。

而战争是暴力最集中的体现。为了减轻战争暴力造成的伤害,我们应当尽最大努力推行人道原则,以免我们由于长期沉溺于仿效野兽的生存方式,从而泯灭了自己的人性(foget to be human)。①

施特劳斯:为什么格劳秀斯说"亚里士多德他自己"?我认为这类似于表示 ipse dixit(他自己说)。② 他这里的意思当然并不是说,甚至亚里士多德——他作为其他人都知道的战争热爱者,居然还谴责战争热爱者。但是,我们在这里看到,亚里士多德仍旧是多么重要的一个权威。请读第四段。

朗读者:

> 对被征服者来说,只要牢记"即使以蒙受损失为代价,也应当接受和平"这样一条忠告,应当就足够了。总的来看,人类的利益经常趋向相同一致。首先,那些因为长期与更强大的敌人对抗而变得更为虚弱的一方处于危险的境地,因此,就像在一艘遭遇风浪的船上一样,他们必须付出某种代价才能避免更大的不幸。正如李维正确地指出的那样,在这种情况下,完全不能考虑一些人的愤怒和自欺欺人的幻想。亚里士多德表达了同样的思想:"与在战争中被征服并和自己的财产一起毁灭相比,更明智的做法是把某些财产送给实力更强大的一方。"③

施特劳斯:格劳秀斯在这里引入了功利主义的思考,在功利与人道之间存在一种宽泛的一致。我们之前讨论过这个议题。既然功利是一个更低(lower)层面的考虑,因为人类身上更容易被发现趋向功利,所以相比于人道,人类更倾向于基于功利行动。因此,你可以认为:为

---

① *JBP*, 3.25.2.
② "他自己说"用来表明这是异常权威的来源。[译注]西塞罗创造的用语。
③ *JBP*, 3.25.4. 格劳秀斯这里引用了李维,《罗马史,或建城以来史》(*Ab Urbe Condita*),7.40.19,以及亚里士多德的《亚历山大修辞学》(*Rhetoric to Alexander*),该书现在通常不被认为是亚里士多德的作品。

什么不把整个教义、整个自然法的教义奠基于功利,索性就忘了人道呢?霍布斯和洛克就某种意义上试图这么做,因为自我保存当然就是功利的原则。

学生:除了你以前说过的,长期功利有多少……

施特劳斯:希腊人有一种明确的区分。"有用"(useful)被区分为两种含义:一种是作为商品(我们说,商品和服务);另一种则是与高贵和正义的事物相区别。这是我们所说的道德(the moral)的含义。拉丁语 honestum,可能现在翻译成"荣誉的"(honorable)更好,而不是翻译成"有德性的"(virtuous),因为 honestum 某种程度上仅仅是道德的一个部分,格劳秀斯称之为"严格理解的正义/法"。在十七世纪,诚实已经确实是更低层面的东西。霍布斯在某处说,诚实和荣誉在不同群体中的含义一致,他的意思是,光荣是一个贵族使用的词汇,而诚实则是个非贵族使用的词汇。

格劳秀斯的忠告产生效力的一个前提就是,现在这种功利与人道的宽泛一致。这点清楚吗?如果两者不一致,那么,关于人道的忠告就总是会被牺牲给看起来功利的要求。

我认为,为了帮助你们回忆起我们必须面对的问题,我想给你们读一些段落,这些段落由一位格劳秀斯的同时代人所写,这次读的是弗朗西斯·培根,这些段落来自他的《论说文集》中的《论帝国》一文。

国王们必须处理好与邻居的关系、与他们老婆的关系,等等。

先说他们的邻国。[施特劳斯:这与今天的问题一样。]关于这点,除了一条永远可靠的定理外,别无普遍的定理可说,因为情势是十分易于变化的。那一条永远可靠的定理就是为人君者应当监视不懈,毋使任何邻国(或以领土之扩张,或由商业之吸引,或用外交的手腕,以及类似的种种)强大到比以前更能为患于本国的程度。要预料并防止这种情形是政府中某项永久机关的工作。在从前三大君主——即英王亨利八世,法王法兰西斯一世,皇帝查理五世——为欧洲领袖的时候,他们三位之中,谁也不能得尺寸之土,若果有一位得着了尺寸之土,其余的两位就立刻要把那种情形纠正过来,其方法或以联盟,或以战争(如果必要的话),并且无论如何,决不贪一时之利而与之讲和,其互相监视之严有如此者……[施特劳斯:讲和,即不再继续战争]还有经院学派中某种学者的意见[施特劳斯:格劳秀斯当然是经院学派的学者],以为无已造成的伤害或挑衅的原因而作战,不能算是有合法原因的战争,这种意见是要不得的。因为敌人虽尚未给我们以打击,但是我们有充分的理由恐惧临近的祸患,这也算是战争的正当原因,这是没有问题的。①

施特劳斯:这是一点。我现在再读几段。另一篇《关于邦国的真正伟大之处》(Of the True Greatness of Kingdoms and Estates)的论说文。这里 estates 的含义是 states(国家)。

但是,最要者,若欲国家强大,威权伸张,则一国之人务须把军事认为举国唯一的荣誉、学问和职业。因为我以上所说的那些事不过是军事的准备而已;但是若没有目的和行动,则准备又有何用?罗慕洛斯死后(这是人家传说或寓言的)给罗马人送来了一个忠告,教他们最要留心武事;若果他们这样做,他们将成为世界上最大的帝国。斯巴达的国家结构是全然(虽然不甚巧妙地)以武事为目的准则而建造组织成的。波斯人与马其顿人在很短的一瞬间有过这样举国皆兵的情形。高尔人、日耳曼人、戈斯人、萨克逊人、诺曼人和其他的民族在某一时代都有过这样的情形。土耳其人在如今还是这样的情形,虽然已经大为衰颓了。在欧洲的基督教国家中,有这种情形的国家实际只有西班牙一国。

不过,无论何人,其所最得力者就是平日所最致力者,这个道

---

① 培根,《论帝国》(Of Empire),见《培根论说文集》(The Essays, or Counsels, Civil and Moral, of Francis Bacon), ed. Samuel Reynolds, Oxford: Clarendon, 1890, pp. 129—135,尤其 pp. 132—133。[译注]中译采用[英]培根,《培根论说文集》,水天同译,北京:商务印书馆,1983,页 69—70,略有改动。

第十四讲

理太明显了,不必多说,我们只有略加指点就行了:就是,不干脆尚武的国家是不必希望会突然变为强大的。相反的,那些长期尚武的国家(如罗马人和土耳其人之所为)将成大业立奇功,这是历史最可靠的教训。那些仅仅在某一时期曾经尚武的国家却也曾多半变为强大,而这种强大的情形,是到了后来他们对武事的崇尚与运用已经衰颓的时候,仍然支持着他们。

同这一点相连的还有一点,就是,一个国家顶好有一些法律或风俗,这种法律和风俗要使他们有作战的正当理由(或至少有借口)才好。因为人性之中自有一种天赋的公道,除非有一点争战的根据或理由(至少是勉强可以算作理由的话头),他们是不肯加入那凶险甚多的战事的。土耳其的君主为了作战,常以传播他的宗教为理由:这是一种很方便的,随时可以利用的理由。罗马人虽然在开疆拓土的事业已经成功之后,把这种事认为是统兵将帅的大荣耀,但他们从未把开拓疆土一事视为起衅的好理由。

因此,凡是志在强大的国家,第一应当有这点性质,就是,对于别国的侮辱伤害要敏感,无论这种侮辱伤害是加于边邻,还是施于本国的商人或使节的;并且对别人的撩拨,不可纵容过久。第二,他们应当常常准备着对他们的与国或同盟加以援助,如罗马人从来之所为一样;罗马人的办法是这样的,假令有一国与罗马之外的许多国家也曾缔结盟约,互为保障,那么到了有敌国来犯,并向那些国家分头乞援的时候,罗马人总是首先赴援,不让别的任何国家有这种荣誉。

至于古人为了拥护一党一派或实质相同的政体而起的战争,我不懂那有什么正当理由:例如,罗马人为了希腊的自由而战,斯巴达人和雅典人为了建立或倾覆民主政治和寡头政治而战,又如某一国的人,假借公道或人道的名义,来解除他一国中的专制与压迫,诸如此类者皆是也。总之,凡是不准备有了正当理由就立即动兵的国家,不必希冀强大也。

不论是个人的身体或国家的团体,如不运动,则其体不强;而对于一个王国或共和国,一个有理由有光荣的战争乃是一种真实的运动,这是无疑的。内战真有如患病发热;但是对外作战则有如运动发热,是可以保持身体健康的。①

因此,在同一个时代存在两种古老的立场:政治考虑对与培根来说至关重要,而这在格劳秀斯那里却可以说是缺席的,反之亦然。但你考虑的时候必须囊括两者,即格劳秀斯式的观点和培根式的观点。这两种观点的不一致,在每一个时代都会出现。

学生:看起来培根的观点似乎与柏拉图的观点能相容。

施特劳斯:这段内容涉及内战、不帮助反对僭主以及不干涉内部事务,与托马斯·莫尔(Thomas More)在《乌托邦》(Utopia)中的建议完全对立。② 培根的观点同样与马基雅维利不同,但在我读给你们的段落中并没有体现出来:培根相信海军。马基雅维利对海军则完全沉默,尽管他以某种方式写下了罗马帝国的历史,而你知道,如果没有针对迦太基人的海战胜利,就不可能产生罗马帝国。培根当然是目前这个帝国(the present empire)的理论家。除了这些特殊之处以外,关键问题在于道德考虑的缺席。

问题表述如下:如果没有战争,人类会如何?这是个很重大的问题。如果我们回顾一下,就很容易发现,战争导致了多大的灾难。人们倾向于忘记战争也能带来好东西。这究竟仅仅是因为人类的无知呢,还是因为人类内在存在某些更深层的原因导致如此?这是个很重大的问题。

学生:我不确定(培根所说的)"战争是健康的"(war is healthy)这一点是否合理。一个国家也会有身体健康计划。

施特劳斯:但问题并没有因此完全解决。我不知道你是否了解威廉·詹姆斯(William James)的研究。我认为这篇文章是在将战争

---

① 培根,《关于邦国的真正伟大之处》,见《培根论说文集》,pp. 202—213,尤其 pp. 209—211。[译注]中译采用[英]培根,《培根论说文集》,水天同译,页 112—114,略有改动。
② 更多参见《乌托邦》,Bk. 2, chap. 8,《关于战争》(Of Their Military Discipline),可见于 http://etext. lib. virginia. edu/toc/modeng/public/MorUtop. html。

等同于道德,因为仅仅身体健康肯定不够,这很显然,①因而需要其他事物:危险的要素不在这种身体健康计划之中,而存在于牺牲(sacrifice)中,对这类事物,人类有比其他事物更大的热情(enthusiasm)。我的意思是,对抗贫穷的战争并不能激起像对抗日本的战争那样的热情。

不管怎样,我认为,在这门课的结尾提醒我们自己一下这个问题的另一面是合适的,格劳秀斯自己知道,但他故意忽略了这一面。

---

① 詹姆斯,《战争的道德对等物》(The Moral Equivalent of War),见《作品集(1902—1910)》(Writings 1902—1910), New York: Library of America, 1987, pp. 1281—1293。在第三讲中,施特劳斯也提过这篇文章。

图书在版编目(CIP)数据

从古典到现代的过渡:格劳秀斯《战争与和平法》
讲疏:1964年/(美)施特劳斯讲疏;(美)福德整理;
张云雷译.--上海:华东师范大学出版社,2021

ISBN 978-7-5760-0686-5

Ⅰ.①从… Ⅱ.①施… ②福… ③张… Ⅲ.①战争法
—研究 Ⅳ.①D995

中国版本图书馆 CIP 数据核字(2022)第 135536 号

华东师范大学出版社六点分社
企划人 倪为国

Grotius's *On the Law of War and Peace*, offered in 1964
By Leo Strauss, Steven Forde ed.
Copyright© Jenny Strauss clay
Published by arrangement with Professor Jenny Strauss Clay
Simplified Chinese translation Copyright © 2022 by East China Normal University Press Ltd.
ALL RIGHTS RESERVED.

施特劳斯讲学录
从古典到现代的过渡——格劳秀斯《战争与和平法》讲疏(1964年)

讲 疏 者 (美)施特劳斯
整 理 者 (美)福特
译   者 张云雷
责任编辑 徐海晴
责任校对 王 旭
封面设计 吴元瑛

出版发行 华东师范大学出版社
社   址 上海市中山北路3663号 邮编 200062
网   址 www.ecnupress.com.cn
电   话 021-60821666 行政传真 021-62572105
客服电话 021-62865537
门市(邮购)电话 021-62869887
地   址 上海市中山北路3663号华东师范大学校内先锋路口
网   店 http://hdsdcbs.tmall.com

印 刷 者 上海盛隆印务有限公司
开   本 787×1092 1/16
插   页 6
印   张 29.5
字   数 310千字
版   次 2022年9月第1版
印   次 2022年9月第1次
书   号 ISBN 978-7-5760-0686-5
定   价 128.00元

出 版 人 王 焰

(如发现本版图书有印订质量问题,请寄回本社客服中心调换或电话021-62865537联系)

施特劳斯讲学录

已出书目

论柏拉图的《会饮》(1959年)
修辞、政治与哲学:柏拉图《高尔吉亚》讲疏(1963年)
修辞术与城邦:亚里士多德《修辞术》讲疏(1964年)
古典政治哲学引论:亚里士多德《政治学》讲疏(1965年)
西塞罗的政治哲学(1959年)
斯宾诺莎的政治哲学:《神学—政治论》与《政治论》讲疏(1959年)
从德性到自由:孟德斯鸠《论法的精神》讲疏(1965/1966年)
女人、阉奴与政制:孟德斯鸠《波斯人信札》讲疏(1966年)
尼采如何克服历史主义:尼采《扎拉图斯特拉如是说》讲疏(1959年)
尼采的沉重之思(1967年)
哲人的自然与道德:尼采《善恶的彼岸》讲疏(1971/1972年)

即将出版

追求高贵的修辞术:柏拉图《高尔吉亚》讲疏(1957年)
平实的高贵:色诺芬讲疏(1963年)
维柯讲疏(1963年)
卢梭导读(1962年)
从形而上学到历史哲学:康德讲疏(1958年)
马克思的政治哲学(1960年)
政治哲学:回应实证主义和历史主义的挑战(1965年)
自然正当与历史(1962年)